2018年度教育部人文社会科学研究专项任务项目(中国特色社会主义理论体系研究)
"习近平新时代中国特色社会主义思想网络宣传研究"(18JD710012);
教育部"高校思想政治工作中青年骨干队伍建设项目"(教思政司函[2019]4号);
重庆大学"双一流"学科重点建设项目"新闻传播学一级学科水平提升计划"支持

唱响网络正能量

——网络宣传研究范例与阐释

凌晓明 ◆ 著

重庆大学出版社

图书在版编目(CIP)数据

唱响网络正能量:网络宣传研究范例与阐释/ 凌晓明著.--重庆:重庆大学出版社,2021.12
ISBN 978-7-5689-2993-6

Ⅰ.①唱… Ⅱ.①凌… Ⅲ.①互联网络—精神文明建设—研究—中国 Ⅳ.①D64

中国版本图书馆 CIP 数据核字(2021)第 257333 号

唱响网络正能量
——网络宣传研究范例与阐释
CHANGXIANG WANGLUO ZHENG NENGLIANG
——WANGLUO XUANCHUAN YANJIU FANLI YU CHANSHI
凌晓明 著
策划编辑:张慧梓 许 璐
责任编辑:张 祎 版式设计:张慧梓
责任校对:王 倩 责任印制:张 策

*

重庆大学出版社出版发行
出版人:饶帮华
社址:重庆市沙坪坝区大学城西路 21 号
邮编:401331
电话:(023)88617190 88617185(中小学)
传真:(023)88617186 88617166
网址:http://www.cqup.com.cn
邮箱:fxk@ cqup.com.cn(营销中心)
全国新华书店经销
重庆升光电力印务有限公司印刷

*

开本:720mm×1020mm 1/16 印张:23 字数:428 千
2021 年 12 月第 1 版 2021 年 12 月第 1 次印刷
ISBN 978-7-5689-2993-6 定价:78.00 元

序

　　《唱响网络正能量——网络宣传研究范例与阐释》一书,是重庆大学新闻学院党委书记凌晓明五年网络评论文章的结集。全书共收入评论文章 100 余篇,均围绕近些年国家重大主题、重大活动、重大事件和热点问题等网上热议议题,选择相关内容和时机展开论述并鲜明地发表自己的观点,努力发挥一个高校党务工作者在引导网络空间的实时舆论、主动发声和传递正能量方面的作用。

　　凌晓明同志所撰写的 100 余篇评论文章的主要部分,是他认真学习习近平新时代中国特色社会主义思想和对当前网络传播与舆论状况的体会和思考。在这些文章中,自创的"中国风"专栏的系列文章,更是他学习习近平新时代中国特色社会主义思想和对社会主义核心价值观的理论解读。这些文章对提振网民的爱国情感和激励青年的健康成长起到了推动作用,得到有关部门和众多网民的认可,比较好地体现了高校思政工作的本质属性。2020 年年初,第 14 届中国杰出管理者年会授予这一文章系列"网络评论自创'中国风'系列成果奖"。特别值得一提的是2019 年 9 月,在习近平主席批准的第四届"网络名人进军营暨网络媒体国防行"活动中,中央网络安全和信息化委员会办公室(以下简称"中央网信办")和中央军委政治工作部安排凌晓明同志代表全体网民,在军博启动仪式上作发言,这是对他多年辛勤耕耘的认可和肯定。

　　近年来,网络舆论传播力、引导力、影响力、公信力明显提升,网络评论发挥着重要的作用。自 2015 年以来,凌晓明同志遵循"力求将理论研究与特色实践有机统一,力求将宣传阐释与网言网语有机结合"的创作思路,在理论研究、宣传教育、舆论引导和实践探索等方面不断探索,取得了可喜的成绩。

　　凌晓明同志的评论文章在结集出版时分成五大部分。这些文章大多针对性和实效性都比较强,有的推动了国家行业管理的规范;有的成为全网的议题设置;有的被中央部门全覆盖推广;有的助推了"时代楷模"的产生;有的一年后再次被省级政府门户网站采用……在思想理论网络文章评价系统中,他有12篇文章被列入TOP100月榜单(其中有4篇位列前30,10篇收录于本书),还有3篇文章分别被评为第一、三、四届全国高校网络宣传思想教育优秀作品,其中一等奖2篇、二等奖1篇;另有2篇文章被评为"五个一百"百篇网络正能量文字作品。

"形成网上网下同心圆""让正能量更强劲、主旋律更高昂"是新形势下网络大国向网络强国转变的新思想与新要求。凌晓明同志既是一位普通的网民,又是高校的一名学院党委书记,这些年来,在"网聚正能量、共绘同心圆"上,做了有益的探索,这些文章见证了他多年来笔耕不辍的探究和孜孜以求的足迹。有关部门和学校充分肯定凌晓明同志的工作成绩,他连续三年获得了"五个一百"网络正能量精品评选"百名网络正能量榜样",在各地走好网上群众路线典型案例征集展示活动中获选为"党员干部个人类案例"等。这本评论集的出版是凌晓明同志在"大力培育和践行社会主义核心价值观、把握好网上舆论引导的时、度、效"方面所做出努力的集中展现和成绩的缩影。

让网络空间清朗起来,是网民们的应尽责任和道德操守。全媒体时代信息的无处不在、无所不及、无人不用,导致舆论生态、媒体格局、传播方式发生了深刻变化,网络正能量能凝聚共识、坚定自信、激发动力、鼓舞志气,还能强信心、聚民心、暖人心、筑同心。如何创新改进网上宣传,怎样运用网络传播规律,对于网民们、从业人员及管理者是机遇,也是挑战。凌晓明同志为此做了些探索,用眼发掘深度,用情感知温度,用心凝练程度,但还不够,在理论与实践结合的内容形式拓展、手段载体丰富、方法路径探索上,还有很大的提升空间。新闻传播过程中至少需要传播两种基本信息,即事实信息和观点信息。评论主要是传播观点信息,网络评论也是传播观点信息。观点是需要被人注意和接受才能产生效果的,同其他新闻评论一样,网络评论要取得效果就要对所涉及的领域有比较深入的了解,不能是收集到材料的综合,而要有本身的思考和论述逻辑,要有问题意识,要写得实些,要力戒空话套话,要让网民喜欢看和愿意看,写好这样的评论并不容易。正如凌晓明同志自己所言,他的文章集册在很大程度上是抛砖引玉,希望能够启发和带动越来越多网民客观、理性地观察和对待各类事件并形成网络正能量意识、网络正能量思维、网络正能量行为,在中国特色社会主义事业的奋进征程中,讲好中国故事,汇聚中国力量,坚定中国信念,担负起实现中华民族伟大复兴的中国梦的新使命!

祝愿晓明同志取得更大成绩。

是为序。

(马胜荣:第11届全国政协委员、新华社原副社长兼常务副总编辑、重庆大学新闻学院原名誉院长)

目　录

第三部分　风貌与缩影

第四部分 体验和情感

第五部分 案例与价值

第一部分

实践和自信

　　中国特色社会主义,包括中国特色社会主义道路、理论、制度、文化,是科学社会主义的基本原则与中国实际相结合的产物,具有鲜明的时代特征和中国特色。只有深入把握其实践特色、理论特色、民族特色、时代特色,深刻理解其科学内涵、掌握其发展规律,才能紧贴时代脉搏、顺应时代潮流、吸纳时代精华,从而推动我们的事业发展和迎接远大的美好前景。

　　中国特色社会主义集中体现着国家、民族、人民根本利益。以民为本的出发点和落脚点是市场经济的运行基础,共同富裕的根本目的,公平正义的内在要求,民主政治的重要保障。这些基本特征和成因价值,在改革开放和社会主义现代化建设过程中得到不断深化认识和实践检验,更突出在党的十八大召开以后不断得以发展和丰富完善。

　　本部分内容力求探究理论层面的科学内涵、发展规律和实践层面的路径实现、成效验证的关联,力求探讨逻辑层面的成因发展、层次变化和情感层面的认知深化、信念坚定的关系。尽管是从现实层面的部分案例选择性作延伸思考,但其案例论证和情理阐明具有较大意义。其主题有"格局""立场""使命""道路""理念""引领""感召""方向""高度""姿态""旋律""温度""力量""动能""时代新人"

"方案""强军中国"等。这当中,有对党的十九大精神的解读,有世界变局下 G20 峰会对中国的期待,也有网络空间命运共同体的世界呼声;有对以人民为中心立场的坚定和坚守,也有新时代谋事干业境界的深省与鼓舞……

伴随着新时代中国特色社会主义道路不断前进的步伐,本部分篇章旨在从典型实践中去发掘时代特征,然后深入理解阐述以把握其科学内涵、总结评议,以引导网民们掌握其发展规律。要做到此,就必须对中国国情和形势发展有全面了解,就必须对中国发展历史和实践有深刻把握,就必须对中国特色社会主义的理论体系、道路建设、文化建设、制度建设等有坚定信念。信念的坚定,来源于道路自信、理论自信、制度自信、文化自信,来源于以爱国主义为核心的民族精神和以改革创新为核心的时代精神,来源于广大的中国人民在新时代的新实践、新业绩、新作为。

"共融格局"
助推亚洲文明之花万紫千红

首届亚洲文明对话大会，来自亚洲的 47 个国家和世界其他国家及国际组织的各方嘉宾齐聚中国北京，为深化文明交流互鉴来读懂历史，把握现在，守望未来。中国国家主席习近平在开幕式上发表了主旨演讲，对加强不同文明间的交流互鉴提出了一系列重要思想和重要论述，在国际社会产生了积极反响。演讲高瞻远瞩，立意深远；谋篇布局激荡人心，暖人心怀！大会平行分论坛主题鲜明，内涵丰富，成果丰硕；规模盛大的亚洲文化嘉年华，展示了亚洲文明的独有魅力和中国文明的博大瑰丽，促进了亚洲文明与世界文明的交融互动；亚洲文明周活动正陆续展开，类别繁多，如火如荼！

由习近平主席多次倡议召开的亚洲文明对话大会，是多国多方参与、多元文明对话、多彩文化交流和多姿文化体验的集中反映，具有标志性意义和前瞻性影响。首届举办，在特定的历史时期、特殊的条件环境和特别的时代背景下，以思想性、创造性、针对性、实践性等特点，解答了时代之问，廓清了发展之要，兑现了应责之义，开辟了共融之路，在人类文明交流史上写下了浓墨重彩的一笔，彰显了宏大格局的一划！

推动亚洲文明对话与交流的思维大格局，以壮阔视野开创性识局，让文明之光夺目增辉！

5 年前习近平主席在巴黎联合国教科文组织总部发表演讲时，对文明的论述不仅精辟揭示了人类文明的本质特征，还深刻阐述了"文明交流互鉴"的内涵，勾勒出各国文明兼容并蓄、和谐共生的美好蓝图；随后在 2014 年上海亚信峰会和博鳌亚洲论坛 2015 年年会上，他先后两次倡议召开亚洲文明对话大会。时至今日，世界范围内关于不同文明间是冲突还是对话、是对抗还是合作依然存在着疑惑和困扰;人类文明何去何从的"时代之问"依然没有明确的行动答案;当今世界治理、信任、和平、发展"四大赤字"的破解依然难以达成共识……中国以超前的眼光、系统的思维、壮阔的视野促成了此次大会的深入探讨和共商大计,亚洲文明对话大会应运而生,不能不说这是一个开创性的识局。明方略,才能谋大局;视野宽,才能格局大。这与当前有些自我意识膨胀、整天琢磨着自己的如意小算盘、只顾自家一亩三分地、只扫自家门前雪的小格局形成了鲜明的对比,并且格格不入!

亚洲对话大会进一步架构各国人民民心相通的桥梁,顺应当前合作发展大势,承载亚洲各国人民对文明交流的愿望,因势而动,顺势而为。习近平主席在主旨演讲中深情地回顾了亚洲文明的起源衍变、发展壮大和光辉成就等,同时也极富远见地为激活亚洲古老多彩文明活力指出了努力与奋进的方向。"各种文明在这片土地上交相辉映,谱写了亚洲文明发展史诗""丝绸之路、茶叶之路、香料之路等古老商路,记录着亚洲先人们交往交流、互通有无的文明对话"……打开历史视野,才能更好地对话与交流;把握历史规律,才能更好地辨别前行的方向;承载历史成果,才能更好地继承与发扬。推动亚洲文明对话与交流的思维大格局,不得不说这是亚洲文明发展与进步的契机和幸事,文明之光必将耀眼夺目,文明之花必将绚丽多姿,在人类文明星空中熠熠生辉!

深化亚洲文明互学与互鉴的理念大格局,以博大智慧创造性立局,使文明之树欣欣向荣!

亚洲历史上文化紧密相连,发展到今天,经济上高度依存。这个"大家庭"在整个"地球村"中已成为维护国际秩序的强大力量。身处百年未有之大变局,亚洲各国不同程度地参与了博鳌亚洲论坛、亚信会议、上海合作组织、东盟系列会议、澜沧江—湄公河合作、海湾阿拉伯国家合作委员会、南亚区域合作联盟……文明对话缔造着亚洲的新希望;与此同时,"一带一路"行稳致远的路线图和"亚洲基础设施投资银行"参与国爆发式的增长,让全世界对亚洲迈向新未来充满了期望。"让文明交流互鉴成为增进各国人民友谊的桥梁、推动人类社会进步的动力、维护世界和平的纽带",先谋于局,后谋于略,略从局出! 尤其是此次亚洲文化嘉年华活动反响热烈,俨然成为一场中外文明大交流、文化界大汇聚、人民大联欢的人文盛事的经典范例,其以亚洲青年为代表所展现的多元之美与活力四射,让"和而不同""和合共生"的理念变成了亚洲各国人民实现新时代多种文明和谐共生心愿的生动实践。

与之相反的是,世界范围内,格局渺小、局限、狭隘者只会在多样文明中表露出傲慢和偏见,甚至出现了执意改造乃至取代其他文明的可笑行为与行动。

此次大会立足亚洲,面向世界,覆盖了亚洲的各个国家,又向世界各文明开放,既兼收并蓄,又互利共赢。习近平主席在主旨演讲中提出了亚洲人民对"和平安宁的亚洲""共同繁荣的亚洲""开放融通的亚洲"的三个"期待",充分体现了中国促进亚洲文明发展的责任担当,也展现了构建人类命运共同体的使命追求。这迫切需要亚洲乃至世界各国深化文明互学互鉴,激发文化共鸣、维护文明多样;迫切需要推动从文明间的对话、交流和互鉴,到进一步推动文明间的尊重、包容和互助,生发出文明间大家庭式的同呼吸共命运的精神和价值观。准确把握大势,才会更好地凝结共识;勇立时代潮头,才会更好地感召力量;凝聚时代智慧,才会更好地引领发展。无疑,亚洲对话大会的创造性立局,是亚洲现有合作机制的重要补充、丰富和完善。秉承互学互鉴的理念,顺应世界发展的潮流,沿着文明进步的足迹,胸怀大局,把握大势,着眼大事,中国正同亚洲各国一道,在彼此互信和相互交融中寻求智慧,汲取营养,涵养格局,为构建人类命运共同体提供新视角、新路径和新方案。深化亚洲文明互学与互鉴的理念大格局,不可不说这是亚洲文明乃至世界文明间共生与互融的良策和善谋,文明之树必将枝繁叶茂,文明之花必将姹紫嫣红,在人类文明发展史上烙下深印!

秉承亚洲文明弘扬与繁荣的情怀大格局,以宽广胸怀开拓性创局,盼文明之花芬芳馥郁!

亚洲是人类文明的重要发源地,在对话大会期间,丰富多样、源远流长的亚洲文明充分地展现了"各美其美",不论是大会平行分论坛的畅所欲言和尽情展望,还是亚洲文明周活动的精彩纷呈和情感体验,都富有时代特色,引发强烈共鸣,唤起奋斗激情。亚洲每一种文明都延续着一个国家和民族的精神血脉,只有在充分对话和互鉴中,才能更好地展示内在魅力和外在特质,才能更好地发现血脉传承和价值内涵;只有在弘扬繁荣的未来征程中,才会找到薪火相传、代代守护的新使命,找准与时俱进、勇于创新的新担当,从而推动形成和合共生、共同发展的共识。文明对话日益成为新时代构造新型国际关系的重要范式,这是潮流;文明互鉴逐步成为新纪元开创有序治国理政遵循的支点,这是趋势! 没有宽广辽阔的胸怀、格局与作为,就不可能推进各种文明的共存、共生与共融。"对待不同文明,我们需要比天空更宽阔的胸怀。""要了解各种文明的真谛,必须秉持平等、谦虚的态度。"习近平主席的强调之声响彻耳边。显而易见，此次对话大会进一步增强了亚洲文明共同发展的信心，对促进世界文明交流，推动构建人类命运共同体起到了先行示范的作用，给当前民粹主义和有关文明冲突论调予以了强有力的回击。

"谋大事者首重格局。"亚洲文明对话大会体现了中国促进亚洲文明发展的担当，对推进文明交流互鉴起到了主要作用，是推动人类文明进步和世界和平发展的重要动力。习近平主席提出的"坚持相互尊重、平等相待""坚持美人之美、美美与共""坚持开放包容、互学互鉴""坚持与时俱进、创新发展"四点主张，以及从国与国的命运共同体，区域内命运共同体，到人类命运共同体，习近平主席在国际舞台上一次次深入阐述新时代文明观，倡导"和而不同""和合共生"，包含了中华民族对不同文明相处之道的独特理解，表达了中国追求和平发展的情怀与渴求，强调了中国与各国合作共赢的主张和理念，格局之广，人所共晓；情怀之深，众所皆知。"今日之中国，不仅是中国之中国，而且是亚洲之中国、世界之中国。"中国要拥抱亚洲，融入世界；把握大势、顺应潮流！习近平主席的宽广情怀与博大胸襟，必将助推亚洲文明的进一步弘扬与繁荣。文明之行必能恪守正道，文明之花必将万紫千红，在人类命运共同体构建上守正出新！

"你的心有多宽，你的舞台就有多大；你的格局有多大，你的心就能有多宽！"亚洲各国百千文明心连着心，亚洲文明对话大会共话未来，协力创造出属于亚洲的无限动力与可能，这都源自共融格局的助推与铺展。大格局既是一种智慧，也是一种情怀；既是一种品行，也是一种姿态。在人类文明发展史上，中华文明的处世之道、价值导向、精神气质、生存理念等屹然耸立与历久弥新。在此感召和牵引下，亚洲文明的对话与互鉴会力推亚洲各国凝聚起构建命运共同体的共识。"积力之所举，则无不胜也；众智之所为，则无不成也。"相信有了如此好的开端与开局，亚洲各国携手一道，今后定会共同开创亚洲美好未来，奏响亚洲发展最强音，共同浇灌世界文明进步之花，让其绽放最美芬芳！

（原文标题为《"中国格局"助推亚洲文明之花万紫千红》，
2019年5月17日首发于中国青年网，全网联发）

以人民为中心的立场，坚定而高扬

春色满园，好一派欣欣向荣。第十三届全国人民代表大会第一次会议在硕果累累中胜利闭幕。习近平主席在闭幕会上作重要讲话，引发了国际社会、国内民众及普通网民的热烈反响和赞誉。在讲话中，"人民"一词出现了高达 84 次，以人民为中心的思想、理念和意愿，充满了对中华文明的自豪，对中国人民的深情，对中国发展的自信。中国发展造福人类的愿望彰显了中国主张、强调了中国立场。再次擎起"以人民为中心"的核心奋斗大旗，在中华大地上高高飘扬。

只有人民创造并书写历史的中华民族立场，决然坚定，恢弘深刻！

在中国文明及历史发展的几千年中，中国人民创造和延续了伟大的历史。所有事业的根基在人民，力量在人民，人民才是历史的创造者，这是决定着国家前途命运的根本力量。习近平主席在讲话中深刻地总结和归纳了这一定理："具有伟大创造精神的人民""具有伟大奋斗精神的人民""具有伟大团结精神的人民""具有伟大梦想精神的人民"，再次向全中国甚至全世界讲述了中国人民的本质与外在、禀赋与性情、品质与操守，讴歌了中国人民的创新与能力、自强与融洽、勇敢与超常。习近平主席的讲话不仅在追溯和赞美古往今来的伟大民族精神的发展源泉和形成之路，表达"人民是历史的创造者，人民是真正的英雄"的深刻内涵，同时也表达了对始终秉承着千百年来中国人民的优秀品质和中华民族的伟大精神的肯定，激励、凝聚和发扬了更加强大的精神力量。"波澜壮阔的中华民族发展史是中国人民书写的！博大精深的中华文明是中国人民创造的！历久弥新的中华民族精神是中国人民培育的！"定位果断而坚定，勉励着我们，更像在提醒我们：当下的我们是历史创造的一代，也是创造历史的一代！中华民族伟大复兴的接力棒已经传到我们手中，我们应该且必须创造和书写属于我们这个时代的历史片段。当今人民创造并书写历史的民族立场,须传承和弘扬上述中国人民的"四大精神",唯有勇于变革、勇于创新、永不僵化、永不停滞,精诚团结、和衷共济,胸怀大志、志在四方,才会创造新时代的万千气象!

坚持始终把人民装在心中的自身情感立场,铿锵有力,泾渭分明!

在闭幕会上,习近平主席发表重要讲话:"我将一如既往,忠实履行宪法赋予的职责,忠于祖国,忠于人民,恪尽职守,竭尽全力,勤勉工作,赤诚奉献,做人民的勤务员,接受人民监督,决不辜负各位代表和全国各族人民的信任和重托。""虚心向人民学习,倾听人民呼声,汲取人民智慧,把人民拥护不拥护、赞成不赞成、高兴不高兴、答应不答应作为衡量一切工作得失的根本标准。"甘为"勤务员"、愿意"虚心学习"、明确"根本标准"等足见人民在其心中的权重与分量!欧洲新闻社报道,专家认为习近平主席在中国政坛拥有权威和核心地位,获得执政党、军队和企业界的一致拥护;新加坡《联合早报》的分析文章称,习近平主席全票当选说明他当下在中国的威望和认可度非常高……从梁家河、正定、厦门、宁德、福州、浙江、上海等,再到近几年春节期间视察"苦瘠甲于天下"的甘肃定西、千里冰封的内蒙古大草原、雪沃纵横的张北草原、山路崎岖的四川大凉山腹地……串串勤奋务实的足迹深扎祖国各处,句句关心温暖的话语送给贫困地区农民。"我最牵挂的还是困难群众",引发了多少人民群众的热泪与感怀,暖在人心!"新时代属于每一个人,每一个人都是新时代的见证者、开创者、建设者。"这只言片语更是道出了对人民大众中每个人的情感尊重和价值认同,足以说明了始终对人民的赤子之心和对人民的忠诚。以人民为中心,一切为了人民、依靠人民,发展成果由人民共享等重要思想在习近平主席多次讲话中都浓墨重彩地表达,情到深处皆是爱!

永远保持与人民心连心的共产党政治立场,旗帜鲜明,矢志不渝!

90多年来,人民立场是中国共产党根本的政治立场,这是马克思主义政党区别于其他政党的显著标志。自成立之日来,我们党与人民风雨同舟、生死与共,始终保持血肉联系,这是党战胜一切困难和风险的根本保证。人民是天,人民是地,人民是共产党永远的挂念;人民是山,人民是海,人民是共产党生命的源泉。这在习近平主席的讲话中得到了充分的印证和突出的强调,中国共产党"始终与人民心心相印、与人民同甘共苦、与人民团结奋斗,永远保持马克思主义执政党本色,永远走在时代前列，永远做中国人民和中华民族的主心骨！"我们党带领中国人民"让社会主义市场经济的活力""让社会主义民主的优越性""让中华文明的影响力、凝聚力、感召力""让实现全体人民共同富裕在广大人民现实生活中""让绿水青山就是金山银山的理念在祖国大地上"更加充分地展示出来，充分展示了人民的胆识、勇气与自信；"我们伟大祖国的每一寸领土都绝对不能也绝对不可能从中国分割出去！"展示了中国人民的信念、意志与表达权；"中国永远不称霸、永远不搞扩张"，坦言中国人民历来的正义感和同情心；"始终不渝走和平发展道路、奉行互利共赢的开放战略"，真诚描绘伟大祖国的宏图……讲话全文显现了为人民发展、靠人民共建、由人民评判，坚持党民同心的政治立场。这些是党坚持人民立场的宣言书，是党团结带领人民艰苦奋斗的宣言书，也是党和13亿多中国人民共同承载着伟大梦想实现的宣言书！

"人民，只有人民，才是创造世界历史的动力。"新时代全国两会的代表委员们渐渐离开会场和住所，但"以人民为中心"的中国立场被他们带回到了各自岗位、战线，在广大中国人民的心坎上扎根。中华民族立场的张扬、自身情感立场的榜样、共产党政治立场的主张，实在了"躯干"，壮在了"四肢"，暖在了"人心"，必将激发所有中华儿女在中国共产党的领导和带领下，鼓足干劲，策马扬鞭，以最大的决心、做最充分的准备，在中华民族伟大复兴的路上争取更大的胜利！

（原文标题为《以人民为中心的"中国立场"，坚定而高扬》，
2018年3月21日刊发于环球网）

开启新时代网络正能量的使命

　　2018 戊戌年春节来临之际，第三届"五个一百"网络正能量精品评选活动再发动、再召唤、再启程。这项涉及中国全网领域的活动，前两届因覆盖全网民、聚焦全方位、高扬主旋律而独树一帜，在团结和激励亿万网民认知世界、感知中国和行知奋斗中独领风骚。第三届"五个一百"评选活动更是在中国特色社会主义进入了新时代后被誉为凝聚共识、汇集力量的风向标和参照系，彰显主流价值、担负光荣使命、寄予殷殷厚望的时代重任和非凡意义，理应得到更多、更广、更深的响应和热捧。通过"五个一百"的深入推进和积极参与，不论作为活动的组织方或是每一个网民不同使命的履行，都能获得共享成果，体验昂扬姿态，感应时代变化！

奋力唱响新时代，正能量具有政治性和方向性，"五个一百"再成锐意进取的急先锋。

　　拥抱新时代，更要融入新时代，唱响新时代。形势的步伐催促着我们必须以前所未有的精神风貌肩负起为美好生活而不懈奋斗的历史使命。据日前中国互联网络信息中心（CNNIC）发布的第 41 次《中国互联网络发展状况统计报告》显示，截至 2017 年 12 月，我国网民规模达 7.72 亿，我国手机网民规模达 7.53 亿。在如此规模中怎样唱出好声音，唱好主旋律，唱响新时代，这是一个时代之问的必选题，也是一道社会发展的考量题。无疑，"五个一百"活动大力倡导和集中展示过去一年多时间来在重大政策、重大主题、重大活动、重大事件、热点问题和突发事件中积极发声、传递正能量、在网上有良好反响的优秀榜样和网络精品力作。通过亿万网友以画笔描绘新时代的多彩画卷，用图文记录新时代的精彩瞬间，将按键敲击新时代的奋进之声，在此平台和舞台上将集思想性、时代性、艺术性等相统一的优秀作品，展现其表象与内涵、品质与精神、形式与方法。通过其网络传播力、社会影响力、征程实践力，让昂扬向上、锐意进取的态势来挖掘、来凝练、来彰显做习近平新时代中国特色社会主义思想的引领者，以新思想武装头脑；做习近平新时代中国特色社会主义思想的推动者，以全渠道凝心聚力；做习近平新时代中国特色社会主义思想的践行者，以新理念指引前行；做奋勇建功新时代的主力军和生力军，以新作为鼓舞人心。在这样的背景和环境下，"五个一百"活动再次勇担急先锋的使命，让华夏儿女充盈着渴望。同理，对亿万网民以何种时代风采和参与程度来"展演"自己的使命，更是充满着期待。

着力迸发新动能，正能量蕴含全领域和全方位，"五个一百"甘当急流勇进的擂鼓手。

从海量的传播渠道中遴选优秀的网络作品和代表，以达到弘扬正气、汇聚动能，大力弘扬社会主义核心价值观，萃取中华民族优秀文化成果，吸纳广大人民群众劳动智慧，以充沛的正能量提振广大网民的精气神，这不仅是"五个一百"活动之宗旨，也是新时代各项事业之所需，更是建设网络强国的目标之所在。随着互联网特别是移动互联网发展，网络信息技术已全面融入人类社会生产、生活和思维等各个领域，网络空间与现实空间交相辉映，多维链接并时刻进行着海量的资源交换和频繁的影响交互，推动了社会治理模式正在从单向管理转向双向互动，从线下转向线上线下融合，从单纯的政府监管向更加注重社会协同的治理转变。因此，任何领域和每一网民都需要正能量，都离不开正能量，而正能量发挥其作用，需要每一领域和每一网民的识别、发现、历练、传播和采用等。这不仅仅局限于网络媒体的好文美图，网络公益、网络音乐、网络文学、网络各类服务平台等同样如此，网络信息、网络产品、网络公众人物、网络媒体运营者、网络活动组织者等皆入门下。党的十九大制定的新时代中国特色社会主义行动纲领和发展蓝图中，提出要建设网络强国、数字中国、智慧社会；要加强互联网内容建设，建立网络综合治理体系，营造清朗的网络空间。在如此条件和因素下，"五个一百"活动承担急流勇进播鼓手的责任使命，担当各项事业迸发前行的精神动能，进而发出引领和感召。同理，每一网民只有在正能量感染和影响中践行自身的使命，才可焕发奋斗的精神动力，充实自信与坚强。

勠力共绘同心圆,正能量具备普民性和惠民性,"五个一百"誓为使命担当的号角兵。

习近平总书记曾明确指出:"什么是同心圆? 就是在党的领导下,动员全国各族人民,调动各方面积极性,共同为实现中华民族伟大复兴的中国梦而奋斗。"正因为网络空间是亿万民众共同的精神家园,要想画好同心圆,就必须加强网络空间的建设和维护。网络空间是天朗气清还是乌烟瘴气、是生态良好还是生态恶化,决定了是否符合人民的利益。2017 年《网络安全法》以及"微信十条""账号十条""约谈十条"等一系列法律或规范性文件陆续颁布实施,为画好同心圆、凝聚网络舆论的正能量提供了有力依据及保障。网络空间这个同心圆的"圆心"是人民的利益,其"半径"取决于网络正能量的分布、比重。共绘同心圆,就是所有网民在共同思想基础、奋斗目标和理想愿景前提下,凝聚共识、凝聚智慧、凝聚力量,共同描绘最大同心圆。每个网民不仅是守望者、维护者和捍卫者,也是分享者、受益者和贡献者。不久前,中共中央宣传部(以下简称"中宣部")、中央网信办、中华人民共和国教育部(以下简称"教育部")等国家六部门联合发文要求通过加强网上主旋律宣传、深化网上主题教育活动等进一步加强社会主义核心价值观的网上传播。风清则气正,气正则心齐,心齐则事成。公安部打四黑除四害主动发好公安声音、及时辟谣等,一年阅读量超过 7 亿人次;中国大学生在线传递青春及成长正能量,一年发博文就达 1 万余条……在如许的基础和途径中,"五个一百"活动以一批优秀网络文化成果和先进典型形象的树立,成为唱响新时代使命践行的领头羊和号角兵,不断增强广大网民的国家认同、民族认同、文化认同。同理,每一网民也应肩负起新时代正能量弄潮儿的使命,将智慧写进时代旋律,把青春融入大好河山。

"一个时代有一个时代的主题,一代人有一代人的使命。"历史的接力棒交付在我们这一代人的手中,为实现中华民族伟大复兴的中国梦的使命既光荣又艰巨。当下,如期实现全面建成小康社会和夺取新时代中国特色社会主义伟大胜利则是近期和中长期最主要的"中国使命",对此,我们责无旁贷,也信心满怀。第三届"五个一百"网络正能量精品评选活动的启动,开启了新时代全网正能量的动员、倡导和聚集。以网聚正能量、共绘同心圆、唱响新时代的使命为己任,必将激励和促使亿万网民在各领域、各行业、各群体中将实现个人价值与国家社会发展紧密结合,凝聚起同心共筑中国梦的磅礴力量!

(原文标题为《开启新时代网络正能量聚合的"中国使命"》,

2018 年 2 月 8 日首发于环球网,全网联发)

新时代@所有人

连日来,习近平总书记代表第十八届中国共产党中央委员会在中国共产党第十九次全国代表大会开幕会上所作的报告引起了全世界的高度瞩目、深切关注和持续高温,外国首脑、政要人士、全球媒介、华夏儿女、网络空间等均赞誉中国过去五年的成就显赫,充分肯定中国的现状定位,热议着中国未来走向,普遍反映这是中国特色社会主义进入新时代、开启全面建设社会主义现代化强国的动员令和宣言书。海量舆论的核心关切点在于"中国道路"目前走得怎样,下步如何走、以何种方式走及走向何方,这些宣传、交流与评论无一不在总书记的报告中能够找到准确的解答或得到合理的解释!

引领新时代,波澜壮阔,@所有人,你我备受鼓舞,但需凝心聚力。

2017年10月,党的十九大报告以立意高远、与时俱进、气势恢宏的态势宣告党和国家事业发展已经实现了历史性变革,推进中国特色社会主义进入新时代。历史和实践再次证明,中国特色社会主义道路是实现社会主义现代化的必由之路,是创造人民美好生活的必由之路。站在新的历史方位,十九大提出了用新时代中国特色社会主义思想来指引中国今后的发展之路,科学精准判断形势,制定了具体的路线图,提出了新时代我国社会主要矛盾,阐明了基本方略,描绘了宏伟蓝图,体现为民的宗旨和发展的使命。

我们进入了新时代啦!"中国道路"的发展震撼心灵、令人鼓舞、催人奋进。亿万网民倍受荣幸和自豪,在"身份"和"角色"变化之时,更要清醒地看到新变革所带来的新希望和新要求,于是就有了@所有人的提倡。这就需要不断深入学习贯彻落实党的十九大精神,在思想层面上与十九大精神保持高度一致,积极响应党中央的号召,在"中国道路"奔跑中不落伍、不掉队,凝心聚力,同心同向。这不仅是当下及今后相当长的时间里一项首要的政治任务,也是与每个有中华传统血脉相通者事业与生活上息息相关的大事!

践行新思想,浩大广阔,@所有人,你我只争朝夕,必须砥砺前行。

放眼当今世界,形势复杂多变,有的国家动荡不安,有的国家后劲不足,而在短短几十年,中国实现了从站起来、富起来到强起来的伟大跨越。外国专家学者们一致认为,中国共产党的领导,是创造中国奇迹的最核心密码。俄罗斯《独立报》评论:"通过带领中国走向前所未有的繁荣富强,中共证明了自己的理论和实践的优越性。"中国共产党只有不断发展、创新与践行特定时期的新思想,中国特色社会主义事业才能取得伟大成就。习近平新时代中国特色社会主义思想的提出,是21世纪科学社会主义的纲领性文献,是党的理论创新和实践成果的集中展示,是一个凝聚全党智慧、顺应人民期待、指引发展顺畅的行动指南和精神力量。

新时代催生新思想,新思想导引新航向。"中国道路"方向把握必须由伟大的思想和理论来指引。过去的5年,实践的新思想如八个明确、"十四个坚持"基本方略、七大战略等,无不具有鲜明的时代特征和务实的理论根基,也无不与广大干部群众生活密切相关,这有力彰显了我们党和人民的伟大创造力。每个中华儿女都是这一伟大成果的参与者,也是受益者,都是历史的创造者,更是未来的建设者。这就迫切需要@所有人在今后行为层面上能及时、正确、准确地理解新思想、认识新思想和践行新思想,让理论的新飞跃来应对时代的新课题、找准实践的新路径,以确保"中国道路"的走向不偏、不斜,直达目标地。

开辟新征程,高歌猛进,@所有人,你我时不我待,更需壮志在胸。

海外研究者表明,正是中国共产党始终坚持以人民为中心,带领中国人民立足中国自身历史和国情,创造性地发展出了中国特色社会主义理论体系,推动了中国特色社会主义道路一路顺畅并走向现代化的进程。党和国家事业站到了新的历史起点上,在两个发展阶段的新征程中,摆在全党全国人民面前的进行伟大斗争、建设伟大工程、推进伟大事业、实现伟大梦想的"四个伟大"艰巨任务,一定不会一帆风顺。前行的路上依然"荆棘丛生",但有党的坚强领导,有新思想的正确指引,有全国上下的顽强奋斗,建设新时代中国特色社会主义的道路前景光明。

奋力走好新长征,不愿落下一个人。科学理论指导是开辟正确道路的前提,但人民选择才是形成正确道路的根本。今后的三十多年里,党团结带领全国各族人民不仅要决胜全面建成小康社会,奋力夺取新时代中国特色社会主义伟大胜利,而且还要实现中华民族伟大复兴的中国梦和实现人民对美好生活的向往。新征程任重而道远,这就亟待@所有人在精神层面上要坚定信心、永葆斗志、团结一心、锐意进取,在十九大精神的指引下,坚定不移地紧跟着党沿着"中国道路"不断奋进!

"自信人生二百年,会当水击三千里!""中国道路"由中国人民选择,并根植于当代中国经济社会发展实践。道路的实践成果是否惠及全体人民,是检验道路性质和方向正确与否的根本标准。这与习近平总书记的报告"带领人民创造美好生活,是我们党始终不渝的奋斗目标"得到了充分契合!@所有人,既是提议,也是倡导,相信在党的十九大精神鼓舞和激励下,全党和全国各族人民将始终坚持以习近平新时代中国特色社会主义思想为指导,在思想上、行为上和精神上促成心心相印、脉脉相通的良好态势,形成各项事业强大的生命力和感召力,凝聚成为砥砺"两个一百年"奋斗目标、中华民族实现伟大复兴和人民对美好生活向往实现的强大精神力量,让"中国道路"越走越宽阔!

(2017 年 10 月 21 日首发于环球网,全网联发)

"网络空间命运共同体理念" 为世界互联网发展立论定向与指引导航

第六届世界互联网大会以"智能互联开放合作——携手共建网络空间命运共同体"为主题,吸引了全球 83 个国家和地区约 1 500 名嘉宾齐聚浙江乌镇。会上集思广益,深入交流,在面临机遇和挑战等很多领域达成了新的共识;瞄准前沿,引领未来,聚焦世界互联网最新发展趋势和前沿技术动态;扩大影响,成果丰硕,聚力高质量与高效的数字经济产业合作等。特别是中国国家主席习近平专门发来了贺信,信中对互联网发展趋势的深刻洞察和对增进人类共同福祉的高度关切所提出的理念和主张,为大会的成功召开提供了思想引领和基本遵循。此外,大会前夕,世界互联网大会组委会发布了《携手构建网络空间命运共同体》概念文件,深刻阐释了习近平主席提出的"构建网络空间命运共同体"重要理念,还发布了《网络主权:理论与实践》《世界互联网发展报告 2019》《中国互联网发展报告 2019》和《乌镇展望 2019》等重要理论成果。这些集思想性、专业性、引领性的发展理念和成果文件,为全球互联网发展提供了新的思想借鉴和智力支撑。

"构建网络空间命运共同体"的具体内涵、坚持原则、表现方式和实现目标体现在哪些方面,应该怎样实践? 为了顺应形势发展需要,积极回应国际社会的热切期待,本次大会组委会恰逢其时地发布了《携手构建网络空间命运共同体》概念文件,分别从构建网络空间命运共同体的时代背景、基本原则、实践路径和治理架构等方面做了深入阐释。中国倡导的全球性理念,在众望所归中,着眼时代发展、响应世界呼声、指引前进方向,进而推动形成"中国方案",蕴含着"中国智慧",在网络空间发展与治理上,与国际社会一道去开辟美好的未来!

"网络空间命运共同体"的理念,对其主体维度的倡导,要突出"主心骨"作用。

被称为人类社会"第五大空间"的网络空间,包括硬件、软件、信息、数据链路等构成要素,是构建在各国地域主权之上的电子空间,属于共同管辖的全球公域,也是国家主权在网络上延伸和表现的集中地和共同体。当今世界正处于大发展、大变革、大调整时期,互联网的迅猛发展给人类文明进步带来了千载难逢的发展机遇。但互联网领域发展不平衡、规则不健全、秩序不合理等问题日益凸显,成为摆在人类社会和世界各国面前亟待解决的难题。2015年,中国国家主席习近平在第二届世界互联网大会首次提出"构建网络空间命运共同体"理念,倡议互联网发展治理的"四项原则"和"五点主张",得到了国际社会广泛关注和普遍认同,这已经成为世界互联网大会永久主题。构建网络空间命运共同体,充分展现了习近平主席宏阔的世界视野和睿智的战略智慧。通过此倡议来感召世界各国应当以更宽广的视野观察世界空间秩序变化,以更长远的眼光看待网络空间与人类息息相关的发展,把本国在全球公域的安全、利益及持续发展放在世界格局中思考。无疑,这样的"网络空间命运共同体"的"中国理念"具有鲜明的先进性、时代性和实践性,是理想与现实、理论与实践、主观与客观的辩证统一。《携手构建网络空间命运共同体》概念文件就是这一"中国理念"的内涵延伸,其方向精准、内容具体,明确了主体维度突出体现在各国政府、国际组织、互联网企业、技术社群、社会组织、公民个人等,这是互联网空间的基本属性和特质所决定的。

正因为网络空间的全球性、客观性、交互性和实时性、管理的非中心化等特征,所以就迫切需要全球共同的科学理念来指引、指导、约束和推动。人是万物的尺度,人也是万物之本。网络空间是人类创造出来的,也是立足和服务人类的。"一荣俱荣、一损俱损",互联网是人类共同的家园,一个和平、安全、稳定、繁荣的网络空间,对一个人、一个国家乃至整个世界的和平发展都具有极其重要的意义。因此,让这个家园更美丽、更干净、更安全,是网络空间主体维度的共同责任,其中"各主体的沟通与合作,形成立体协同的治理架构"尤为重要。《携手构建网络空间命运共同体》概念文件不仅区分了主体维度的构成要素,提出了各国政府、国际组织、互联网企业、技术社群、社会组织、个人等在网络空间主体维度主要功能和作用效能的界定,而且明确地提出了各要素间要携手共进、突出"主心骨"的作用体现和责任所在,如"网络空间国际规则制定的重要主体""数字经济建设的关键主体"

"国家治理与国际合作的关键主导作用""网络空间治理的重要参与者"等。四年前,中国的倡导广泛凝聚了全球各国的共识,中国的主张极大提振了国际社会的信心;四年后的今天,有了这样规范、系统、科学的网络空间治理架构和主体责任体系,"中国理念"的具体践行和实践推动,再次说明了不仅需要先进的思想来启迪世界,更需要行动的力量来改变世界。

"网络空间命运共同体"的理念,对其实践维度的利导,应彰显"风向标"效能。

今年是互联网诞生 50 周年,也是中国全功能接入互联网 25 周年。伴随着互联网发展从实验科研阶段、社会化启用阶段到社会化应用发展阶段,中国互联网发展只经历了后两个阶段。从无到有,从弱到强的中国互联网发展和治理是在改革开放大背景下,在中国繁荣稳定的经济社会环境下,和在自身产业转型的强大需求下被带动、被推动起来的。特别是党的十八大以来,始终坚持以战略思维谋全局,以系统思维聚合力,以创新思维增活力。中国是互联网的受益者,是互联网技术和应用的贡献者,同时也是互联网治理的倡导者、实践者。中国始终秉持以辩证思维解矛盾,以法治思维图善治,以开放思维拓视野。互联网行业发展,不仅对中国政治、经济、社会产生了巨大影响,也助力中国以全新的面貌走近世界舞台的中央。《携手构建网络空间命运共同体》概念文件不仅为倡导世界各国推动平等互利、包容互信、团结互助、合作互惠、交流互鉴提供了理念的认识论,而且还提供了共同推进全球互联网发展治理进程的方法论,即在坚持原则和实践路径上,更加定论和具体,包括"加快全球网络基础设施建设,促进互联互通""打造网上文化交流共享平台,促进交流互鉴""推动网络经济创新发展,促进共同繁荣""保障网络安全,促进有序发展""构建互联网治理体系,促进公平正义"五点主张的倡导。实践表明,"携手构建网络空间命运共同体"这一科学理念和具体阐释诞生的背后,是中国始终秉承立足国内、放眼世界的大局观;是不断解放思想和扩大开放,坚持以人民为中心,激发市场创新与活力的发展观;也是实践和理论丰富发展的真实写照。其有力的思想指引、科学的问题研判、从容的形势驾驭,推动世界互联网发展行稳致远。

在解读《携手构建网络空间命运共同体》概念文件时,国家互联网信息办公室主任、世界互联网大会组委会主席庄荣文在接受媒体书面采访时表示,"中国将推动国际社会进一步深化战略互信,加快互联互通步伐,推进共享共治进程;进一步激发创造活力,让不断涌现的创新成果驱动数字化发展;进一步推动务实合作,创造更多利益契合点、合作增长点、共赢新亮点;进一步促进成果共享,让更多国家和人民搭乘信息时代快车。"这不仅表达了中国对世界互联网治理的坚定立场和实践愿景,彰显了网络大国负责任的态度和开放合作的姿态,而且也积极利导在不可阻挡的大势下,各国只有携手合作,顺应时代潮流,勇担发展责任,共迎风险挑战,共同推进网络空间全球治理,才能构建网络空间命运共同体。纵观六年来的全球互联网大会,每举办一次,合作共赢精神就前进一大步,实践推动的"风向标"作用日益凸显。构建网络空间命运共同体的中国理念符合各国共同利益,符合网络规律发展方向,符合世界进步繁荣大潮,日益深入人心,得到越来越多国家的理解、响应和支持。中国理念焕发出巨大吸引力、感召力和生命力,彰显出蓬勃有为的力量。

"网络空间命运共同体"的理念,对其价值维度的引导,须实现"指南针"功能。

习近平主席在本次大会的贺信中强调"发展好、运用好、治理好互联网,让互联网更好造福人类,是国际社会的共同责任。"站在现实的视角看责任,放眼未来的发展看担当,指出了当今互联网正在成为新引擎,为今后播撒着新希望。一个美好的目标,是需要一代又一代人接力跑才能去实现,这不仅需要勇气和能力,更需要指引和担当。《携手构建网络空间命运共同体》概念文件中对"尊重网络主权""维护和平安全""促进开放合作""构建良好秩序"四项原则坚持的倡议,当中有发展道路、治理模式等的选择权,有安全利益和重大关切的尊重权,也有参与网络空间国际规则制定的平等权;既有维护全球协同一致的创新体系的责任义务,有对破坏和威胁网络空间的和平与安全的事项反对,也有对《联合国宪章》宗旨与原则的部分条款的依据和遵循。因此,构建网络空间命运共同体的中国理念,让世界人民期盼和依赖,在世界各国携手努力、共同落实、同舟共济、勇担责任中,达成互联网推进世界更美好、推动人类更幸福的美好愿景。

六年的世界互联网大会成功举办,让全世界充分见证、亲身体验了乌镇的网络化、智慧化,这是中国互联网创新发展的一个缩影,是中国互联网发展理念指引下传统和现代、人文和科技融合发展的生动写照,也是生动体现了全球互联网共享发展理念的落地开花。站在人类前途与命运的战略高度,习近平主席提出推进全球互联网治理体系变革的"四项原则",就是直面世界互联网发展的共同问题,真切呼吁网络空间全球共有的价值维度,呈现出中国作为网络大国的担当和自信。从引起国际共鸣到后来的形成全球共识,从"协和万邦""兼善天下"的中华传统价值主张到"义利相兼、以义为先"的正确义利观,坚定"和平、发展、公平、正义、民主、自由"的全人类共同价值……用事实说话,中国理念启迪世界;用行动证明,中国担当惠及世界。"国际社会应该在相互尊重、相互信任的基础上,加强对话合作,推动互联网全球治理体系变革,共同构建和平、安全、开放、合作的网络空间,建立多边、民主、透明的全球互联网治理体系。"第二届世界互联网大会上习近平主席的真诚期待,成为推动世界互联网发展与治理在历史新起点上继续前进的"领航标"。发布的《携手构建网络空间命运共同体》概念文件对构建网络空间命运共同体所坚持原则的具体细化,将积极发挥"指南针"功能,更好地引导着未来世界互联网发展与治理的行程航线。

"理念的力量无远弗届,智慧的光芒穿越时空。"从理念视野中读懂当代中国的引领与担当,从理念阐释中见证中国与世界深度融合的时代进程。《携手构建网络空间命运共同体》概念文件的面世,其在主体维度、实践维度和价值维度都具有里程碑的意义,它将网络空间发展与治理的"中国理念"转变成全球各国实实在在的实践宣言,转变成国际社会切切实实的行动指南,不仅丰富了人类命运共同体的科学内涵,反映了网络空间命运共同体的美好追求,而且也描绘了人类社会美好的未来,照亮了世界发展的正确航向!

（原文标题为《"中国理念"为世界互联网发展立论定向与指引导航》,
2019 年 10 月 25 日刊发于中国网,全网联发）

世界变局下 G20 峰会热切期待新思维

二十国集团（G20）领导人第十四次峰会日前在日本大阪举行，峰会召开正逢百年未有之大变局的重要关口。当今世界面临着经济新旧动能如何转换、国际格局和力量对比怎样加速演变、全球治理体系又该如何深刻重塑等若干时代之问，国与国之间是合作还是对抗？是开放还是封闭？是互利共赢还是零和博弈？作为国际经济合作主要论坛的二十国集团，应该且必须有新理念、新方案和新举措的定向、导航和引领！

G20 大阪峰会期间，中国国家主席习近平发表了题为《携手共进，合力打造高质量世界经济》的讲话，且在接连出席的 20 多场活动中，高举多边主义旗帜，倡导伙伴合作精神，践行互利共赢理念，阐释共同发展主张。会场内，重要讲话引发强烈共鸣，中国理念、中国方案广获赞许；会场外，峰会外交牵动全球目光，中国主张、中国承诺赞誉不断！连日来，不仅大阪峰会与会者们明确肯定中国成为全球治理的稳定性力量，起到引领性作用，而且国际社会的舆论浪潮也都纷纷显示，开放合作的"中国最强音"如雷贯耳，激荡人心。对新思维的渴望和期待应势而出，憧憬热切！

于变局里，期望为开放合作把脉开方，点亮破除思想认知迷雾的"启明灯"。

百年未有之大变局。从冷战结束后世界格局由"两极"格局进入到"一超多强"，到今天，世界格局的最大变化是发展中国家的群体性崛起，特别是新兴市场国家和发展中国家对世界经济增长的贡献率已经达到了 80%。但与此同时，"世界经济再次来到十字路口"的显著特点是"保护主义、单边主义持续蔓延"，以至于此次会议召开之前，国际货币基金组织等机构发布的报告就流露出了悲观情绪，澳大利亚、欧盟等也对现在贸易形势感到担心。"世界经济运行风险和不确定性显著上升"的担忧情绪就希望作为世界主要经济体的领导人有责任要"为市场增强信心，给人民带来希望"。G20 峰会应 2008 年金融危机而生，从华盛顿峰会到大阪峰会走过来的 20 年间，经受着世界经济的考验，但颇有"清谈馆""诊断所""照相馆"的成分，行动、作用与成效明显低于国际社会的预期和所愿。如何为世界稳定和发展注入正能量，为世界经济和全球治理明确方向，为大国关系和国际合作把脉开方，新思维呼之即出，众望所盼！

习近平主席在 G20 大阪峰会上深入阐述对世界经济形势的看法和主张，并就如何合力打造高质量世界经济提出了"坚持改革创新，挖掘增长动力""坚持与时俱进，完善全球治理""坚持迎难而上，破解发展瓶颈""坚持伙伴精神，妥善处理分歧"的四点建议，精准诊断、对症下药、备受呼应！"中国方案"既立足于当下，也着眼于长远；既顺应于潮流，也契合于大势；既来源于主体国，也胸怀于全球。其彰显了天下为公的不变情怀、勇于担当的鲜明品格、合作共赢的坚定信念。其以科学、精准、求实的战略思维与先进理念，赢得了与会国集团领导人及各方广泛赞誉，盛赞为世界经济与全球治理把脉开方。理念与思维并存的四点建议，充分体现了看待世界经济形势的战略性和引领力，"不畏浮云遮望眼"，其点亮了世界经济发展挑战与难题的"启明灯"，冲破了人们思想认知难以辨别的迷雾！

于乱局中，期待为世界经济把准航道，标定抵御争端干扰加剧的"定盘星"。

当前世界经济中不确定性、不稳定性主要来源于贸易紧张局势，而贸易紧张局势主要来源于单边主义、保护主义和霸凌行径。持续蔓延的单边主义和保护主义，是当前国际格局变局、贸易秩序纷乱的主要因素，其结果是侵蚀各国互信协作，冲击国际规则秩序，拖累全球经济增长。全球比以往任何时候都更加需要反对和摒弃单边主义，支持多边主义；反对保护主义，支持开放包容；反对欺压霸凌，支持合作共赢，这是全世界绝大多数国家和人民的主流呼声和人心所向。百年未有之大变局是因为乱而起，乱是由于没有按照客观规律去遵循，乱是因为不顾潮流要素去应对，乱是出于全然的一己之私和意气用事。乱局导致了国际贸易规则被肆意践踏，全球治理体系被恶意破坏。不久前，世界银行发布的最新一期《全球经济展望》报告，将 2019 年和 2020 年全球经济增速分别下调至 2.6% 和 2.7%。G20 大阪峰会应该如何做，怎样调整航道，让世界经济走向正途？联合国秘书长古特雷斯发出的"希望中国在国际事务中发挥更多领导力"以及国际货币基金组织总裁拉加德的"世界需要中国"等，新思维应运而生，深孚众望！

如何致力于当前国际经济存在问题找根源、把准脉、调航道，怎样致力于推动开放、基于规则的国际贸易体系，习近平主席在此次峰会发言中明确强调了"我们要尊重客观规律""我们要把握发展大势""我们要胸怀共同未来"的主张，这是世界经济和全球治理航向把握的根本遵循，也是世界贸易秩序再一次面临历史性维系关键时期的必然选择。中国一贯坚决维护以国际法为基础的国际秩序，中国也是多边贸易体制的积极参与者、坚定支持者和重要贡献者。中国以公平、正义、坚定的现行国际贸易规则和国际秩序的维护者形象，获得了全球众多专家学者们及公众舆论的广泛支持和普遍好感。国际社会的愿望与心声显示，多方呼吁"中国引领"来产生相互尊重、平等相待、互谅互让、有取有予的共赢之举。规则与秩序坚定维护的三个主张，备受期待着让世界经济行驶在正确航道，其真实衬托了世界经济与全球治理的普适性与领导力，"观千剑而后识器"，标定了抵御争端干扰加剧的"定盘星"！

于搅局下，期冀为世界形势把舵定向，筑牢拦阻世界经济风险的"防火墙"。

当今世界，和平赤字、发展赤字、治理赤字是摆在全人类面前的严峻挑战，反全球化、逆全球化是最大的世界性问题，如当前中东形势、朝鲜半岛问题等，一些大国为推行霸权，动辄以武力或以武力威胁的方式将自身意愿强加给其他国家或地区，这些都是搅乱和破坏国际局势的主观因素，是造成国际形势错综复杂的主要原因。因此，全球发展和治理迫切需要具有责任、担当与道义的新时代人类的智慧和引领力！此次 G20 峰会的中国出访，国内外舆论高度评价访问成果，认为习近平主席致力于凝聚共识、增进理解、推动合作、传递信心，为峰会成功作出重要贡献，为世界和平发展增添了稳定预期。尤其是中国坚持多边主义，通过对话协商解决分歧和争端，寻求而不是破坏共识，化解而不是制造矛盾，推动国际秩序朝着更加公正合理的方向发展。这是负责任大国的担当，再次彰显了为世界形势把舵定向，展现了强有力的大国感召力，呈现了登高望远的宏大格局，让世人再次看到中国拥抱世界、世界需要中国的开放与合作姿态。峰会多次安排习近平主席作引导性或首次讲话，新思维因势而起，深受其益！

自立立人，自达达人。走好自己的路、办好自己的事。习近平主席在大阪峰会上宣布的一系列中国扩大对外开放新举措和五方面承诺，件件重磅，事事重大，显示了中国始终坚持同世界各国和平共处、合作共赢、共建人类命运共同体的不变初心。与此同时，在中非领导人会晤、金砖国家领导人会晤、中俄印领导人会晤以及多场双边外交中均倡导各方坚持共商共建共享的全球治理观,维护以联合国为核心、以国际法为基础的国际体系,维护以世界贸易组织为核心、以规则为基础的多边贸易体制等,得到了积极响应与一致好评。特别是习近平主席应约同美国总统特朗普举行的会晤,就事关中美关系发展的根本性问题表明中方立场,就当前面临的重大挑战进行坦诚沟通。最终,双方达成同意继续推进以协调、合作、稳定为基调的中美关系的最重要共识,向国际社会和全球市场发出积极和正面信号。时代担当与诚信道义的对外开放新举措和五方面承诺,深受国际社会期冀,为世界形势把舵定向,备受期待、持久永恒地发挥着全球发展治理的时代性和引领力,"百事得其道者成",筑牢拦阻世界经济风险的"防火墙"!

"历尽天华成此景,人间万事出艰辛。"一直以来,中国为促进世界经济增长、完善全球治理、应对风险挑战作出了重要贡献,发挥了负责任大国的建设性作用。在此次 G20 大阪峰会召开期间,中国也展现了科学的问题研判、从容的形势驾驭、有力的思想指引、强烈的时代担当等,说明中国再次在世界经济发展和全球治理完善中,正日益阔步走近世界舞台中央。从海内外舆论态势走向与种种迹象表明,具备战略定力与思维导向、规则遵守与秩序维护、时代担当与诚信道义的中国的作用将更加凸显。这是一种信任、一种动力,也是一种责任、一种担当!未来之路,中国必将为世界经济高质量发展发挥更大的效能,为推动构建新型国际关系和人类命运共同体作出更大的贡献!

(原文标题为《世界变局下 G20 峰会热切期待的"中国引领"》,2019 年 7 月 2 日刊发于环球网,本文列"思想理论网络文章评价系统 TOP100 月榜单"第 82 位)

两岸和平统一的主张，既是纲领，更是感召

在日前召开的《告台湾同胞书》发表40周年纪念会上，中共中央总书记、国家主席、中央军委主席习近平出席纪念会并发表重要讲话，其中就推动两岸关系和平发展、实现祖国统一提出了五点主张，郑重倡议，振聋发聩！网络空间赞誉不断、持续刷屏，网友们鼎力支持不绝于耳，这是最拥护的真实民意！国际媒体对此高度关注，纷纷热议讲话阐释了中国立足新时代，全面推进和平统一的重大政策主张，这是最动人的真挚心声！

回顾历史，是为了启迪今天、昭示明天！

40年前，《中华人民共和国全国人大常委会告台湾同胞书》的发表，郑重宣示了争取祖国和平统一的大政方针及一系列政策主张。40年来，实现和平统一的目标一直是中华民族和两岸同胞梦寐以求和孜孜不懈的追求，始终没有变！临难不却，这是坚定的信念！坚持一个中国原则，台湾自古就是中国不可分割的一部分。中华民族具有无比强大的生命力和凝聚力，我们以最大诚意、尽最大努力，共同维护中华民族的利益和愿望，始终不能改！受屈不改，这是坚强的信心！不断加强两岸融合发展，不拂逆民族的意志，不违背历史的潮流，从未间断促进两岸同胞血肉相连、心灵相通，始终不会散！履险不惧，这是坚毅的信任！

历史不能选择，现在可以把握，未来可以开创！

站在新时代的关键节点，习近平总书记发出了推动两岸关系和平发展、实现祖国统一的五点主张，高瞻远瞩、承前启后；擘画新局，昭然未来。这当中，既有两岸同胞"共担民族复兴的责任，共享民族复兴的荣耀"的和平统一目标实现的愿望，

也有"探索'两制'台湾方案，推动两岸关系和平发展达成制度性安排"的和平统一实践的号召；有"统一是历史大势，是正道；'台独'是历史逆流，是绝路"的坚持一个中国原则的坚决，还有"有强大祖国做依靠，让大家有更多获得感"的两岸融合发展的期待；更有"中华文化是两岸同胞心灵的根脉和归属"的两岸同胞心灵契合、文化认同的展望……五点主张，着眼大格局，秉持大胸怀，不仅是推动两岸关系和平发展、实现祖国统一的伟大纲领，也是推进两岸同胞共同拥有中国梦、联手共同实现民族复兴的行动指南！

"和平统一、一国两制"是历史的必然、现实的选择、未来的方向！

习近平总书记重要讲话自始至终贯穿着和平统一的鲜明主题，这是昭示，是宣言，更是感召！一水之隔、咫尺天涯，两岸迄今尚未完全统一是历史遗留给中华民族的创伤。摆在我们这一代人面前，理应是两岸中国人、海内外中华儿女需共同完成的责任和使命，这是潮流，是态势，是必然！习近平总书记这五点主张中，字里行间里充满了对台湾同胞的殷殷牵挂，包含着对两岸血脉延续的厚重惦念，充盈着对相隔两方各界的强烈期许。五点主张不仅是大义所在、引领航向体现中华智慧历史必然的"指南针"，也是大势所趋、掷地有声凸显中国自信现实选择的"宣言书"，还是民族复兴、民心所向彰显中国立场未来方向的"助推器"！

在民族复兴新征程中如何推进祖国和平统一的时代命题，接力棒传到新时代的我们手上，理应由我们共担民族大义、顺应历史大势！台湾地区前途在于国家统一，台湾同胞福祉系于民族复兴。习近平总书记五点主张强调了两岸和平统一的必然性和紧迫性，特别是首次提出探索"一国两制"台湾方案更是一种实质推进，迫切需要两岸同胞和各界同心同向！这才是两岸同胞共同驰而不息的历史任务，是我们矢志不渝的新时代艰巨使命！

（2019 年 1 月 4 日刊发于环球网，
本文列"思想理论网络文章评价系统 TOP100 月榜单"第 97 位）

全面从严治党是指引发展的关键所在

　　党的十八届六中全会全面分析了全面从严治党面临的形势和任务,系统总结了近年来特别是党的十八大以来全面从严治党的理论和实践,审议通过了《关于新形势下党内政治生活的若干准则》和《中国共产党党内监督条例》,就新形势下加强党的建设作出新的重大部署。连日来,党内党外学习、宣传六中全会开创党的建设新格局和新部署,境内境外关注、热议中共中央坚定不移推进全面从严治党的决心和信心。全面从严治党成为此次全会的最强呼声和必须坚守,给中国发展道路一个依赖和保障;也必将为今后发展提供科学指导与行动指南,为中国奋进的方向导航和定舵。

全面从严治党是顺畅通达目标的内在选择。

　　党的十八大在举什么旗、走什么路、以什么样的精神状态、实现什么样的目标上做出了鲜明的回答,这是中国发展的方向之根本。近五年来,中国共产党以新的理论和实践,深化了我们党对共产党执政规律、社会主义建设规律、人类社会发展规律的认识,形成了一系列治国理政的新理念、新思想、新战略,也为迎接明年召开的十九大筑基铺路。六中全会公报系统地梳理和理顺中国发展过去、现在及未来的发展方向上存在的不足和问题,以鲜明姿态掷地有声地强调全面从严治党的总部署。在世界经济动荡不安、全球治理动力缺乏和国际秩序转型未定的大背景下,中国共产党带领中华民族儿女们有信心保持经济中高速增长并在改革开放的道路上稳步前行。这需要一个坚强的领导集体,不断地在强化全面从严治党中完善,成为目标实现的助推器和稳定器。六中全会公报强调"要坚持全面从严治党、依规治党,创新体制机制、强化党内监督",这是顺应中国时代发展需要,牢牢把握历史机遇,沉着应对各种挑战,为实现中国奋斗目标愿景,而做出的符合历史、时代和人民的内在选择。

全面从严治党是不偏不斜路径的精准选择。

中国共产党和中国人民矢志不渝地来实现中华民族的复兴,不是重复西方发达国家经历的老路,更不是重复曾经的文明史,而是在开辟一段世界国家从未走过的探索之路,这样的"中国方向"就更需要强大的动力和精神来确保探索路径的实现。坚定推进全面从严治党,以严来管,以严来治,以严来防,净化党内政治生态,赢得党心民心,就能够团结带领全党全国各族人民,为开创党和国家事业新局面提供重要保证,确保路径不僵化、不偏斜,保证指引有方、指向清晰、指位精准。近日全球媒体和学者们普遍给予六中全会强有力的赞许,如英国广播公司赞颂中共的适应能力非常强劲;美国知名学者福山曾在比较中美两国政党政治后得出结论:"中共具有强大政党能力";西方曾预言中国"加入世贸将会导致崩溃",也曾预言中共"会在互联网时代垮台",其结果中国是加入世贸的最大赢家;在互联网适应上,不仅提升了治理能力,还推动了经济发展,在全球十大互联网企业中中国就有4家。只要中国这艘巨轮的航向正确、准确和合理,在全面从严治党的规则、纪律和规矩下,就一定能乘风破浪,直达胜利的彼岸。

全面从严治党是纯洁净化作风的必然选择。

在统筹推进"五位一体"总体布局和协调推进"四个全面"战略布局,开展"两学一做"学习教育,推动全面深化改革、供给侧结构性改革、国防和军队改革等方面,党和国家各项工作取得了新的重大进展。这得益于过去多年来把全面从严治党纳入整体战略布局,把党风廉政建设和反腐败斗争作为全面从严治党的重要内容,着力构建不敢腐、不能腐、不想腐的体制机制。良政稳方向,得人心,促和谐;庸政为诟病,不作为,怕担当;而劣政则误家国,伤民心,失江山。"办好中国的事情,关键在党,关键在党要管党、从严治党",全面从严治党就意味着需要深入推进党风廉政建设和反腐败斗争,需要旗帜鲜明、立场坚定、意志顽强、领导坚强,只有这样,才能风清气正,心齐事成。"历览前贤国与家,成由勤俭破由奢",要想党的肌体健康永葆活力,就必须全面从严治党,加强各级领导干部的作风建设。近些年来党中央严肃查处一批"老虎""苍蝇"的违纪违法案件,消除了党内重大政治隐患,获得了民意的拥护和支持,彰显了全面从严治党的坚定决心。六中全会全面从严治党的郑重承诺,标志着反腐开始从治标转向治本,进一步固化中国发展方向使其更加纯洁和明朗,进一步厚植党执政的政治基础,进一步推动党风民风向善向上,进一步坚定人民群众对党的信心和信任。

"明者见危于无形,智者见祸于未萌。"在中国特色社会主义道路中,党的十八届六中全会"充当"了这样的"明者"和"智者",全面从严治党是关键所在,为前行的方向增添了动力和希望。沿着中国"两个一百年"奋斗目标和中华民族伟大复兴的航道,全面从严治党永远行进在路上!

(原文标题为《全面从严治党是"中国方向"指引的关键所在》,

2016 年 11 月 2 日刊发于环球网,全网联发)

进博会标注国际开放合作的新高度

首届中国国际进口博览会(以下简称"进博会"),有来自全球 172 个国家、地区和国际组织的 3 600 多家企业参展,超过 40 万名境内外采购商齐聚上海,可谓高朋满座,共襄盛举,共同奏响"新时代,共享未来"的交响曲。一届进博会,按一年计,累计意向成交 578.3 亿美元。强大的动力源,在缓行复苏的世界经济中标杆了"中国高度"。除此外,其意义不仅标定了"创新驱动、包容普惠"的坚强信心,而且汇聚了"人间正道、浩荡前行"的坚定决心;不仅凝结了"心手相牵、命运与共"的时代召唤,还书写了"广结良缘、满载而归"的精彩故事。进博会所标注的前所未有的思想、理念和实践新高度,更是激发了世界巨大热情,凝聚了市场强大力量,催生了经贸丰硕成果,充分展现了中国魅力。

进博会彰显了先觉、先导、先行的思想新高度,"主题曲"高屋建瓴,振响了经济全球化发展大势的动人节奏。

近来,世界经济维持温和增长态势,但动能依旧不足,主要经济体出现较大分化;世界经济的风险隐患明显上升,单边主义、保护主义、民粹主义升温,一些国家政策内顾突出,全球贸易摩擦加剧;国际经济氛围与合作基调趋于变化,成为影响世界经济的主要风险,影响市场对多边贸易体制乃至全球化的信心。如何来合理导向,如何来合规应对,如何来合情规避,让众多国家对前景产生了疑惑,世界人民对态势给予了观望。面对时代之问,进博会给出了"中国答案"。在开幕式发表的主旨演讲中,习近平主席明确强调了"开放合作是增强国际经贸活力的重要动力,是推动世界经济稳定复苏的现实要求,是促进人类社会不断进步的时代要求。"高世之智的科学定断才是各国共同发展的"主题曲"。习近平主席承诺了中国将实施"激发进口潜力、持续放宽市场准入、营造国际一流营商环境、打造对外开放新高地、推动多边和双边合作深入发展"五项扩大开放的重要举措和支持上海等地区扩大开放的三项措施,让全球众多国家和机构领导人、世界专家学者们为此思想的先觉、先导、先行而大加赞誉和兴奋不已。真正的责任担当,才是互利合作空间的主旋律。

中国以迄今为止世界上第一个以进口为主题的国家级展会,切切实实践行中国推动建设开放型世界经济、支持经济全球化的理念。参加各国也明确表示将以中国国际进口博览会为契机,扩大同中国的双边贸易,促进经济全球化,同中方一道致力于建设开放型世界经济。"共建创新包容的开放型世界经济"的理论思想登高望远,高屋建瓴,驱使了"永不落幕的进口博览会"的打造。"6 天+365 天"不间断的"展品"变"商品",驱动了"买全球、卖全球"的开放平台的展示,宣示了自由贸易是世界经济发展和各国合作共赢的必然要求,宣告了经济全球化是不可阻挡的时代潮流。无疑,在国际贸易发展的关键时刻,进博会以先知先觉的科学思想新高度,为经济全球化发展大势提供了有力的思想基础和理论根基,标示着非同寻常的中国姿态、中国胸襟、中国境界,再次表明了中国主动拥抱世界、世界积极响应中国的坦诚合作与开放实意。

进博会凸显了开门、开启、开放的实践新高度,"行进曲"高扬旋律,唱响了中国进一步扩大开放的时代豪情。

"这不是一般性的展会,是中国推进新一轮高水平对外开放的重大决策,是中国主动向世界开放市场的重大举措。"习近平主席在进博会开幕式主旨演讲中掷地有声、豪情满怀,50 余次提及"开放",向全球市场又一次传递着中国开放的大门不会关闭,只会越开越大。从世界银行《2019 年营商环境报告》发布显示,中国在这份榜单上总体排名较去年上升了 32 位,全球企业看到了中国改革的成效和开放的决心。实践表明,中国不断扩大对外开放,不仅发展了自己,也造福了世界。开放已经成为当代中国的鲜明标识,也是发展实践的真实写照,"行进曲"激昂高亢。开放的中国经济如大海,为"海纳百川,有容乃大"的贴切比喻和象征,既可以容纳百川河流,也可以化解惊涛骇浪。其韧性、潜力以及 13 亿多中国人口所形成的庞大市场,让世界各国从中获得新的发展动力,从而实现中国与世界的互利共赢。

一滴水可以折射太阳的光辉,一朵花可以点缀春天的美丽。规模盛大的首届进博会为全世界的制造商、服务供应商和生产商打开了巨大的中国市场,充分展示了中国"计利当计天下利"的宏大格局和宽广胸怀。打开国门敢为天下先,开启面向开放型世界经济发展的新平台。"中国推动更高水平开放的脚步不会停滞！中国推动建设开放型世界经济的脚步不会停滞！中国推动构建人类命运共同体的脚步不会停滞！"三个"不会停滞"高瞻远瞩，彰显了中国扩大开放的决心和勇气，如此坚定扩大开放的"行进曲"正旋律高扬，如火如荼，方兴未艾，这将是中国改革开放40年成功实践经验基础上的再出发。而单边主义和贸易保护主义的行为对世界经济产生了冲击和衰退性影响，以邻为壑终会与时代潮流南辕北辙，孤立封闭终究与人类发展背道而驰。因此，在国际贸易发展的特别之时，进博会以敢为人先的伟大实践新高度，为中国进一步扩大开放提供了强劲引擎和精神支柱，标记着与众不同的中国自信、中国活力、中国包容，再次呈现了中国勇于接纳世界、世界给力回应中国的守正开新与澎湃动力。

进博会凝聚了共建、共享、共赢的理念新高度，"大合唱"高歌猛进，奏响了构建人类命运共同体的共同心声。

进博会的超预期效应，被国际社会广泛认为是在国际贸易史上树立了新标杆，成为中国新一轮对外开放的里程碑，更是推动构建人类命运共同体的大手笔。没有以构建新型国际关系、构建人类命运共同体、寻求人类共同发展的理念，哪有共建、共享、共赢的可能实现，这样的理念新高度预示着国际社会朝着平等相待、守望相助、和平合作、安危共担而迈进，这才是时代潮流，是发展态势，是未来前景。首次进博会呈现出了蓬勃生机和欣欣向荣的景象，境外专家学者和大量国际媒体为此而普遍称赞中国在参与全球治理过程中理念先进、提供平台、开放市场、贡献力量，与各国开展互联互通的合作，共享全球化的成果。东方潮正涌，奏响"大合唱"。进博会的华丽呈现，这也是党的十九大报告明确强调"中国秉持共商共建共享的全球治理观""中国人民愿同各国人民一道，推动人类命运共同体建设，共同创造人类的美好未来"的生动诠释和有力佐证。

共享盛会，共迎机遇。国际货币基金组织总裁拉加德高度评价了这次进博会，称中国给世界搭建了"三座桥"："世界之桥""繁荣之桥"和"未来之桥"，以"桥"的沟通、联通、畅通之意来赞誉中国改革开放取得的巨大成就，以及对全球贸易和世界经济所做出的巨大贡献。此次进博会也是2018年中国四大主场外交的收官之作，不仅让世界各国分享了中国的发展机遇，还宣示了中国扩大对外开放的既定方针；不仅展现了中国维护全球自由贸易的坚定决心，还刻画了中国为构建人类命运共同体的着力践行。"大合唱"恰似一份铿锵有力的"宣言书"，又像一个引领航向的"指南针";是一把启迪智慧的"金钥匙",更是一篇不断续写的"大文章"。因此,在国际贸易发展的特殊时期,进博会以休戚与共的科学理念新高度,为构建人类命运共同体注入了刚劲的力量源泉,标志着不同凡响的中国立场、中国担当、中国情怀,再次展现了世界好中国才能好、中国好世界才更好的奋斗激情与强烈共鸣。

"山至高处人为峰,海到尽头天是岸。"世界上首个以进口为主题的大型国家级展会,史无前例,规模空前,中国首创,这是属于"中国高度"。中国国际进口博览会要年年办下去,思想引领的"主题曲"会依然耀眼夺目,创新实践的"行进曲"会依次扩大开放,携手理念的"大合唱"会依旧同心共进。如果说进博会是打开了全球商品和服务与中国需求对接的一扇"窗",那么透过此就看到了科学的问题定断思想新高度、观到了从容的形势驾驭实践新高度、察到了务实的开放共赢理念新高度,推动着中国的经济发展行稳致远,推动着全球经济向着更加开放、包容、普惠、平衡、共赢的方向发展,去开创人类更加美好的未来。

（原文标题为《进博会标注国际开放合作的"中国高度"》,
2018年11月16日首发于中国青年网,全网联发）

坚毅姿态
为维护国际贸易规则和秩序而标志

美国总统特朗普于当地时间 3 月 22 日签署总统备忘录后，美国政府于当地时间 4 月 3 日宣布了对华"301 调查"项下征税产品建议清单，涉及中国对美出口金额约 500 亿美元。对此，中国相应在第一时间作出积极回应，于北京时间 3 月 23 日，中国商务部发布了经征求公众意见，拟对自美进口部分产品加征关税，以平衡因美国单方面给中方利益造成的损失；于 4 月 4 日发布将对原产自美国的部分进口商品对等采取加征关税措施，涉及 2017 年中国自美国进口金额约 500 亿美元。

美方无视世贸组织规则，无视广大业界的呼声，无视本国人民利益和他国及全球利益，典型的单边主义和贸易保护主义举动引起了世界的一片哗然，反对声不绝于耳。这不仅有来自中国的义愤填膺、其他国家的"路见不平"，而且还有美国人民的惶恐不安与抗议。美方行为违反了世界贸易规则与秩序，严重侵犯我国合法权益，威胁我国发展利益。为此，中方已经多次明确表明立场，中方不希望打贸易战，但绝不害怕贸易战，我们有信心、有能力应对任何挑战！连日来，仅外交部通过新闻发布会的方式回答中外记者与此相关的提问就达 19 条，强有力地传递了中方态度和反映，旗帜鲜明地表达了中方姿态和立场，得到了美国一些专家学者的认同赞许和部分有关国家和国际组织的广泛支持！

对于蓄意破坏规则与一意孤行的行为，我们积极回应发出了奉陪到底的坚定姿态！

美国此举是以其国内法作为依据而单方面所采取的行动，不仅严重违反了世贸组织的原则和精神，更是对全球自由贸易体系的严重挑衅和破坏。这种将世贸组织排除在争端处理之外，蓄意严重违反世贸组织最基本、最核心的最惠国待遇、关税约束等规则,在根本上违背了美方的国际义务。"301 调查"没有任何的事实依据。WTO 已作出裁定"反对美国政府针对中国的关税,中方敦促美国纠正滥用贸易措施的行为"。在中方多次提醒美方不要一意孤行和世界贸易组织已作出裁定的背景下,美国方面并没有收敛,反而我行我素,如此公然藐视和挑战各国共同遵守的现行世界贸易规则,公然挑战和践踏国际经贸秩序,公然无视和威胁自己贸易伙伴的行为,引起了众怒。

作为美国重要贸易伙伴的中国,始终遵守国际贸易规则和惯例,始终遵循相互尊重、互利互惠、聚焦合作、妥处分歧,始终坚守通过对话协商达成共识,为世界的经济发展和稳定繁荣作出了突出的贡献。在 21 世纪的今天,国际贸易需要的是规则,而不是强权;靠的是公平竞争,而不是经济恐吓和横行霸道。改革开放 40 年来,今天的中国经济体量之大、潜力之巨、空间之广,产业拥有广阔的战略纵深和腾挪空间,中国完全有信心、有实力和有骨气从容应对国际风云变幻,即便美国发起贸易战,我们也无所畏惧,敢于接招。"如果有人坚持要打,我们奉陪到底;如果有人愿意谈,大门是敞开的。"态度果断而坚决,这种誓要以公平为前提维护好自身利益的姿态彰显了中方的底气、勇气、正气!

对于执意损人害己与胡搅蛮缠的行为,我们针锋相对采取了对等施策的坚决姿态!

美方的行径危害了中国的利益,威胁了中国的经济安全,也危及了全球经济的复苏和稳定。从开始挑起事端并导致中美贸易争端升级,美国都是意在迫使中国以牺牲自身利益的代价来做出大幅让步,这是痴人说梦,逞性妄为。美方执意推进"301 调查"并公布所谓裁定,挑起贸易战,无疑将首先直接损害美国消费者、公司企业和金融市场的利益。有关备忘录签署一发布,美三大股指立即全线下挫,这是金融市场对美方有关错误政策和行动投出的不信任票,让美国企业股东受损,伤害企业经营者信心,并让美国农业承受巨大损失。美国工商界、普通消费者、媒体、智库都对美方的做法和由此可能产生的严重后果表达担忧。这十多天时间里,中国商务部、外交部、中国驻美国大使馆和中国常驻世界贸易组织代表团已分别就此作出积极反应和表达强烈意见,然而美方并没有充分认识到其危害性和严重性,依然漫天要价、胡搅蛮缠,继续在错误的道路上越走越远,激化矛盾,导致升级。

针对美方单边主义和贸易保护主义的错误言行,中方已经多次阐明我们的反对态度和捍卫自身合法权益的坚定决心。我们被逼上了不得不采取必要行为予以遏制和警告,打出强力反制措施,这样的反击是被迫的、合理的、克制的。采用对等措施回击,既可充分维护自身合法权益,又可控制事件烈度,使两国贸易摩擦不致完全失控。"妄图通过施压或恫吓使中国屈服,过去没有成功过,今天也不会。"从有利于遏制全球日渐升级的贸易保护主义思潮上,中国是全球第一个毫无畏惧地对美"232调查"[①]实行反制措施的国家。行动毅然而果决,这种坚持以理性为前提捍卫自身合法权益的姿态凸现了中方的作为、负责、担当!

对于暗藏豺狐之心与罔顾各方的行为,我们敞开大门做好了未雨绸缪的坚毅姿态!

美国此番行动的目的不是解决贸易不平衡问题,而是将中国作为战略竞争国,意在抑制中国产业转型和发展,剑指"中国制造2025"。在新的国际国内环境下,中国政府立足于国际产业变革大势,作出全面提升中国制造业发展质量和水平的重大战略部署。"中国制造2025"充分调动社会积极性和力量,打造具有国际竞争力的制造业,从而使工业产业得到升级,提升全球价值链分工的地位。这是世界许多国家孜孜以求的梦想。中国的目标与措施是公开的、透明的,无可厚非、无可置疑。以威胁到西方国家的经济利益为借口,选择了非正常手段给中国科技和经济发展设障,这样逆全球化的自私举动,终究会被全球化大潮淹没。在罔顾中国尽最大努力协商的诚意,罔顾40年来中美经贸合作互利共赢的本质,罔顾美国经济可能遭受的沉重打击,罔顾两国业界的呼声和消费者的利益的情况下,美国仍然实施了单边的贸易保护主义行径,为此,中国当仁不让、义无反顾地予以坚决反击。

对于美方不能认清形势,不能保持理性的做法,在对话协商妥善解决问题最佳机会被其一再错过的情况下,中国就美国对华"301调查"[①]项下征税建议在世贸组织争端解决机制下提起磋商请求,正式启动世贸组织争端解决程序。中国多次公开表达"中方对话协商的大门始终敞开"体现了充分诚意,提倡并呼吁在以世界贸易组织规则为基础的透明、非歧视、开放、包容的多边贸易体系下,本着相互尊重、平等互利精神,美方与中方相向而行,维护好中美关系健康稳定发展的势头,这才是真正符合中美两国共同利益,也是国际社会的共同期待。诚意真挚而坚毅,这种秉持以尊重为前提维护国际合理秩序的姿态显现了中方的气概、度量、魅力!

"被人揭下面具是一种失败,自己揭下面具却是一种胜利。"法国作家雨果此

---

① "232调查"和"301调查"是美国动用其国内法对其他国家商品加征关税的单边贸易保护主义行为。

句名言强调的是要正视自我,不可迷途忘返! 美方应悬崖勒马,回头是岸,摒弃单边主义、贸易保护主义做法,通过对话协商解决中美贸易分歧。不能忽视中国为维护国际贸易规则和秩序而树下的姿态旗帜;不可低估中国人民坐视自身合法权益受到损害而不顾的坚强之心;不要为其任性妄为去付出更大的代价! 只有在追求本国利益时兼顾他国合理关切、谋求本国发展中促进各国共同发展的人类命运共同体宗旨下,才能推进和平、发展、合作、共赢的路径,才能达成恪守维护世界和平、促进经济共同发展、增进各国人民福祉的愿望!

（原文标题为《"中国姿态"为维护国际贸易规则和秩序而标帜》,
2018 年 4 月 5 日首发于环球网,全网联发）

"五个一百"高扬网上最强音

2016年"五个一百"网络正能量精品评选活动进入网上初评展示投票阶段,以喷薄而出之势再次在互联网上形成了一股股热潮。这些凝结了2016年网上正能量的网络作品,恰逢习近平总书记在网络安全和信息化工作座谈会上发表重要讲话一周年之际,它们在大力培育和弘扬社会主义核心价值观与积极构建向上向善的网络文化上,时时、处处凸现了网上的旋律悠扬、乐章激昂,活力激荡,为广大网民营造一个正能量充沛、主旋律高昂、风清气正的网络空间发挥了积极而有益的作用。

"五个一百"范围覆盖全网民。

"五个一百"网络正能量精品评选活动是在中央有关部门的倡导和支持下,由多个中央重点新闻网站通力协作而举办的活动,集中展示了在年度重大政策、重大主题、重大活动、重大事件、热点问题和突发事件中发挥网上正能量引导作用的年度优秀人物和作品。评选最大的亮点在于覆盖了所有网民,这顺应了网络空间人人平等的特点,体现了全面性、代表性和典型性,突显了网络民意的集中表达和表现。无论是专家学者的思想文章,还是草根网民的意见评论;无论是微博主的话题倡议,还是非专业的灵感图片;无论是自媒体平台的内容发布,还是主题策划的微视频制作,都有可能成为网络正能量精品的代表作。这样广泛征集所有网民的观点、看法、情绪的活动,就是引导着网络民意理性表达应成为一种主流行为,更大限度地代表网民的真实声音。一篇篇优秀作品犹如时代及社会乐章的一个个音符,一个个典型代表好似网络生态环境中的一粒粒火种,奏响了美妙的音律,照亮着前行的方向。无疑,"五个一百"活动的举办,其导向的鲜明性、价值的代表性、影响的示范性等,让足以弘扬网络舆论的主旋律成为指引社会发展和厘清网络情绪的风向标。

"五个一百"主题聚焦全方位。

在国际舞台上,"中国地位"日渐显要,"中国印记"日渐深刻。如何展示一个真实全面的中国形象,如何展现一个客观理性的中国现实,"中国声音"如何发声就成为迫在眉睫的艰巨任务。如何让和谐旋律的成分更多更足,以网络正能量为导引的网络共识形成就显得尤为重要。"五个一百"活动应时而起,应势而生。纵观两届"五个一百"活动,聚集了这两年来中国的重点任务、重大活动、重要节点的一批有灵性、有灵气、有灵魂的网络文化作品。它们聚焦了全方位的正能量,萃取了中华民族传统文化传承的精华,吸取了广袤中国大地的营养和能量,吸纳了中国人民的劳动积累和聪明智慧。它们的传播与弘扬,是数以千万的网民用眼、用情、用心来发掘、来感知、来凝练的,所以更能贴近实际、贴近生活、贴近群众。正是这些来源于最基层、来源于生活中正能量的唱响,才谱写出了无愧于历史、无愧于人民、无愧于时代的中国旋律!

"五个一百"旨意共绘同心圆。

习近平总书记指出"网络空间是亿万民众共同的精神家园。网络空间天朗气清、生态良好,符合人民利益。"中国7亿多网民共有的精神家园,需要吸引越来越多的网民凝心聚力地去建设。正能量的精神需求和生活追求,才是网民们情感所依这个根本利益的基础所在。凝心就需寻求最大公约数,共绘我们同心圆;聚力就需拥有精气神,激发自身善动力。显而易见的是,"五个一百"网络正能量精品评选活动完全符合这样的目的,从已经开展两届的情况反映,也完全达到这样的要求。去年首次举办的"五个一百"活动入围榜样和作品网络展示期间,其受欢迎程度令主办方颇感意外,众多作品刷爆朋友圈、红遍全网络,网民参与投票数更是高达1.2亿人次,点击量突破10亿大关。持续不断地开展"让正能量成为网络主旋律"的主题、主线和主基调,让"五个一百"正能量传播精神凸显与高扬。在网络空间中永不停歇地回荡着的动人的中国旋律,持之以恒地产生感染力、凝聚力和号召力。有了这样的精气神和同心圆的灵魂和方向,就能广聚共识,最大限度激发和调动力量。在建设网络强国和实现"两个一百年"奋斗目标的历程中,亿万网民就有了众志成城、风雨同舟、攻难克艰、砥砺前行的思想基石。

"中国旋律,涌流如江水;中国旋律,悠扬如笛声;中国旋律,携手来高唱。"中国人民的一位老朋友——以色列前总统佩雷斯用心谱写的《中国旋律》这样描述道。在我国互联网事业可以大有作为、必须奋发有为的重要战略机遇期里,"五个一百"网络正能量精品评选作为一项活动更多的是在发动,在引导,在激励,在引领,其主基调已深深地刻入了"中国旋律"之中,发出了一批批的网上最强音。相信这会更加地吸引越来越多的网民今后主动、积极、务实投身到社会主义核心价值观的培育与弘扬中来,不负时代的坚定追求,不负自己的价值追寻,以正能量行为和作为彰显时代气息和民族精神,为实现全面建成小康社会、实现中华民族伟大复兴的中国梦发出应有的光和热!

(原文标题为《"五个一百",高扬"中国旋律"网上最强音》,
2017 年 5 月 5 日首发于环球网,全网联发)

思想政治教育沁入万千学子心灵中

本周为全国高校学生新学期的开学周。全国 3 000 多万大学生回到了校园开启新春第一课的同时,迎接他们的是教育部日前颁布新修订的《普通高等学校学生管理规定》(以下简称"新《规定》"),这引发了广泛而深入的热议。一"石"激起千层"浪",这股热浪的兴起,业界舆论及专家认为是两个月前召开的全国高校思想政治工作会精神的延续。新《规定》出台及时反映和体现了中央关于高等教育工作的新理念、新思想、新战略,符合青年学子健康成长成才的必然要求和发展趋势。

总指引带来大温暖,高等教育如沐春风。

青年大学生的健康成长历年来都得到党和国家的高度重视。自党的十八大以来,习近平总书记在祖国各地考察和复信中,谈人才、谈教育、谈科技创新,关心青年价值观的形成和确立,鼓励师生为"两个一百年"奋斗目标不懈努力。不论是他考察中国科技大学、澳门大学横琴校区等的讲话,还是给保定学院西部支教毕业生群体代表、华中农业大学"本禹志愿服务队"等的回信,都满怀着温情、寄语着厚望、充满着期待:"我们对中国建设国际一流大学、培养国际一流人才充满自信""'两个一百年'奋斗目标的实现、中华民族伟大复兴中国梦的实现,归根到底靠人才、靠教育""只有把人生理想融入国家和民族的事业中,才能最终成就一番事业""热爱基层、扎根基层,增长见识、增长才干,促农村发展,让农民受益,让青春无悔"等;特别是在 2016 年 12 月上旬的全国高校思想政治工作会议上,习近平总书记在讲话中强调高校思想政治工作关系高校培养什么样的人、如何培养人以及为谁培养人这个根本问题;李克强总理曾在集中反映留学回国人员创业创新中遇到的烦恼和障碍的材料上做出批示,要求有关部门合力研究解决"六难"问题,近日报道称 18 部委雷厉风行的合作已经破除了回国留学生创业壁垒……这些为青年学子打造的具有前瞻性、纲领性、通力性的成长指引，高屋建瓴、科学定断、引领未来，似春风化雨般融入中国高等教育各个区域和群体，又像是一股股清泉流入中国高校教育工作者和大学生们的心坎里，增强了信心，振奋了精神，温暖了心扉。刚刚出台的新《规定》增加了如"坚持社会主义办学方向""坚持教育为社会主义现代化建设服务、为人民服务""坚持育人为本，立德树人"，强调"学生应当拥护中国共产党领导"等内容，贯彻落实了全国高校思想政治工作会议精神，顺应了中国特色社会主义事业的发展和时代潮流，契合了大学生群体形势发展和未来之路。

深动员形成共温润，立德树人倍增新动力。

人才培养是高校的第一职能和第一要务，高校立身之本在于立德树人。高校思想政治工作应具有系统性、全面性、时代性等特点。如何将中央指引通过有效体系和途径贯彻落实到位？如何将思想政治工作的"中国温度"不折不扣地传递下去？如何将立德树人根本任务落地生根、花香四溢？这些都是高等教育和整个社会目前迫切需要面对的现实。距离习近平总书记关于高校思想政治工作重要讲话的两个多月时间来，笔者观察到各大高校处处在抓学习、作思考、画蓝图，校校在谋举措、求创新、争实践，呈现出一派敢抓敢管、勇担责任、热火朝天的浓厚氛围。以思想政治工作为中心的责任感与使命感深入人心且正在逐步地升温，也温润着教育工作者的心田。教育部 2017 年工作要点中的第一条就是"全面贯彻落实高校思想政治工作会议精神，切实加强教育系统党的建设"。日前，教育部部长陈宝生发表了署名文章《全面系统谋划高校思想政治工作　切实把贯彻落实全国高校思想政治工作会议精神引向深入》，明确提出"坚持立德树人，完成好'四个服务'，培养德才兼备、全面发展的中国特色社会主义合格建设者和可靠接班人，这就是我们的根本任务。"不仅仅是高校动起来，"热"起来，社会组织力量也积极行动起来。近日，北京高校思想政治工作会议召开，市委书记郭金龙强调"主动对标对表，在旗帜鲜明讲政治上当标杆，在强化执行、落地见效上下功夫"；吉林省委书记巴音朝鲁在专项工作会议上强调"切实增强做好新形势下高校思想政治工作的思想自觉、政治自觉和行动自觉"……浙江省、重庆市等地的主流媒体也纷纷在树高校思想政治工作的先进典型和优秀事迹上做文章。各地、各高校在主动、积极地传递"中国温度"之时，"守好一段渠、种好责任田""咬定青山不放松"等生动语言迅速成为高校思想政治工作队伍的"标配"话题，把思想政治工作贯穿教育教学全过程，实现全程育人、全方位育人,努力做到全员育人的任务变成了责任与担当的新动力。新《规定》的即将实施,就是坚持问题导向和目标导向,因事而化,因时而进,因势而新。

接地气产生深温存,青年学子肩负成才梦。

高校思想教育工作的对象是青年大学生,不能是说教,不能是灌输,不能是悬浮在空中,而必然应该是入耳入脑入心,最终通过人的行为结果来体现效果。思想政治工作从根本上是做人的工作,必须有优良的环境和氛围,如同清新的空气和适宜的阳光。接地气是必由之路,就必须在实际层面上围绕学生、关照学生、服务学生。得人心、暖人心、稳人心的工作做得越到位、越多、越扎实,就能让学生在全面发展过程中受教育、得温存、长才干、增福祉。这样的过程需要长期积累才能显现。因此,思想政治工作是一种传递"温度"和厚积"温度"的过程。新形势下,高校思想政治工作不仅要厚植于灿烂的中华传统文化和中国特色社会主义理论的丰厚土壤,要汲取改革开放伟大的实践经验,要放眼国外的最新成果,还要结合青年学子的成长需求,以人文精神和科学方法,遵循人才培养的规律,让学生们在心理和心灵温存的过程中逐步具备中国情怀、时代特征和国际视野,只有如此,培养的人才才能符合中央关于高等教育新理念新思想新战略的要求,才能更好地做到"四个服务"。纵观近年来的调查显示,当前大学生的思想状况在多样多态、活力跃动中呈现出担当进取、自主自信、向善向上的总体特征;调查也发现,正处于思想成长、价值观形成过程中的大学生对有关思想观念、理论问题、价值判断等的认识同样存在有待进一步明晰、深化之处。新《规定》除了在落实思想政治教育的要求外,在创新创业、保护学生权益、促进学生自我管理、推进高校依法治校等方面都有了明确而具体的规定,有责任也有权益,有权利也有义务,坚持方向性,彰显主体性,体现接地气。习近平总书记曾寄语"年青人在学校要心无旁骛,学成文武艺,报效祖国和人民,报效中华民族""同人民一道拼搏、同祖国一道前进,服务人民、奉献祖国,是当代中国青年的正确方向。"谆谆教诲,力若千钧,温润而泽,倍感关怀!

"青年兴则国家兴,青年强则国家强。"当今高校和社会提供给大学生们怎样的舞台和平台,就决定了今后国家怎样的人才储备。在实现中华民族伟大复兴的历程中,国家对高等教育的需要比以往任何时候都更加迫切,对科学知识和卓越人才的渴求比以往任何时候都更加强烈,这就是高校思想政治工作的价值体现!因此,高校思想政治工作要切实增强政治性和自觉性,着力传递中央高度重视的温暖,谋求工作使命的温润,增进学生心理与心灵的温存感。以中央关怀的"加温"、各地落实的"升温"以及学生成长的"积温",凸现和延续着思政工作的"中国温度",在学而信、学而用、学而行上下功夫,用中国梦激扬青年学子的青春梦、成才梦,为他们点亮理想的灯、照亮他们前行的路而不懈奋斗!

(原文标题为《思想政治教育应带有"中国温度"沁入千万学子心灵中》,2017年2月22日首发于环球网,全网联发)

以中华优秀传统文化
彰显逐梦圆梦的强劲力量

丁酉年新春佳节的氛围似乎比以往更显特别,诵诗词、猜灯谜、吃汤圆、舞龙狮、暖洋洋的元宵节,与之前剪窗花、写春联、挂灯笼、闹花灯,红彤彤的春节,都是在涌动和激昂着千百年传承的家国情怀。尤其过去"深藏闺中"的一些中华优秀传统文化项目走进了我们的视线,走向了民众,走遍了大地,更是胜过往昔,给节日中的亿万中华儿女以振奋,以力量。这与春节前夕中共中央办公厅、国务院办公厅印发的《关于实施中华优秀传统文化传承发展工程的意见》相呼应、互对应。近些年来,令世界瞩目的中国种种成就,不仅来自道路选择、理论引领、制度优势,更出自文化力量,这种力量源自中华优秀文化的不断传承、大力弘扬和奋力发展。

让传承好的历史责任在寻梦历程中给力。

中华优秀传统文化是中国千百年来所积淀的中华文化中的精髓和标识,是中国人民和中华民族内心深处的精神财富。从诗经、楚辞、汉赋,到唐诗、宋词、元曲等,中国优秀传统文化星河灿烂,生命力之久远,创造力之强大,在世界文化之林中独领风骚。这得益于许多年以来在探寻中华民族伟大复兴的中国梦的历程中,无数的中华儿女在立志并实践建设社会主义文化强国中甘愿奉献,责任传承,文化自信,展示了自强不息的毅力和励精图治的勇气。前不久中央电视台推出的"中国诗词大会"节目(第二季)受到全国乃至整个华语世界的高度关注,播出期间不仅"拯救了无数玩手机的低头族"和成为刷爆朋友圈的热门话题,而且带动了多地积极筹划名人名家带头诵读经典的活动,还引发广大民众对有关管理部门的建言献策。上海高中女生武亦姝能成为全民点赞对象,是因为她用 16 年时间达到了诗词2 000多首的储备量,唤醒了绝大多数超过其年龄甚至几轮的人们对中国诗词的文化记忆。其学校语文特级教师黄荣华坚持十多年在学生中推广传统文化读本，经过团队多年的坚守与给力，在应试的夹缝中独辟蹊径，"传承"了一次让普天下中国人的文化寻梦觉悟提升的良机。笔者所在单位去年底获准了教育部重点建设项目——《多举措保护与弘扬川剧文化》，这也是长期以来立足让中华优秀传统文化扎根学生心中的实践结果，由此本人深感传统文化教育环境和氛围的重要性。"文化在我们每个人身上的烙印终归会显现出它的力量"，不管是央视的成功策划传播，还是复旦大学附属中学精心孕育，只要和文化相关联的机构和个人，都应该成为传承和坚守文化自信的坚强力量。

靠弘扬好的时代责任在逐梦过程中聚力。

优秀传统文化是一个国家、一个民族传承和发展的根本，这是中华民族文化自信的源泉和骨气、底气所在。逐梦过程中，每个人的不懈追求总能体现在精神财富与现实力量的转化上。不久前，"感动中国"2016 年度人物颁奖典礼，再一次地为我们展现了这些人非同凡响的人生经历与成就。从科学家院士到大学生村官，从医生教师到焦裕禄式干部，感动中国 2016 年度人物用不平凡的点点滴滴昭示了时代前行的铿锵足音，为我们诠释的是逐梦道路上的何种的心态文化和行为文化！弘扬好优秀的传统文化，必然以促进经济和社会发展为重要使命，必然大力显现人的价值和尊严，就必然在现实生活中找准切入点和代表行为。无疑，"感动中国"15 年来表彰的上百名年度人物，他们不仅树立的是时代丰碑，也是中华民族厚重精神力量的代表，这样的感动，这样的力量，恰恰就是我们这个时代文化自觉的"领头雁"和"排头兵"。文化自觉需要在思想文化新觉醒、新成果和新实践中不断去感召、来弘扬、作强化。在被网友称为"诗词界的饕餮盛宴"的这届"中国诗词大会"上，历经人生坎坷、饱经生活风霜的农民白茹云把古诗词认知感化为自己的精神支柱，内蒙古 65 岁农民王海军只读了 4 年书，过去三年在修自行车间隙，他写下了一千多首诗……他们对中华古诗词的执着与挚爱，感天动地，催人泪下。无论是国家、民族还是个人，优秀传统文化在社会与个人的追求航向、价值共识和行为示范上，都会提供丰富资源和源源不断的动力，其所蕴藏和散发向上向善的品质与精华，是融入中华民族血脉与骨髓的基因与精神。集腋成裘，聚沙成塔，每个中国人的力量汇聚起来，就能成为中华民族走向伟大复兴坚若磐石的力量洪流。

以发展好的使命责任在圆梦征程中发力。

"一个国家、一个民族的强盛,总是以文化兴盛为支撑的。""没有文明的继承和发展,没有文化的弘扬和繁荣,就没有中国梦的实现。"十八大以来,中央十分重视传承发展中华优秀传统文化,习近平总书记系列重要讲话、文章中常常引经据典,充满睿智,掷地有声,力重千钧,信手拈来的用典恰到好处、恰如其分地接地气,正是对优秀传统文化的"创造性转化、创新性发展"的写照。春节前印发的《关于实施中华优秀传统文化传承发展工程的意见》,中央以文件形式专题阐述中华优秀传统文化传承发展工作这还是第一次,明确从核心思想理念、中华传统美德、中华人文精神三个方面把优秀传统文化贯穿国民教育始终、滋养文艺创作、融入生产生活。发展好,就要让中华传统优秀文化活起来传下去,不仅要"进行时",还要有"将来时"。这份责任责无旁贷地落在我们这一代人的肩上,这是历史的必然,更是我们的使命。中华文化在世界四大文明中是唯一没有中断的文化,根植于五千年中国发展史,走到今天的优秀传统文化是老祖宗留传给我们梦想实现的"法宝",是我们文化自强的基石。"一带一路"打开"逐梦空间",不就是受历史上"陆上丝绸之路"和"海上丝绸之路"的启发而创造性转化出来的吗? 当中国对外开放越发扩大,西方各种社会文化思潮就更多涌入,丢弃"自家宝",就容易落入西方"普世价值"的陷阱,就越容易出现以洋为美、以洋为尊,甚至贬低、漠视优秀传统文化的现象。没有中华文化的全面复兴,哪有中华民族的伟大复兴。只有不断发力,持续增强国家文化软实力,我们才会与中华民族伟大复兴的中国梦越来越接近。

"积力之所举,则无不胜也;众智之所为,则无不成也。"中华民族优秀传统文化是实现中国梦的宝贵文化资源,是我们坚定文化自信、保持文化自觉、瞩望文化自强的"中国力量"之源。只要我们传承好、弘扬好、发展好中华民族优秀传统文化,就一定能铸就中华民族持久而强大的凝聚力和向心力,滋养着当代中国的发展进步,提升中华民族和中国人民共同坚守的精神高地,那么我们追逐的中华民族伟大复兴之路就会更加顺畅,更加有力!

(原文标题为《以中华优秀传统文化彰显逐梦圆梦的"中国力量"》,
2017 年 2 月 14 日首发于环球网,全网联发)

新动能为世界新发展注入新能量

2017 年伊始,国家主席习近平对瑞士进行了国事访问,出席了在达沃斯举行的世界经济论坛 2017 年年会,访问了在瑞士的多个国际组织。作为中国外交新年的开篇,这具有非常重大的意义,既让数十年中瑞深厚关系进一步"开花""结果",又开辟了世界经济谋划的新视野,开拓了中国在国际涉民生领域的大市场。

以示范性、互融式让多边关系亲起来。

出访前夕,习近平主席在瑞士媒体发表题为《深化务实合作 共谋和平发展》的署名文章,其开头就引用了瑞士著名诗人、诺贝尔文学奖获得者施皮特勒的"找到同呼吸、共命运的朋友是人世间最大的幸福"。这是对中瑞两国双边关系的充分肯定和对多边关系的真实期待,更是 67 年来两国不断积蓄动能共同努力的硕果。中瑞两国互融式的双边关系发展硕果满满:瑞士是第一批和新中国建交的西方国家;第一批在中国建立工业合资企业的国家;第一个与中国签署自贸协定的欧洲大陆国家;第一批申请加入亚投行的国家;2016 年中瑞建立创新战略伙伴关系,这是中国首次同外国建立以"创新"命名的伙伴关系;在不到一年的时间里,两国元首便实现了互访……中瑞关系在双方不断深化互信的基石中,不断"润滑",加注能量,亲上加亲,成为中国同欧洲乃至西方国家关系的标杆,具有很强的示范性意义,这样的新型国际关系模式值得全球推广。瑞士联邦委员会官方网站称习近平主席此访是"瑞中政治经济关系前所未有紧密的标志"。短短 4 天时间内,两国领导人直接互动多达 8 次。中国积极构建以合作共赢为核心的新型国际关系,坚持国家不分大小、强弱、贫富一律平等,带头走"对话而不对抗,结伴而不结盟"的双边及多边交往新路,赢得了世界各国的普遍赞誉。如中国提出的"一带一路"宏大倡议,100 多个国家和国际组织参与其中,其建设进度与成果远超预期,"'一带一路'

的'朋友圈'正在不断扩大,成效惠及世界"。中瑞合作再升级,双方彰显诚意与能量,此次访问达成的丰硕成果再次证明,中瑞两国是不同社会制度、不同发展阶段、不同大小国家友好合作的表率,也为世界其他国家的双边或多边关系提供了范例和借鉴。

以典范性、引擎式让世界经济活起来。

近些年来,世界经济复苏乏力,经济全球化阻力加大,可持续发展动力不足等诸多问题一直困扰着世界经济领域。为当前世界和区域经济面临的问题寻找方案,全世界的目光聚焦中国,希望中国能为这次的世界经济论坛 2017 年年会带来一股暖流、一汪清泉,一份动能。国际货币基金组织日前发布报告:2016 年中国经济增速将达到 6.7%,对世界经济增长的贡献率将达到 39%;在全球经济预计 3.1 个百分点的增长率中,中国贡献 1.2 个百分点,是美日欧贡献之和的两倍。事实胜于雄辩,中国经济发展的态势和状况,被作为典范和引领,让世界迫切希望从中寻求出动能的"引擎"和方向的"指南",这样热切盼望的心情写在了全球与会者的脸上,印在全球主流媒体的文字上。如何让世界经济活起来?习近平主席在开幕式发表主旨演讲时强调"适应和引导好经济全球化,共享经济全球化好处"。其中"中国改革开放持续推进,为开放型世界经济发展提供了重要动力""为实现联动式发展注入新能量,让'一带一路'建设更好造福各国人民"道出了中国经济发展的动能来源与溢出;"我们要坚持创新驱动,打造富有活力的增长模式;要坚持协同联动,打造开放共赢的合作模式"指出了世界经济逆转的动能会聚与辐射;"要坚持与时俱进,打造公正合理的治理模式;要坚持公平包容,打造平衡普惠的发展模式"阐明了全球经济治理的动能理念与格局。同时,习近平主席也表达了"开着门,世界能够进入中国,中国也才能走向世界"的强烈意愿和庄重承诺。有"的"可"矢"的能量才是好动能,才是正能量,那种逆经济发展规律大打贸易战、贸易保护主义、民粹主义、零和思维等的"能量",不仅不能让世界经济真正地活起来,而且迸发出的"负能量"只能增添徒劳和烦恼,也终究搬石头砸自己的脚。

以垂范性、亲民式让大国形象树起来。

素有"全球经济风向标"之称的世界经济论坛 2017 年年会主题为"领导力:应势而为、勇于担当",这样的定位寓意是非常深刻的。世界在急切召唤具有责任担当的"领导力"。无论是国家元首还是企业巨头，都应具有直面问题的强烈忧患、遵循规律的科学谋划、标本兼治的思路举措、敢抓善管的执行能力，在全球治理格局中不断传递动能，聚集动能，扩散动能。以前"在达沃斯举办的世界经济论坛，发起讨论的一直都是西方领袖而非亚洲领导人"，现在在众多重要领域上勇于亲自"挂帅"，敢于啃"骨头"、涉"险滩"，带头攻坚克难的中国领导人习近平主席在瑞士每到一处，总是那么受到尊重和敬佩，无声之处彰显了中国的"领导力"和大国风范形象。世界经济论坛创始人兼执行主席克劳斯·施瓦布表示：期待中国成为全球领导者。习近平主席还访问了联合国日内瓦总部、世界卫生组织和国际奥委会，并会见了这些国际组织的负责人，这些都和全天下人民群众最关心的生存和健康等息息相关。其间，习近平主席发表了题为《共同构建人类命运共同体》的主旨演讲，对"构建人类命运共同体"做了深刻阐述，并对"一带一路"沿线国人民卫生领域合作和对北京 2022 年冬季奥运会提出殷切期望。这一切，都着眼于人类的生存、健康与幸福，寻求各国利益的最大公约数和顺应当今世界潮流与历史大势。所触及的一切，都体现了中国在国际事务中的责任、担当与自觉。习近平主席每到一处，聚散动能，收放自如，关切民心，彰显大爱，凸现了中国作为大国的使命与境界，凝聚了中国与国际社会携手建设美好家园的不懈探索与追求。其亲民与包容的态度为世界透射出了一份来自内心的真诚、温馨和温暖，在论坛的会场、会见的场所、瑞士的城乡、全球的话题、传播的媒介等空间上树立了中国作为国际上负责任大国的良好形象。

"鹰击天风壮，鹏飞海浪春。"雄鹰乘着东风能够直上天际，大鲲也能借着海浪顺势而起。经济全球化是大势所趋，人心所向，这种"势"是全球治理"能量场"中的态势、趋势和气势，只有做到应势而谋，因势而动，顺势而为，才是符合全球各国和人民的意愿与追求。我们相信，新动能不仅能促进中瑞关系"亲密"无间，为世界经济把脉，推动恢复增长，增强对全球化的信心，而且在今后的国际治理格局中，新动能将继续倡导构建人类命运共同体，为民谋求福祉，为全球发展注入更多正能量，贡献更多新力量！

（原文标题为《"中国动能"为世界新发展注入新能量》，
2017 年 1 月 19 日刊发于环球网）

着力培育勇担民族复兴之大任的时代新人

近日,教育部启动实施了新时代高校、中小学、幼儿园教师职业行为各"十项准则",与此同时针对各类教师师德失范或违反职业道德的行为也制定了相应的处理指导意见或办法。在全面贯彻落实全国教育大会精神逐步升温之时,全国教师职业行为规范的六个文件一同印发,以此来明确新时代教师职业规范,划定基本底线,深化师德师风建设。这不仅仅关系到我国各级各类学校1 600多万名专任教师的行为指向,还关系到全国2.12亿各类学生德智体美劳的成长发展,更关系到超过国人一半的学生亲属们对教育的满意程度。该系列重要措施推进力度之大,职业体现之重,影响范围之广,其目的就是全面落实党中央在教育发展大计的导向指明、路径推进、保障夯实,充分显现了对肩负中华民族伟大复兴之大任的新人培育事业的迫切渴望和时代所求。

着眼于发展中国特色社会主义的立德树人,教师是确立教育战略设计"压舱石"的核心力量,职业行为须以德立本。

习近平总书记在全国教育大会上发表了"坚持中国特色社会主义教育发展道路,培养德智体美劳全面发展的社会主义建设者和接班人"重要讲话,强调了"培养一代又一代拥护中国共产党领导和我国社会主义制度、立志为中国特色社会主义奋斗终身的有用人才。这是教育工作的根本任务,也是教育现代化的方向目标。"教师的职业行为是功在当代、利在千秋的德政工程,这彰显了教育战略设计的关键要素和核心所在。显然,立德树人是教师职业的核心和灵魂,教师的人格品质、行为影响和工作质量的好坏,将关系到我国年轻一代身心发展的水平和民族素质提高的程度,从而影响到国家的兴衰。因此,教师作为教育的组织者、实施者和实践者,是新时代提高人民综合素质、促进人民全面发展、增强中华民族创新创造活力、实现中华民族伟大复兴主线贯穿的重要力量。教育事业因培养人而生,因人的价值和作用而发展,具有不可替代性,有什么样的教师队伍,就有什么样的人,就有什么样的未来。

新时代我国发展进入了新的历史方位,因知识获取方式和传授方式、教和学关系都发生了革命性变化,这对教师队伍能力水平和行为方式提出了新的、更高的要求。习近平总书记关于教育改革中"9个坚持"的新理念、新思想和新观点,都是基于"培养什么人"的教育首要问题而突出强调。此次《准则》中三支教师队伍各十条针对性的要求包括坚定政治方向、自觉爱国守法、传播优秀文化、爱岗敬业、关爱学生、诚实守信、廉洁自律等方面,每一条既提出正面倡导,又划定师德底线,为"培养什么样的人"提供了坚不可摧的"压舱石"! 如此要求就是期盼教育事业大发展的使命感和紧迫感,须以更高远的历史站位、更宽广的国际视野、更深邃的未来眼光来指导和指向,才能培养出具有世界视野、中国情怀、敢于担当的社会主义新人。教师是坚持立德树人的核心力量,作为教育根本任务的出发点和立足点,绝不能掉以轻心,绝不得动摇含糊,绝不可松劲懈怠!

着手于教育现代化和教育强国的全面育人,教师是确定教育路径实施"加速器"的支柱力量,职业行为须以干固本。

教育决定着人类的今天,也决定着人类的未来。古往今来,世界各国对教育持有什么样的态度和行为,就决定了今后一定时期内国家、社会对应的状况。"教育是国之大计、党之大计"已上升到了前所未有的高度;"教育是民族振兴、社会进步的重要基石"已体现了固有的综合性和根本性。习近平总书记明确指出"做老师就要执着于教书育人,有热爱教育的定力、淡泊名利的坚守。""随着办学条件不断改善,教育投入要更多向教师倾斜,不断提高教师待遇,让广大教师安心从教、热心从教。"教师的职业行为是实现教育现代化和教育强国目标路径选择的重中之重,是构建德智体美劳全面培养的教育体系和形成更高水平的人才培养体系的践行落实。新时代所需的全员育人、全过程育人、全方位育人,归根结底要靠教师,这才符合中国国情,体现人民意愿。

新时代教育的深化改革在全国教育大会精神中装上了强大的引擎,为教育的"奋进之笔"谱写新时代新篇章注入了力量源泉。习近平总书记在大会上"六个下功夫"的具体要求,围绕坚定理想信念、厚植爱国主义情怀、加强品德修养、增长知识见识、培养奋斗精神、增强综合素质等方面，无不是基于未来"中国新人"的全面育人层面而提出；对教育改革提出的厚重期望，无不是对承载着传播知识、传播思想、传播真理、塑造灵魂、塑造生命、塑造新人时代重任的教师群体的殷殷嘱托。《准则》是结合新时代、新要求、新形势、新问题而制定的教师职业行为规范，既有正面倡导、高线追求，也有负面禁止、底线要求。如此推举就是期望教育事业须以不断强化的责任意识、问题意识和主体意识，增强改革定力、保持改革韧劲，培育出同党和国家事业发展要求相适应、同人民群众期待相契合、同我国综合国力和国际地位相匹配的一代代新人。教师是坚持行为示范的支柱力量，作为着力点和动力点，就须在狠抓落实上做文章，在破解难点上求突破，在干事创业上敢作为！

着力于担起民族复兴时代重任的后继有人，教师是确保教育支撑驱动"同心圆"的关键力量，职业行为须以律正本。

教育是今天，更是明天。教师被称为"人类灵魂的工程师"，也被认为是"太阳底下最光辉的职业"。为保证新时代中国特色社会主义伟大事业顺利推进，就必须不断呈现后继有人、人才辈出、层出不穷的蓬勃景象。立德铸魂兴伟业，不仅是历史的必然、现实的选择，更是未来的方向。而这一背后支撑驱动最关键的是广大教师安心从教、热心从教、舒心从教、静心从教！全国教育大会被安排在今年的教师节当天开幕，习近平总书记专门向全国教师群体表达了诚挚的问候和热情洋溢的祝福，暖人心，催人进！这彰显了党中央对教师这一崇高职业的亲切关怀和无比重视，昭示着这一光辉事业下的强大人才保障的繁茂兴旺！教师在寻求更大的"公约数"和凝结更大的"同心圆"这个系统中，肩负着办好人民满意教育的关键任务，联结上下，连贯古今，联通中西。广大教师应该结合教书育人实践，增强行动自觉，时刻自重、自省、自警、自励，做以德立身、以德立学、以德施教、以德育德的楷模。

教育不仅是国运党运所在，也是民生民计所在。自党的十八大以来，绝大多数教师都敬重学问、关爱学生、严于律己、为人师表，受到学生尊敬和爱戴。但是也有极个别教师理想信念模糊，育人意识淡薄，放松自我要求，甚至出现严重违反师德行为，损害教师队伍形象，影响学生健康成长。正如习近平总书记在突出"人民教师无上光荣，每个教师都要珍惜这份光荣，爱惜这份职业，严格要求自己，不断完善自己"的同时，也强调"对教师队伍中存在的问题，要坚决依法依纪予以严惩"。《准则》等系列的出台，就是要守正开新和固本清源，呼之即出，期待成效。如此规范就是希冀教育者胸怀责任感和归属感，以不断拓展长效机制新途径，凝结制度保障新优势,积聚全面落实新动力,顺应时代潮流,直击问题关键,做实协同互补,培植出自觉践行社会主义核心价值观、能够胜任肩负中华民族伟大复兴历史使命的一代代新人。教师是坚持引领驱动的关键力量,作为根本点和结合点,就须在措施落地上做到靶向施策和密切协同,在系统互动上做到无缝连接和精准发力,在力量动员上做到强根固本和凝神聚气!

"致天下之治者在人才,成天下之才者在教化。"当下承载着为民族复兴奠基重任的是教育,未来实现中国梦伟大愿景也系于今天和明天的教育。因此,对新时代的见证者、开创者、建设者的教师而言,教育关乎于中国特色社会主义事业生命力和感召力,其政治定力、道德情操、行为准则、职业规范等,既要有社会主义办学方向理想信念的"压舱石",还要有以人民为中心价值追求的"加速器",更需有扎根中国大地情怀要求的"同心圆"。着力培育勇立时代大潮、勇担历史大任的中国新人,为一代代全面发展的社会主义建设者和接班人而凝心聚力,攻坚破难,承梦前行,奋发有为,那么我们就一定不会辜负历史的回声、人民的期待和新时代的号令!

(2018 年 11 月 19 日刊发于环球网,
本文列"思想理论网络文章评价系统 TOP100 月榜单"第 24 位)

G20 杭州峰会:还世界经济一份精彩

世界二十国集团领导人第十一次峰会即将在浙江杭州举行,这是中国面向世界充分展示形象和实力的一次绝佳舞台。面对全球经济疲软、英国脱欧、地缘政治崛起、贸易保护主义等问题,在西方体制和政策屡屡"失灵"和面临全球性难题的今天,作为当今国际经济合作最有分量的主要论坛,世界对这次杭州峰会寄予了更多的期待。作为 2016 年 G20 主席国的大国,如何为世界经济复苏"把脉"和开出"药方",此次峰会更是令全球瞩目和期盼。

心力所向,热切期待。

临近峰会的召开,各国领导人和各路专家纷纷表达了对 G20 峰会的急切愿望和美好愿景,这是中国的使命与魄力所在,更是中国经济发展的吸引力和向心力的真实体现。加拿大总理特鲁多说"中国在经济、科技、文化等领域取得举世瞩目成就,国际地位不断提高,在全球事务中发挥着越来越重要领导作用";俄罗斯高等经济学院教授阿列克谢·马斯洛夫表示"只有中国能团结意见最不相同的国家坐到谈判桌前,相信此次峰会能向世界各国提出振兴经济的具体建议"……世界经济增速放缓,一直处于疲软状态,自 2009 年至今的十次 G20 峰会均未找准根本性的解决办法。作为非西方发展中大国首次举办 G20 峰会的中国,在创新的倡导、结构性改革的提议和发展合作推进上提出的"中国方案",越来越反映着一种向心力的国际所盼。

杭州峰会如何能够有效推动世界经济的强劲、可持续、平衡增长,成为众望所归的期待;如何能够解决当前国际经济金融领域的各种困难和难题,成为人心所向的信赖;如何能够落实全球 2030 年可持续发展议程,成为引领经济扭转和复苏的等待。不仅如此,"当好东道主,热情迎嘉宾",连日来,仅微博#给力 G20#、#G20 中国派#、#G20 中国行#就有超过 3 000 万人次的点赞,中国人民的热情好客、真诚友善等传统美德和风尚,也一定会给杭州峰会增光添彩。

同心协作,着力承载。

世界经济自 2008 年国际金融危机以来,G20 峰会成员国也采取了些小范围或区域性的财政货币措施,但深层次影响还在继续,仍然处在深度调整期。这就犹如人的躯体,长期患病,没有合理而科学的诊治,是难以好转和恢复健康的。要想"病态"转变,必须精准地开"良方"。而 2016 杭州峰会在一片万般无奈的"心声"中被寄予了厚望,成为全球经济复苏的转折期盼。无疑,杭州峰会所担负的责任与担当,也将见证着 G20 峰会生命力与执行力的未来状况。2016 年 2 月底,G20 财长和央行行长汇聚上海,共同承诺进一步加强结构性改革议程;4 月份,G20 财长和央行行长华盛顿会议达成一致意见,确定了改革的优先领域;7 月底,G20 财长和央行行长成都会议在改革的九大优先领域的基础上,制定了一套指导原则。除了财金渠道会议外,还举行了贸易部长会、工商界活动等一系列配套会议。在领导着这次非正式对话的国际经济合作论坛中,作为主席国的中国,着力创新 G20 的机制建设,主导着杭州峰会的浮出水面,可谓殚精竭虑,费力劳心。

即便是非常完美的方案,也必须通过合力行动来实践,"坐而论道"的目的是"起而行之"。国际货币基金组织总裁拉加德认为中国在峰会之前设定的目标已经完成,这不仅表明了各方交流沟通所取得的显著进展,也体现了各国财长、央行行长和国际金融机构之间的良好合作精神。因此,杭州峰会更重要的是考验着 G20 成员国的执行力。过去一些大国"零和博弈"的思维、贸易保护主义、国际经贸规则不公正、货币政策分化等,都是经济发展的障碍或藩篱。既然有期盼,那就需要齐心合力推动全球治理机制改革以带来新动力和新契机,让杭州峰会的承载真正在行动中成为现实。

世界真诚,寄予信赖。

即将揭幕的杭州峰会,毫无疑问创造了这个论坛历次峰会的历史纪录,如将有"创新增长方式"的重点议题、"结构性改革"与财政和金融政策并列、"绿色金融"、发展中国家在历届中参会最多等多个"第一次"。作为世界第二大经济体的中国,历年来主张互惠互利、合作共赢的利益共同体和命运共同体,以非凡的创造力获得了世界的感染力,凭多年的贡献力得到了全球的感召力。信赖还源于"构建创新、活力、联动、包容的世界经济"的峰会主题,为世界经济建立新的治理规则和秩序贡献中国的力量和智慧。这些力量和智慧来自中国正在实施的以创新驱动发展战略、科技创新为核心的全面引领的创新大潮;来自中国经济强劲内生动力的政策引导和建立开放型经济新体制的决心和行动;来自改革开放30多年来持续稳定、强劲的经济发展态势;来自"一带一路"倡议、亚投行运行、五大发展理念实施的坚强信心。

充满活力的中国经济为世界经济带来了新机遇,也提供给参与各国新启示和新希望。中国经济只占全球的15%,但贡献率却超过25%。G20成员国坐拥全球人口的2/3,全球国土面积的60%,国内生产总值占全球的90%,贸易额占全球的80%。如何应对全球经济挑战、改善全球经济治理、加速世界经济发展,杭州峰会成关注的焦点和期待,是重拾经济全球化信心的关键。凝聚共识、增加双赢、着力推进、共同担负起世界经济联动发展和包容发展,让杭州峰会这一平台,推动建设一个反映各国的国家利益和诉求的多元国际经济新秩序,成为未来全球经济新秩序的历史转折点。

"给我一个支点,我将撬动地球",阿基米德的这句名言,G20杭州峰会上也许会得到印证。杭州峰会凝聚的全球目光和期待,也许在未来之路会更加夺目和耀眼。作为一个负责任的发展中大国,我们需要这样的一个支点,也有信心团结其他成员国一道,不负厚望,共同推进全球经济治理体系得以实现。这样的舞台,更能让世界看到中国的使命与魄力,体会中国的责任与担当,感知中国的信心与勇气!

(原文标题为《[大家谈]G20杭州峰会:给"中国方案"一个期待,
还世界经济一份精彩》,2016年9月2日刊发于环球网)

用"指尖和键盘"敲出强军足音

——"祖国,请放心"网络名人进军营暨网络媒体国防行活动综述

"我们要用指尖和键盘,真实反映在强军征程中人民军队的崭新面貌和雄壮足迹。""相信通过这次'最热血'的'走转改',大家一定能够创作出更多'听得见战鼓''看得见硝烟'的精品。"启动仪式上重庆大学新闻学院党委书记凌晓明、中国青年网记者卢冠琼说出了网络正能量骨干和网络媒体采编人员的心声。

日前,为庆祝新中国成立70周年,中央网信办、中央军委政治工作部共同举办"祖国,请放心"网络名人进军营暨网络媒体国防行活动。在近半个月的时间里,数十位网络正能量骨干、网络媒体采编人员,深入边关哨所、荣誉部队实地采访,参观部队史馆、开展主题班会、与先进典型座谈交流、与官兵同站一班岗等,以指尖和键盘,向网民展示真实的军人风采,用文字和镜头讲述强军故事。

"看哭了""泪奔""无比感动"……近半个月以来,这些"沾泥土、带露珠、冒热气"的强军故事,让无数网友感动并留言。据初步统计,截至目前,仅微博话题#祖国请放心#阅读量就达7.4亿人次。

铮铮誓言,征程万里志必坚。

只有贴近泥土,才能听到大地的声音。只有走进军营,才能感受到强军的脉搏。

"边疆有我,祖国放心!"近日,武警广西总队崇左支队执勤大队凭祥中队在友谊关零公里处,面向1117号界碑庄严宣誓,坚决守卫好祖国安宁,铮铮誓言,掷地有声。

这里是"祖国南大门",边境线长97千米,边境便道180余条,是中国与东盟商品贸易的交汇点,边民来来往往,这里与跨国毒枭战斗等反恐冲突的事件不断。68

年来，一茬茬官兵扎根南疆、热爱南疆、奉献南疆。

"'南疆国门反恐利剑'用历史的初心和时代的坐标去定位自身戍守的价值，成为祖国一道靓丽的风景线。"央广网记者王子衿如是写道。

铮铮的誓言，是初心的坚守。在"祖国南大门"如此，所访其他部队亦如是。

——60多年前，在黄海深处的圆岛，有一支钢钉部队——"红色前哨雷达站"，为保证雷达机器的正常运转，每一滴淡水都精打细算，官兵们只能以海水蒸馒头，其味道苦涩难咽，记录下一代代驻守军人艰苦岁月的战天斗地精神；

——雷锋所在连队诞生于1953年。无论环境怎么变化、任务怎么转换、人员怎么调整，其所在部队始终把雷锋精神当作"传家宝"，多次圆满完成赴利比里亚、马里执行维和急难险重任务，阐释了真诚信仰、真心实践和真情传播的纯粹信念和价值追求；

……

"我们的队伍向太阳。"伴随着强军兴军的铿锵步伐，中国人民解放军——这支走过92载辉煌历程的人民军队，以党的宗旨为宗旨，以党的旗帜为旗帜，以党的意志为意志，以党的初心为初心，一路征程一路歌！

祖国，请放心！网民代表和网络记者们见证了人民军队意志未改，初心永在！

使命在肩，一往无前战必胜。

"年轻的战友汇聚一堂，为保卫祖国的神圣领海，蓝色道路从这里启航……"伴随着中国人民解放军海军大连舰艇学院院歌的优美旋律，记者在该院文化墙铭刻的"坚持用习近平强军思想铸魂育人"中读出了学员代表的句句心声。

扛起责任，不辱使命。这所与新中国同龄、经毛主席批准成立的高等军事院校，筚路蓝缕、奋发图强、成绩斐然。70年来为人民海军共培养输送了5万余名军政指挥军官，毕业学员中涌现出200多名将军和数千名舰艇长，现今水面舰艇部队80%以上的舰艇长均毕业于此。

挺立潮头，奋楫中流。勇担责任，主动作为。

无论身在何处岗位，无论面临何种挑战，扛起责任，勇于担当，永远是人民军队的鲜明品格。

投身改革，树立标杆。油料是战争的"血液"，输油管线是战时油料保障的"动脉"，管线部队则是托起这一"动脉"的钢铁脊梁。获得"最美新时代革命军人""全军备战标兵个人"的联勤保障部队某输油管线团四级军士长吴勇，以"没有战胜不了的困难,没有铺设不了的管线""保障打赢需要什么就练什么"等积极投身改革强军、建功联勤的伟大实践,为回答好习近平主席的"胜战之问"树立了使命担当的标杆。

历经芳华,重整出发。"南京路上好八连"是一支有着光荣历史的功勋部队。1949年6月进驻上海市南京路执行警卫任务,并多次出色完成任务。此后,全连干部战士勤俭节约,助人为乐,全心全意为人民服务。1963年4月25日,被国防部授予"南京路上好八连"称号。2017年,八连再次熔炉重铸、换羽新生,从摩托化步兵转型成特种兵。上蓝天、登海岛、潜深潭,锻造一招制敌的特战硬功;扛圆木、抗眩晕、抗高压,按照猎人训练挑战极限。发扬"敢于牺牲、敢抢险滩、敢打头阵、敢闯新路"的"四敢"连魂,仅两年的千锤百炼和淬火成钢,大大提升了连队官兵立体突击、空中渗透的特种作战能力。

面对一次次考验、经历了一次次挑战,这些官兵们以一次次出色的表现诠释了一名军人的使命担当。"网络正能量榜样"、退役军人周广兵在日记中写道:"透过他们深学强军思想,筑牢信仰根基,苦练过硬本领,我们分明看出了正在锻造召之即来、来之能战、战之必胜的精兵劲旅,我们相信一定能完成党和人民赋予的新时代使命任务!"

祖国,请放心!人民军队忠诚担当,使命永续!

精神永驻,永不褪色业必兴。

在抚顺,一场"别开生面"的讨论交流活动在陆军第七十九集团军某旅进行,以"赓续红色血脉,弘扬雷锋精神"为主题的"四续",即:续读雷锋书信、续写雷锋日记、续讲雷锋故事和续存"雷锋存折"。活动的目的就是要铭记始终坚守的信念和初心,探究雷锋精神的时代价值,汇聚起强国兴军的强大正能量。

来自抚顺雷锋小学六年级学生冯子晴在分享其存入"雷锋精神银行"的"雷锋存折"时说:"我和同学们不仅仅发自内心地崇拜雷锋叔叔,还要永远传承雷锋精神,争做新时代好少年!"

一支部队,应该具有什么样的气质?一支部队,应该有着怎样的坚守?

历史常给人以现实的力量。从"红色前哨雷达站"创造闻名全国全军的"一把土,一滴水"精神,到书写"献身、严格、求实、图强""一海校精神"的海军大连舰艇学院,从陆军第七十九集团军某旅半个世纪薪火相传、生生不息的"雷锋精神",再到身居闹市、一尘不染、出色完成了任务,堪称践行艰苦奋斗、拒腐防变标兵的"南京路上好八连",人民军队与时俱进,精神永驻!

采访中,参加活动的网民代表与网络媒体记者们所到之处,无不充分感知到人民军队"听党指挥、能打胜仗、作风优良"的强军兴军目标在凸显,有灵魂、有本事、有血性、有品德的新时代革命军人实践在彰显,永葆人民军队性质、宗旨、本色的时代风貌在突显。

所遇官兵,无不准确传递的是中国军人聚焦练兵备战、投身改革和矢志强军梦想的信心与决心。受访一线部队官兵牢记初心、使命必达的家国情怀和铁血担当,深深感动和感染在整个活动行程中的每个人!

网民代表清华大学特聘研究员王敏在活动结束后对记者表示,有形的文字写在纸上,记下的是一段记忆;无形的感悟刻在心里,承载的是一份信仰。走进军营感触的是脉动,震撼的是心灵!

"有我在,请祖国和人民放心!"一路走来,一路歌。铿锵朴实的表白,从官兵们口中发出! 震撼和思考深深地留在网民代表与网络媒体记者们心中!

(2019 年 9 月 12 日首发于人民网,全网联发)

第二部分

信念和精神

　　一个时代壮阔的梦想图景,是在一份份标志性图象中共同来描绘而就;一个国家持久的追梦力量,是在一个个阶段性过程中激励着累加而成。新时代中国特色社会主义事业蓄势奋发,蒸蒸日上,如何从中来读懂中国? 怎样从中来理解中国? 自 2016 年 7 月始,作者在策划、选题、布局中立足大势、大事、大局,进行"中国风"系列的题材,至结册出版时,体现和彰显中国特色社会主义事业发展的内在品质,归纳成"信念和精神"版块为 33 篇。深刻理解习近平新时代中国特色社会主义思想的核心要义、精神实质、丰富内涵、实践要求,就要在每个主题中深入地去观表象、知变化、析内在、品特质,就要在每个进程中强信心、聚民心、暖人心、筑同心。因为,中国梦是国家的梦、民族的梦,也是每个中国人的梦。这就是自创"中国风"系列的源头和追寻。

　　基于此,围绕五年来中国特色社会主义所体现和反映的内涵和特质,特别是对习近平新时代中国特色社会主义思想的学习,从高校一名思想政治工作者的视线和角度,力求将这一马克思主义中国化最新成果,力求将这一党和人民实践经验和集体智慧的结晶,力求将这一中国特色社会主义理论体系的重要组成部分,力求将这一全党全国人民为实现中华民族伟大复兴而奋斗的行动指南,通过叙事的方式,进行了较为深度地解读和要义阐释,鲜明地表达了必须要长期坚持并不断发展的信念和决心。本部分的主题包含有"境界""期望""眼光""情怀""开放""合唱""添彩""起航""梦想""驱动""攻坚""合作""坚守""品味""传承""创新""奋进""展望""一国""风采""魅力""巨变""诚意""自信""智慧""担当""英雄""志气""正气""韧性""勇气""底气""骨气"等内容。

新时代中国特色社会主义所彰显的内涵与特质远不止这些,宏大叙事需要更多代表性案例来剖析、作解构,上述的选择也仅作抛砖引玉式的列举。始终坚持把实现中华民族伟大复兴的中国梦作为鲜明主题,是本块内容的显著特点。其展现的是在实现中国梦这个伟大征程中,伟大事业需要伟大精神,伟大精神铸就伟大梦想。"中国风"内涵特质的意义,在于要把国家富强、民族振兴、人民幸福作为不懈追求,厚植家国情怀,培育精神家园,以近些年来鲜活的事实、生动的事例以及延展出的朴素的道理、坚定的信念,来引导网民们坚持中国道路、弘扬中国精神、凝聚中国力量,为实现中华民族伟大复兴的中国梦提供强大精神动力。

新时代谋事干业凸现胸怀大志的境界
——写在十三届全国人大一次会议闭幕之际

春天的声音最响亮,春天的动能最强劲,春天的嘱托最动容。

新时代开在春天的全国两会以朝气蓬勃之势与求真务实之风,给所有中华儿女带来了新气息、新景象;彰显了新动力和新希望;昭示了新发展和新作为。乘着两会的热势,将以何种心态、姿态和境地来贯彻落实两会精神,持之以恒地在各项事业中继续发力和有所作为,谋事创业的境界将起到非常重要的作用。两会期间,习近平总书记殷切的期待和嘱托,特别强调了"功成不必在我"的内涵和意境,似一股春风扑面而来,涤荡着亿万中国人民筑梦历程中的思想觉悟和精神修养。

从十九大的宏伟蓝图,到今年两会的全面深入,展现更多的是蓄势待发的眼界,体现了谋事创业的心界,但最关键是胸怀大志的境界。

开奋进之势的眼界,新景象别有天地,万象更新更需凝心聚力。

眼界广者其成就必大,这在两会期间给了我们最深刻的理解和认知。5 000多名代表委员带来了13亿多中国人民最鲜活的意愿,汇集了人民的智慧与力量;国家机构领导人换届选举、宪法修正案通过、国家机构改革调整、国家监察体系构建等重大任务,关系到国家的长治久安,关系到改革发展的全局,关系到千家万户的幸福;政府工作报告一个个涉及民生领域的数字、指标,激荡了无数振奋人心的情绪,数字的变化都显现了党和政府带领全体人民追求美好生活的坚定决心。

全国两会的胜利召开,眼界不同,感慨万千。中国特色社会主义进入新时代的开端,就带来了如此的新景象,别有一番好滋味在心头。宪法修正案表决高票通过,这是时代大势所趋、党心民心所向;习近平同志全票当选中共中央总书记、国家主席、中央军委主席,这是众望所归、人民信赖;"厉害了我的国"无论是在会场内的广为流传还是以此为题影片的网络热议,都成为两会期间中国人标配的话题……别有天地的奋进之势,呈现出一派万象更新。不论是代表委员们放眼党的主张与国家的意志和紧盯基层人民的心声,还是亿万网民极目两会传递来的好信息和纵观身边所处的变化,与会者看经验、看动力、看不足、看未来,网民们看成绩、看进步、看态势、看展望,不同的眼界所体现的是其关注点、事业心和责任感的不同。圆满完成两会各项议程后,在此东风的吹拂下,全社会更需凝心聚力、知行合一,为贯彻落实两会精神和为新时代中国特色社会主义事业改革发展注入更多的正能量,不断提升每个人内心所悟奋斗之路的心界。正所谓:眼界宽,心界才广。

秉奋斗之路的心界,新征程内外兼修,登高望远但须同舟共济。

全国两会圆满结束后,奋斗正当其时,圆梦适得其路。今年两会国家领导人首次进行宪法宣誓"忠于中华人民共和国宪法……为建设富强民主文明和谐美丽的社会主义现代化强国努力奋斗!"强调坚持依法治国首先要坚持依宪治国,坚持依法执政;"思维方式别停留在老套路上"鼓励广大干群要有登高望远的心境,放开胆子去谋,迈开步子去做,甩开膀子去干;"坚决防止不良风气反弹回潮"强调了纠正"四风"不能停步、锲而不舍抓好作风建设的信心和决心。通过的宪法修正案,确立了监察委员会的宪法地位,对国家监督制度做出了最顶层的设计,充分说明了"新"字当先,"干"字当头,"严"字当道。

五年来中国特色社会主义取得的历史性成就举世瞩目,中华大地发生的历史性变革举世震撼。前所未有的深刻变革、前所未有的辉煌业绩、前所未有的深远影响,史上少有,世界罕见!正是中国共产党带领的所有中国人民在正确航向的指引下,内外兼修,不懈奋斗,这是何等的胸襟与心界!纵观全国两会,当前新征程中不断涌现的是思想在夯实,作风在转变,顽疾在整治,生态在净化,制度在完善,但我们不知足、不停歇、不止步,永远在路上!贯彻落实两会精神,不仅在此基础上的干事创业要登高望远,还需全社会的同舟共济,每个人的修心、修行、修养也应随之而不断提升,力求精于学、厚于德、敏于行,中国才能无往不胜。新征程是全体中国人的征程,新时代是所有奋斗者的时代。拥有广博的心界才会有通达明澈和造诣精深的境界。正所谓:心界广,境界才高。

聚奋发之力的境界,新时代止于至善,功不在我则要众志成城。

今年全国两会的会期是近十年来最长的一次,成果丰硕,振奋人心。习近平总书记六下团组,对一些重要工作提出了新要求,作出了新部署,其中在山东代表团强调"功成不必在我"的正确政绩观和为政之道,"既要做让人民群众看得见、摸得着、得实惠的实事,也要做为后人做铺垫、打基础、利长远的好事。""既要做显绩,也要做潜绩。""功成不必在我"生动而深刻地刻画了党性至上的政治境界、奉献至上的思想境界、人民至上的行为境界。这不仅仅是一个政党、一个干部,甚至一个公民,都应该矢志不渝地坚守和遵循。

新时代的伟业不是一朝一夕而成功的,更不是一蹴而就得来的,欲成大事,必有大境界、大格局、大胸怀,而大境界则是事业成功的内核。全国两会共商国是的"路线图"和"时间表"要求,一方面要以时不我待只争朝夕的精神投入实践,另一方面则谨记和树立久久为功、"功成不必在我"的精神导向和人生境界。无论观大势、谋全局、干实事,还是挽狂澜、解难题、开新局;也不论做提升、要提高、有进展,还是再加强、得改善、上台阶,新时代的改革开放使命要求勇往直前和奋发作为,呼吁着更加精益求精和止于至善,领导干部要形成强大的"头雁效应"和普通群众要具有坚韧的"梅花精神",都是新时代的境界所在。只有以永不懈怠的精神状态,以舍我其谁的责任担当,以务实苦干的优良作风,以功不在我的崇高境界,恪尽职守,众志成城,才会共同谱写出团结奋斗的新篇章。正所谓:境界高,百事才成。

"俏也不争春,只把春来报,待到山花烂漫时,她在丛中笑。"梅花虽俏丽但不掠春之美,新时代谋事干业更加迫切需要梅花这样送春使者的意境。习近平总书记在十三届全国人大一次会议闭幕会上的重要讲话再次响彻耳边,冲击心扉,其中"让社会主义市场经济的活力""让社会主义民主的优越性""让中华文明的影响力、凝聚力、感召力""让实现全体人民共同富裕在广大人民现实生活中""让绿水青山就是金山银山的理念在祖国大地上""更加充分地展示出来",发人深省,鼓舞斗志!眼界宽,基础才牢,就能出好思路;心界广,动力才足,将会生大格局;境界高,品质才优,方可成大业。我们有充足理由相信:在党的十九大精神指引下,在今年全国两会精神感召下,"为中国人民谋幸福,为中华民族谋复兴"的伟业,在"功在当下、利在千秋"的境界中,一定能凝聚起共筑中国梦的磅礴力量,书写更加辉煌的明天!

(原文标题为《新时代谋事干业凸显"中国境界"——写在十三届全国人大一次会议闭幕之际》,2018 年 3 月 20 日首发于大众网,全网联发)

把总书记的亲切关怀
融入重庆大地的奋进之笔中

春回大地,重庆春色更益然。

3月10日上午,习近平总书记参加了十三届全国人大一次会议重庆代表团审议工作。会上,8位代表先后围绕推动高质量发展、发挥人大在法治建设中作用、加强长江流域生态保护、推进创业创新、加强基层党建、弘扬中华优秀传统文化等方面发表意见。习近平总书记在参加审议时的重要讲话,饱含着殷殷关怀,字字句句中寄予了深切期望。

在谈到提高干部法治素养时,习近平总书记强调我们的党政领导干部都应该成为复合型干部,对各方面基础性知识,大家都得掌握、不可偏废,在此基础上做到术业有专攻;在基层党建话题上,习近平总书记强调基层党组织的重要意义,必须夯实基层,要有千千万万优秀基层骨干,结合实际情况落实好各项工作;在重庆各项工作展望中,习近平总书记期待重庆广大干部群众团结一致、沉心静气、担负使命、奋勇前行。

殷切期望,砥砺鞭策。新闻报道进入了千家万户,网络空间刷屏齐赞,习近平总书记对重庆的关爱之心格外浓烈,关怀之情倍加倾注,似春风吹拂着重庆这片奋进的热土,又如暖流淌进了亿万中国人民的心田,振奋人心!

习近平总书记在讲话中强调了政治生态的重要意义和建设的具体要求;强调了领导干部讲政德的基本遵循和核心要义;强调了坚持从小事小节上加强修养和正心明道等。这些讲话高瞻远瞩,统揽全局;思想深邃,内涵丰富;情真意切,语重心长。这不仅是一堂锤炼党性的政治课,也是一堂教化心灵的德育课。

习近平总书记引经据典,字字珠玑,激励着亿万中国人民要苟日新、日日新,要天行健、自强不息。党的十九大召开以来,3 300万重庆人民在党中央和重庆市委的坚强领导下,坚决打好"三大攻坚战"、深入实施"八项行动计划",主动拥抱新时代,积极践行新思想,努力实现新作为,把党的十九大精神全面落实在重庆大地上。坚持和加强党的全面领导,坚持党要管党、全面从严治党,信心坚定而动力强劲;加快建设内陆开放高地、山清水秀美丽之地,思想统一而动能十足;努力推动高质量发展、创造高品质生活,目标恒定而步履稳健!

习近平总书记的郑重嘱托和殷切期望温暖了重庆人民的心,激发了谋事创业的力,提振了谱写华章的神。唯有把亲切关怀融入重庆大地的奋进之笔中,把全市干部群众思想统一起来,把力量凝聚起来,把责任担当起来,不忘初心、牢记使命,砥砺前行、埋头苦干,方可向时代交上一份合格的答卷,让总书记和党中央放心,让人民满意!

重整行装再出发,重庆前行的奋进之路,十分宽阔光明!

（2018 年 3 月 11 日首发于华龙网,全网联发）

以共享互通的眼光
度量网络空间命运共同体的情怀

在中国乌镇刚刚结束的第三届世界互联网大会中，来自全世界五大洲110多个国家和地区、16个国际组织的1 600余名的嘉宾对话交流，不仅规模宏大，大咖云集，观点碰撞，而且大会主题"创新驱动，造福人类——携手共建网络空间命运共同体"更是深入人心，辐射广泛，影响深远。携手共建网络空间命运共同体，更好造福全人类，中国关于全球互联网治理的主张，得到了大会的一致赞誉和深入探究，这样的眼光和胸怀为推进全球互联网事业发展贡献了中国智慧和担当。

愿携手世界，努力共建网络空间命运共同体。

从互联网接入中国以来的22年里，中国网络信息化事业经历了天翻地覆的变化，从无到有，从弱到强，从挑战到主张，从被动到引领，这样的变化令世界惊叹。特别是党的十八大以来，中国关于互联网的建设、管理和发展，更得到了中国人民的积极响应和全球的广泛赞誉。正如在今年开幕式上中国国家主席习近平通过视频发表讲话："利用好、发展好、治理好互联网必须深化网络空间国际合作，携手构建网络空间命运共同体。"这体现的是中国共产党和中国人民以开放的眼光融入全球的互联网变革，以全局的眼光紧随世界互联网经济，以战略的眼光前瞻互联网安全。特别是习近平主席在第二届世界互联网大会主旨演讲中，提出构建"网络空间命运共同体"及相关五点主张，树立网络空间命运共同体意识，提议并号召各国以推动人类公平享有网络发展成果为共识，贯彻合作共赢的理念，建立多边、民主、透明的全球互联网治理体系。这是推动网络空间共同繁荣的"中国方案"。从第一届的"互联互通""共享共治"到如今的倡导，中国的主张有效地提升了中国在全球互联网发展的话语权和规则制定的参与权，不仅如此，还表达了中国在世界互联网事业发展中愿担负责任和使命的强烈愿望。中国在看世界的纷繁变迁,世界也在看中国的发展变革。以放眼世界的视野和厚植互联网这个全球"家园"的情怀,这样的眼光和如此的意愿恰如其分地凸显了中国的别具慧眼和远见卓识。

愿创新驱动互联共治,推动网络空间主权观。

互联网发展治理是全人类的共同事业,跨越国界、超越边界,只有坚持网络主权理念、创新驱动的发展方式和互联共治的管理模式,才能推动网络空间实现平等尊重、创新发展、开放共享、安全有序的目标,实现全球各国的共同发展,达到命运共同体的美好愿景。2016 年 11 月 7 日,先后经过三次审议的《中华人民共和国网络安全法》在第十二届全国人大常务委员会第二十四次会议上获高票通过。网络安全法的制定颁布,是党的十八大以来我国互联网治理模式转变和治理能力提升的一个重要的标志。此次大会就有十多个中央部委直接参与了分论坛的承办工作,其中"互联网之光"博览会首度面向公众开放,310 家名企亮相、首次发布 15 项世界互联网领先科技成果等,既有深谋远虑、创新引领,又有高明远识、互联共享。互联网领域中,只有尊重各个国家的主权,尊重每个国家人民选择的发展道路,建立起共同遵守的秩序和公约,在此前提下,彼此加强沟通、扩大共识、深化合作,才能真正达到各国的共享互通。在互联网的国际秩序和全球治理体系上,中国以敏锐的眼光着眼于关键问题,以创新的眼光立足于核心技术,以发展的眼光统筹于前进方向,为各国在互联网事业的前行过程中,发挥了积极有效的探索效能,做出了示范表率的作用。

愿为网民谋福祉,让互联网更好造福全人类。

第三届世界互联网大会成功召开,众多外媒竞相报道,高度评价"中国的互联网产业方兴未艾""强调国际合作、造福人类""中国开始迈向互联网强国"等等。据调查显示,去年中国互联网经济首次突破 11 000 亿元,同比增长了 47.3%,中国互联网经济占国内生产总值的比重也在增加,具有巨大的潜力。在互联网领域中,中国持有全球的眼光在思想上立志造福全人类,以辩证的眼光在技术创新上应对机遇与挑战,以长远的眼光在理念上共话未来前景,不能不说"中国立场、世界眼光、人类胸怀"的高瞻远瞩和群众情怀。不久前,由解放军信息工程大学牵头的国家"863 计划"重点项目研究成果"网络空间拟态防御理论及核心方法"通过验证,标志着我国在网络防御领域取得重大理论和方法创新。其科研领军人物之一的邬江兴院士表示,此理论与方法是全人类的共同财富,中国科学家愿意将这一技术与世界分享,为构建网络空间命运共同体作出贡献。近些年来,中国对互联网事业的发展提出了一系列新论断,作出了一系列新部署,要求网信事业在践行新发展理念上先行一步。新理念、新思想、新战略的目的就是让互联网更好造福国家和人民,让世界人民为此而享有红利。这样的眼光就具有更高境界,具有大智慧和大情怀。

"不畏浮云遮望眼,自缘身在最高层",只有站得高,才能望得远。中国眼光给了我们一个答案和一份期待!以这样的自信刚毅和担当敢为,以这份不同寻常的眼光、胸怀、实力和情怀,中国一定会同国际社会一道构建网络空间命运共同体,以创新发展、开放共享的态势开启互联网全球治理新格局,开创互联网国际合作新局面,开辟谋求福祉造福全人类新天地!

(原文标题为《以"中国眼光""度量网络空间命运共同体"的情怀》,
2016 年 11 月 18 日首发于环球网,全网联发)

始终把人民装在心中就是最美的"中国情怀"

春天的风最清爽,春天的声音最嘹亮。开在春天的全国两会再次为全国人民奏响了时代的最强音。共商国是,建言献策;集思广益,凝心聚智;开足马力,眺望远景。两会期间的议题和进展是普天下中华儿女最集中、最为彻底地了解国家发展的"枝枝叶叶",也是通过人大代表、政协委员察民情、知民意聚焦了来自广大人民呼声的"点点滴滴",不仅充分体现了党的主张和人民意志的统一,而且真实反映了全国各族人民的共同愿望。今年两会的成功召开,达到了统一思想、坚定信心、凝聚力量、砥砺前行的目的,从人民中汲取治国理政的智慧和力量,让两会更具有中国情怀的丰富内涵和使命担当。

怀有对人民深切的情意,才会将"中国情怀"抒发得最壮丽。

两会中亮丽的答卷要数《政府工作报告》,在以99.22%的赞成票率高票通过的报告中,明确表达了"政府的一切工作都是为了人民""努力向人民群众交出合格答卷""把发展硬道理更多体现在增进人民福祉上"等内容,具有"讲政治""接地气""措施实"等鲜明特点。不仅如此,在报告起草过程中,其背后有着广纳群言、广谋良策、广聚共识等经历,而网络民意"功不可没"。据悉,网络征集共收到31.64万条留言,此外,还有近200万网民通过其他新媒体、微博、论坛等出谋划策。无疑,《政府工作报告》是广大人民共同智慧的结晶,其中融汇了情感丰富而真挚的中国情怀。两会期间,一个名为《人民代表习近平》的微视频迅速刷屏网络。从人民中走来,自称是"黄土地的儿子";到群众中去,给老人端饭、盘腿和老乡唠嗑……这位普通而又特殊的"代表"习近平,在今年两会期间,足迹所到之处,无不都是把人民的期待变成了铿锵有力的信心表达,"全社会都要关心知识分子,尊重知识分子""拿出'绣花'功夫,做好精准脱贫""像爱护自己的眼睛一样爱护民族团结"……字字句句都包含着对人民的牵挂,对未来的期许。在对一些重要工作的新部署中,件件事情都与人民群众息息相关,这是习近平总书记心里时刻怀有对人民深切情意淋漓尽致的表现。如何干好这六件大事,他已亲自划了重点,作了部署,提了要求。李克强总理在答记者问中一一回应了涉及去产能过程中的职工安置、房屋产权、产品质量、雾霾、消费者权益保护等多个民生关切,"我想做个安民告示,老有所养不会、也绝不能是一句空话""我们为政之要就是要舍小利、顾大义、顺民心"……言谈举止、挥斥方遒之间,无不彰显了智慧和情意,把对人民生活方方面面的深情厚谊和关爱之意在眉宇间、话语上、谈笑中,面对中外记者们时表露得彻底与坦荡。

装有对人民深沉的情感,方可将"中国情怀"迸发出最光彩。

"人民代表人民选,人民代表为人民""人民政协来自人民,一切工作都是为了人民",这就是中国两会的重要特征和根本所在。来自祖国各地、各行各业的近3 000位人大代表和2 000多位政协委员十多天参政议政的过程,就是过去一年里将他们扎实深入调查研究的民情民意,带到中国这个年度政治盛会中来的历程。在这个窗口上折射出"中国式民主"的特色,反映出中国人民的集体情感。今年《政府工作报告》修改共78处,为历年最多,有的修改综合了多条意见,体现了对民意的充分尊重。为了能及时高效反馈人民的呼声,今年"旁听"全国两会的国办工作人员达180多人,所有信息要求"当天听、当天汇、当天报","原汁原味"和"不过夜"的要求促成了平均每天送回国办的意见超过2 000条,这种对群众呼声高度重视和负责的作风令人敬佩。第十二届全国人大四次会议期间,代表们提出的8 609件建议、批评和意见已全部办理完毕,建议所提问题得到解决或者计划逐步解决的占80.6%;全国政协围绕"十三五"规划的实施,调查研究和建言献策的提案5 769件,99.84%的提案已经办复。这之前,全国人大常务委员会出台的《关于完善人大代表联系人民群众制度的实施意见》,推动建立了代表联系人民群众的工作平台和网络平台,健全了代表反映人民群众意见和要求的处理反馈机制。在以习近平同志为核心的党中央治国理政的非凡历程中,问计于民、问需于民,见证着人民当家作主的伟大实践。据笔者观察到的是,本人所在单位的三位人大代表始终精心调研,认真履职,实打实、响当当地在众多层面上征询和反映着师生们的心声。民意重于水,民心大于天。会议期间,没有止压阀,只有扩音器,每位代表和委员在履职中敞开心扉,坦露心声,将人民推选的信任和厚望赋予在一件件议案和提案上,承载于一句句建言中,在首都上空、媒介空间、社交平台上,处处都是民情民意的合理表达,时时都有民智民治的温情告白。

揣有对人民深厚的情谊,定能将"中国情怀"激发得最美丽。

与会的人大代表和政协委员带着兴奋与信心返回到各自的岗位上,各地、各行业、各单位即将掀起两会精神传达和学习宣传的高潮。如何不走样、不折腾地践行好两会精神? 如何做到上下齐心共力将国家今年发展大方针落实好? 这对于各级领导干部和每个中国公民都值得思考和考量。唯有关心民生,关切民计,关注民意,把老百姓生计放在心中,把人民群众疾苦置在眼前,把人民大众的幸福安于当下,才能真正意义上实现不负重托与厚望,才会在广阔的实践天地做出新贡献。两会期间的为民之道再次响于耳畔,回味无穷,那些呼应人民群众的关切,是社会跳动脉搏的真切感受。如"各级政府要坚持过紧日子,中央部门要带头""我们就是要用政府的'痛'换来企业的'顺'",坚守"节用裕民"正道,那是治国理政率先垂范的规矩之行;"像珍视自己的生命一样珍视民族团结,像石榴籽那样紧紧抱在一起"的民族团结生命线,那是中华民族大家庭中手足相亲、守望相助的共同意志;习近平参加四川代表团审议时说"曾在电视上看到有关凉山州'悬崖村'的报道,特别是看着村民们的出行状态,感到很揪心",李克强笑着回复陕西金坡村留守儿童杨康"老百姓是天,人民群众是我们心中的大人物"等等,那是胸中有黎民、百姓能感知中国情怀的真情演绎。三月份因为全国的两会,也因为"人民"这根主线,无论是现实生活的日出而作到日落而息,还是网络空间的无处不在与无时不有,都是关乎国家发展的情感张扬和情怀抒发的集与散;无论是参会的人大代表和政协委员,还是祖国各地的平民百姓和草根网民,每个人都是为民、惠民、富民的"重要棋子"和"舞台主角",也都是中国梦实现的推动者、践行者和受益者。正如习近平总书记曾指出的"中国梦归根到底是人民的梦,必须紧紧依靠人民来实现,必须不断为人民造福"。

"人民、只有人民,才是创造世界历史的动力。"春天的全国两会已胜利闭幕,人民代表把人民装在心中,为人民发声,为人民履职,共同制定了中国前进的正确方向,描绘着未来发展的美好前景,更彰显着中国珍视自己独一无二道路的梦想和情怀。征程万里风正劲,重任千钧再奋蹄。两会的东风吹拂心田,更加坚定我们勤勉尽责干事创业的决心和信心,为自己鼓劲,为同行助威,撸起袖子加油干,不负历史的重托,不负时代的选择,让我们以优异成绩迎接党的十九大胜利召开!

(2017 年 3 月 20 日首发于环球网,全网联发)

中国开放在扩大，世界精彩映中华

"中国开放的大门不会关闭，只会越开越大！"4月10日，博鳌亚洲论坛国际会议中心主会场向全球传递着这样的诺言，气度恢宏，气势磅礴！中国人民为之振奋，世界人民为之欣喜，而恃强凌弱者则唉声叹气。中国国家主席习近平在该论坛2018年年会开幕式发表的主旨演讲，表明了中国坚定不移深化改革开放的立场，宣布了中国扩大开放新的重大举措，发出了维护多边贸易体制的正义之声，现场气氛热烈，气场强劲！演讲内容中出现的高频词"开放"所阐释的内涵及举措博古通今，由内到外，深邃精辟，不仅有举旗定向、再启新局，更有擘画愿景、昭示希望，而且意蕴深厚、气贯长虹！中国敞开胸怀的自信、担当和作为，再次激励和感染了全世界，憧憬着以更加扩大开放的姿态和行动书写"时代之问"的新画卷！

扩大开放，起于基本国策与筚路蓝缕，是强化中华民族和中国人民奋进的"航向标"和"动员令"！

开放还是封闭，前进还是后退，这些时代之问的答案显而易见。中国改革开放40年伟大征程的成就有力地告诉了我们：改革开放极大解放和发展了中国社会生产力；开辟了中国特色社会主义道路；充分显示了推动历史前进的强大力量；为世界积极地作出了中国贡献。历史性成就是经历了几代中国人民筚路蓝缕和风雨兼程的奋斗，才有今日的春华秋实和信心坚定。中国成功实践昭示世人。早在1984年十二届三中全会通过的重要文件《中共中央关于经济体制改革的决定》中就明确提出"十一届三中全会以来，我们把对外开放作为长期的基本国策"，如今，新的扩大开放内容和途径与这一方针一脉相承且在与时俱进和不断发展。进入了新时代的中国特色社会主义，站在新的历史起点上，发出了"扩大开放"的号令。这个号令既承载了历史使命，彰显了责任担当，又富有时代特色，引发强烈共鸣，对中华民族和中国人民而言,定会唤起一往无前的奋斗激情!

扩大开放,就须以改革作为谋全局和掌大势的"定盘星";扩大开放,就得以改革作为经济提质增效的"主引擎";扩大开放,就需以改革作为锚定机遇、化解风险的"先手棋"。用全面深化改革的推深做实增强乘势而上的"发展气场",夯实人民群众的新时代获得感!"这些对外开放重大举措,我们将尽快使之落地,宜早不宜迟,宜快不宜慢。"扩大开放,是中国特色社会主义事业因时而进的"航向标"和"动员令",承前启后,继往开来,是全面建设社会主义现代化强国宏伟蓝图的精准选择,是实现中国梦的必由之路!

扩大开放,源于战略抉择和互利共赢,是筑牢独善其身和损人害己干扰的"保险杠"和"消防栓"!

对话还是对抗,结伴还是结盟,这些时代之问显得更迫切和敏锐。当前,世界经济复苏缓慢、贸易保护主义抬头,亚洲和世界都需要更加完善、活跃的机制来维护经济全球化和贸易自由化的成果。于是在本次博鳌亚洲论坛上,中国提出的扩大开放就是对贸易保护主义和反全球化趋势的有力反击。扩大开放,这是中国经济要实现从高速增长向高质量发展转变必须依赖的条件。中国人民在扩大开放的旗帜指引下,坚定不移奉行互利共赢的开放政策,坚持引进来和走出去并重,推动形成陆海内外联动、东西双向互济的开放格局,这是中国以高瞻远瞩战略眼光与统筹大局谋略智慧而成为现行国际体系的重要建设者和重大贡献者的特别要素和战略选择。此次参会的联合国秘书长古特雷斯表示"中国是多边体系的重要支柱,对多边主义作出了重大贡献。中国提出的'一带一路'倡议是对全球化、自由贸易和国际合作承诺的一个完美证明。"

单边主义和多边主义之间、保护主义与自由贸易之间互为博弈和斗争,但"和平合作的潮流滚滚向前"。一些国家为了自身短期利益加大了贸易保护主义力度,成为全球贸易保护主义的重要推手,而作为最大新兴经济体的中国,则成了贸易保护主义的最大受害国。中国拟将实施的"大幅度放宽市场准入"等四项扩大开放的重大举措,就应该不适用于那些违反世贸规则、动辄对别国发动贸易战的国家!扩大开放的底线就是不能以牺牲国家和人民利益为代价。"冷战思维、零和博弈越发陈旧落伍,妄自尊大或独善其身只能四处碰壁。"扩大开放,中国为维护国际秩序和国际规则因事而化,应筑牢"保险杠"、备实"消防栓",规避风险,强力遏制,这才是中国作为地区和世界经济稳定器的内在要求,是捍卫中国全球贸易自由化的重要保证！

扩大开放，归于秉承初心和勇立潮头，是唱响合作各国和世界人民共赢的"定心丸"和"倡议书"！

面对复杂变化的世界，人类社会向何处去，亚洲前途在哪里，这样的时代之问曾困惑过许多国家和人民，但中国改天换地的历史性变革鼓舞人心，科学精辟的重大判断登高望远，熠熠生辉的重要思想引领未来，气势恢宏的战略目标催人奋进，令他者钦羡不已。"为中国人民谋幸福，为中华民族谋复兴"的初心与使命，要求通过扩大开放来坚定不移走和平发展道路，积极发展全球伙伴关系，坚定支持多边主义，积极参与推动全球治理体系变革，构建新型国际关系。无疑，在当今世界格局的转型期，构建人类命运共同体才是维护世界和平稳定发展的最佳选择。习近平主席以真诚豁达的态度和大刀阔斧的举措，再次向全球发出"构建人类命运共同体"的呼吁和倡议，彰显了美美与共、天下大同的远见卓识与人文关怀，必将推动经济全球化向更开放、包容、普惠、平衡、共赢的方向发展，揭开中国与世界经济交融发展的新篇章。

顺应时代潮流，坚持开放共赢，勇于变革创新。"一带一路"倡议已转变为实实在在的行动，高度契合当今世界求和平、谋发展、促合作、图共赢的时代主流。这是扩大开放的大手笔与大气魄，充分彰显了大胸怀与大格局，正印证了顺潮流者进、一呼而百应的简单真理。扩大开放，是中国唱响人类命运共同体因势而新的"定心丸"和"倡议书"，蔚然成形，奋发图强，这才是推动区域合作和经济一体化的本质所在，是和平稳定、发展互惠和共创人类美好未来的必然使命！

"因而能革，天道乃得，革而能因，天道乃驯。"新时代更加扩大开放，擎思想灯塔，让各种发展活力充分迸发出来，唯发展者进；立精神支柱，与逆全球化和破坏国际规则与秩序的阻挡力量作斗争，唯英勇者胜；汇力量源泉，为促进共同发展提供不竭动力，唯奋进者强。中国经验、中国智慧、中国方案为时代之问标注了方法和提供了答案，那就是把握历史规律、认清世界大势、顺应时代潮流。我们期盼并坚信，中国正在以更加扩大开放的思想、意志和精神，推动建设人类命运共同体的进程和成为造福世界人民的福祉，世界美好的未来也必将闪耀着中华民族的伟大智慧与磅礴力量！

（2018年4月11日首发于环球网，全网联发）

"一带一路"的"大合唱",越唱越响亮

"一带一路"国际合作高峰论坛在北京成功召开,130多个国家和70多个国际组织约1500名代表见证了高峰论坛前后一系列合作共识、重要举措及务实成果的达成。高峰论坛成果清单涵盖了5大类,共76大项、270多项具体成果。从四年前的"一带一路"中国倡议到如今的整体实质行动,国际社会齐心协力积极参与合作,世界赞誉声一片。这样转型的意义还在于,宣告了中国在这项伟大、历史的工程上的"领唱"身份与地位。

"余音绕梁,三日不绝。"此次高峰论坛将"一带一路"倡议的理念和愿景落地生根,涵盖古今,贯通中外,连接未来,其勾画的新蓝图,发出的新号角,备受参与国和国际组织的信赖和呼应。尤其是习近平主席指明了建设"一带一路"的"五个之路":和平之路、繁荣之路、开放之路、创新之路、文明之路,根植于历史传承的回响,顺应于时代潮流的选择,应对于发展挑战的需要。中国与参与国及国际组织的"合唱",共同奏响了携手构建人类命运共同体的新征程。

公心促使原动力的产生。

在世界经济长期低迷的复杂性和全球性面前,"一带一路"倡议能得到如此多的国家和国际组织的积极响应,是因为中国倡议秉持公心,让沿线国看到了希望,认识上得到了契合,对共商、共建和共享有了迫切的念头;是因为"一带一路"建设颠覆了过去国与国之间地缘博弈的老套路,在社会制度和发展道路差异很大的客观条件下,开辟了一个合作共赢的新模式;是因为在当今世界区域安全失序和发展失衡的风险越来越大,全球治理呼唤改革与创新的形势下,"一带一路"倡议促进了沿线参与国寻求发展原动力的产生。

具有优质人品的人自然会有众多的朋友,同理,"一带一路"的朋友圈硕大,这

也是国家品质的象征。2016 年第 71 届联合国大会通过决议，首次写入"一带一路"倡议，得到 193 个会员国一致赞同。自"一带一路"倡议提出 4 年来，中国已经同 100 多个国家和国际组织签署了双边、多边合作文件以及企业合作项目的协议。持有一份公心，才能源源不断地扩展"一带一路"合作的范围和领域。事实得到了进一步的验证。与其说过去"一带一路"的 4 年是"大合唱"的筹备和"建队伍"与"搭舞台"的准备，那么此次国际合作高峰论坛之后，沿线国所展现出的强烈的参与度和动力感，就表明逐步进入了"各声部"和"把节奏"的关键建设期。中国不仅展现了一个新兴大国的自信、责任感和梦想，而且推动了沿线参与国"合唱"的进程与深度。

诚心达成内驱力的凝聚。

"千年之约"刻画了张骞出使西域与郑和下西洋的场景，我们先辈作为和平的使者，促进了东西方经济、科技、文化的广泛交流，宣扬了国家之间的和睦相处。历史告诉我们：文明在开放中发展，民族在融合中共存。胸怀人类，放眼天下，中国以诚心构筑"一带一路"倡议，触动了世界众多国家的心扉。中国之声，一呼百应；中国之邀，应者云集。各国对"一带一路"怀有强有力的盼头，才有如此的内驱力凝结在一起。他们不约而同地看到了中国为世界发展进步把脉定向，将有效重振世界经济；看到了在东西方搭建的桥梁让人类历史始终在不同民族、不同文化的相遇相知中向前发展；看到了"一带一路"使各国人民心连心，共同祈愿建设和谐共存的大家庭。

习近平主席在此次论坛开幕式上的演讲、欢迎宴会上的祝酒辞，以及论坛圆桌峰会上的开幕辞、闭幕辞所使用的十大高频词中"合作"就达 128 次、"发展"为 96 次、"建设"为 88 次、"共同"为 34 次、"人民"为 19 次、"和平"为 17 次……"携手构建广泛的利益共同体"是中国的赤诚追求；"'一带一路'建设重点面向亚欧非大陆，同时向所有朋友开放"是中国的坦诚相待；"中国将在未来 3 年向参与'一带一路'建设的发展中国家和国际组织提供 600 亿元人民币援助，建设更多民生项目"的承诺是中国的真诚担当。然而，"一带一路"的"大合唱"不仅需要参与国和国际组织思想共识的一致性，还需科学与实践相结合。伟大的事业，需要伟大的实践。中国将伴随和感召各国的"合唱"达到情感的统一、技术的协调、行动的合理。

信心加速牵引力的形成。

"一带一路"倡议从中国提出至今4年来,其发展趋势和态势已经有了强烈的存在感和价值性,各参与国已清晰地看到,积极参与并配合中国将潜力无穷,奔头无限。"一带一路"建设将重塑全球化新格局,是创造和引领世界趋势的决定性力量。作为大国的中国,延续文明基因,渴求和平发展,分享进步成果,这是中国力求为世界可持续发展作积极贡献的信心之源;4年来"一带一路"建设成果,诸如更多获得感的"民生礼包"、人文交流的"连心桥"等,这是多国人民期盼幸福的信心之力;习近平提出的4个"不会改变"、5个"不会"、7大举措等,让全球从中国"一带一路"建设中逐渐看到了成绩,感知了成果,欣慰了成就,这是"一带一路"建设参与国和国际组织对未来之路坚信有奔头的信心之基。

"一带一路"建设进入实质期,将迎来蓬勃之势,国与国共同合作项目将会纷至沓来,这项艰巨、持久、伟大的人类工程将会挑战我们信心与毅力。其中,中国的牵引力将成为关键,"各国合唱"助动力也格外重要。如何平衡、协调、共存,未来之路依然任重道远。这份期盼传递了中华民族千年来的感情基因,积淀了人类文明宝贵财富的丝路精神,倾注了中国人民构建人类命运共同体的情感寄托,将赋予中国及中国人民强大的信心和勇气持续不断焕发出足够强的牵引力,在"一带一路"建设的"合唱"上越唱越响亮!

"一花独放不是春,百花齐放春满园。"飞向和平、发展、合作、共赢的远方,"一带一路"建设是沿线各国共同构建人类命运共同体的重要探索与实践。4年来,政策沟通不断深化、设施联通不断加强、贸易畅通不断提升、资金融通不断扩大、民心相通不断促进,沿线各国"合唱"了共同发展的新乐曲。作为负责任大国的格局与眼光,中国"领唱"于此,愿携手各参与国和国际组织,回眸千年历史,眺望千年未来。期盼在新的实践征途中,各参与国和国际组织一如既往地协力同行,同心同向,共同书写千秋伟业的新诗篇,合作奏响时代特色的新乐章,让"一带一路"的"大合唱"越唱越嘹亮!

(原文标题为《"一带一路"的"中国领唱",越唱越响亮》,
2017年5月23日首发于环球网,全网联发)

增色添彩，
重庆谱写壮美华章

重庆区位优势突出、战略地位重要，在国家区域发展和对外开放格局中具有独特而重要的作用。习近平总书记指出，重庆处在"一带一路"和长江经济带的联接点上，希望重庆发挥西部大开发重要战略支点作用，积极融入"一带一路"建设和长江经济带发展，在全面建成小康社会、加快推进社会主义现代化中再创新的辉煌。近年来，重庆积极主动融入、参与、服务"一带一路"建设和长江经济带发展，加快推进全市全域开放，大力建设开放型经济体系，努力建设成为西部开发开放的重要战略支撑。

借势谋事，积极融入。

这些年来，重庆立足本地，放眼欧亚，积储能量，蓄势待发。2011 年，重庆开通了国内首趟发往德国杜伊斯堡的"中欧班列（渝新欧）"国际货运集装箱班列，揭开国内开通欧洲班列的序幕。它已成为连通欧亚大陆的重要物流通道，去年开行超过 400 班，成为联通内陆部分省份、联动其他交通工具的"动脉"，辐射的触角不断向亚欧部分地区延伸。2015 年 11 月，中新双方在新加坡签署了"中新（重庆）战略性互联互通示范项目"框架协议，这是以重庆为运营中心的第三个政府间合作项目。不仅如此，2015 年 4 月，我国内陆首个保税港区——重庆两路寸滩保税港区贸易功能区正式启动运行，这意味着重庆在内陆率先拥有了统筹外贸和内贸两个市场、整合国际国内两种资源的开放平台。重庆果园港，是目前中国最大的内河水、铁、公联运枢纽港。习近平总书记 2016 年初来这里考察时说："这里大有希望。" 2015 年重庆直飞意大利罗马的航线正式开通，填补了重庆乃至西南地区直飞西欧的空白。重庆港口约 60% 的功能服务于周边。重庆开发后一跃成为开放前沿，世界 500 强半数入驻……种种事实证明,如今依托中欧班列(渝新欧)、中新合作、自贸试验区等,重庆作为内陆开放高地快速崛起,带动了一批内陆开放地区积极融入"一带一路"建设。这一切,都得益于借势谋事、积极融入。进入实操,显现成效。"一带一路"致力于建立和加强沿线国家互联互通伙伴关系,构建全方位、多层次、复合型的互联互通项目。无疑,重庆及时借势规划发展,着力落实到位,在对外开发开放上充分彰显了区位、体制、平台、产业、通道等诸多优势,无缝契合"一带一路"愿景,也必将更多分享"一带一路"倡议带来的机遇。

顺势而上,创新驱动。

2014 年中国通过了"一带一路"建设规划,2015 年发布了推动共建"一带一路"愿景与行动。3 年多时间里,"一带一路"耕耘了一条不同以往的区域发展之路,彰显了经济全球化和区域经济一体化的时代大势。重庆集直辖市体制和西部大开发政策、统筹城乡综合配套改革试验区等体制机制优势于一体,始终坚持打造大平台、畅通大通道、实施大通关的开放高地构筑,推动产业发展由要素驱动向创新驱动转变,大力发展战略性新兴产业,培育形成具有国际水平的产业集群。在融入、参与、服务"一带一路"的过程中,重庆企业积极参与国际产能合作,走出去吸纳顶尖人才;加强与德国等欧盟国家在高端技术、高新装备、新能源、新材料等领域的合作;鼓励重庆的汽摩、化工、材料、能源等优势企业向南亚和东南亚拓展;重庆的汽车、电子信息、装备制造等支柱产业不断发展壮大,战略性新兴产业蓬勃发展,承接沿海地区产业转移,培育世界级的产业集群,经济发展质量和效益明显提高……一系列的组合拳施展开,促成了发展新格局,这为重庆扩大开放、比拼赶超创造了良机。

趁势发力,开放发展。

以共商、共建、共享为原则,以开放包容为特征,以互利共赢为追求的"一带一路",从倡议到共商,从响应到行动,从联手到共享,在寻求世界经济复苏路径之时,中国也在探寻世界发展共进之道,蕴含着以开放促改革、促发展的经验与道理。2014 年重庆提出,将大力提升长江上游航运中心、科教和金融中心、物流中心、信息中心功能,不断增强重庆作为"一带一路"与长江经济带的战略支撑点。特别是强调了重庆市贯彻落实国家"一带一路"建设和长江经济带的"六项任务":加快建设长江上游综合交通枢纽,着力打造内陆开放高地,着力增强战略支点集聚辐射功能,着力培育特色优势产业集群,着力推进城市群建设,着力构筑长江上游生态安全屏障。"六项任务"与国家"一带一路"建设息息相关、紧密相连,既有硬实力打造,也有软环境培育;既有建机制,也有搭平台;既有"走出去",也有"请进来";既有品牌塑造,也有市场拓展等,其开放发展理念深度契合国家战略,其务实肯干精神深刻体现发展境界,其主动作为思路充分凸显强劲动力。

"问渠那得清如水,为有源头活水来。"在"一带一路"倡议落地开花、开花结果的过程中,在党中央和国务院坚强领导下,重庆市委和市政府带领全市人民敢于为"一带一路"增色添彩,勇于成为"一带一路"的璀璨明珠。美好的蓝图需要真抓实干,壮丽的画卷需要用心描绘,相信重庆人民一定会在这个时代与历史的舞台上凝心聚力,尽心尽力,用智慧和力量与全国人民一道,打造更为坚实的前行基础;用真诚和实力与亚欧人民一起,共同谱写人类最亮丽的华章!

(原文标题为《["一带一路"重庆篇]为"中国倡议"增色添彩　重庆谱写壮美华章》,2017 年 5 月 8 日首发于华龙网,全网联发)

网信事业坚实起航，步履铿锵

在去年 4 月 19 日召开的网络安全和信息化工作座谈会上，习近平总书记高屋建瓴地回答了事关中国网信事业长远发展的一系列重大问题，深刻清晰地描绘了中国建设网络强国的宏伟蓝图和实践路径，为推动我国网信事业快速健康有序发展提供了科学指导和行动指南。我国网信事业发展迎来了"快车道"的机遇期。这一年里，阶段性实现了"弯道超车"，其发展变化足以令人可触可感、可歌可叹。网信事业一步一个脚印、一步一个台阶，其有力举措和蓬勃发展不仅牵引和支撑着许多领域的大步前行，而且在"两个一百年"奋斗目标的实现征程中迈出了坚实的步伐。

领航的步履坚定，源于科学定论和思想引领。

习近平总书记在讲话中提出的一系列论断和要求，从国际国内大势出发，以五大发展理念为指引，深刻阐明新形势下互联网发展的正确方向和践行路径，为进一步推动我国网信事业发展提供了重要遵循。这一年里，从 2016 年 11 月 7 日获高票通过的《中华人民共和国网络安全法》到当年 12 月 27 日发布的《国家网络空间安全战略》，不仅阐明了中国关于网络空间发展和安全的重大立场和主张，而且还是党的十八大以来我国互联网治理模式转变和治理能力提升的一个标志；从去年 7 月中共中央办公厅、国务院办公厅印发的《国家信息化发展战略纲要》到去年 12 月国务院印发的《"十三五"国家信息化规划》，不仅要求以信息化驱动现代化，规范和指导未来 5—10 年国家信息化发展，而且要顺应时代发展需要和广大人民群众的期盼；从去年 11 月第三届世界互联网大会在浙江省乌镇成功召开到今年 3 月发布的中国《网络空间国际合作战略》，不仅为网络空间全球治理贡献了中国方案和中国智慧，而且表现了同心共筑网络空间命运共同体的中国担当……这一年里，包括《互联网信息搜索服务管理规定》《互联网直播服务管理规定》等在内的一系列相关法律、法规、规章加快出台，新规频频出拳，关乎互联网规范合理、安全有序，关乎人们的切身利益，关乎互联网法治体系更加完善。新理念引领新发展，新时代孕育新机遇。"在践行新发展理念上先行一步"，网信事业发展得生机勃勃，得益于科学定断和方向指引，因势而谋，应势而动，顺势而为，这一年的步履如此地坚定有力，是走向互联网事业健康发展的必由之路和可靠保证。

起航的步伐稳健，始于顶层设计和服务人民。

"推动我国网信事业发展，让互联网更好造福人民。""以人民为中心的发展思想"这一根本遵循始终支撑着我国网信战线的崇尚创新、注重协调、倡导绿色、厚植开放、推进共享，贯彻落实新发展理念的思想灵魂。不论在网络民意作用发挥，还是互联网核心技术突破；不论在安全秩序维护和依法治网，还是政企协作和担责；不论人才选拔与培养，还是对领导干部上网要求，网信战线坚持以顶层设计为统领，以存在问题为导向，以服务人民为根本，昂首阔步，成效显著。"思深方益远，谋定而后动。"一年来，历经"净网2016""剑网2016""清源2016""护苗2016"等专项行动，净化网络空间，网络生态进一步好转；实施"中国好网民工程"、举办"国家网络安全宣传周""网络文明进校园""贵阳数博会"等活动，公民网络素养进一步提升；推进"互联网+"行动计划，实施国家大数据战略，大量互联网催生的新产品新业态竞相涌现，信息经济在国内生产总值中的占比不断攀升……"举网以纲，千目皆张。"各地网信部门信心满满，众志成城，以民为本，创新不断，如"北京时间"媒体融合矩阵逐步形成，网站访问量从上线之初的日均独立访问人数1 300万，急速上升到现在的6 000万，页面日均浏览量已超过4亿；上海市积极探索利用社会力量开展综合治理，推出"上海辟谣平台"，推动网络空间进一步清朗；安徽省电子商务进村今年实现全覆盖；新疆正在覆盖全疆的网上政务服务大厅，行政审批将实现网上"一站式"办理；重庆市建成了全国首个互联网综合教育基地"重庆互联网学院"，推出了全国首个面向公众的互联网数据在线取证服务平台，率先建立了重大决策网络舆情风险评估机制，让政策在落地前降低风险，更好惠民、为民……自2014年成立中央网络安全和信息化领导小组至今才三年多时间，虽然中国网信事业还处于探索起步阶段,但多措并举,多管齐下,多方参与,前进的步伐依然稳健有序,前景光明。

远航的起步自信,稳于共享共治和知行合一。

网络空间作为人类社会生产生活的新空间,日益成为信息传播的新渠道、经济发展的新引擎、文化繁荣的新载体、社会治理的新平台、交流合作的新纽带、国家主权的新疆域。"单打独斗"难成气候,远望世界范围内,只有互联互通构筑共治"天网",才会有一个安全、稳定、繁荣的网络空间。习近平主席在第二届世界互联网大会上发表的主旨演讲提出了全球互联网发展治理的"四项原则""五点主张",倡导尊重网络主权、构建网络空间命运共同体,这充分体现了中国的道义、自信和担当。一年多来,中国不仅提出"国际社会共同构建和平、安全、开放、合作的网络空间,建立多边、民主、透明的全球互联网治理体系"这一主张,而且在实际行动中切实履行世界共享共治的发展理念。如第三届世界互联网大会在中国召开之时,美国《华尔街日报》称"中国国家主席习近平在开幕式上呼吁推动全球互联网治理更加'公正合理',并表示中国将坚持网络主权理念。"英国路透社报道"习近平主席重申尊重'网络主权'的必要性,呼吁深化互联网发展与治理国际合作,表达了加强中国在全球互联网治理作用的意愿。"新加坡《联合早报》认为"中国愿同国际社会一道,推动全球互联网治理朝着更加公正合理的方向迈进,使网络空间实现平等尊重、创新发展、开放共享、安全有序的目标。"中国网民规模连续 9 年居全球首位,超过世界网民总数的 1/5;互联网企业全球 10 强中国占有 4 席;中国仅用 23 年就完成了向世界网络大国的跨越……中国互联网发展是一个了不起的成就,令世界惊叹!互联网真正让世界变成了地球村,也正深刻改变着全球经济格局、利益格局和安全格局。尽管当前中国与世界发达国家相比在许多领域存在着差距,但网信事业正在努力成为中国参与国际竞争的新优势、中国综合国力的新支柱以及中国未来经济和社会全面发展的新动力。特别是"让互联网发展成果惠及全球,更好造福各国人民""网络是共同的精神家园""共同构建网络空间命运共同体"等先进理念是促成中国发展为具有世界影响力网络强国的理论保证和战略支撑。

"大鹏一日同风起,扶摇直上九万里。"回顾习近平总书记在网络安全和信息化工作座谈会重要讲话的一年来,我国网信事业扬帆起航,步履铿锵。当今全球正处于信息革命所掀起的变革之潮，世界之力千帆竞发，百舸争流，我们依然面临着任重道远，负重致远的前行之路。着眼未来，相信网信事业一定会牢牢把握发展新机遇，积极适应人民期待和需求，推进网络立国和网络强国建设，让互联网发展成果惠及 13 亿中国人民，更好造福全人类，助推全面建成小康社会和实现中华民族伟大复兴！

（2017 年 4 月 18 日首发于环球网，全网联发）

开门迎春，助推梦想前行

春来啦！开工啦！鸡年中国的春节味还未散尽，早春的气息就扑鼻而来，给中华大地弥撒了新的春光，给已经返工上班和正在赶赴岗位的人群带来了新的憧憬。过去的一年中国成绩斐然，新的一年更会春花烂漫。一年之计在于春，春天是积蓄能量的季节，也是播撒希望的开始，沐浴春风的人们总想攒好劲，只争朝夕，快马加鞭，追逐梦想！

卷好袖子，肩负使命担当和蓝图描绘。

春节假期间，新华社、央视网等媒体制作的《小账本连着大情怀》《足迹 2016 习近平和我们在一起》《2016，习近平在世界舞台》等微纪录片在社交平台流转和疯传。视频中罗列了习近平总书记从中国贫困农户家庭到世界外交"俱乐部"，从国内部分省份的考察慰问到 2016 年 5 次走出国门，行程 75 000 千米，其足迹和温暖遍及了所牵挂和关注的地方与百姓。这一系列原声回放的简短视频，亲切有力、感人至深、场面震撼，其中习近平总书记在重庆视察科技企业时说"社会主义是干出来的"，看望中国奥运健儿时说"中国加油"，视察河北张家口时说"扶真贫，真扶贫，这是我最牵挂的"等给众多网民们留下了非常深刻的印象，普遍认为是唤起了民众对家国关系的深度思考，让大家充满了发展事业的激情与斗志。"大家撸起袖子加油干""走好我们这一代人的长征路""进一步扩大中国的'朋友圈'"等激励而鼓舞的话语，气吞山河，勇往直前，无不体现了中华儿女肩负民族兴旺的使命；壮志为国、身体力行，无不体现了民族希望与担当，中国干劲在一系列忙碌而务实的足迹中得到了诠释和注解，也为新的一年的锐意改革和再创佳绩播响了战鼓，吹起了号角。"春风得意马蹄疾"，严寒已去，春回大地，中国蓝图和前进步伐迫切需要我们以"卷好袖子"的魄力和气概，以中国干劲贯穿于出台实施的"最先一公里"和落地生根的"最后一公里"过程中,同心同向,把使命担当起来。

甩开膀子,释放集体效能和社会责任。

继续推进全面深化改革,于国家、于集体、于个人都至关重要。在过去一年里,已呈现出了持续强劲纵深推进的良好态势,也在努力地让每个有梦想、有追求的人活得更有尊严、更体面,共享改革成果的获得感,这是 2016 年中国干劲带来的收获。去年的中国完成 97 个重点改革任务,中央和国家机关有关部门完成 194 个改革任务,各方面共出台 419 个改革方案,主要领域关系到四梁八柱的改革主体框架已经基本确立。但随着全面深化改革攻坚期和深水区的不断深入,改革协调推进难度继续加大,改革落地生根任务愈发艰巨,经济生态领域、民主法制领域、文化领域、社会领域、国防和军队以及党的建设制度等方面的改革依然形势复杂和任务繁重。全面建成小康社会、确保到 2020 年农村贫困人口全部脱贫等时间节点已临近,亟待全国上下鼓足干劲、全力以赴,甩开膀子抢抓新机遇,迎接新挑战,以"绳锯木断,水滴石穿"的拼劲谋事创业。春天,百花齐放,百鸟争鸣。无论是企业和单位,还是领导干部和基层群众,有付出,才有收获,有干劲,才有拼头,这是一个亘古不变的道理。让人民群众不断有更多的获得感,只有在改革发展的实践中真抓实干、建功立业才能得以实现,踏石留印、抓铁有痕的干劲必须有;披荆斩棘、不拖后腿的韧劲必须有;敢为人先、勤学善思的钻劲必须有。在这场关键的攻坚战中,只顾观望,一味争论,只会延误深化改革进程的良机;淡薄集体,淡化责任,只会削弱深化改革成效的力度;害怕"拦路虎",畏惧"硬骨头",只会挫伤深化改革氛围的勇气。

挺起身子,施展家庭责任和人生价值。

2017 年春节期间最大的特点应属新春纳福,这昭示着新的一年的福气与希望。显而易见的是,每个人的幸福获得感离不开个人的努力与奋斗,都蕴藏在这一年的干劲中,干劲越足,福气就越多,获得感就更强。经历了春节期间的家庭团圆,不仅每个人再次被家风和家训熏陶与感染,也少不了被长辈们叮咛与嘱咐,更增强了家庭的责任感和壮大了人生价值体现的雄心。农历丁酉年的鸡是"知时鸟",春是"万物苏",正是斗志昂扬地勤求学、干事业之时。我们在越发接近中国梦的道路上,容不得对过去成绩与成就而产生的懈怠与自满,"可以歇一歇""功劳簿上躺一躺"的想法与做法都与个人的追求、家人的目光、群众的信任和国家的期待无法匹配、无可对等。每个人精力、劲头投入与施展得大与小,家中的责任和个人的价值就能体现得多与少。中国人特有的家国情真义的诠释向来都是浑然一体的,人幸福是家之福,家幸福是国之福。今年春晚舞台上,电影演员成龙带领着涵盖了56个少数民族和港澳台的160位大学生,结合手语深情演唱了歌曲《国家》,其核心的"家是最小国,国是千万家"打动了亿万海内外观众的心。亿万中华儿女只有焕发出感天动地、蓄势待发的"中国干劲",才能熔铸成中华民族的精气神。这样的中国精气神将会催发亿万家庭在追逐梦想的新征程上,聚精会神地攒足劲,一心一意地抓实干,就一定能破解前路上的新矛盾、新问题,也一定会干出新成就、新收获。

"山,快马加鞭未下鞍。惊回首,离天三尺三。"80多年前毛泽东同志在长征路上写下了这脍炙人口的名句,中国的接力棒今天同样告诫我们在中国梦实现的道路上,没有永远的胜利,只有永远的努力。春意盎然、春暖花开之时,卷好袖子,甩开膀子,挺起身子,让中国干劲融入我们学业、事业等血脉中,形成一种习惯。在2017年春节团拜会上习近平总书记号召"闻鸡起舞,登高望远,撸起袖子加油干,继续向着全面建成小康社会的奋斗目标进发,继续向着中华民族伟大复兴的中国梦进发!"这是时代的召唤,历史的使然,人民的选择!

(原文标题为《开门迎春,让"中国干劲"助推梦想前行》,
2017年2月6日首发于环球网,全网联发)

新时代高校提速创新驱动

近段时间里,创新驱动、提速奋进的科教氛围愈发显得浓郁,鼓舞人心！今年全国两会后新组建的中国共产党中央教育工作领导小组,加强和改善了党对科教事业全面深化改革的统筹领导;从 1978 年全国科学大会的召开至今年 3 月底已 40 周年,以"科学的春天"为标志在改革开放征程上,科学是先行者毋庸置疑;2018 年度国家科学技术奖提名工作刚结束,受理国家三大奖共 1 446 项,意味着为中国经济社会发展将又多了一大批强有力科技支撑的"国之实力";国家重点研发计划2018 年重点专项答辩正在如火如荼地进行,包括各学科领域的两院院士、长江学者、国家杰青等权威专家展开了新一轮的竞争;西湖大学获批成立并于日前校园开建,以社会力量举办和国家重点支持、集宝贵人才资源和特色办学等引发了社会的普遍关注……

进入新时代以来,互联网空间呈现的大大小小中国科技成果如泉涌般的"井喷",让网民们倍感振奋！这显现了全国高校科技工作长期以来在加强原创引领、服务国家战略、培育领军人才的"赫赫有功"与"默默无闻",践行了习近平总书记今年两会在广东代表团所强调"发展是第一要务,人才是第一资源,创新是第一动力"的科学论断。中国高校科技创新对产业、经济和社会发展的引领和支撑也会越来越有力,在新时代的"黄金时间"中动力与潜能一发而不可收,未来必将愈加奔涌而出！

以发展是第一要务,回望高校科技久久为功,在科教兴国战略中跃升动力。

科学技术,不仅是第一生产力,也是人类文明的道义制高点,其发展的历程和产出,不仅有经济力量,也有政治力量、文化力量。历来各国高校都是科技发展与进步的主力军和推动者。经过党的十八大以来的五年发展,我国高校科技创新态势已发生了历史性转变,从跟踪为主迈入"三跑并存"的新阶段。高校研究与开发人员占全国不到10%,研究与开发经费占全国不到8%,却为高铁、核电、光伏、数控、高压输电、4G通信、新能源汽车等领域提供关键核心技术,高校发表科技论文数量和获得自然科学基金资助项目分别占全国80%以上,有力地服务国家战略行动。不久前,科技部公布了"2017年度中国科学十大进展",这十项中高校就占有八席,绝大多数入选的研究成果在《自然》《科学》等国际顶尖刊物发表,彰显了我国高校基础研究工作的水平和标志性。秉承发展是第一要务,在科教兴国战略上奋力奔跑,如此的产出效率的确振奋士气,给人以奋进的力量、奋发的激情、奋斗的自信!

发展的第一要务,就得牢固树立和自觉践行新发展理念,进一步明确实现更高质量、更加协调、更有效率、更加公平、更加可持续的发展路径。"虽有智慧,不如乘势"。党中央绘就了建设现代化强国的蓝图,提出了加快推进"双一流"建设,世界科技革命也正风起云涌……不可否认的是,对照新形势和新要求,发展中存在着短板问题和与新时代不相适应的问题,必须坚持目标导向和问题导向,坚持内涵式发展,大力推进教育、科技、经济的深度融合。这些都使高校科技站在了新时代的新起点上,肩负的历史使命更艰巨、意义更重大,必须紧紧抓住新时代的战略机遇期、新形势的发展加速期、新要求的结构转型期、新使命的攻坚爬坡期。

以人才是第一资源,守望高校科技迎接挑战,在人才强国战略中激发动力。

推进科技创新,首要的是人才。人才是创新驱动的根本和源头,谁拥有一流的创新人才,谁就拥有了创新的优势和主导权。全国高校拥有740余名两院院士(含港澳台),1 238个教育部创新团队和基金委创新群体,还直接支撑着164万硕士研究生和34万博士研究生的培养。正是这个科技队伍承担了全国60%以上基础研究,承担了60%以上重大科研任务,建设了60%国家重点实验室,获得了60%以上国家科技三大奖励,院士、杰青等高层次人才占60%以上,这五个60%说明了人才发挥作用的显著性。由此看来,高校科技的创新引领和人才强国的历史重任,还需要更多、更准、更精功能体现,以此形成战略科学家的"定盘星"、创新大专家的"冲锋号"、科研先行者的"手术刀"。加快推进"双一流"建设,会促使高校把国内外的各方面优秀人才、顶尖人才吸引过来、凝聚起来,在精准施策上着力,在精准扶持上聚力,在精准服务上出力,在精准管理上发力。

创新与国运相牵,人才与国脉相连。近日,国务院印发《积极牵头组织国际大科学计划和大科学工程方案》,以全球视野谋划科技开放合作,就是不唯地域引进人才;聚焦国际科技界普遍关注、对人类社会发展和科技进步影响深远的研究领域,就是不拘一格用好人才。这又一次为高校科技创新发展提供了一个绝佳的平台。不仅如此,充分调动、凝聚和挖掘人才的智慧和激情也势在必行,高校科研人才中不乏众多"精神引领者"和"道德标杆"。如日前复旦大学钟扬教授被中国共产党中央委员会宣传部追授为"时代楷模",其用生命踏遍了青藏高原,收集了上千种植物的 4 000 万颗种子;归国 7 年多来,担任国家多个技术攻关项目的首席专家,吉林大学黄大年教授把为祖国富强、民族振兴、人民幸福贡献力量作为毕生追求;一生心系国家粮食安全的"泥腿子院士"——武汉大学朱英国院士,直到去世前的最后一个晚上在病床的他还辅导着学生……

以创新是第一动力,凝望高校科技任重道远,在创新驱动战略中转段升级。

习近平总书记曾强调"创新是一个民族进步的灵魂,是一个国家兴旺发达的不竭动力,也是中华民族最深沉的民族禀赋。在激烈的国际竞争中,惟创新者进,惟创新者强,惟创新者胜。"创新发展,意味着动力机制的转换,意味着将创新驱动作为国家发展的重大战略,意味着要有国际眼光和全球站位,要把高校建成全球科技创新重要策源地、世界科技强国和教育强国的战略支撑力量。新时代高校科技发展面临着国运所系、大势所趋、教育所需、发展所急的重任。对标党的十九大精神要求,到 2035 年高校要成为全球科技创新的重要阵地,成为全球科学研究的重要贡献者和引领者之一;到 2050 年,高校将成为创新领军人才的聚集地,全球科技创新中心之一和世界高等教育引领者之一。作为基础研究主力军的高校,应该大有作为,以大平台、大团队、大项目、大成果的"四大"为牵引,力求在国家创新驱动发展战略中吹响集结号,齐奏交响乐,共谱和谐曲。

国家有所呼,高校有所应。在创新驱动发展战略引领下,新技术引爆新产业,新业态激发新活力,新模式拓宽新路径,新消费缔造新变革。高校科技发展应站在实现中华民族伟大复兴的高度转段升级,舒展谋划改革的"全视角",练就攻坚克难的"铁肩膀",用好精准有效的"绣花针",更加有力地服务和支撑国家重大战略。如支撑"一带一路"建设,落实军民融合战略,参与雄安新区建设,参与全国科技创新中心建设,服务创新创业……在前瞻性基础研究、关键共性技术、前沿引领技术和颠覆性技术创新方面实现突破均有"施展拳脚"和"大展舞台"的良机。加强与国内其他科研领域和企业的同频共振、精准衔接、合力形成,就一定会积聚深化改革的中国动力,激发决胜小康的中国速度,筑牢砥砺前行的中国信心!

"在科学上没有平坦的大道,只有不畏劳苦沿着陡峭山路攀登的人,才有希望达到光辉的顶点。"党的十九大报告中提出的七大战略,都与高等教育直接相关,特别是科教兴国战略、人才强国战略、创新驱动战略和高校科技的发展更是密不可分。发展是第一要务、人才是第一资源、创新是第一动力,今后中国动力的强劲状况都能通过高校科技的发展得到直接感知和成效回应。新时代已经标注了发展方位,新矛盾已经校正了前进方向,新征程已经擘画了未来蓝图,相信新思想必将凝聚磅礴力量,新使命也必将激荡奋斗热情。高校科技事业的发展唯有奋斗,不懈努力,方能创造无愧于党与人民充分信任的辉煌业绩,书写无悔于中华民族伟大复兴的历史重托!

(原文标题为《新时代高校提速于创新驱动"中国动力"的强劲》,

2018 年 4 月 4 日刊发于环球网)

勇推脱贫攻坚迈向深入

日前,中共中央总书记习近平主持召开中央政治局会议,听取了 2018 年脱贫攻坚成效考核等情况汇报,对全国打好脱贫攻坚战提出了明确要求。

不久前,习近平总书记在重庆考察并主持召开解决"两不愁三保障"突出问题座谈会中,在脱贫攻坚战进入决胜的关键阶段做了重要部署。这之前,习近平总书记越过千山万水,深入调研大山深处的贫困村——重庆华溪村的进展情况和新面貌。短短的几天里,从"点"到"线"再到"面",习近平总书记所指发展方向,所点问题要害,所到攻坚深处,无不投射着殷殷嘱托与殷切期待,无不透射着坚定信心与坚强决心,无不显现着坚韧恒心和特别意义。中国共产党人坚毅品格在打赢脱贫攻坚这场战役上越发彰显无遗、凸显充分,鼓舞和号召着全党及全国人民誓将脱贫攻坚战推向深入!

战略部署"扣扣子"来通堵点,以坚毅的品格做好"破题"之策。

4 月 19 日召开的中央政治局会议强调"打赢脱贫攻坚战,是全面建成小康社会的底线任务和标志性指标,是必须完成的重大任务。"会议既肯定成绩树立信心,也提高认识提振信心,又认清形势坚定决心,其中"底线任务"和"标志性指标"再次突出了脱贫攻坚战的战略要义和伟大意义,也是中央站在历史关键时刻,自我加压,自我鞭策!在脱贫攻坚战的"所剩都是贫中之贫、坚中之坚、硬仗中的硬仗"中,距离 2020 年目标时间不太多,在如此重要的节点时期,中央要求"要继续实行最严格的考核评估"的胆气与勇气,要"确保脱贫工作务实,脱贫过程扎实,脱贫结果真实"的谋略与精准,以及"已脱贫后时代"的"摘帽不摘责任、摘帽不摘政策、摘帽不摘帮扶、摘帽不摘监管"的"四不摘"打通堵点和下步部署,都显现了"越是艰险越向前"的英雄气概和"狭路相逢勇者胜"的斗争精神!当今,脱贫攻坚战任务还很艰巨繁重,党中央决策部署的"战旗"猎猎,挥旗定向的"战鼓"擂擂,"紧扣扣子"的靶心对准,鼓舞人心,催人奋进! 脱贫攻坚战不仅在时度效上要不断深入"破题",而且在高质量发展上要有显示度的考核评估,开弓没有回头箭,必须拿出"遇事无难易,而勇于敢为"的劲头。因此,坚毅的品格必须贯穿始终。习近平总书记说:"打赢脱贫攻坚战,中华民族千百年来存在的绝对贫困问题,将在我们这一代人的手里历史性地得到解决。这是我们人生之大幸。"豪情壮语宣示激荡热血,鼓舞斗志!

责任履行"担担子"来消盲点,以坚毅的精神做优"解题"之法。

自 2015 年以来习近平总书记主持召开的以脱贫为主题的跨省座谈会就达六场,前不久在重庆着力聚焦解决"两不愁三保障"突出问题,这是"十三五"期间脱贫攻坚的目标,也是今年中央"一号文件"的明确要求。"两不愁三保障"是历代中国人民梦寐以求的追求,经过多年努力,目前"两不愁"基本解决了,"三保障"还存在不少薄弱环节。因此,习近平总书记要求"脱贫攻坚战进入决胜的关键阶段,各地区各部门务必高度重视,统一思想,抓好落实,一鼓作气,顽强作战,越战越勇!"坚持问题导向,就是在这场"战役"中要始终具备触及矛盾、解决问题的责任担当,勇于"担担子",以发现问题的敏锐、正视问题的清醒、解决问题的自觉,瞄准脱贫攻坚的不同重点领域。同时,认识问题担难不怯,发现问题担责不推,直面问题担事不躲,解决问题担险不畏。关键时刻,重要时期,面对贫中之贫、困中之困、坚中之坚,习近平总书记再次发出"不获全胜、决不收兵,咬定目标不放松"的决心和壮志。这样精准发力的坚毅,充分体现了共产党人的清醒认识和责任担当! 脱贫攻坚战不仅要合心而为、合力攻坚,合拍运转、尽锐出战,而且还要在时间表、路线图中力求"智""志"结合,做优"解题"之法。坚毅精神同样赋予了"等不得"的紧迫感、"慢不得"的危机感、"松不得"的责任感和"停不得"的使命感,只有自觉强化"朝受命夕饮冰"的事业心和"昼无为夜难寐"的责任感,以昂扬向上的朝气、创新克难的勇气、走在前列的豪气、苦干实干的意气,才能在组织实施脱贫攻坚战中赢得胜利!

工作落实"钉钉子"来疏痛点,以坚毅的力量做实"答题"之道。

脱贫攻坚战,已到了奋力冲刺的"最后一公里",越是到此拐点,就越有痛点难点在,就得响鼓重锤再出发,持续不断钉钉子。习近平总书记对脱贫攻坚工作念兹在兹,亲力亲为、领战督战,不仅乘飞机、转火车、坐汽车到重庆最偏远的石柱土家族自治县中益乡专题调研,还沿湿滑"之"字形陡坡长台阶看望体弱多病的两位老人……"不怕路远,哪怕一天只看一个点,也要看到真贫。只有看到中国贫困的真实状况,我们才能作出正确的决策。"这种披荆斩棘的顽强作风,如此坚毅,令人感动!习近平总书记说:"我提倡钉钉子精神,这得从我做起啊!这件事我要以钉钉子精神反反复复地去抓。"这种迎难而上的使命担当,如此坚定,给人力量!锲而不舍,金石可镂!如今脱贫攻坚战中的产业扶贫、教育扶贫、交通扶贫……正如火如荼,众志成城地开展工作。全国832个贫困县,将在2020年实现全部脱贫摘帽,越是到最后,就越是难啃的硬骨头;越是到吃劲的关键时候,就越是迫切需要坚毅精神响鼓重锤和提振力量。习近平总书记"钉钉子"的干劲、钻劲、拼劲的垂范作用,应该成为全党全社会的执着坚毅和自觉行动,人人都应如此"钉钉子",把责任扛在肩上、记在心里、落实到行动中。钉钉子之用,铆在哪里都有力地把持;坚毅之为,就是给予所蕴含力量的传达。须高扬"不破楼兰终不还"的精神、"狭路相逢勇者胜"的斗志、"千磨万击还坚劲"的韧劲,形成"上下同欲齐心干"的生动局面和做好脱贫攻坚战的"答题"聚力,从而激发破除重重阻碍、闯过道道难关,书写气壮山河的人间奇迹!

"风雨多经志弥坚,关山初度路犹长。"正值新中国成立70周年,也是决胜全面建成小康社会第一个百年目标的关键之年,更是打好脱贫攻坚战和实施乡村振兴战略的重要历史交汇期,脱贫攻坚战的"不获全胜、决不收兵"如雷贯耳,振聋发聩,这是新时代的声音,是新中国的坚毅!唯有坚定不移、坚忍不拔、坚持不懈推进脱贫攻坚战走向深入、走出精彩,才能无愧于时代、不负于人民。坚毅所达之处,是只争朝夕、时不我待的拼搏劲头,是驰而不息、久久为功的坚定意志,是昂扬向上、真抓实干的精神状态,势必将激发着永葆本色为人民,驱动着谋战打赢作尖兵,涌动着铁心攻坚铸忠诚。在此作用下,全国上下则一定会为如期全面打赢脱贫攻坚战、如期全面建成小康社会作出新的更大贡献!

(原文标题为《"中国坚毅"勇推脱贫攻坚迈向深入》,2019年4月22日首发于环球网,全网联发;本文列"思想理论网络文章评价系统TOP100月榜单"第23位)

中非合作论坛标注了合作发展的伟大实践

2018 年中非合作论坛北京峰会暨第七届部长级会议于近日在中国北京举行，这是中非合作论坛自 2000 年成立以来的第三届峰会。中华人民共和国和 53 个非洲国家的元首、政府首脑、代表团团长、非洲联盟委员会主席等相聚于此，充分凸显了中非双方的高度重视和中非关系发展的高水平。特别是习近平主席在峰会开幕式发表了主旨演讲，全面阐述中国加强对非关系的新理念新主张，宣布中国助力非洲发展的"八大行动"，引起了国际社会好评、热议和强烈反响。如"时代范本""震撼人心""授人以渔""历史性盛会"等来自国际组织和专家学者的评价不绝于耳！"习近平主席的忙，让你应接不暇！"等话语持续刷屏，令人感动！

中非合作论坛见证了 18 年中国的坚定，全方位发展合作模式已成为南南合作的典范！

18 年前，有着相近历史际遇和相同发展任务的中国与非洲国家，共同让中非合作论坛肩负着平等互利、平等磋商、增进了解、扩大共识、加强友谊、促进合作的历史使命。18 年来，从"长期稳定、平等互利的新型伙伴关系"到"政治上平等互信、经济上合作共赢、文化上交流互鉴的新型战略伙伴关系"，再到"中非全面战略合作伙伴关系"，以及展望今后"更加紧密的中非命运共同体"，中非合作论坛始终持之以恒地开创新机遇、开拓新领域、开启新愿景。无论形势和环境多么复杂和艰巨，中非合作内涵得以充实从不动摇；无论发展速度所带来国家实力变化和差距大小，论坛框架下中非关系定位不断得以提升从不含糊；无论全球格局发生了多大的变化，中非合作论坛携手探索共同发展新道路的集体智慧得以彰显从不懈怠……18 年来，中非合作成绩斐然，论坛成为中国提倡"共商、共建、共享"原则的有力见证,其坚定的决心和信心已经在世界范围内产生积极、广泛而深远的影响,成为引领国际对非合作、提升南南合作的旗帜和丰碑!

从 20 世纪 70 年代中国出资且有 60 多位中方人员献出生命修建而成并成为中非友谊重要象征的坦赞铁路,到 2015 年中非合作论坛约翰内斯堡峰会中方为"十大合作计划"提供总额 600 亿美元的资金支持;中非贸易额从 2000 年的 100 亿美元,到 2017 年 1 700 多亿美元,中国自 2009 年起已连续 9 年成为非洲第一大贸易伙伴国;从新中国恢复联合国席位,在赞成的 76 票中有 26 票来自非洲国家,到参加 2018 年中非合作论坛北京峰会开幕式的 3 000 多名中非各界人士,其纷纷起立,向发表主旨讲话的习近平主席致以敬意,35 分钟的讲话,赢得 20 多次掌声……"无论中国发展到哪一步,中国永远都把非洲国家当作自己的患难之交。"精心培育,共谋发展;肝胆相照,精诚所至。18 年的坚守与执着,中国与非洲共同打造了南南合作的生动样板。中国的重诺守信和创新推动,大胸怀带动了大格局。中非合作共赢的"历史范本"已毋庸置疑地成就了南南合作的典范!

"十大合作计划"全面落实的坚定,让不断推进合作新机制为改善全球治理提供了示范!

在上一届的中非合作论坛约翰内斯堡峰会上,习近平主席提出了中非"十大合作计划",其所秉持的真实亲诚理念和正确义利观被写入了《中非合作论坛约翰内斯堡峰会宣言》。在世界面临经济动能转换、国际格局和力量对比加速演变、全球治理体系重塑等一系列变革的背景下,"十大合作计划"已全面落实,有的甚至超额完成,充分显现了中非经贸合作的韧性和潜力,同时彰显了中国重信守诺的负责任大国形象。从扩大中非贸易到增加对非投资,从支持基础设施建设到帮助发展农业,从助推非洲工业化进程到开展科技合作……中非合作不断为非洲发展注入新动力和新活力。"十大合作计划"的圆满完成,充分说明了中非创新发展理念和合作形式的有效机制,在提升中非关系、增进政治互信、促进务实合作、造福双方人民中,在不断探索推动论坛发展的新途径和新手段中,发挥了极其重要的作用和意义。兑现承诺,言出必行,只有坚定的意志力和高度的使命感,才能激发巨大热情,凝聚时代力量、催生丰硕成果,展现全新魅力!

中国在合作中"坚持真诚友好、平等相待;坚持义利相兼、以义为先;坚持发展为民、务实高效;坚持开放包容、兼收并蓄。"这为解答时代命题提出了依照,也为顺应世界变局提供了范本。从"一带一路"对接的热切盼望到"非中合作每一天都有新的发展变化";从"中国帮助非洲时,从不干涉非洲国家内政"到"感谢中国在国际上主持正义,维护非洲和发展中国家正当权益";从"中非合作好不好,只有中非人民最有发言权"到"任何人都不能以想象和臆测否定中非合作的显著成就"……满意收官的"十大合作计划"以及所体现的多边外交合作新机制,这在中非合作论坛北京峰会圆桌会议的非方与会代表的反映和评价中得到了生动的诠释,非方开诚布公地表达了强烈心声和意愿,并表示通过此将推动国际秩序向更加公正、合理方向发展。中国与非洲全方位合作的新方略、新举措,开创的新机遇、新天地,跨越了地理和空间障碍,超越了政治制度和文化差异,克服了种种艰难险阻。绘就新篇,义利并举;厚积薄发,金石为开。中国的坚毅顽强与宽广胸襟,大手笔绘就了大成果。中非共同发展的"时代先锋"已毫无争议地树立了改善全球治理的典范!

重点实施"八大行动"提振了坚定的信心,展望携手构建合作共赢更紧密命运共同体的标杆!

站在新的历史起点上,习近平主席发出了中非要加强战略对接和政策协调,推进共建"一带一路"合作,重点实施好产业促进、设施联通、贸易便利、绿色发展、能力建设、健康卫生、人文交流、和平安全的"八大行动"。这"八大行动"宣告了自北京峰会起开启的新的历史征程,对未来 3 年和今后一段时间中非各领域务实合作进行了系统规划。共同推进中非合作提质增效的坚定意愿,描绘了中非合作共赢、共同发展的新愿景。从"中国决定在华设立中国—非洲经贸博览会"到"支持非洲单一航空运输市场建设,开通更多中非直航航班";从"中国决定扩大进口非洲商品特别是非资源类产品"到"中国决定优化升级 50 个医疗卫生援非项目";从"实施 50 个文体旅游项目"到在多个领域"推动实施 50 个安全援助项目"……再向非洲提供 600 亿美元支持等举措凸显了中国愿以打造新时代更加紧密的中非命运共同体的坚定意志和果敢行动!

携手打造"责任共担、合作共赢、幸福共享、文化共兴、安全共筑、和谐共生"的中非命运共同体,是北京峰会的一大创举。这不仅展现了中非领导人所达成的重要共识,也是向世界发出更加深入合作的共同声音,更是揭开中非关系新的时代篇章的坚强决心。北京峰会最显要成果就是通过的《关于构建更加紧密的中非命运共同体的北京宣言》和《中非合作论坛—北京行动计划(2019—2021 年)》,其不仅强调"一带一路"建设与非洲《2063 年议程》、联合国 2030 年可持续发展议程及非洲各国发展战略的四方对接,而且还注重培养非洲内生增长能力,从对非"输血"

转为助非"造血";既有"硬基础设施"转向"软硬兼顾",也有发展理念和经验的分享,为中非合作美好明天绘制了波澜壮阔的发展蓝图,也是中非合作论坛向世界的庄严宣誓。北京峰会谱写了"一带一路"对接非洲发展的新乐章,制定了中非合作朝着更高水平迈进的新路径,奏响了中非人民心手相连亲如一家的新旋律。展望未来,红日初升;谋篇共建,积厚成势。中国的坚定担当与通达境界的大气魄拓展了大路径。中非命运与共的"未来蓝图"将信心满满地昭示着更紧密命运共同体的实现!

"坚持意志伟大的事业需要始终不渝的精神。"伏尔泰这句名言告诉了我们坚定意志不是生来就有,唯有锻炼才能造就,成就伟大的实践更需坚定而上的精神。18 年来,中非合作论坛标注了合作共赢理念机制的伟大实践和成功经验,也是中非友好合作关系长盛不衰、历久弥坚的根本保证和动力源泉,充实并延展了中非命运共同体的时代内涵。特别是面向未来,中国加强对非关系的新理念新主张和中国对非务实合作的新行动新举措,为打造符合国情、包容普惠、互利共赢的高质量发展之路,为增进 26 亿中非人民福祉、促进世界和平与发展贡献更大力量,为更好实现中华民族伟大复兴的中国梦和非洲人民团结振兴的非洲梦而携手前行!

（原文标题为《中非合作论坛标注了"中国坚定"的伟大实践》,
2018 年 9 月 5 日刊发于环球网）

坚守之道为世界可持续发展凝魂聚力

日前,应俄罗斯联邦总统普京的邀请,中国国家主席习近平对俄罗斯进行了国事访问,并出席了第二十三届圣彼得堡国际经济论坛。在此期间,习近平主席在多个场合下发表了重要讲话并接受访谈,分别就中俄关系的阐释与展望、巩固和深化中俄能源合作、世界经济现状与可持续发展之路等,充分表达了中国促进世界和平与发展、践行可持续发展理念等中国主张。特别是强调凝聚互信程度最高的大国关系、推动两国合作上台阶等体现的"中国坚守",意义重大,影响深远,全球瞩目,反响热烈!

一份份掷地有声的"宣言书",一把把启迪智慧的"金钥匙",一篇篇不断续写的"大文章",不仅彰显了新时代中国在可持续发展之路以战略思维谋全局,以系统思维聚合力的风采,而且还显现了以创新思维增活力,以开放思维拓视野的风貌。顺潮流、怀大局,存真诚、合民意,有担当、求发展的"中国坚守",无论从理论维度和历史维度,还是实践维度的事实证明,都为当下及今后世界范围内国与国关系与经济合作发展,树立了可持续发展之路的标杆、示范和启迪作用!

高扬全球化战略思维,顺应时代潮流的坚守,才是确保全球可持续治理之路的根本。

站在中俄两国建交 70 周年的新起点,面对世界百年未有之大变局的关键时期,中俄两个大国怎样立足当下与展望未来?如何携手合作和应对全球问题?中国又将有哪些战略谋划?又有哪些事关大国间发展的主张和全球性治理的坚守?三天的时间里,这些"时代之问"答案如期而至。两国元首共同签署的《中华人民共和国和俄罗斯联邦关于加强当代全球战略稳定的联合声明》《中华人民共和国和俄罗斯联邦关于发展新时代全面战略协作伙伴关系的联合声明》，共同开启了中俄关系更高水平、更大发展的新时代。中俄双方共同勾勒新路径，绘就新蓝图，迈向新时代，继往开来，提质升级，高扬全球化战略思维，不仅维护自身安全和发展权益，也为维护全球和地区战略稳定发挥着极其重要的作用；中俄双方携手踏上新征途，开启新纪元，续写新篇章，登高望远，把握潮流，坚定全球化战略思维，不仅对两国关系发展具有重要标志性意义，也为大国关系树立了新的典范。

习近平主席在第二十三届圣彼得堡国际经济论坛全会致辞中首先明确了"要坚持共商共建共享，合力打造开放多元的世界经济"的"全球治理观"，其旨意呼吁和倡导多边主义，完善全球治理，同时也是对当下有些国家动辄采取保护主义、单边主义措施，肆意采取以邻为壑自私做法的逆全球化动向予以回应和反击。只有全球化治理的大局观，才有可持续发展的可能，才能破解当前全球性问题。这一主张得到了普京总统的积极响应和特别赞同，"一些西方国家通过挑起贸易战、推行金融霸权、动辄实施单边制裁和长臂管辖、阻挠正常教育学术交流等不正当手段进行打压。个别西方国家对中国华为公司的打压就是典型的例证。""全球治理观"不谋而合，高度契合！不论是6年多来习近平主席多次在重大外交场合阐述中国关于全球治理的新理念新思想，提出中国解决全球治理重要议题的新方案新举措，还是中共十九大报告中提出"中国将继续发挥负责任大国作用，积极参与全球治理体系改革和建设，不断贡献中国智慧和力量"的治国理政方针，全球化治理观的"中国坚守"不仅让越来越多的中国方案从为世界所知到为世界所用，而且还形成了"中俄两国是山水相连的好邻居、守望相助的好朋友、精诚协作的好伙伴"的紧密关系。只有顺应时代潮流全球化战略思维的坚守，才是确保全球可持续治理之路的根本。这样的"中国坚守"是一种必胜信念，也是一种历史使命，更是一种大国责任！

秉承人性化发展理念，彰显人民意愿的坚守，必然壮大各国可持续发展之路。

从建立"平等信任、面向21世纪的中俄战略协作伙伴关系"到"平等信任、相互支持、共同繁荣、世代友好的中俄全面战略协作伙伴关系"，再到"中俄全面战略协作伙伴关系新阶段"，中俄深化战略协作进入"快车道"。因双方人民的意愿和坚守,中俄友好完全符合两国和世界人民的长久利益。正处于历史最高水平的中俄合作为当今世界提供了先进的合作模式。在两国建交 70 周年的重要年份,中俄元首赋予双边关系新的定位和内涵:守望相助,深度融合,开拓创新,普惠共赢。实践证明,因中俄双方积极开展两国发展战略对接和"一带一路"建设同欧亚经济联盟对接,中俄务实合作取得新的重要成果,两国人文交流蓬勃发展,世代友好的理念深入人心,两国人民之间的了解与友谊不断加深。这都是基于以人为本和努力建设普惠包容的幸福社会的立足点和出发点。中俄双方走出新天地,开启新征程,创造新作为,两国关系已经发展成为当今世界上最正常、最健康、最成熟、最有质量的新型大国关系。中俄双方适应新时代,迈进新时代,建功新时代,双方表示将2018 年双边贸易额从 1 000 亿美元向着 2020 年前 2 000 亿美元大关迈进。中俄友谊大厦是两国的民心凝结而成的,是雷打不动、任何外力所摧毁不了的!

在风云跌宕的国际形势下,中俄民心的距离为何越来越近? 如何满足各国人民对美好生活的向往,携手开辟崭新的可持续发展之路? 习近平主席在该国际经济论坛全会致辞中明确强调"可持续发展契合世界上绝大多数国家的共同诉求""我们要坚持以人为本,努力建设普惠包容的幸福社会。"以人民意愿为重点的可持续发展之路,才会有"70 年的历史经验充分表明,无论过去、现在还是将来,中俄都是搬不走的好邻居、拆不散的真伙伴。"无怪乎,这样的邻里之道,才会谱下动人的友谊之歌! 与会专家们纷纷赞许以满足人民意愿为主的可持续发展理念,表达了对当今世界发展越发不平衡的担忧。联合国 2030 年可持续发展议程的制定就更加必要,将有助于提高全世界人民的共同福祉。习近平主席提出推动共建"一带一路"6 年多来,同落实联合国 2030 年可持续发展议程协同增效,体现了中国的作为与担当。党的十八大之后,创新、协调、绿色、开放、共享的新发展理念应运而出,再次凸显了可持续发展之路的科学内涵和实践要求。只有彰显人民意愿的坚守,才能壮大各国可持续发展之路。如此的"中国坚守"是一种奋斗勇气,也是一种高贵品格,更是一种前行动力!

深化务实化合作思路,做实协同共赢的坚守,方可维系世界可持续增长之路的核心。

中俄合作面临怎样的历史机遇? 中俄经贸提速的澎湃动力来自何处? 此访是

习近平主席自 2013 年担任中国国家主席以来第八次到访俄罗斯,在两国关系发展进程中具有里程碑意义。这次的三天国事访问,中俄两国元首对双边关系主要特征和基本原则进行了高度概括和提炼,对新形势下两国努力实现全面战略协作关系的目标和方向做出了清晰规划,并签署了一系列的合作协议。与此同时,中俄在能源、投资、地区合作、人文交流以及总理定期会晤方面建立了 5 个政府间合作委员会。如此丰富的政府间合作机制在全球范围内都极为罕见,书写了中俄交往史上新的佳话。中俄双方提供新契机,增添新平台,注入新动力。中俄能源商务论坛就是双方元首去年共同决定成立的,其目的就是探讨扩大油气、电力、可再生能源等合作。实践表明,能源合作是两国合作中分量最重、成果最多、范围最广的领域,也是两国合作发展最快的领域。中俄双方培育新动能,实现新突破,激荡新气象。从 2013 年以来,习近平主席同普京总统已经有过 30 多次会晤、见面、通话、互致信函。中俄关系的政治互信转化为进一步加强经贸合作,并相互坚定支持对方走符合本国国情的发展道路,坚定支持对方维护自身安全和发展权益,成为维系大国、邻国关系的典范。

"我们要坚持绿色发展,致力构建人与自然和谐共处的美丽家园""作为世界最大的发展中国家和负责任大国,中国始终坚定不移履行可持续发展承诺,高度重视加强可持续发展国际合作。"习近平主席致辞的谆谆之言、朗朗之声再次向国际社会展示了中方与各国携手推进经济发展可持续增长之路的意愿和决心,也明确地向世界展现了一个社会主义大国坚持走和平发展道路、推动构建新型国际关系和人类命运共同体的抱负和担当。同时,树立的正确历史观、大局观、角色观,还再次昭示着中国一贯坚持和平共处五项原则的外交政策。特别是习近平新时代中国特色大国外交思想的精髓要义,既有立足全球的宏伟设计,也有求真务实的具体举措,把可持续发展的公平性、持续性、共同性三大基本原则融入深处。中国对 60 多年的和平共处五项原则以及 6 年多来的新时代大国外交思想的坚守,正力求推动世界多国密切协商对话、深化务实合作。加强各自发展战略及欧亚经济联盟等区域合作机制同"一带一路"对接,积极探讨绿色、低碳、可持续发展之路。消除数字鸿沟,推动经济全球化朝着更加平衡、包容、公平、可持续方向发展,以达到共同、协调、公平、高效、多维的可持续发展的最终目的。如此的"中国坚守"是一种自信精神,也是一种品质担当,更是一种世界情怀!

"只有毅力才会使我们成功,而毅力的来源又在于毫不动摇,坚决采取为达到成功所需要的手段。"俄国一代进步青年所景仰的英雄人物车尔尼雪夫斯基曾这样诠释坚守的意义。这句名言见证了中俄两国发展到更高境界之道理。"携手开辟崭新的可持续发展之路",这是震撼的倡议;"共同创造更加繁荣美好的世界",这是美好的愿景!遥望未来,"中国坚守"将以更恢宏的格局,更开阔的胸襟,更从容的气度,携手其他各国,坚定维护以联合国宪章宗旨和原则为基础的国际秩序,推动世界多极化和国际关系民主化,共同建设更加繁荣稳定、公平公正的世界,共同构建新型国际关系和人类命运共同体!

(原文标题为《"中国坚守"之道为世界可持续发展凝魂聚力》,2019 年 6 月 10 日
刊发于环球网,本文列"思想理论网络文章评价系统 TOP100 月榜单"第 22 位)

传播好故事，品味浓郁的家国情怀

　　新春佳节来临，正是一年一度各类各种人生故事"爆发"期。在我们的地球上，每年的人类大"迁徙"即将隆重上演；亲情、乡情、人情浓郁沉厚；总结、盘点、展望扎堆汇集，免不了都要发生种种的大小故事。今年也毫不例外，在中华大地上、世界华人所在地、媒介传播点处，只要有华夏儿女，都会在浓浓的中国情结上传递祝福，表达情意，演绎故事。

故事的品质通过大视野聚集与放送，易达成共识。

　　行进中国，精彩故事，每一个故事都透射了不一样的内涵和精彩。习近平总书记指出"讲中国故事是时代命题，讲好中国故事是时代使命。"如何将中国故事通过"讲"与"传播"出去，抢占世界话语权和获取全球认同，这是一个非常考究和技巧性的话题。其中故事的品质以人民为中心是核心要素，带着感情、带着责任、带着信心来组织好、展示好、传播好，就能起到引领社会、达成共识、凝聚人心、推动发展的社会作用。日前发布的《中国互联网发展状况统计报告》中显示，中国网民规模达 7.31 亿，手机网民规模达 6.95 亿。在如此"密集"的网络空间里，会收获怎样品质的中国故事？传递着如何的能量？去年首届"五个一百"网络正能量精品评选活动就给出了满意答案。首届活动入围榜样和作品在网络展示仅 2 周的时间，"五个一百"刷爆朋友圈，红遍网络空间，网民参与投票数高达 1.2 亿人次，点击量突破 10 亿次，展示的精品个个都蕴含着动人的能量，件件都承载着高品质的故事。这就是绝大多数网民的诉求以及网络的民意。今年的"五个一百"评选活动的申报程序于 1 月 26 日"关门"，聚集了 2016 年网络上具有中国品质的海量故事再次汇集，春节之后将集中公开与放送。"网聚正能量　共绘同心圆"将又一次凝聚网络优良故事和壮大正能量，真诚期待着最基层的普普通通网民以各行各业、各方各面的涓涓细流和星星之火,将精彩中国的优秀故事送达到亿万网民的眼底下和心坎上,催化出中国发展的内生力和中国形象的外张力,增强中国人的民族情怀和再燃奋斗者的精神动力。

故事的品味利用全视线凝结与激发,能产生共鸣。

组织和发掘好故事是增强故事品味的着力点,但将"故事"转变为"品味"和"话语"、继而转化为力量则是提升家国情怀的关键。新华社评论员文章《中国故事,更精彩的书写还在后面》荣获第二十六届中国新闻奖一等奖,其给予我们的启示是在互联网蓬勃发展、舆论生态复杂多样的环境下,如何讲好中国故事、传播好正能量,依然是一个需要不断破解的实践课题。近年来,人民日报海外版创立了海外网,推出微信公众号"学习小组""侠客岛",致力于用海外读者乐于接受的方式、易于理解的语言,讲述中国故事,传播中国声音,在海内外舆论场闯出了一片新天地、打出了新影响。这样的凝结与激发,足以让华夏儿女感动、欣慰与自豪,不仅能做到增信释疑,而且还会产生凝心聚力。被推选为 2015 年度对外传播十大优秀案例之一的"逐梦他乡重庆人"全媒体大型人物故事寻访,寻访足迹遍布数十个国家和地区,采访了近 500 位在他乡创业就业的重庆人。这种"全媒体寻访"穿越地理空间、有效整合多样化的故事资源,做到了一次采集、多元生成、立体传播,既有成功人士,也有平民英雄,讲述了一个个有高度、有厚度、有温度的人物故事;既提升了城市美誉度,又展示了良好的国家形象。加之正在进行的"重庆这一年·2016"故事征集与传播活动,揭示了逐梦的重庆人如何将个人梦想与伟大中国梦相结合,展示了他们坚守中华传统美德,为个人梦想、家乡发展和国家富强做出了各自精彩的贡献。笔者有幸都参与其中并受其感染,更加切实感触到重庆连续三年的 GDP 增速以 10.7% 领跑全国的奋斗动力源泉,这是属于思想共鸣的结果。更多的追梦者,或正在启程,或行至中流,或接近巅峰,他们正行走在建功立业、实现自我的路上。他们凭借对梦想的执着追求和付出的辛勤汗水,演绎出了一个个在他乡追梦、筑梦、圆梦的精彩故事。

故事的品相凭借小视点蓄积与发散,会形成共振。

春节在即,人们走亲访友、出行郊游、留住乡愁等必不可少。其间,多少的大小故事在穿行、在游走、在蓄积,不仅会在社交媒体上产生巨大的膨胀效应,还会存在着对故事信息解读与评论的主观性、片面性和表面性的舆论。因此，节日前后社会舆论场中的故事品相凭借着网民个体视点的认知与传播，在逐步地蓄积与发散着不同反应的能量，一定程度下会形成共振现象。自觉践行中国传统美德，以自身的言行彰显中国优秀传统文化，对于 7.31 亿的中国网民而言，应该具备"匹夫有责"的担当。每个网民发布或传播的故事品相如何，也就反映其看待生活和人生追求怎样，或充满爱心、助人为乐，或诚实守信、坚守正道，或敬业奉献、虔诚勤勉，或孝老爱亲、血脉情深，那么你的人生观、世界观和价值观正确；如若传递的故事总带有极端、偏激、谩骂、色情、暴力等不文明不理性的内容，那么就会偏离正常生活轨道，与中国优秀传统文化和社会发展背道而驰。日前，中共中央办公厅和国务院办公厅印发了《关于实施中华优秀传统文化传承发展工程的意见》，强调传承发展中华优秀传统文化"就要大力弘扬讲仁爱、重民本、守诚信、崇正义、尚和合、求大同等核心思想理念""就要大力弘扬自强不息、敬业乐群、扶危济困、见义勇为、孝老爱亲等中华传统美德""就要大力弘扬有利于促进社会和谐、鼓励人们向上向善的思想文化内容"。显而易见的是，每个中国人，每位中国网民，都应该在自己的区域和空间中坚守传承中华优秀传统文化。你的故事品相不仅仅代表着自己本人，而且也代表着中国的形象。

"文章千古事，得失寸心知。"写好中国故事，传播好中国故事，无论是组织者，还是草根网民，故事的品质、品味和品相都应由我们自己来把握和掌控，它们体现了"中国品味"，代表着中国形象。只有不断丰富具有中国特色、中国风格、中国气派的文化产品，我们中国的文化自觉和文化自信才能不断增强，国家文化软实力的根基才更为坚实，中华文化的国际影响力才会明显提升。

（原文标题为《传播好故事，提升"中国品味"的家国情怀》，
2017 年 1 月 26 日首发于环球网，全网联发）

让新时代青春在传承中接好棒

重要的历史节点,特殊的历史时刻,总会有深刻的历史内涵和时代价值引人深思,发人深省,鼓舞斗志! 五四青年节源于中国 1919 年彻底反帝反封建伟大爱国革命运动的五四运动,也是属于历代中国青春的代言词! 在中华民族发展史上,五四运动是中国旧民主主义革命走向新民主主义革命的转折点,在近代以来中华民族追求民族独立和发展进步的历史进程中具有里程碑意义,树立起了一座永恒的丰碑,为传承和接力新时代青春再度点燃了熊熊火炬并赋予磅礴力量!

在不久前召开的"纪念五四运动 100 周年大会"上,习近平总书记不仅高度评价五四运动的历史意义,明确提出新时代发扬五四精神的重要要求,深情寄语新时代青年"六点要求"等的同时,而且向全党全社会特别强调"三要",以达到"确保党的事业薪火相传,确保中华民族永续发展"! 关怀之至,关切之处,寄托着期待,嘱咐着厚望,这是对新时代青春的赤诚之心,对新中国青年的赤忱之意!

让新时代青年高举牢伟大旗帜,就得坚守立德树人,为青春的理想信念鼓好劲!

100 年前爆发的五四运动,是一场以先进青年知识分子为先锋、广大人民群众参加的划时代运动。五四运动基本核心是爱国主义,是中华民族百折不挠、自强不息精神的生动体现,是中国人民和中华民族维护民族独立和民族尊严的强大精神动力! 如何继续准确把握与有力继承好五四运动精髓? 让新时代青年把爱国主义的伟大旗帜高高飘扬? 那就是"新时代中国青年要树立远大理想""新时代中国青年要热爱伟大祖国"。其中,固然有中国青年自身的志存高远和使命追求,但同时,政策导向、社会环境、学校教育、家庭氛围等都是新时代青年高举爱国主义伟大旗帜的重要因素和支撑依赖。青春理想,青春信念,青春信仰,是中国道路和中国前途的驱动力所在。因而,习近平总书记发出了"我们要主动走近青年、倾听青年,做青年朋友的知心人"的答题之本。

为中国青年传承好伟大征程的使命担当,为青春的理想信念鼓好劲,党的十八大以来,习近平总书记多次出席青年活动,与青年谈心,给青年回信,为青年点赞,从在中国航天科技集团公司中国空间技术研究院参加主题团日活动,到给河北保定学院西部支教毕业生群体代表的回信;从全国高校思想政治工作会议上强调立德树人为民族复兴提供人才支撑,到在学校思政课教师座谈会上指出"要理直气壮开好思政课,用新时代中国特色社会主义思想铸魂育人"……言之恳切,情之亲切,盼之殷切!因此,为做好青年朋友的知心人,各级组织和领导干部都应坚守立德树人、以德服人、依德育人的本心,为青春的理想信念信仰导好航、把好向、鼓好劲!让中国青年既仰望星空,又脚踏实地,高举五四运动爱国主义伟大旗帜,在传承中把青春的具体目标同民族复兴的宏大目标结合起来,为之而奋斗!

让新时代青年发扬好伟大精神,就需坚决强基固本,给青春的品德修行助好力!

五四运动所孕育的爱国、进步、民主、科学的伟大五四精神,是近代中国空前的思想解放大潮的历史结晶,立足现实,吸纳先进的精彩追寻;是把自己的理想同祖国的前途、把自己的人生同民族的命运紧密联系在一起,扎根人民,奉献国家的生动体现;是我们今天应该坚守和践行的核心价值,不仅广大青年要坚守和践行,全社会都要弘扬和发扬。如何才能更好地发扬好五四运动的伟大精神?怎样才能在新时代青春中绽放动人的风采?那就是"新时代中国青年要练就过硬本领""新时代中国青年要锤炼品德修为"。其中,诚然有中国青年自身的勤学苦练和追求卓越,但他们逐梦历程中存在的思想难题、生活难处和发展难点,如何协调和统一才能把涉及国家、社会、公民的价值要求融为一体的思考困惑,迫切需要解惑释疑和帮助克服。青春使命,青春活力,青春担当,是中国精神和中国力量的生命力所在。因而,习近平总书记着重了"我们要真情关心青年、关爱青年,做青年工作的热心人"的解题之道。

实践充分证明,不论是100年前"风雨如磐暗故园"时旧中国的中国青年,还是今天中国特色社会主义进入了新时代的中国青年,代代青年都是有远大理想抱负、深厚家国情怀、伟大创造力的青年,都是在风雨兼程、筚路蓝缕中磨砺而就的!当代青年练就过硬本领和锤炼品德修为,需要攻坚克难、披荆斩棘和奋勇争先,其背后更需要靠精神鼓舞、力量推动和关心驱动。因此,为做好青年朋友的热心人,各级组织和领导干部都应坚守强基固本、凝神聚气、善作善成的信念,为青春的品德修行解好难、排好忧、助好力!让中国青年既充满信心,又满怀希望,发扬好五四运动伟大精神,让思想最开放、精神最活跃、精力最旺盛的年纪,努力在传承中掌握好更多本领、扣好人生的"第一粒扣子"!

让新时代青年传承好伟大传统,就须坚定培根铸魂,使青春的奋进力量接好棒!

五四运动以来的 100 年,是中国青年一代又一代接续奋斗、凯歌前行的 100年,是中国青年用青春之我创造青春之中国、青春之民族的 100 年。习近平总书记高度评价了这 100 年来中国青年传承着五四运动的伟大传统,始终守正初心,不忘来路,保持代代相传,用青春力量、奋发作为将接力棒传递至今。一支支青年先锋,一股股青春暖流,在近代以来久经磨难的中华民族从站起来、富起来到强起来伟大飞跃的生动实践中,彰显了五四运动的伟大历史意义!新时代青年又将以何种姿态来传承五四运动的伟大意义?又该怎样来做好接力棒的接受与今后的传递?那就是"新时代中国青年要担当时代责任""新时代中国青年要勇于砥砺奋斗"。其中,显然有中国青年自身的勇立潮头和励精图治,但他们奋进的道路上更需要取所向之势和谋发展之实。青春力量,青春拼搏,青春奋进,是中国气质和中国品质的推动力所在。因而,习近平总书记强调了"我们要悉心教育青年、引导青年,做青年群众的引路人"的破题之法。

新时代是奋斗者的时代。毋庸置疑的是,中国青年定会以实现中华民族伟大复兴为己任。与此同时,不论是把青年一代培养造就成德智体美劳全面发展的社会主义建设者和接班人,还是在新时代中国特色社会主义事业中引领青年群体在各行各业建功立业,要做好青年朋友的引路人,各级组织和领导干部都应坚守培根铸魂、能识善任、奠基未来的初心,给青春的奋进力量牵好手,引好路,交好棒!让中国青年既勇担使命,又昭示成功,传承好五四运动伟大传统,让青春与时代同步伐、以人民为中心、以奉献为乐享、用明德导风尚,更让青春在代与代相传中,不辜负党的期望、人民期待、民族重托,不辜负我们这个伟大时代!

历史,总在继往开来中谱写;传承,总在接续奋斗中前行。站在新时代起点上,五四运动在历史逻辑、理论逻辑和实践逻辑等层面,绘制了在中国特色社会主义思想下青年成长与发展之鸿篇巨制,传承了其伟大意义和深刻内涵。五四精神以一种继承来承载着一种责任,以一种自信来延续着一种情怀,以一种认同来凸显着一种精神!全党全社会十分重视和关注新时代青年健康成长和全面发展,不仅为中国青春标定了时代坐标,指明了前行方向,而且要成为中国青年的知心人、热心人、引路人!期待和瞩望着在朝向实现"两个一百年"奋斗目标前进过程中顺利完美交接棒,为中华民族伟大复兴凝聚起砥砺前行的澎湃力量!

（原文标题为《让新时代青春在"中国传承"中接好棒》,
2019 年 5 月 5 日首发于环球网,全网联发）

科技创新在伟大复兴征程中
越走越"有劲"

中共中央国务院隆重举行的国家科学技术奖励大会,向 2019 年度涌现出的一批项目和科技专家进行了高规格的嘉奖。这些以国家之名获奖的项目和受表彰者,着力于聚焦国家重大需求,紧扣经济发展和民生急需;全力于阐释新时代科技创新精神的核心内涵,投身到加快建设创新型国家的具体实践;发力于建设世界科技强国,在实现中华民族伟大复兴中,做出了不朽的成就和卓越的贡献!

凸显生机蓬勃的科技创新,已强劲引领发展,迸发出创新驱动发展战略的显著效能。

"此生属于祖国,此生无怨无悔"——隐名埋姓 30 年的中国核潜艇先驱黄旭华院士,"为人民服务、为真理献身,凭黄牛风格、具赛马精神"——让天气预报越来越精准的曾庆存院士,他们的科技成就彪炳史册,创新认知高山仰止;曾经 9 度空缺的国家自然科学奖一等奖连续 7 年迎来得主,这意味着我国基础研究显现了从量的积累向质的飞跃、从点的突破向系统能力提升的特点,形成了"多点开花"的新局面;从半导体照明关键技术,到水污染防治、土壤修复等领域的创新成果,再到治疗疑难杂症、为修建摩天大楼提供"混合动力"、护卫"舌尖上的安全"……把准科技创新的着力点,让技术更加贴近群众、创新真正造福人民,实现原始创新重大突破,攻克关键核心技术,破解创新发展难题,这些科技创新成果引领发展强劲,发力全面!此次获得国家科学技术奖的 296 个项目和 12 名科技专家,不只是积极抢占国际科技竞争和未来发展制高点的集中代表,更充分体现了坚定不移走中国特色自主创新道路的阶段性成就,进而体现了创新驱动发展战略的实施和不断推进的丰硕成果。

彰显生机活力的科技创新,正后劲十足,聚集了引领发展第一动力的强大优势。

科技创新发展担负着国运所系、大势所趋、强国所需、发展所急的历史重任。世界范围内的科技发展,正日新月异,竞争激烈。有什么样的科技人才就有什么样的未来之路,有怎样的创新体制就有怎样的发展态势。令人惊喜的是,此次获奖中国家自然科学奖获奖成果完成人平均年龄 44.6 岁,第一完成人平均年龄 52.5 岁,这表明青年科技工作者已成为我国基础研究领域的中流砥柱,成为科技创新队伍中最具活力的生力军。今天的结果来源于昨天的奋斗,明天的拥有来自今日的拼搏。早在 2015 年,中共中央办公厅、国务院办公厅就出台了《深化科技体制改革实施方案》,到 2016 年接连发布和出台了《国家创新驱动发展战略纲要》《关于分类推进人才评价机制改革的指导意见》等多个重要改革方案,再到 2019 年党的十九届四中全会对科技创新领域的长远未来进一步作出系统谋划等,都是激发科技创新潜力、彰显科技创新生机活力的一系列实招。创新之道,唯在得人。不仅这次国家自然科学奖获奖成果完成人平均年龄和第一完成人分别比 2018 年下降了 2 岁和 2.6 岁,超过 60% 的完成人年龄不足 45 岁,而且还有大批的具有国际水平的战略科技人才、科技领军人才、青年科技人才和创新团队的人才梯次正在一茬接一茬地成长,后劲十足,未来可期! 今天一批重大创新成果竞相涌现,一些前沿方向开始进入并行、领跑阶段,有力证明了近年来我国科技事业密集发力、加速跨越。创新是引领发展第一动力的思想指引正逐步彰显出我国强大发展优势。

显现勇立潮头的科技创新,会干劲十足,瞩望着砥砺创新型国家建设的美好图景。

世界风云变幻,最需要的是战略定力;国际竞争激烈,最重要的是急流勇进;未来迎接挑战,最根本的是创新发展。2020 年是我国发展史上具有里程碑意义的一年,发挥好科技创新支撑引领作用将是关键性的一步,更是历史性地站在实现中华民族伟大复兴的关键阶段。2019 年度国家科学技术奖的表彰,千千万万的中国人民为此倍感振奋和自豪之时,更为重要的是,将激励和鼓舞着万万千千的全国科学技术工作者以获奖者为榜样,继续发扬服务国家、造福人民的光荣传统和追求真理、勇攀高峰的科学精神,坚持新发展理念,着力实现原始创新重大突破,攻克关键核心技术,推动科技成果转化应用,加强科技创新开放合作,干劲十足,韧劲持久!只有舒展谋划改革的"全视角",练就攻坚克难的"铁肩膀",用好精准有效的"绣花针",才能更加有力服务和支撑国家重大战略需求,更加强力促进科技与经济深度融合,更加强劲推动民生急需和高质量发展,才会敢于"勇立潮头",充分"施展拳脚",足以"大展舞台"。

"创新是一个民族进步的灵魂,是一个国家兴旺发达的不竭动力,也是中华民族最深沉的民族禀赋。"今天,2019 年度国家科学技术奖所有受表彰的项目和获奖者功勋卓著,载入史册,振奋人心;明日,在建成创新型国家、加快建设世界科技强国,夺取全面建成小康社会伟大胜利、实现"两个一百年"奋斗目标和中华民族伟大复兴的中国梦的征程上,科技创新定会有更多、更大的贡献!

(2020 年 1 月 13 日刊发于中国网)

改革开放动人诠释了最壮美的奋进

改革开放,人间奇迹的感天动地!

改革开放,伟大愿景的催人奋进!

在庆祝改革开放40周年大会上,习近平总书记全面、系统、深刻地总结了这40年来党和国家事业所取得的伟大成就和宝贵经验,郑重宣示了改革开放只有进行时没有完成时、改革开放永远在路上、坚定不移将改革进行到底的信心和决心,明确提出了坚定不移全面深化改革、扩大对外开放、不断把新时代改革开放继续推向前进的目标要求。与此同时,党中央、国务院决定授予于敏等100名同志改革先锋称号以及向阿兰·梅里埃等10名国际友人颁授中国改革友谊奖章,高度赞扬了以他们为代表的中国人民和国际友人为改革开放事业做出的杰出贡献。庆祝改革开放40周年文艺晚会《我们的四十年》发出了"奔腾吧,五千年踏浪前行的我们,为民族的复兴踏上崭新的征程"这一强烈声音。为参观"伟大的变革——庆祝改革开放40周年大型展览",潮水般的人们宁愿排上几十分钟的长队,只为一睹这40年的变迁,汲取奋进的精神与不竭的力量……

这一切的一切,随着时间的推移,改革开放的旋律注定在中华儿女头脑中、心海里会更加激昂、更加深入、更加升腾。我们讴歌它,那是因为我们过去的奋斗令世界为之赞叹宏大;我们传颂它,那是因为我们当今的奋进迫切需要继承和发扬光大;我们歌唱它,那是因为我们未来的奋发靠这面旗帜将引领走向更伟大!

40年历程的波澜壮阔,悦动着亿万中华儿女的心房,奔腾不息的改革开放成就了伟大诗篇!

古老的土地因春风唤醒,美丽的河流因解冻新生。自1978年以来,中国大地因改革开放始终驰而不息,动感十足,奋勇向前,动人不止! 从邓小平理论到"三个代表"重要思想,从科学发展观再到习近平新时代中国特色社会主义思想,理论创新指引始终与时俱进,那是改革开放的驱动;从追赶到超越再到领跑的伟大实践中,持续涌现不胜枚举的奇迹,那是改革开放的脉动;敢试敢闯、敢为人先地摸着石头过河以及自下而上探索无限的人民的积极性和创造性,那是改革开放的律动;从农村到城市,从沿海到内陆,从国内到全球,从试点到普及,从经济体制改革到全面深化改革,挺起脊梁、激发力量、引领风尚,那是改革开放的搏动……40 年来中国奋进的步伐从未放松过,从未停歇过,"创造历史的伟大变革,创造人类的伟大奇迹!"这是属于中华民族、中国共产党和中国人民坚持不懈奋斗的一曲不朽赞歌!

"改革开放是党和国家的一次伟大觉醒""改革开放精神成为当代中国人民最鲜明的精神标识",更是"近代以来实现中华民族伟大复兴的三大里程碑之一"……这是对过去 40 年奋斗最壮美的称颂,也是最动人的标注。波澜壮阔地行进在道路上的每一位中华儿女,都饱含深情地目睹和亲历了自己奋斗的历程转化成了幸福源泉,汇集成了改革开放的成功要素,我们为之欣喜,为之鼓舞,为之自豪! 没有什么比改革开放 40 年来的巨大成就更能激动人心! 这份悦动着亿万中华儿女心房的感动,是我们几代中国人艰苦卓绝、奋勇拼搏的结晶。从试出一批新路径,到拼出一片新天地,再到干出一种新景象,正所谓艰难困苦,玉汝于成! 几十载的改革开放成为当代中国最显著的特征、最壮丽的气象!

40 年图景的惊人壮举,撼动着全球龙之传人的心扉,气势磅礴的改革开放催生了雄心壮志!

在庆祝改革开放 40 周年大会上,习近平总书记高度凝练了改革开放的十个"始终坚持"、九条宝贵"经验"、九大"启示"等,这又是何等的惊天动地,震撼人心啊! 改革开放,不仅实践出了人类历史上前所未有的跨越进度,从被开除出"球籍"所面临的危机到日益走近世界舞台中央,而且探索出了人类历史上从未有过的发展道路。伟大革命推动了中国特色社会主义事业的伟大飞跃! 这样的惊人壮举都蕴含于每一次理论的嬗变与开新,舞动在时光空间的时时刻刻;都彰显于每一处实践的创新与创造,拨动在中华大地的大好河山;都接纳于每一中国人的智慧与力量,传动在华夏儿女的点点滴滴! 万万千千个改革开放的激情与动能凝结成中国奋进的源源动力,实实在在地撼动着全球华夏儿女的心扉! 但我们不会安于现状和知足自满,站在新的历史起点上的今天,建成社会主义现代化强国,实现中华民族伟大复兴,"伟大梦想"和"雄心壮志"需要凝聚起所有龙之传人的坚强力量,汇聚成磅礴之势,在中国奋进中不断簇动起势不可挡的生动景象!

"一切伟大成就都是接续奋斗的结果,一切伟大事业都需要在继往开来中推进!"今日遥望未来深化改革、扩大开放的图景,倍受振奋,让人激励,令人动容!向此次受到隆重表彰的 100 位改革先锋致敬!是因为他们具有浓厚的勇立时代潮头、敢为人先,奋力推进改革开放事业的标志特征。这当中有两弹一星元勋,也有小岗村"大包干"带头人;有世界知名企业家,也有改变我们日常生活的科技工作者……没有什么比改革开放 40 年来的拼搏斗志更能振奋人心!这份撼动着全球龙之传人心扉的成就,是我们几代中国人团结一致、心怀祖国的结果。唯改革者进,唯创新者强,唯改革创新者胜,正所谓沧海横流,方显本色!几十年持续的改革开放促成当前中国全面发力、多点突破、蹄疾步稳、纵深推进的局面!

40 年精神的浩瀚壮美,涌动着九州大地人民的心灵,勇立潮头的改革开放眺望了华夏辉煌!

如何让我们的"雄心壮志"能够如愿并顺利地"开花结果"?大力弘扬和继承践行改革开放精神则是当下与今后相当长时期里最要紧、最迫切、最关键的全体中国人民的行为!40 年砥砺前行的伟大实践中,孕育和诞生的改革开放精神,是中国特色社会主义事业不断推向深入的伟大瑰宝。它既浩瀚壮美,也丰富鲜活;既历久弥新,也磅礴壮丽,包含着勇于开拓的首创精神、革故鼎新的突破精神、迎难而上的担当精神、不知疲倦的奋斗精神、善于借鉴的学习精神……这样的伟大精神不仅让流淌着炎黄血脉者为之倾动,也使世界范围内许许多多的国际友人和关注者倍感震动;"在新时代创造中华民族新的更大奇迹!创造让世界刮目相看的新的更大奇迹!"的铿锵宣言不仅让身居改革开放前沿的建设者们为之潮动,也促使着还未走上才华释放的舞台但正蓄势待发的青少年们为之跃动……焕发出更好的生机与活力,集聚出更强的热情与奋斗,亿万人民心灵深处正在期待与积攒着同频共振和合拍共鸣的信心与力量!

面向新时代的改革开放,我们满怀豪情再出发,但奋进的征程上依然有各种困难和挑战。"挺近深水区",是大势所趋;"敢啃硬骨头",是攻坚要求;"发展不平衡、不充分",是奋斗动力……越是困苦越奋斗,越是艰难越向前,要以"铺石以开大道"的气度,以"筚路以启山林"的责任,以"功成不必在我"的境界,也以"功成必定有我"的自信,争当击楫中流的改革先锋,坚定不移将改革进行到底。没有什么比改革开放所描绘的愿景更能凝心聚力！这份涌动着九州大地人民心灵的激动，是我们过去几代甚至今后几代中国人愈挫愈奋、愈战愈勇、当好接力手的动力。我们要一棒接着一棒跑下去，每一代人都要为下一代人跑出一个好成绩，正所谓中流击水，浪遏飞舟！未来的改革开放定当在相信奋斗、选择奋斗、依靠奋斗中去续写新的更大的辉煌！

"行之力则知愈进，知之深则行愈达。"四十年来，在中国共产党的坚强领导下，中国改革开放绘就了改天换地的巨变，书写了气吞山河的史诗，中国人民向世界昭示出把不可能变成可能的伟大创造力。这一切无不是融入在中国奋进的伟大征程中，于实践中动人地诠释了最壮阔的发展历程、最壮丽的时代行为和最壮美的精神本质！"知之愈明，则行之愈笃；行之愈笃，则知之益明。"立足当下，面向未来，只要我们筑牢信仰、坚定信念、增强信心，将改革开放进行到底，在中国奋进的道路上把改革开放精神发扬光大，那么就一定能激荡起新时代改革开放的磅礴伟力，就一定能创造出让世人钦羡的更大奇迹，就一定会顺利实现中华民族伟大复兴的中国梦！

（原文标题为《改革开放动人诠释了最壮美的"中国奋进"》，2018 年 12 月 25 日刊发于环球网，本文列"思想理论网络文章评价系统 TOP100 月榜单"第 95 位）

展望发展
助推第二个"金色十年"再飞跃

今年 7 月 25 日至 27 日，金砖国家领导人第十次会晤在南非约翰内斯堡成功举行，这表明了金砖合作跨入了第二个"金色十年"。在又一个"逢十"开局之年的金砖国家工商论坛上，习近平主席发表了题为《顺应时代潮流实现共同发展》的重要讲话，深刻把准世界局势，高瞻远瞩未来态势，明确指明发展方向。中国最高领导人发出的展望引起了国际舆论广泛关注和高度评价，在"黄金之城"勾画"金色十年"的蓝图美景更是令人深思和值得期待。"中国展望"再次秉承了新时代中国特色社会主义外交思想的实质和精髓，为努力开创中国特色大国外交新局面做了阐释和注解，对推动国际合作、平衡世界经济政治格局起着重要作用！

今后的 10 年将有哪些改变或变化？习近平主席的演讲给出了答案：未来 10 年，将是世界经济新旧动能转换的关键 10 年，将是国际格局和力量对比加速演变的 10 年，将是全球治理体系深刻重塑的 10 年。在两个十年的历史节点上，金砖合作中的中国，在过去发挥了极大的作用和做出了应有的贡献，面向今后也踌躇满志、信心在胸，提供中国方案，凝聚中国智慧，谋求共同发展，展望美好前景！

守望着过去合作十年互信的深厚基础，以正确历史观夯实金砖初心携手并进！

在过去十年世界格局深刻演变的历史进程中，不管是论分量，还是看成色，金砖国家合作对全球发展举足轻重。10 年间，金砖国家务实合作结出硕果累累。五国经济总量增长 179%，贸易总额增长 94%。新兴市场国家和发展中国家对世界经济增长的贡献率已经达到 80%。以五国为代表和牵引的新兴市场国家和发展中国家如此快速发展,成为近代以来国际力量对比的历史性变化。究其原因和道理,去年金砖国家领导人厦门会晤时习近平主席指出,金砖合作之所以得到快速发展,关键在于找准了合作之道。"交得其道,千里同好,固于胶漆,坚于金石。"过去10年,是金砖国家集中精力谋发展的10年,也是坚持不懈深化伙伴关系的10年,金砖国家合作机制日臻成熟,是发展中国家合作的成功范例。只有总结历史规律,才能把握前进大势!事实证明,金砖国家合作的成功理念越来越得到国际社会的充分认同,不同社会制度可以相互包容,不同发展模式可以相互合作,不同价值文化可以相互交流,这与其初心所坚持遵循开放透明、团结互助、深化合作、共谋发展的原则达成了一致。察古观今,立意高远,放眼今后十年,习近平主席演讲中提出的"四项坚持"倡议,即坚持合作共赢、坚持创新引领、坚持包容普惠、坚持多边主义,就是展望着"开放、包容、合作、共赢"的金砖国家精神,致力于构建更紧密、更全面、更牢固的伙伴关系,创造更多合作与发展机遇,推动金砖合作为构建新型国际关系、构建人类命运共同体发挥建设性作用!

凝望着当今"金色十年"开启的再出发,以正确大局观顺应时代潮流注入动力!

金砖合作下一个十年的开局之年,正处于承前启后的关键节点。近来国际社会又面临着新的挑战和徘徊,是要合作还是要对立?是要开放还是要封闭?是要互利共赢还是要以邻为壑?总有许多不同的声音、非常规的动作和逆潮流的态势。近日个别国家和区域性政府间组织的有关零关税、零壁垒争议以及主动挑起贸易战、关税战等,透过国际贸易现象看本质,这是地地道道的单边主义和贸易保护主义。而这种当今世界最大的不稳定和不确定因素,恰恰就是对现今国际贸易规则和世界经济秩序的最大威胁,这是典型的自私观,唯我独尊的表现,与世界大局观格格不入、背道而驰!面临新一轮科技革命和产业变革大潮、新科技带来的新机遇以及现行国际秩序并不完美的情况下,"金色十年"再出发,受到世界众多国家和人民的瞩目和观望。顺应世界经济的时代潮流,倾听国际社会的普遍呼声,把握本质和全局,抓住主要矛盾和矛盾的主要方面,认清形势,权衡利弊,才是正确的大局观!引领方向,标明路径,凝望第二个"金色十年"再启程。习近平主席在演讲中指出:"金砖国家要坚定奉行多边主义,敦促各方切实遵守共同制定的国际规则,坚持大小国家一律平等,大家的事商量着办,反对霸权主义和强权政治。"与《金砖国家领导人第十次会晤约翰内斯堡宣言》不谋而合,旗帜鲜明! 其旨倡导国际公平正义,同其他新兴市场国家和发展中国家和衷共济,共同维护世界经贸的合法规则与体系格局,营造良好的外部环境。期待着金砖国家以行动反对贸易保护主义,为世界经济增长注入强劲动力!

瞩望着未来"金色十年"跨步的新飞跃,以正确角色观期待美好愿景变成现实!

去年厦门会晤倡导"要把握新工业革命的机遇,以创新促增长、促转型"的主张,与今年约翰内斯堡会晤以"金砖国家在非洲:在第四次工业革命中共谋包容增长和共同繁荣"为主题,前后呼应,承前启后,为两个十年建立了无缝连接。"金砖国家就像 5 根手指,伸开来各有所长,攥起来就是一只拳头。"每个成员国家都有自身的角色定位,特别是在 2017 年厦门金砖国家领导人会晤上确定了经贸、政治安全和人文交流"三引擎"的结构,使其成为为新兴国家争取话语权的合作平台,从"金砖+N"向"金砖+"扩展,向我们展示了更加美好的前景。自 2013 年习近平就任中国国家主席后首次出席至今,每年金砖国家领导人会晤他均全面阐述中国立场,尽显中国作为,彰显中国角色。国际社会对习近平主席今年的讲话反响热烈,认为讲话为开创金砖合作第二个"金色十年"提供了中国方案,推动"金色十年"跨越的展望。与此同时,中国将"积极开展南南合作""继续敞开大门搞建设""继续大力推进'一带一路'建设",还有今年 11 月中国将在上海举办首届中国国际进口博览会、今年 9 月中方将和非洲国家共同举办中非合作论坛北京峰会以及今年 4 月举行的博鳌亚洲论坛年会上公开的一系列扩大开放新举措等,均凸显了中国拥抱工业革命、丰富务实合作、坚守正确角色的坚定信心和决心。谱写篇章,昭示希望,金砖合作具有的强大生命力和凝聚力,这与金砖国家的意愿和利益诉求以及通过合作共赢来体现构建人类命运共同体重要性密不可分、休戚与共。金砖机制已经从单一的经济合作向全方位全领域参与全球治理转变,在联合国、二十国集团以及世界贸易组织等多边机制中发挥了重要作用!

心灯不灭,才能"不畏浮云遮望眼";坚定信心,才能"咬定青山不放松"。未来的"金色十年"里,将面临着世界经济新旧动能转换的关键、国际格局和力量对比加速演变、全球治理体系深刻重塑的三大局势变化,这对金砖合作是一种考量和检验。习近平主席在演讲中对国际形势和未来发展的重要判断、对金砖国家之间合作"四项坚持"的建议以及中国的庄重承诺等,这与他在前不久召开的中央外事工作会议上强调把握国际形势要树立正确的历史观、大局观、角色观一脉相承!中国审时度势、鉴往知来,为运筹金砖合作、增添金砖成色、谋划金砖未来、助推十年飞跃再添无穷动力和智慧。期待着在此鼓舞下,金砖国家携手共进,使金砖合作造福我们五国人民,惠及世界人民,为构造人类命运共同体作出新的更大贡献!

(原文标题为《"中国展望"助推第二个"金色十年"再飞跃》,

2018 年 7 月 27 日首发于环球网,全网联发;

本文列"思想理论网络文章评价系统 TOP100 月榜单"第 34 位)

"一国两制"彰显爱国爱澳意义更非凡

20 年沧海桑田,以惊人成就织就了"一国两制"的精彩诗篇。

20 年同心同行,以举世惊叹书写了"一国两制"的华丽篇章。

澳门回到祖国母亲怀抱这 20 年,在中央政府和祖国内地的大力支持下,在特区政府和各界人士的共同努力下,令人赞叹的经验弥足珍贵,值得凝练总结,以启迪他人;令人惊讶的成就来之不易,应该大书特书,以激励后者。

站在新的历史起点上,在澳门期间,国家主席习近平出席了庆祝澳门回归祖国 20 周年大会暨澳门特别行政区第五届政府就职典礼,澳门特别行政区政府欢迎晚宴和庆祝澳门回归祖国 20 周年文艺晚会;分别会见了何厚铧、崔世安、贺一诚,以及澳门特别行政区行政、立法、司法机关负责人,澳门特别行政区纪律部队代表,澳门社会各界代表人士,看望了中央驻澳机构和主要中资机构负责人;检阅了驻澳门部队;考察了澳门便民政务服务、基础教育和中国与葡语国家经贸合作项目,同澳门民众广泛接触和交流等。两天时间里,所到之地,所触之人,习近平主席无不表露出赞美之词,发出赞扬之声,提出殷切期望。其中,对"一国两制"在澳门成功实践以及对澳门社会各界一以贯之爱国爱澳的精神品质,赞赏频次之高,用情之深,饱含着中央政府和全国各族人民对其充分肯定和深情厚谊。"澳门回归祖国 20 年来发生了巨大变化,这让澳门同胞更加懂得'一国两制'的根本在于'一国'。"其满意之心,日月可昭;殷殷之情,天地可鉴。

高高扬起爱国爱澳旗帜,以全面准确和真心拥护来践行"一国两制"方针,澳门历史巨变的示范,印证了"一国两制"是完全行得通、办得到、得人心的!

今日追溯回归祖国以来的 20 年,让澳门同胞和内地人民倍感骄傲和自豪,不仅这是澳门历史上经济发展最快、民生改善最大的时期,而且也是澳门同胞共享伟大祖国尊严和荣耀感最强的时期。澳门之于祖国,是血脉相连,是唇齿相依,把"一国"是"两制"的前提和基础这一核心要义牢牢把握和实践体现,真正地显现出"一国两制"的巨大优越性和强大生命力。从早在 2009 年澳门特别行政区制定了《维护国家安全法》,到 2016 年主动修订立法会选举制度,增加"防独"条款,再到 2018 年澳门设立由行政长官担任主席的特别行政区维护国家安全委员会,把爱国爱澳优良传统的基因代代相传、永不停息;从回归之初澳门特别行政区就制定了《国旗、国徽及国歌的使用及保护》法律,到拥护《中华人民共和国国歌法》,至今已组织超过 3 000 名青少年到内地学习交流,澳门的大、中、小学实现了升挂国旗全覆盖;从 2003 年签署《内地与澳门关于建立更紧密经贸关系的安排》到 2019 年公布《粤港澳大湾区发展规划纲要》,以"发挥澳门所长、服务国家所需"的准确定位,融入国家发展大局……古老的澳门在短短的 20 年里,高扬爱国爱澳伟大旗帜,以全面准确和真心拥护来践行"一国两制"方针,确保"一国两制"实践不变形、不走样,才有了今日脱胎换骨,焕发新生,历史巨变,这有力地表明了"一国两制"是澳门回归后保持长期发展稳定和不断繁荣的最佳制度。

习近平主席在庆祝澳门回归祖国 20 周年大会上发表的重要讲话中明确了澳门"一国两制"成功实践的经验来自"四个始终",即"始终坚定'一国两制'制度自信""始终准确把握'一国两制'正确方向""始终强化'一国两制'使命担当""始终筑牢'一国两制'社会政治基础"。"一国两制"是完全行得通、办得到、得人心的!历史和现实的"澳门特色""澳门成绩单""澳门故事"等毫无争辩地一一得以证明,并且为他地树立了榜样,做出了示范!启示深远,意义非凡!中国共产党十九届四中全会将"坚持'一国两制',保持香港、澳门长期繁荣稳定,促进祖国和平统一"总结概括为我国国家制度和国家治理体系的显著优势之一,已经对推进"一国两制"实践作出系统的制度设计和工作部署,高屋建瓴,举旗定向。"澳门认真贯彻'一国两制'方针取得的经验和具有的特色值得总结,澳门未来发展美好蓝图需要我们共同描绘。"这殷殷期许、盈盈关爱,如春风,似暖流,不仅嵌入澳门同胞的心坎里,更激发起近 14 亿中国人民的壮志行。在爱国爱澳最本质要求下,"一国两制"的理论自信、制度自信等必将在新时代中不断丰富和发展,更加强化和完善!

追求爱国爱澳核心价值,以更大格局和广阔视野来握紧"一国两制"最大优势,澳门成功跨越的范例,证明了"一国两制"足以坚持好、发展好、完善好!

澳门关闸口岸附近,旧时的关闸牌楼记忆着回归前澳门经济连续多年负增长,失业率高,治安严重恶化,法治建设薄弱等景象;而近旁1999年迁建完工的拱北关闸口岸,则见证着20年来澳门特别行政区爱国爱澳成为全社会的核心价值观,宪法和基本法权威牢固树立,行政主导体制顺畅运行,融入国家发展大局积极主动,包容和谐增强社会凝聚力等发展。两个时代的历史性跨越,充分证明了全面准确理解和贯彻"一国两制",就一定能把特别行政区管理好、建设好、发展好。20年来,澳门与祖国紧密相连,在中央政府的支持下,澳门在民生、社会、经济等各个领域都取得了显著的成绩。2018年,澳门经济总量达到4 403亿澳门元,是1999年的8.5倍;人均GDP达8.3万美元,居亚洲第一,世界第二;就业人口月收入从1999年的4 920澳门元,增加到2018年的16 000澳门元,翻了几番;澳门本地居民失业率从1999年的6.3%降至2018年的1.8%,民生之本、财富之源的稳中有进体现了经济高质量发展……澳门以更大格局和广阔视野来握紧"一国两制"最大优势,创造出骄人的跨越式发展奇迹。这源于牢牢坚持"一国两制"这项基本国策,从未动摇,从未减少;源于爱国爱澳核心价值的不懈追求,人人拳拳赤子心,与祖国密不可分;源于党中央亲切关怀、精准规划、悉心指引和内地人民的倾情拥抱、无私奉献和全力支持!

澳门成功实践"一国两制"的最宝贵经验,就是全面准确实施宪法和基本法,其核心是澳门对国家政治体系、国家核心价值的准确理解和真心拥护。澳门成功推进"一国两制"事业的范例,启迪着所有中华儿女,不仅作为祖国大家庭的成员,拥有参与管理国家事务的民主权利,而且作为国家和特区的主人翁,要担负起管理好、建设好、完善好历史使命和时代责任。要做到此,就必须毫不动摇、始终如一追求爱国爱澳的核心价值,这是前提,是核心,也是基础;就必须按照党的十九大要求,把维护中央对香港、澳门特别行政区全面管治权和保障特别行政区高度自治权有机结合起来,确保"一国两制"方针不会变、不动摇。近些年来,澳门特区不断融入国家发展大局的宏伟蓝图,"一带一路"建设、"十三五"规划、粤港澳大湾区……事业空间充分拓展,发展天地愈加广阔。"广大澳门同胞素有爱国传统,有强烈的国家认同感、归属感和民族自豪感,这是'一国两制'在澳门成功实践的最重要原因。"这种充分肯定、很高评价、精准导向的话语,激励着港澳同胞和全体中华儿女。在爱国爱澳最内在基因中,以澳门成功跨越的范例予以启迪,"一国两制"事业的政治属性、文化传承、制度优势和时代发展一定会越来越行得稳,走得实,飞得高!

彰显爱国爱澳深厚情怀,以积极主动和担当作为来融入"一国两制"时代内涵,澳门发展经验的典范,诠释了"一国两制"是能够自觉融、深入融、统筹融!

浓浓的家国情怀始终萦绕在一代代澳门人的心中,"一国"是根,根深才能叶茂;爱国爱澳的精神从回归前延续到今天,"一国"是本,本固才能枝荣。从 1949 年 10 月 1 日,时任澳门濠江中学校长杜岚女士将自制的五星红旗在师生们的凝视下缓缓升起,到今日濠江中学校长尤端阳自豪地介绍从濠江中学成立以来,宗旨就是爱国爱澳,有教无类,通过升国旗、唱国歌、认识国徽,来教育我们的孩子们要有祖国的情怀,要热爱我们自己的国家;作为澳门回归祖国 20 周年纪念献礼,从北京大学与澳门科技大学的学子们用 5G 网络隔空合唱了《七子之歌》,两地的《七子之歌》再现当年"游子"梦萦魂绕"母亲"的急切与无奈,到发布澳门回归祖国 20 周年主题歌曲《莲成一家》,寄寓澳门同祖国已经连成一家、连成一体;从习近平主席在给澳门街坊总会颐骏中心长者义工组的回信里,希望老人们多向澳门青年讲一讲回归前后的故事,把爱国爱澳精神传承好,到"澳门构建了青少年普遍具有爱国爱澳情怀、衷心拥护'一国两制'事业的良好格局"……融出了奋进力量,融出了奋发精神,融出了奋斗品格。正确认识并妥善处理"一国"与"两制"的关系,坚守"一国"之本,善用"两制"之利,彰显爱国爱澳深厚情怀,才能有积极主动和担当作为来融入"一国两制"的深刻内涵。这 20 年,变的是祖国越来越强盛、澳门越来越繁荣,不变的是澳门人的爱国情怀。

作为中国特色社会主义的一个伟大创举,只有坚信而笃行,丰富而发展,才能向世界展示澳门特色的"一国两制"成功实践,继而形成了发展经验的典范。在不断弘扬光大爱国爱澳传统中,自发接受教育、主动接受学习、深入统筹安排的比比皆是,形式多样,丰富多彩,深入人心。澳门特区政府将"致力培养及促进受教育者爱国爱澳、厚德尽善、遵纪守法的品格"作为教育目标之一;仅 2016 年以来,围绕宪法和基本法,特区政府就组织了 53 项普法专题活动,超过 11.8 万人次参与,帮助青少年理解宪法和基本法内容,贯彻实践"一国两制"方针;澳门的许多名人纪念馆,每到周末和节假日,历史风云、爱国传统时时在滋养着澳门同胞们的爱国主义情怀……继续巩固和发展同"一国两制"实践相适应的社会政治基础,是澳门特色"一国两制"成功实践的理论升华,更是推动其深入发展的行动指南。习近平主席向澳门特别行政区新一届政府和社会各界提出"四个坚持"的殷殷嘱托和美好期许,瞩望着在爱国爱澳最核心基础上,广泛凝聚共建澳门的社会共识。"一国两制"制度体系一定能完善得更好!

忆往昔,岁月峥嵘,雄关漫道真如铁;看今朝,踌躇满志,人间正道是沧桑;展未来,前程似锦,直挂云帆济沧海。澳门特色"一国两制"成功实践,创造了骄人的跨越式发展奇迹,特别在制度层面、文化层面和精神层面上,成为"一国两制"全面落实和不断完善的"范本",树立了榜样,越发凸显出把朴素情感化为精神动力的可贵;成为示范,越发彰显出把制度优势转为辉煌成就的珍贵。我们充分相信澳门特区新一届政府和社会各界将不断推动"一国两制"伟大事业继续前进,与祖国同行,共担复兴重任,共享伟大荣光,共同书写实现"两个一百年"奋斗目标和中华民族伟大复兴中国梦的华彩篇章!

(原文标题为《"一国两制"的"中国示范",彰显爱国爱澳意义更非凡》,
2019 年 12 月 23 日刊发于中国网)

奋斗风采激励我们勇向前

国家主席习近平在二〇二〇年新年贺词中高度评价了过去一年里各项事业所取得的丰硕成果,暖心回顾了众多领域所展现的可喜成就,擘画了具有里程碑意义的 2020 年目标蓝图,鼓舞人心,振奋精神,催人奋进!

"这些成就凝结着新时代奋斗者的心血和汗水,彰显了不同凡响的中国风采、中国力量。"中国风采蕴含着中国力量,中国力量体现着中国风采!

用担当汇聚力量,砥砺"决战"之气,矢志恒定目标不动摇!

习近平主席二〇二〇年新年贺词在总结过去的一年彰显中国风采的重大事件、重大工程中,不论是"我国国内生产总值预计将接近 100 万亿元人民币、人均将迈上 1 万美元的台阶",从 2017 年的 80 万亿到 2019 年的 100 万亿,仅仅两年时间! 近 14 亿人口的国家人均 GDP 实现历史性跨越;还是"全国将有 340 个左右贫困县摘帽、1 000 多万人实现脱贫",人类发展史上脱贫奇迹再提升,都令人自豪!令人起敬! 从嫦娥四号的"全球首次"、长征五号遥三运载火箭的"凤凰涅槃"、北斗导航全球组网的"夹缝求变"、5G 商用的"敢为人先",到减税降费的"减负增能"、个人所得税的"深入人心"、老百姓常用许多药品的"普惠保障",垃圾分类的"时尚引领"……一件件重大领域科技自主创新的广为人知,一份份民生工程政策落地见效的乐于称道,提振了中国人民的民族自信心和自豪感,提升了中国的综合国力和国际影响力!

中国的风采如此地耀眼夺目,令人惊叹,这源于举旗指向的坚定自信,理论创新的卓著贡献,来自谋划发展的科学务实,事业推进的责任担当。正是在中国共产党坚强领导下,过去的一年里,一个个奋斗者以时不我待的紧迫感、只争朝夕的精气神、舍我其谁的责任感,不驰于空想,不骛于虚声,踏踏实实,稳打稳扎,在平凡的岗位上干出了不凡的业绩,用无畏前行的智慧与力量汇合在一起,积沙成塔,集腋成裘,才形成如此磅礴的中国力量,创造出载入史册的不朽功绩,绽放了溢彩流光的中国风采,令国人骄傲,令世界惊艳! 2020 年已悄然而至,2020 年将实现第一个百年奋斗目标,也是脱贫攻坚决战决胜之年。新的蓝图和历史使命摆在我们的面前,新的责任和奋战任务交付在我们的手上。习近平主席贺词中指出,"我们要万众一心加油干,越是艰险越向前,把短板补得再扎实一些,把基础打得再牢靠一些",言约旨深,给人以信仰的感召、方向的指引和进取的力量! 我们必须分秒必争,抖擞精神,奋发有为,"艰险"才会化出彩,"短板"才能得喝彩。因此,在这承前启后、继往开来的关键时期,我们接续用担当汇聚力量,以奋斗感召砥砺"决战"之气,朝着矢志恒定目标,不辱使命!

信念铸就坚强,聚焦"夺隘"之力,永葆宏伟壮志不松懈!

贺词中不仅向我们展现了一个个精妙的数字,也有呈现在我们眼前的一幅幅光彩炫目的"神州万里图",风采之中,让人心灵感染,记忆深刻。治党治国治军、内政外交国防、城市乡村草原……贺词介绍了习近平主席走遍全国、走近人民的经历,带着温暖、饱含深情,昭示希望。这风采里展现了独具中国特色区域协调发展体系构建的宏大战略思考,也显现了中国特色社会主义新型举国体制优势的深入调研谋划,更突出体现了人民才是创造历史的真正动力。从"进行国庆大阅兵,举行海军、空军成立 70 周年庆祝活动,举办第七届世界军人运动会,首艘国产航母正式列装"的强军新时代钢铁长城的积厚成势,到"主办了第二届'一带一路'国际合作高峰论坛、北京世界园艺博览会、亚洲文明对话大会、第二届中国国际进口博览会"的为人类发展贡献的中国主张;从江西于都、河南新县、甘肃高台、北京香山等地革命纪念地所延续的中国革命精神的弘扬光大和砥砺初心,到与"云南贡山独龙族群众、福建寿宁县下党乡的乡亲、'王杰班'全体战士、北京体育大学研究生冠军班同学、澳门小朋友和义工老人"的书信往来交心沟通和温情传递……都在以锲而不舍、驰而不息的劲头,踏石留印、抓铁有痕的态度,干在实处、走在前列的执着,将信念的风采、坚韧的风采、党心的风采、民心的风采等,尽情交融,春风化雨!

中国的风采如此地立意高远,出彩出新,这源于信念坚定的秉承初心,人民至上的饱含深情,来自承梦前行的革故鼎新,面向未来的因势而新。阔步走在建设富强、民主、文明、和谐、美丽的社会主义现代化强国的路上,有许许多多无怨无悔、倾情奉献的无名英雄,他们为党、国家和人民的事业做出巨大贡献,功勋卓著,闪烁光亮,充分展现了"个人风采"的魅力和形象。习近平主席在新年贺词中对这样的人物着力地予以褒扬,如张富清、黄文秀、四川木里31名勇士、杜富国、中国女排等。万万千千中华儿女以永不懈怠的精神状态和一往无前的奋斗姿态,砥砺"千磨万击还坚劲,任尔东西南北风"的意志,舒展"弄潮儿向涛头立,手把红旗旗不湿"的豪迈,用勤奋实现了出彩人生,用实干塑造了国家气质。正是万千可歌可泣的"个人风采"的融入和融合,才有精彩纷呈的"中国风采"的集中体现。2020年是中华民族伟大复兴征程中具有里程碑意义的一年,我国改革进入攻坚期和深水区,思想观念的障碍和利益固化的藩篱,还有来自外界的干扰、阻挠和破坏等,就必须要求我们永葆宏伟壮志和敢于破题勇气。"历史长河奔腾不息,有风平浪静,也有波涛汹涌。我们不惧风雨,也不畏险阻。"新年贺词的强调振聋发聩,直达人心! 因此,在这启航新征程、扬帆再出发的关键节点上,我们坚持用信念铸就坚强,以奋斗鼓舞聚焦"夺隘"之力,永葆宏伟壮志,不负重托!

用梦想凝结奋斗,凝聚"闯关"之功,坚定必胜信心不畏难!

难能可贵的是,在面对波谲云诡的国际形势、复杂敏感的周边环境的情况下,过去的一年里,"高质量发展平稳推进""改革开放不断催生发展活力""我们的朋友遍天下"……以锐意创新的勇气,敢为人先的锐气,蓬勃向上的朝气,不仅为成立70年来的新中国交出了一份圆满的答卷,还为我们即将如期全面建成小康社会和迎来"十四五"规划目标,继续开启现代化建设新征程夯实了稳固的基石。行进着的中国,华丽风采,气势豪迈! 让人动容的是,在面临艰巨繁重的改革发展稳定任务和各方面风险不断积累甚至集中显露的时期里,"爱国主义的硬核力量震撼""国防和军队改革扎实推进""新时代长征路初心和使命的不竭动力""普通人的平凡书写了不平凡的人生"……凝心聚力,蹄疾步稳,固本强基,为全面建成小康社会,全面打赢脱贫攻坚仗,实现第一个百年目标,在新的历史交汇点上开启全面建设社会主义现代化新征程奠定了坚实基础。奋进着的中国,动人风采,心潮澎湃!

中国的风采如此的气场强劲,豪情满怀,这源于政治核心的总揽全局,道路自信的无比坚定,来自制度优势的作用彰显,凝心聚力的精诚团结。2020年是全面建成小康社会之年,是"十三五"规划圆满收官之年,是坚决打赢脱贫攻坚战如期之年。与此同时,国际形势错综复杂、乱象丛生、挑战上升,我国发展仍处于并将长期处于重要战略机遇期。"如期实现现行标准下农村贫困人口全部脱贫、贫困县全部摘帽"等三大攻坚战更需跋山涉水啃"硬骨头";全面深化改革总目标的"坚持和完善中国特色社会主义制度,推进国家治理体系和治理能力现代化"更需蹄疾步稳接"烫山芋";系统推进"一国两制"事业更需任重道远做"硬功课"等。新征程扬帆远航,新使命重任在肩。不断"闯关"才会惊喜连连,攻坚克难才有风采展现。梦想照亮前方,奋斗正当其时。贺词中的"只争朝夕,不负韶华"成为进入 2020 年最热的刷屏词和引用语,切中了无数中国网民心扉的真实情感,也激励着亿万中国人民的奋斗热情,更期待着在此鞭策下今年会有更多、更好的"中国风采"无尽地彰显!因此,在这非同凡响的关键年份和特殊关头,我们持续用梦想凝结奋斗,以奋斗激发凝聚"闯关"之功,坚定必胜信心,勇往直前!

"中国风采,激情澎湃。海样的胸怀,火样的热爱。不可阻挡,龙的气概,舞出华夏神采。"2020 年钟声已敲过,奋进冲锋号已吹响,千百年来困扰中华民族的绝对贫困问题将在这一年里历史性地画上句号。全面建成小康社会,我们将实现中华民族伟大复兴关键一步。中国风采,记录了神州大地绚丽多彩地绽放了新时代伟大事业的开篇气象;中国风采,激励着华夏儿女将浓墨重彩地描绘出新时代伟大征程的精彩华章!

(原文标题为《"中国风采"激励我们勇向前》,
2020 年 1 月 3 日刊发于大众网)

非同凡响"进博会"
呈现出亮丽无比的魅力

第二届中国国际进口博览会(以下简称"进博会")在举世关注、全球瞩目中成功举办,来自世界 181 个国家、地区、国际组织与会,3 800 多家企业参展。从去年到今年,一年之间,这个世界上第一个以进口为主题的国家级展会——进博会,以非同凡响之势惊讶世人、响彻全球。中国国家主席习近平亲自谋划、亲自提出、亲自部署、亲自设计和亲自推动,且两次都出席开幕式并发表主旨演讲,以坚定不移的决心宣告中国支持多边贸易体制、推动发展自由贸易的一贯立场,充分展现了中国推动建设开放型世界经济、支持经济全球化的实际行动!

面对百年未有之大变局,面对纷繁复杂的全球经济状况,"独树一帜"的中国国际进口博览会以全新的姿态和面貌,突出了特殊而深远的指引作用和历史意义。两届进博会的成效显示出良好的开端,"不仅要年年办下去,而且要办出水平、办出成效、越办越好"的誓言已现端倪,本届进博会相比于首届,规模更大、质量更高、活动更丰富,更多的新产品、新技术、新服务开始实现了"全球首发、中国首展",并且有一批世界 500 强和龙头企业已经正式签约并翘首以盼着第三届"入场券"的到来。进博会以亮丽中国"名片"的展露,彰显了"时代弄潮"和"全球翘楚"的中国魅力!

世界上第一个以进口为主题的"进博会",再次以强盛吸引力表达中国魅力,展现中国积极进取、开放包容的意志。

从首届企业展和国家展总面积 30 万平方米,到本届的 36 万平方米,其中企业展从 27 万平方米增加到 33 万平方米,且本届有 24 个国家首次亮相,39 个国家再度参展;从去年进博会前国外企业的迟疑与观望以及闭幕后的遗憾与后悔,到今年抢先注册仍旧"一位难求"的"火速"与"热爆";从享受规模巨大的中国市场"红利","进博红利"飞入千家万户,盆丰钵满,到搭上中国消费升级的"顺风车","进博效应"惠及全球贸易,满载而归……纵览全球的博览会、展览会等,如此火爆、前所未有的中国进博会已不仅属于中国,而且属于世界。这个世界上第一个以进口为主题的进博会,仅成功举办了两届,就足以说明世界需要中国、中国拥抱世界的真谛。进博会火爆的背后就是空前的吸引力,是足够的信任度,是强大的获得感。大市场、主宾国、再升级、互补强、高口碑……进博会"火热"的魅力从表象上看,体现的是进一步合作共赢,带来无限多机遇、广阔的市场空间等,但这样的魅力实质,是中国用实际行动展现了坚定不移扩大开放的决心和姿态,是中国以思想理念捍卫了坚决维护自由贸易的承诺和宗旨,是中国以真挚包容点燃了全球共赴"东方之约"的诚意与热情。

一个改革不停顿、开放不止步的中国,开创性地主动"搭台",让全球来"唱戏"。主动扩大进口不是短期行为与权宜之计,而是面向世界、面向未来、促进共同发展的长远考虑。习近平主席在第二届"进博会"主旨演讲中强调"继续扩大市场开放""继续完善开放格局""继续优化营商环境""继续深化多双边合作""继续推进共建'一带一路'",展现的开放决心以及公布的一系列扩大开放新举措,令全球振奋。这"五项继续"是去年他发出的"三个不会停滞"的延伸与扩展,表现了中国政策制度的连续性和连贯性,体现了中国发展理念的一脉相承和与时俱进,彰显了新时代中国的开放自信与气度担当。首届进博会习近平主席的坚定承诺,经过一年来稳步推进,效果显现,如激发进口潜力、持续放宽市场准入、营造国际一流营商环境、打造对外开放新高地、推动多边和双边合作深入发展,四次降低进口关税,接连推出《中华人民共和国外商投资法》《优化营商环境条例》等利好政策,加快自贸试验区建设,放宽外资银行和保险公司准入条件……进博会如此强盛吸引力所展现的中国魅力,来自思想引领世界经济发展的魄力、进一步扩大开放持续优化营商环境的磁力、近14亿中国人对美好生活追求的动力!

国际贸易发展史上一大创举的"进博会",再次以强劲分享力表达中国魅力,展示中国奋发有为、创新自信的精神。

中国将进博会机制化,是在全球贸易近些年来遭遇保护主义逆风和单边主义升温的背景下,对当前世界经济面临的形势堪忧、发展不平衡和全球治理理念分歧化的三大风险的精准把脉,并拨开迷雾,因势利导,开出良方。中国扩大进口势必推动全球贸易需求增加,提振市场信心;中国扩大开放势必促进全球企业注入成长动力,推进经济一体化进程。国际贸易史上前所未有的进博会,一方面为全球提供了一个开放的巨大市场和促进互利共赢的绝佳机遇,开放带来了无限的分享力;另一方面搭建起了中国需求与全球好货无缝对接的新平台,开放提供了无比的期望值。全球化的精彩"合唱",按一年计,从首届的累计意向成交 578.3 亿美元到本届的累计意向成交 711.3 亿美元,增长 23%,这是分享力在提升;从初次探索"试水",到变为进博会的"铁杆粉丝",再到加码投资、升级总部,进博会的巨大磁场效应正在吸引全球企业在中国市场深耕,更帮助中外企业一起联手"掘金"全球更广阔的空间,这是分享力在增强;一年来,中国采取一系列重大开放举措,致力于构建关税水平更低、负面清单更短、市场准入更便利、市场规则更透明、营商环境更有吸引力的开放型经济,这是分享力在积淀。越来越多的世界 500 强企业视进博会为其加速拓展中国市场,与中国经济社会共同成长的重要契机。"在中国,为中国""与中国共创",在他们眼中,作为中国主动向世界开放市场的重要平台,进博会正持续释放不容错失的"中国机遇",这是"蛋糕红利"分享力的强化。更为重要的是,进博会实践创举的无限魅力在于所传递的理念与释放的信号,回答了当今世界各经济体高度关注的时代之问,更是中国智慧、中国答案、中国行动的生动展示,为世界经济指明了互利共赢的发展正道。

怎样面对"开放"这个时代命题? 就是图合作,齐奋进,共分享,获共赢。以进博会为契机和牵引,把中国市场"端"进世界之中,把世界舞台"吸"到中国面前,中国更加自信地敞开怀抱,邀请全球八方来客,共同分享中国巨大的市场空间和改革开放的成功之道。世界应邀而来,徜徉和融入在中国这片经济的大海,感知和享受中国的奋发有为、创新自信。首届进博会上习近平主席用大海比喻中国经济,"中国经济是一片大海,而不是一个小池塘。"其形象生动引发共鸣,其磅礴气势振奋全场;本届进博会主旨演讲中,习近平主席用江河比拟各国经济,"长江、尼罗河、亚马孙河、多瑙河昼夜不息、奔腾向前……大江大河奔腾向前的势头是谁也阻挡不了的。"其比喻倡导激发壮志,其胸襟坦荡鼓舞人心。着眼于全人类利益,习近平主席发出开放发展的最强音:共建开放合作的世界经济,共建开放创新的世界经济,共建开放共享的世界经济。中国不仅率先做到开放共享,因为我们有足够的信心和勇气;中国还向世界发出倡议和释放了明确信号,因为我们有足够的坚韧和毅力,海纳百川,必将日益壮阔。进博会如此强劲分享力所展现的中国魅力,来自中国将始终是全球共同开放的重要推动者、中国将始终是世界经济增长的稳定动力源、中国将始终是全球治理改革的积极贡献者的集中地!

坚持人类优先命运共同体的理念的"进博会",再次以强大塑造力表达中国魅力,展陈中国豁达坚韧、担当责任的胸襟。

进博会不仅是一个促进全球贸易的合作平台,让"展品"变"商品",让"参展6天"变"享受365天服务",充分阐释了越开放越发展与越合作越共赢的实践道理;而且更是一个共商全球性问题,着力推进解决路径的世界广场。本届进博会针对"开放、规则和营商环境""世贸组织改革和自由贸易协定""数字化时代与电子商务创新发展"及"70年中国发展与人类命运共同体"等议题,集全球智力与智慧,共商共议、共谋未来发展,进博会外溢效应日益突出且张力显著! 这里也是一年来中国外交活动中向世界发出邀约的浓缩和展现,意大利、法国、哈萨克斯坦等15个主宾国更多地把握机遇和看到希望,纷纷"拉手",拒绝"分手";美国企业热情空前高涨,参展数量和质量多于去年,大秀"拆墙",忘掉"筑墙",这些皆是进博会强大生命力的表现。坚持人类优先的理念,中国站在改革开放的新起点上,进博会以立足当前、擘画长远的姿态,携手世界一道,推动构建更加融通共赢的全球经贸新格局。以实际行动宣告:世界好,中国才能好;中国好,世界才更好!

中国张开双臂,怀着对历史的尊重与传承,对未来的擘画和引领,对人类的优先与担当,通过越办越好的进博会,为世界贸易经济带来了光明,为人类美好生活带来了希望。"共同把全球市场的蛋糕做大、把全球共享的机制做实、把全球合作的方式做活,共同把经济全球化动力搞得越大越好、阻力搞得越小越好。""交易的是商品和服务,交流的是文化和理念,迎的是五洲客,计的是天下利,顺应的是各国人民对美好生活的向往"……习近平主席主旨演讲的金句频出以及一年来兑现了力重千钧的中国承诺,传递了开放融通的中国向世界敞开怀抱,为各国提供更多市场机遇、投资机遇、增长机遇,实现共同发展的强烈信号,体现的是登高望远、谋划未来的宏大格局,突出的是把握潮流、胸怀天下的全球视野,展陈的是引领时代、敢立潮头的博大胸怀,彰显的是人心所向、敢破敢立的责任担当! 进博会如此强大塑造力所展陈的中国魅力,来自中国将不断推动经济高质量发展为世界经济增长带来更多机遇的信心、中国以国家治理体系和治理能力现代化为高水平开放与高质量发展提供制度保障的诺言、中国不断为推动建设开放型世界经济和构建人类命运共同体作贡献的决心!

"买全球、惠全球"的进博会,象征着中国对外开放水平的速度和高度,已逐步实现了买遍全球的便利、贸易升级的促动、增资落户的坚定、制度创新的红利等。

其强盛吸引力、强劲分享力、强大塑造力将进博会从"全球首创"演绎成了"全球盛会",将中国魅力的内涵和实质转化为世界国家和人民的"信任票"。过去精彩的"进博答卷",让中国魅力无比亮丽;当下精致的"进博时间",为中国魅力无尽呈现;今后精心的"进博未来",给中国魅力无限希望! 相约明年,相约未来,在奔腾不息的时代大潮里,进博会不负众望,定将书写更加精彩的篇章!

（原文标题为《非同凡响"进博会"呈现出亮丽无比的"中国魅力"》,
2019 年 11 月 11 日刊发于中国网）

非凡巨变，力推伟大梦想向前进

　　翘首以盼的中国共产党第十九次全国代表大会终于来到啦！近段时间里，无论是现实生活，还是网络平台，献礼十九大、迎接十九大、祝福十九大，脚步总是那么地欢快，声音总是那么地响亮，期待总是那样地真切。这是在全面建成小康社会决胜阶段、中国特色社会主义发展关键时期召开的一次十分重要的大会，要认真总结过去五年发展且要制定未来前行的行动纲领和大政方针。党的十八大以来的五年，非凡而特别，一串串数字超越历史，一幅幅面貌激动人心，一项项成就感人至深，彰显着"中国巨变"。中国巨变，不仅仅是中华大地和网络空间上实践行为的嬗变，也不只是理论精神的演变，更是系统性的适变、深层次的裂变、全方位的蜕变。

巨变的深度体现在伟大成就实践的卓越品质中。

　　最近一段时间，《将改革进行到底》《法治中国》《大国外交》《巡视利剑》《辉煌中国》等电视政论片陆续播出和在网络平台上传播，全面、系统和真实地反映了十八大以来五年的巨大变化和惊人成绩的取得，震撼人心，备受鼓舞，大大地激发了全国人民坚定的信心；网络媒体发布的《美丽中国新图景》《在中国特色强军之路上阔步前行》《让十三亿人民享有更好更公平的教育》《为了十三亿人民的健康福祉》《让互联网成果惠及 13 亿多中国人民》等对各领域事业发展的述评，客观、理性和如实地体现了十八大以来五年的惊世进步和超凡成就的赢得，贴心、舒心、暖心，深深地感染了华夏儿女大国的情怀。正如十八届七中全会公报明确指出"五年来的成就是全方位的、开创性的"。

　　中国的巨变深刻地反映了中国共产党和中国人民所追求的品质。这五年，中国桥、中国路、中国车、中国港、中国网，中国装备、中国制造、中国科技、中国发明等一个个奇迹般的工程,正在托举起中华民族伟大复兴的中国梦。不仅如此,从治国理政到扶贫攻坚,从强军改革到民计民生,从文化繁荣到创新创业……一个个超级工程纷纷传递给华人成就感和自豪感,一份份改革方案运作折射着国人的安全感和获得感,一个个"世界第一"数字中蕴含着共产党人无尽的责任感和使命感。回望2012年底"赶考"的提出,到如今五年后的满意答卷,历史性变革体现在中国巨变的现实和精神层面,同样也深藏于党与民的同心同向和鱼水关系层面。一个高品质的东方大国正在崛起,这已成为无可争辩的事实!

巨变的广度显现在伟大事业推进的跨越格局中。

五年来,国内经济发展稳中向好,2013—2016年GDP年均增长7.2%,贫困人口比2012年减少了5 564万人;党内政治生态持续好转,风清气朗、清廉奉公的社会风气逐渐成形;五年来,中国政府效率不断提高,政府行政方式实现了革故鼎新的历史性进展;五年来,中华文化发展欣欣向荣,建设社会主义文化强国的宏伟目标正在变成现实;五年来,依法治国全面有序,公平正义、法律意识刻入每一个中国公民的心里。回眸这五年,党率领中国人民解决了许多长期想解决而没有解决的难题,办成了许多过去想办而没有办成的大事。党的十八届七中全会公报充分肯定"五年来的变革是深层次的、根本性的"。

中国的巨变显著地提升了中国共产党和中国人民所探寻的格局。过去的五年,我们不仅处于世界格局深刻调整、国际竞争日趋激烈的时代,而且处于国内改革全面深化、发展全面推进的重要时期,面对推进中国特色社会主义伟大事业和党的建设新的伟大工程,面对推进国家治理体系和治理能力现代化的系统工程,艰巨而艰难,加之"四大考验"和"四大危险"现实地摆在党面前,治国理政担子之重、难度之大、任务之艰,超乎想象,但以习近平同志为核心的党中央以"中国指引""中国精神""中国力量"来高瞻远瞩,鉴往知来,谋篇布局,开创未来。历史性变革聚焦在中国的格局和体系层面,同样也体现在党与民的信心和智慧层面。一个能够凝结13亿人民朝着共同梦想砥砺奋进的大格局正在显现已成为不容置疑的事实!

巨变的力度呈现在伟大梦想实现的超越境界中。

近日,法国在海外销售量最大的日报《世界报》的头版头条用中文大标题"中国,强国崛起",引发了网络空间的热烈讨论。其用8个整版的篇幅全面报道今日中国,盛赞中国在近期取得的系列颠覆性技术成果和震撼世界的成绩。同样,作为无倾向民调机构的美国皮尤研究中心经调查发现:世界经济权力力量的天平已经慢慢地向正在强势崛起的中国倾斜。这充分展现了我们党治国理政的高超智慧和卓越能力,充分体现了中国道路的巨大生机活力。五年来,党中央团结带领全党全国各族人民,统筹推进"五位一体"总体布局、协调推进"四个全面"战略布局,在中国特色社会主义事业深入推进、以新理念新思想新战略的治国理政和人民生活质量显著提升方面开辟了新境界,开创了新局面。

中国的巨变深远地力推了中国共产党和中国人民所谋求的境界。五年来,全党全国各族人民励精图治、攻坚克难,改革发展的重大成就和崭新局面,得到广大干部群众衷心拥护和国际社会高度评价。与此同时,全面建成小康社会还有几年的时间,全面深化改革的主体框架"四梁八柱"已基本确立,全面依法治国正在加速推进,全面从严治党依然在路上。而且,中国努力倡导并带头实践"合作共赢""共商共建共享""构建人类命运共同体"等外交理念,为国际治理贡献了更多中国方案和发展动力,世界的舞台更需要中国强起来!历史性变革内衬在中国的修养和境界层面,同样也体现在党与民的信仰和力量层面,一个有意愿、有信心、有能力倡导构建人类命运共同体的大国正扮演着越来越重要的角色,这已成为世界理所当然的感知!

"前进,向前进,跟着必胜的信仰;前进,向前进,实现复兴的伟大梦想。"歌曲《光荣与梦想》总能给人以奋斗的力量!党的十八大以来,中国巨变外在的表现是物质、面貌和精神等,内在就体现为品质、格局和境界等,这将有力地助推党的十九大再续新篇、谱写华章。站在历史和未来的交会处,党的十九大胜利召开,让我们有足够的底气充分地相信,有着强烈使命感的中国共产党,一定可以引领着拥有伟大复兴梦想的中华民族,开启一个新的伟大新征程,实现强起来的历史性飞跃!

(原文标题为《[砥砺奋进的五年]非凡的"中国巨变",力推伟大梦想向前进》,2017年10月16日刊发于环球网)

满满诚意
给亚欧发展愿景增添了勇气与活力

近日,中国国务院总理李克强出访吉尔吉斯斯坦、哈萨克斯坦、拉脱维亚和俄罗斯4国5城市,出席上海合作组织成员国政府首脑(总理)理事会、中哈总理定期会晤、中国—中东欧国家领导人会晤、中俄总理定期会晤等,成果颇丰,反响热烈。这是一次集外交、经济、文化等一体的活动,向亚欧、向世界充分坦诚中国胸怀与善意、责任与担当,既促进了合作,又加深了友谊;既夯实了根基,又增进了共识;既表达了诚意,又扩大了影响。八天之行,务实、忙碌而真诚的"中国团队"在国际事务舞台上传递着"待人以诚以期人诚之待我"之意,引发了无数中国网民油然而生的自豪感。

秉持亲诚惠融精神迎来外交"新景象"。

李克强总理四国之行,在上海合作组织成员国政府首脑(总理)理事会、中国—中东欧国家领导人会晤时发表讲话,在吉尔吉斯斯坦最大报纸发表署名文章,与俄罗斯总理梅德韦杰夫共同会见记者等,均向世界表达和传递着友善、真诚和信心。秉持亲诚惠融精神的东方大国,站在共同利益立场,以"换位思考"能力,用行动证明"中国诚意"。"我们共商上合组织发展大计,能深刻体会到'上海精神'与'丝路精神'一脉相承、交相辉映。"的确如此,15年来,这个备受历届中国领导人高度重视、带有浓郁中国情感的组织,已成为区域合作的重要平台,对促进地区稳定与繁荣发挥着不可替代的作用,也为促进世界和平与发展作出了积极贡献。"携手推进'16+1合作'向更大范围、更宽领域、更高层次发展,不仅将更多造福中国和中东欧人民,也会有力推动世界和平与发展",李克强总理的讲话发出真诚的呼声和倡议。期待中国与亚欧多国推进政治和战略互信的巩固和深化,在全面、战略、协作中受益是各国最迫切的愿望。李克强总理在《吉尔吉斯斯坦言论报》发表文章中明确表达了"中吉是彼此信任的好兄弟""中吉是互利合作的好伙伴""中吉是互学互鉴的好朋友"这样的真挚情感。中俄总理共同表示,全面战略协作伙伴关系已进入新的发展阶段,双方合作具有天然的战略性、稳定性和长期性,符合双方利益需求,是双赢共赢的,不仅惠及两国人民,而且有利于世界和平与繁荣。

秉承互补合作共赢迎接经济"新动力"。

恰逢今年是上合组织成立 15 周年、第 5 次中国—中东欧国家领导人会晤,又是《中俄睦邻友好合作条约》签署 15 周年暨中俄战略协作伙伴关系建立 20 周年。总理此次中亚东欧之行,被众多媒体以"旋风外交"来形容,足以说明在国际经贸合作尤其是产能合作上以"精、准、足"开启了新篇章,实现中国和中东欧国家经济高度互补,为双边经贸合作强烈意愿增添了"新动力"。正因为坦诚相待,真诚沟通,竭诚合作,自然就促成了短时间的高效,一系列的经济合作成果就顺理成章、水到渠成。"如果把上合组织比喻为一幅美丽的画卷,中国就是其中最为靓丽的色彩。"上海合作组织秘书长梅津采夫积极评价中国在推动上合组织发展中的作用。多年以来,中国也一直积极推进与中东欧国家、西欧发达国家三方优势结合,以推动欧洲平衡发展,弥合东西差距,实现多赢和共赢。没有精诚所至,哪有 2015 年"一带一路"倡议同欧洲发展战略对接、中国国际产能合作同欧洲投资计划对接、中国—中东欧合作同中欧整体合作的对接;没有诚心诚意,哪有中俄合作找到新的增长点——加强"中小企业合作",双方设定到 2020 年双边贸易额达到 2 000 亿美元;没有开心见诚,哪有中哈两国签署"丝绸之路经济带"建设与"光明之路"新经济政策对接合作规划,此次库斯塔奈市江淮汽车厂项目启动仪式见证中哈产能合作又一大项目"落地开花";拉脱维亚表示希望成为中企进入中东欧市场的门户……经济合作和经贸往来,只有在"真"上下功夫,在"诚"上显态度,在"实"上做文章,才能求得共识和共赢"新动力"的到来。

秉信真心延续友谊展望人文"新愿景"。

在拉脱维亚首都里加李克强总理在活动间隙"见缝插针"密集完成了 17 场双边会见,会见室门口一度出现"摩肩接踵"的景象,这一外交少见的现象突出体现了"以诚相待"和"将心比心",处于全面发展阶段的中国以长期积累的赤诚之心和诚恳之意面对世界时,收获了世界诚意的行为反馈。除此之外,李克强总理访俄,梅德韦杰夫启动"家乡外交";著名汉学家、拉脱维亚大学孔子学院院长贝德高向李克强总理赠送了由他编纂的《精选拉汉双语词典》,收获了后者赞誉其"水善利万物而不争";吉总统称中国是吉尔吉斯斯坦可信赖和依靠的邻居,是对吉有益的邻居;上合组织总理会后,哈总理先回国后机场迎候李克强总理;本次里加 16+1 会晤的会标,按照地理位置,分别代表中国和中东欧 16 国的 17 个点,以线连接组成一个钻石图形,其中最东端的中国,是各条"合作线"的汇聚点,形成钻石顶部。种种表象说明了只要精诚合作,就会产生钻石般的价值;只要秉信真诚,就会得到世界友谊的延续和加深。中国和中东及东欧地区之间不仅有历史上的渊源、地缘的相邻、情感上的互通,更有经济利益、发展诉求的一致,从过去的"丝绸之路"到今天的"一带一路",还体现在文化的传承上。此次总理出访四国,更是多次提议进一步密切人文领域交流合作,倡导国之交在民相亲、心相近,并形成了多项增加合作透明度和促进民心相通的协议或举措,让中国诚意成为促成多国紧密连在一起的纽带。

"真者,精诚之至也。不精不诚,不能动人。"李克强总理出访四国及参加一系列国际活动的言行信号表达向他国或国际社会呈现的中国诚意,无不透射着真诚的意图、合作的愿望、责任的体现以及国家信用的保持等内涵,赢得了国际尊重,凝聚了广泛共识,促成了更多成果,为亚欧合作前景及愿景增添了更多的勇气和活力。只有真诚,方得始终。相信在此诚意和信心上,各国携手并进,就一定会为深化中亚欧友好合作、造福地区人民创造出灿烂而美好的未来!

(原文标题为《"中国诚意"给亚欧发展愿景增添了勇气与活力》,
2016 年 11 月 9 日首发于环球网,全网联发)

总理北美行，自信迎接美好的前景

应联合国秘书长潘基文、加拿大总理特鲁多、古巴国务委员会主席兼部长会议主席劳尔·卡斯特罗的邀请，国务院总理李克强于9月18日至28日赴纽约联合国总部出席第71届联合国大会系列高级别会议，并对加拿大和古巴进行了正式访问。

十天的北美之行，李克强总理的行程是满满的：在纽约联合国总部主持2030年可持续发展议程主题座谈会并发表重要讲话；发布《中华人民共和国和加拿大联合声明》和参加第六届中加经贸合作论坛；出席了中古合作文件签字仪式并视察中国企业；与多国领导人会谈或会见……与此同时，他还同美国经济金融界、智库、媒体人士座谈；用冰球打开了蒙特利尔的心灵；在古巴媒体发表《让中古友谊之树长青》的署名文章……这一连串漂亮的外交行为让北美国家和人民乃至世界看清和理解到了中国的务实行动；以诚相待和担当尽责让国际媒介和专家学者们读懂和明晰了中国的力量源泉；李克强总理在联合国首次登上联大讲台、与加拿大启动首次总理年度对话、中国总理首次正式访古的三个"首秀"，更是增添了全球目光审视中国对国际秩序与格局、全球治理、和平与发展等重大问题所给予的最惊艳和亮丽的诠释。

自信来自世界的充分认同和高度评价。

拥有信心是事业成功的良好开端，甚至被认为是成功的一半，尤其是得到他信则更为重要和珍贵。李克强总理在联大一般性辩论讲话中掷地有声，提出了"必须维护《联合国宪章》的宗旨和原则、必须坚持政治解决热点问题的大方向、必须携手促进世界经济稳定复苏、必须着力解决人类面临的全球性挑战"，并表示"中国言必信、行必果,将把承诺落实到实处"。这"四个必须"既充分展示了中国能够带动世界经济发展的勇气和自信,也向世界传递出中国与各国共同推动可持续发展的信心和决心。潘基文盛赞道:"我很少在一个会场看到这么多国际组织的负责人,这充分说明了李克强总理的领导力";张克斯(Christopher Johnson)认为,45年来中国在联合国体系中的作用发生了巨变,参与多边机制对话展现出更大自信,在解决地区和全球性问题上,中国在发挥更大角色,中国对多边机构的贡献也在上升,这令人鼓舞。美国精英与会群体们共同赞誉"中国发展成就前所未有、无法比拟";德国基尔世界经济研究所所长丹尼斯·斯诺尔说:"全球化时代成就了中国经济,中国经济利用全球化造福了世界。相信李克强总理提出的'中国方案'早日建成人人免于匮乏、获得发展、享有尊严的美好世界。"多国专家学者和分析人士普遍认为中国一直致力于推动经济可持续增长、遵守国际机构规则、推动国际合作会让中国获得更多公信力和影响力。行动是自信的检验,自信是行动的源泉。近年来,中国领导人多次亮相联合国舞台,高级别多边外交活动的密集举行,这表明中国越来越重视通过多边机制传达中国立场,维护中国利益,更说明了中国得到了世界众多国家的高度青睐和信服,自信和他信在世界各国范围内得到了有机的共生与融合。

自信归因于发展的真诚合作和共赢理念。

"自信者不疑人,人亦信之。"双边合作质量讲究的是诚信与真实,谋求的是信任与双赢。李克强总理的加拿大与古巴之行,充分地得到了印证。《中华人民共和国和加拿大联合声明》明确指出:"为巩固战略伙伴关系新局面,双方欢迎两国总理成功举行首次年度对话""双方宣布到2025年实现双边贸易额在2015年基础上翻一番""双方宣布到2025年实现双向人员往来在2015年基础上翻一番"……没有双方的真诚和信心,是无法做到这一切的,正如在冰球球队训练场的标语"No excuses, Be a winner",李克强总理笑对特鲁多总理说,"我们也'没有'任何'借口',中加之间必须实现'双赢'!"中国总理的铿锵之言赢得了人心。巧妙的安排,真诚的沟通,寓自信于智慧,都将为中加关系发展注入强劲动力。中加两国正携手迈向双边关系发展新的"黄金十年"。

中国与古巴签署的近30项政府间协议及商业合同,涵盖经济技术、财政金融、产能合作、信息通信、新能源、检验检疫等诸多领域。如李克强总理在古巴考察中国装备"走出去"情况，在中国出口的宇通客车通过合资生产带动当地就业、开展国际产能合作上，他不仅认为这是中国装备制造业"走出去"的典范，同时也要求外贸从"大进大出"向"优进优出"转变，要通过参与国际市场竞争，倒逼我国装备制造业转型升级，跃上中高端水平。这种诚意是基于他国利益角度出发，在国际利益链中难能可贵，也彰显了踌躇满志和志得意满的大国风范。由此可知，中古友谊经受住国际风云变幻的考验，双边关系越来越成熟，显示出强大的生命力，这是一贯的真诚合作和共赢理念的硕果。无怪乎，今年 4 月，古巴七大对六大纲要进行了调整和补充，并再次强调要继续借鉴中国的改革经验。

自信源自中国的胸怀全球和责任担当。

在中国重返联合国 45 周年之际，李克强总理出席第 71 届联合国大会系列高级别会议，充分体现了中国对联合国及多边主义的重视和支持，特别是中国已经率先发布的《中国落实 2030 年可持续发展议程国别方案》，被世界广泛认为中国是对2030 年可持续发展计划作出承诺最多的国家之一，也是为落实发展计划做出努力最多、取得成果最多的国家之一。付出、成果和承诺的前提何在？是中国作为世界大国、世界第二大经济体、秉承和平与发展等的使命、责任和担当的行动兑现。宣介中国发展成就和理念，提出推动全球发展事业新举措，备受与会各国领导者广泛赞誉的结果，是中国的胸怀全球和责任担当让全球各国领导人心里充满了阳光和希望，添增了勇气和动力。

"精诚所至，金石为开。"在出席纽约经济俱乐部、美中贸易全国委员会和美中关系全国委员会联合举行的欢迎宴会中，李克强总理表现出的中国自信惊叹了在场的美国各路重量级人物，不仅开诚布公地坦率交换意见，而且还谈论彼此最关注和双方相互利益最攸关的话题，为中美关系厘清方向、增进共识；加拿大方认为中国所提倡的以合作共赢为核心的新型国际关系以及构建全球伙伴关系网络取得了很大进展，抓住现在的发展大势——与中国合作的机遇，才是最根本的利益所在；在古巴，李克强总理诚挚表达了我们愿继续同古巴做肝胆相照的好同志、持久合作的好朋友、相互信任的好兄弟，不断打造经贸合作的新亮点。具有责任担当的自信，才是最可贵、谋福祉、恒久远的发展福音。

李克强总理北美之行,在十天时间里掀起了强大的"中国风",这股风能够在联合国讲台上做到满堂贺彩和应者云集;能够让中加关系从回暖走向战略伙伴关系;能够让劳尔·卡斯特罗半天里与李克强总理5次深谈……这得益于中国改革开放三十多年巨大成就的渐进积累;归功于长期以来中国选择和平发展道路的良好信誉;来源于中国推动世界经济早日走上可持续、平衡包容增长之路的坚强决心。我们有理由充分地相信:这不仅会带来中华民族伟大复兴的实现,而且会给世界一份灿烂的美好前景!

(原文标题为《总理北美行,让"中国自信"迎接美好的前景》,

2016年9月27日首发于环球网,全网联发)

凝结在亚欧互联互通上的智慧

——写在亚欧会议 **20** 周年

今年是亚欧会议成立 20 周年。这个亚欧两大洲之间重要的跨区域政府间论坛,自 1996 年成立至今,中国总理出席了历届所有的首脑会议,且以最大的诚心、最真的参与和最实的付出,在 45 个国家和国际组织中发挥着越来越显要的作用。历届中国政府的领导者不仅通过此平台展开了政治对话、经济合作和社会文化交流,增进彼此了解,加强多方互信,推动建立亚欧新型、全面伙伴关系,而且还利用此途径充分展示着中国的智慧,在亚欧互联互通上凝聚了中国对夯实亚欧关系、推动亚欧融通的责任、信心和承诺。

本届亚欧首脑会议的主题是"亚欧伙伴二十载,互联互通创未来"。互联互通是李克强总理参加第十次亚欧首脑会议提出的倡议,而今天作为了第十一届亚欧首脑会议的主题。在此次的首脑会议上,李克强总理发表题为《亚欧伙伴命运与共 合作升级再谱新篇》的引导性发言。中国在亚欧会议各个场合已提出 70 余项倡议,这在过去 20 年成为亚欧合作的重要推动力。

通互信,连发展。

亚欧会议成员国中,联合国安理会常任理事国 5 个中有 4 个是亚欧会议成员,世界前 10 大经济体中有 7 个亚欧会议成员,二十国集团中的 12 席为亚欧会议成员拥有。可以说,亚欧会议成员国是国际秩序和全球治理体系的重要组成部门,其所倡导和遵循的相互尊重、平等对话模式,是国际合作构建人类命运共同体具有影响力的合作共赢模式。只有在增进政治互信基础上,从构建国与国双边的命运共同体,到区域内的命运共同体,才能共同维护亚欧的和平发展。李克强总理在发言中强调"中国始终是世界和平的促进者,国际秩序和国际法治的维护者和地区和平稳定的推动者",也表示"反对曲解国际法,反对双重标准,应遵守地区达成的规则,以和平方式、政治手段解决分歧争端,而不是挑起冲突和对抗"……在历届亚欧首脑会议上,中国领导人均积极倡导加强政治对话与磋商,这20年里持续不断地以实际行动为构建人类命运共同体贡献着中国力量和坚强信心。

通繁荣,连互惠。

亚欧会议成员国的人口、经济和贸易总量所占全球份额均超过60%,很显然,这是一个世界经济分量很重的经济大市场。区域经济一体化是地区各国的共同利益所在,因此,加强亚欧间的经贸合作,寻求利益汇合点,积极对接发展战略、发展优势和发展需求,构筑国与国之间的利益共同体,凝聚互联互通共识,这是亚欧会议的共同期盼和美好期待。20年来,中国在与其他国家经济领域的互联互通方面做出了积极的努力,也处处凝结了中国智慧。如中蒙俄三国依托互为邻国的优势打造三国经济走廊,作为打通连接欧亚经贸合作的新通道,推动建设中蒙俄经济走廊达成共识并祈盼促成经济共同繁荣,这一定会惠及多方人民的利益;蒙古国历史上就是万里茶道和草原丝绸之路的关键通道,是连接欧亚大陆桥的重要一站,中国提出的"一带一路"倡议与蒙古国结合自身国情提出的"草原之路"发展战略高度契合,据悉,预计到2020年中蒙双边贸易额有望突破100亿美元。"一带一路"倡议所覆盖的地区与节点城市范围极广,得到了亚欧会议成员国的积极响应和参与,为亚欧务实合作注入了新动力,也为亚欧会议重新焕发活力提供了历史性的机遇。

通真心,连诚意。

亚欧会议成立背景是于1994年7月欧盟制定的《走向亚洲新战略》,其主张与亚洲进行更广泛的对话,建立一种建设性、稳定和平等的伙伴关系。20年来,因为亚欧成员国的政治多极、经济不一、文化多样、价值多元等,成员国们对较为松散的亚欧会议提出了更大的挑战和更高的要求。如何将多为务虚的平台转型到更加务实的合作,成员国间真情实意的深度联通就显得更加地迫切。正如李克强总理在此次首脑会议上呼吁"加强不同文明之间的对话,扩大教育、科技、文化、旅游、青年及创业等领域的交流",以此夯实亚欧合作人文基础。建立更加平等均衡的新型全球发展伙伴关系,就必须构建责任共同体的共识,形成一种同舟共济、权责共担、合作共赢的理念和精神。国家之间,过时的零和思维必须摒弃,不能以损人利己和我多你少的设想来参与。如第九届亚欧首脑会议上，日本不顾亚欧会议的合作主题，不顾大多数成员的愿望，蓄意在钓鱼岛问题上歪曲事实的行为，就被与会的时任中国外交部部长杨洁篪当场予以坚决驳斥。这一届首脑会上，日本又拿南海仲裁给中国添堵，企图写入主席声明中，可应者寥寥，被中国代表团据理严正驳斥，其荒谬的意图最终"竹篮打水一场空"。此次举办首脑会议的东道主蒙古国，在继 2014 年 8 月中国国家主席习近平访问不到两年的时间里，李克强总理提前到访，这被誉为"走亲戚"式的访问，足见中国领导人对这个与中国山水相连的邻邦的高度重视。

互联互通，既是一种战略工程，也是一种合作方式。20 年来，亚欧会议一路走来，实属不易。为"不忘初心"，中国持之以恒以真诚、真心和真实的姿态，在推动建设地区的命运共同体、利益共同体和责任共同体上，倾注了众多的中国智慧，也贡献了不少的中国力量。期待着这艘大船在未来的征程中秉持相互尊重、友好协商等亚欧会议共识，勇于"直挂云帆"和"长风破浪"，则"济沧海"在众志成城下一定"会有时"。

（原文标题为《"中国智慧"凝结在亚欧互联互通上——写在亚欧会议 20 周年》，2016 年 7 月 18 日刊发于独家网）

中国—东盟峰会：担当彰显定力

世界看中国，这是中国的发展成就吸引了世界关注的目光；中国看世界，那是中国以大国的责任担当而立起来投射出去的眼光。

G20 杭州峰会刚刚胜利闭幕，取得的成果为历届峰会最多最丰富的一次，留下亮眼的中国印记，令世界一片赞美，成功实现了中国的庄严承诺和主席国的责任担负。仅仅一天之后，中国—东盟建立对话关系 25 周年纪念峰会向世界宣告：中国已成为东盟国家各领域合作内容最丰富、成果最显著的对话伙伴，再次印证了中国倡导坚持协同携手、同谋同力、同舟共济精神的担当使命。

2016 年是中国—东盟命运共同体的元年，是具有真诚、奉献和担当的中国与东盟成员国共同将对话关系提升并构建命运共同体的努力结果。

担当源于怀有区域一体化的责任使然和获得的普遍信任。

多年以来，东盟是中国周边外交的优先方向。2013 年，国家主席习近平在印度尼西亚国会提出了"携手建设中国—东盟命运共同体"来实现共同发展、共同繁荣。于是，中国—东盟"2+7 合作框架"应运而生，这样的呼吁和宣告得到了东盟成员国的积极响应。中国放眼全球未来，把脉世界经济，提出中国方案，担当大国责任，引领区域发展，在全球化时代，让地缘经济成为一种重要资源，在困难之时敢于挺身而出，针对时弊凝心聚力，找到共同应对之道。深化两点政治共识让中国在促进彼此关系上成为"稳定器"；涵盖的政治、经济、安全、人文和科技等七个领域是发展的"发动机"；而中国的担当与勇气则是全面推进中国—东盟关系的"压舱石"。从中国和东盟自 1991 年建立对话关系到"2+7 合作框架"不断加强的 25 年，双方贸易额从 80 亿美元增长到 4 720 亿美元，增长近 60 倍；从 2010 年双方建成世界上最大的发展中国家自贸区到今年 7 月 1 日自贸区提质升级；从中国—东盟关系由成长期走向成熟期到共建命运共同体实施的一年来，中国所带来的一系列巨变的背后是中国矢志不渝的担当作为。作为地缘经济发展领路者的中国，遵循尊重、理解、信任和支持的原则，坚持不懈为双方经济发展提供新的助力，有力地促进了地区和平稳定和繁荣发展，这样的担当又是何等的魄力和胸怀。

担当来自中国推进区域性发展的先进理念和率先践行。

有了东盟成员国的普遍信任，方可让中国的担当变为成效。秉承东亚一体化稳定、健康、有序发展，必须具有担当意识和精神，这是中国发展理念充分表现，是东盟信赖的可靠基石。李克强总理 7 日在中国—东盟领导人会议上指出了"五个第一次"，即"中国第一个加入《东南亚友好合作条约》，第一个明确支持东盟在区域合作中的中心地位，第一个同东盟建立战略伙伴关系，第一个公开表示愿同东盟签署《东南亚无核武器区条约》议定书，第一个同东盟启动自贸区谈判"。"五个第一次"是兑现中国承诺和担当的最有力的证明，更是中国用心践行魅力的真实体现。数据显示，2015 年，双方贸易额达到 4 720 亿美元，双向投资累计超过 1 500 亿美元。中国已连续 7 年成为东盟第一大贸易伙伴，东盟连续 4 年成为中国第三大贸易伙伴。中国"一带一路"倡议三年来，东盟 10 个成员国不仅全部为"一带一路"沿线国，而且在推动治理体系变革中主动作为，这样的创新模式促进了彼此间的良好合作。如中国与老挝的"中国—老挝磨丁至万象铁路工程"开工建设，"赛色塔综合开发区建设"进展顺利，成功发射老挝一号卫星；去年底澜沧江—湄公河合作机制正式建立；中国印尼合作项目雅加达至万隆高速铁路于年初正式开工……你好我好，东亚才能好，世界才会好。中国坦诚促进了与邻国之间的友好关系，也提升了"自信担当""责任担当""能力担当"的全球地位。

担当需要参与各国和衷共济的精神和荣辱与共的思想。

2015 年 9 月，习近平主席在联合国讲台向世界全面宣示了打造人类"命运共同体"的主张："携手构建合作共赢新伙伴，同心打造人类命运共同体"，强调"中国将始终做世界和平的建设者""中国将始终做全球发展的贡献者""中国将始终做国际秩序的维护者"。处于中国—东盟的地缘关系，作为世界第二大经济体，中国在引领着走出一条公平、开放、全面、创新的发展之路，努力实现各国共同发展。多年来的实践证明了中国的责无旁贷和勇于担当。但同时我们也看到，南海问题、台湾问题、能源问题等维护地区和平稳定的任务还很艰巨；局部动荡、霸权主义、强权政治还时有抬头；美国实施的"亚太再平衡战略"及其与东亚的地区性大国存在地缘经济竞争并遏制中国崛起；东盟也与日本、韩国等国家的自由贸易协议在东亚乃至亚太地区加剧竞争……在"命运共同体"这一理念的指引下，"合作共赢应该成为各国处理国际事务的基本政策取向""要摈弃零和游戏、你输我赢的旧思维，树立双赢、共赢的新理念"已逐步成为多国的基本共识。"命运共同体"同样也表示着各国一荣俱荣、一损俱损、相互依存、休戚与共的含义。国信则民亲，民亲则国荣。当笔者暑假时所见朋友圈众多好友发自东盟成员国的各种图文分享时，时常在校园里遇见来自东盟各国的留学生时，真切地感受到了中国—东盟俨然已成为兴衰相伴、安危与共、同舟共济的好邻居、好朋友、好伙伴，"就像走亲戚一样常来常往"，会越来越在各国和民间更加地常态化和亲密，让不同发展道路交汇在成功的彼岸，让发展红利与成果为各国人民共享。

"同呼吸，共命运"，努力建设更加紧密的中国—东盟命运共同体是符合东盟各国和人民的根本利益和美好愿景；"人心齐，泰山移"，推动实现到 2020 年中国与东盟贸易额达到 1 万亿美元、新增双向投资 1 500 亿美元的目标，任重道远。过去 25 年，中国在致力于共同维护和促进本地区和平、稳定与发展上发挥了积极的作用与贡献；未来之路，相信中国将持续保持定力，一定在开创亚洲新未来持之以恒地发力！

（原文标题为《［大家谈］中国—东盟峰会："中国担当"再次彰显定力》，
2016 年 9 月 9 日刊发于环球网）

英雄本色闪耀时代光芒

2019 年的清明,比以往的更特别、更特殊。不论是对"救火英烈"的全国性沉痛悲哀,还是第六批在韩中国人民志愿军烈士遗骸归国的所愿与震撼;也不论是中华人民共和国成立 70 年特定意义下对历史上先烈们的缅怀与致敬,还是漫卷中华大地的各类祭扫与祭奠,都在无尽的追思中缅怀革命先烈,传承英雄精神,弘扬孝道亲情,唤醒家族血脉。伟大的义举,是国之记忆、众城感动;英雄的回家,是民之所盼、赓续基因。"寻找英雄""缅怀烈士""家国清明"等,在这个春和景明的季节里,亿万中国人民以多种方式表达了对融入民族骨气和精神的英雄的崇敬,愿守护他们的誓言和情怀,继承他们的遗志和意志,汲取前行的斗志和力量!

英烈义举的悲壮行为,绽放着英雄本色,折射荣光价值取向!

今年清明节前夕,木里森林火灾牺牲的 27 名森林消防支队战士,包括 1 个"80后"、24 个"90后"、2 个"00后",年龄最小的 18 岁,以及 4 名当地干群,是阳刚之精血铸造着他们的义勇;来自祖国九个省份和工作地木里的山水养育,是阴柔之乳汁哺育着他们的忠诚;消防工作是和平时代最危险的工作之一,总有人会矢志坚守,总有人会逆火而行,是民族之使命孕育着他们的英烈;中国历代民族英雄都是中华民族的脊梁,更是推动伟大事业不断朝前发展的动力源泉,是历史之内涵昭显着他们的传承。四川凉山垂泪,山西沁源鸣咽,"3·14"森林火灾 6 名扑火英雄被批准为烈士。同样厚重的缅怀和哀悼也在沈阳隆重举行,10 位志愿军烈士英灵回到祖国和人民的怀抱,在中华大地上安息。前后六批次在韩志愿军烈士遗骸迎回工作,始终牵动着全国各族人民最深厚的民族情感。

江河湖海不会忘记!青山大地不会忘记!祖国人民不会忘记!今年清明期间,在中华民族史的英雄薄上,新增添这些难以忘却英烈义举的回忆!平凡的岗位蕴含着伟大,普通的人民辈出着英雄。不管是硝烟的战场,还是火灾的现场,或是日常工作生活地,始终把祖国利益和人民安危放在心上,祖国和人民会永远怀念你。危急壮举,凡人义举,都会绽放新中国英雄的本色,显现新时代价值的荣光!

国礼相待的悲切纪念,彰显出国家崇敬,见证崇尚英雄坐标!

在对英雄的关切和敬意上,习近平总书记多次强调"我们要铭记一切为中华民族和中国人民作出贡献的英雄们,崇尚英雄,捍卫英雄,学习英雄,关爱英雄。""对一切为国家、为民族、为和平付出宝贵生命的人们,不管时代怎样变化,我们都要永远铭记他们的牺牲和奉献。"日月为证,青山为证。四川在举行木里火灾扑救英勇牺牲烈士的悼念活动中,党和国家领导人习近平、李克强、韩正敬献了花圈以沉痛哀悼;凉山州西昌市、木里县降半旗,向英雄们致哀,体现了国家认同,传递了情感共鸣;第六批在韩中国人民志愿军烈士遗骸归国的专机进入中国领空后,两架战斗机全程护航,安葬前礼兵鸣枪致敬。高规格的悼念活动和归国仪式不仅显现了广大民众缅怀英烈之情,更突出了政府意志和国家意志。党和国家对人民英雄的深切缅怀和崇高敬意,在2014年我国设立烈士纪念日,得到印证;在中国人民抗日战争暨世界反法西斯战争胜利70周年系列活动中,得到强化;即便是发表二〇一九年新年贺词时习近平总书记还着重强调……

"一个有希望的民族不能没有英雄,一个有前途的国家不能没有先锋。"清明节日里,重庆歌乐山烈士陵园、井冈山革命烈士陵园、金寨县革命烈士纪念塔、红军长征会师纪念碑、华东革命烈士陵园……人头攒动,慎终追远,铭记伟绩,启迪后辈;另有"思君夜夜,肝胆长如洗"的焦裕禄、"心目中的英雄"王杰、天上多了颗"南仁东星"、全军英模挂像多了林俊德和张超、"守岛就是守国"的王继才、"航空报国英模"的罗阳、"振兴中华乃我辈之责"的黄大年、为保护试验平台挺身而出、壮烈牺牲的黄群、宋月才、姜开斌同志……英雄事迹,感人肺腑,催人泪下,激发后者。"祖国是人民最坚实的依靠,英雄是民族最闪亮的坐标。"国之义举,激励着代代人,每一次对英烈的祭奠,都是为了表达纪念和心怀崇敬;每一次对英雄的赞颂,都是为了汲取力量和尊崇伟大!

人民义举的悲痛追思,凸现出时代正气,凝聚奋进精神力量!

节前,凉山州西昌市火把广场的追悼会后,31名英烈魂归故里,四川、山东、云南、甘肃、贵州、海南、重庆……多个省份群众自发守望在英雄归家路上,噙着泪、忍着痛、目送着英雄的归来,所到家乡,万人空巷。在四川南充,车队从高坪区安汉广场到西山烈士陵园,45万群众在烈日下高喊"英雄回家";在湖北孝感,十万群众自发列队绵延数公里,一幅幅横幅,一朵朵白菊,一声声呐喊,一个个敬礼,当车队到达英烈的家乡时,此起彼伏的哭声响彻全村;在青海西宁,超过5 000余辆出租车顶灯箱发布了"致敬消防官兵""向英雄致敬"的公益广告;在全国各地,水果、饮料以及其他营养品不断匿名送到各地消防单位慰问消防队员,一张张温暖的卡片、一句句充满深情的寄语,表达着敬意、铭记和感恩……同样来自沈阳在韩中国人民志愿军烈士遗骸安葬时,网友致敬"魂兮归来!孩子们,不要害怕,祖国妈妈尽最大努力,让你们都回家!"等,这都是广大群众发自内心的敬重,都是中国人民真诚质朴的义举!

英雄浩气,山河永在;烈士忠魂,人民永记。一座座烈士墓背后,朝拂尘土、夜点长灯的"守墓人"大有人在,有依山林立800多座烈士墓旁守护了86个春秋的四川冯炼一家四代人;有默默看护心中神圣无名烈士陵园71年的安徽农民胡兆伦;有带着妻儿、拖着残疾的腿陪伴长眠于此革命烈士37年的张顺京……守的是一个个无声墓地,传的是一桩桩英雄事迹,扬的是一座座民族丰碑!如此义举,同样谱写了血泪交织的一曲曲感人赞歌!英雄史诗般的光辉人生,应该有至高无上的敬重与敬畏,不容亵渎与践踏。竟然有人在网络上肆意侮辱木里森林火灾英烈,"人民卫士"极其愤慨并及时举报。多个省份十余人的行为已涉嫌犯罪而被刑拘,他们面对的是法律的严惩。人民用正义和责任坚守着网络空间里英雄们的风清气正!

"为有牺牲多壮志,敢教日月换新天。"清明追思,缅怀英烈丰功伟绩,弘扬英雄事迹精神,感悟家国奋斗意义,激励前行澎湃动力,续写未竟伟大事业!不论是英雄本色的逆行义举,还是国家崇敬的坚定行为,更是人民正气的感天动地,都在为新时代散发着理想之光和信念之光,丰富了中华民族宝贵的精神财富。"今天,中国正在发生日新月异的变化,我们比历史上任何时期都更加接近实现中华民族伟大复兴的目标。实现我们的目标,需要英雄,需要英雄精神。"英雄精神常驻,英雄浩气长存!让英雄精神的光芒照射和引领着近14亿中华儿女,用好所汲取的奋进力量,朝着伟大的目标而奋勇前行!

(原文标题为《"中国义举"折射着英雄本色与时代光芒》,
2019年4月8日刊发于环球网)

志气是事业行稳致远的坚强助动力

近日,署名"宣言"相继发布了两篇重磅文章《风雨无阻创造美好生活》和《改革开放天地宽》,均迅速成为爆款网红文章,持续刷屏,反响热烈,"真给力""真提气"!两篇主题评论文章,不仅深刻总结了我国经济实力、科技实力、国防实力和综合国力实现历史性跨越的成就,还深入剖析了当前国际时局、国内形势的境况产生和变化成因,特别是系统地提出了当前所面临的挑战应对及纵深思考,明确指出了解决办法和奋斗方向。

淋漓尽致的宣言表达,荡气回肠,唱响了时代强音,助长了中华儿女的志气;酣畅壮阔的宣告提议,震撼人心,充当了提灯使者,明霁了亿万受众的志向。如何应对兼程的风雨,怎样做好前行的准备,从"风雨无阻"到"天地宽阔",无疑,贯穿其中的是中国志气。在秉持正确的历史观、系统观、大局观中,突出了有志气的个人方能成就一番事业,有志气的中国才能挺起民族脊梁,有志气的事业就能勇立时代潮头!

中国人民向来无惧困难,越有风雨越敢闯,志气就是攻坚克难和坚毅刚勇的"推进器"!

自古以来,中国人民就不怕困难与压力,即便面对也会以壮志在胸、从容不迫来应对。古有汉朝儒学大师孙敬小时候"头悬梁"而学习;有战国时期苏秦"锥刺股"坚持读书;有西汉著名大史学家司马迁遭意外横祸,却并没有被逆境击倒,以惊人的毅力,完成了我国第一部纪传体通史《史记》而名垂千古……今有10年前汶川地震特大自然灾害,中国人民众志成城地抗争与奋斗,铸就了重建的奇迹;20年前长江流域特大洪水,"人在堤在"的铮铮誓言铸就万众一心、抗击洪魔的九江大堤封堵成功;40年前开启的改革开放,中国人民以敢闯敢干的勇气和自我革新的担当,让一穷二白的国家前所未有地靠近世界舞台中心……

"志不强者智不达,言不信者行不果。"做有志气的中国人,是数千年来生生不息的基因传承。中国人民向来不惧怕任何外部压力,也不畏前进道路中的困难,在风险和挑战面前更能精诚团结、无往不胜,创造了一个个攻坚克难、化危为机的精彩传奇。"有人不愿意看到醒狮的振奋、巨龙的腾飞,不愿意看到13亿多人的生活美好"便更加激起中国人民越有风雨越敢闯、追求美好生活的勇气和志向!事实阐明:中国志气凸显了精诚所至的团结和一往无前的奋斗,坚毅而刚勇,面对外在干扰力量冲击时,不仅压不垮、冲不散、打不倒,而且铸就了中国人民志存高远、知难而上、敢于超越的革命精神和优秀品质!

中华民族由来愈挫弥坚,越是艰险越向前,志气就是不屈不挠和坚强气概的"压舱石"!

华夏儿女心志坚,唯有壮志可撼天!自古以来,中华民族就是一个多灾多难的民族,但多难兴邦。也正是经久不衰、历久弥新的志气,才造就了中国人民以无所畏惧的英雄气概、团结一致的强大力量、可歌可泣的伟大壮举,书写了中华民族发展史上新的壮丽诗篇。特别是自1840年鸦片战争始,在西方坚船利炮面前,一系列的侵华战争和大批的不平等条约把中国推向灾难屈辱的深渊,造成了近代中国的贫穷和落后,伟大的中华民族和不屈的中华儿女,进行了一系列的抗争;14年艰苦卓绝的抗日战争,中国人民作出了巨大牺牲,中华民族志气坚决维护了民族独立和尊严;抗美援朝战争的胜利,捍卫了新中国的安全和敢于抗击外来侵略者的决心,为中国争取到了相当长时期的和平建设的环境,中华民族志气增强了中华儿女的民族自尊心……任人宰割,饱受欺凌的时代一去不复返,中华民族越是艰险越向前,志气永驻且发扬光大!

"义正自然无惧,理直亦必气和。"一个民族的图存、崛起、强盛,离不开奋发向上的精神,离不开坚忍不拔的意志,离不开自强不息的气概。惟其艰难,方显勇毅。在面对各种艰难险阻时,要更加看清本质,增强忧患意识,日臻志气升腾。历史证明:中国志气彰显了中华民族是历经磨难、不屈不挠的伟大民族,中国共产党是敢于斗争、敢于胜利的伟大政党。无论前行道路遭遇的艰难与险阻,"压舱石"的志气不能丢、不能少、不能弱,这是推动中华民族团结一心、不断进步、走向复兴的精神支柱和动力源泉!

中国道路必须励精图治，越是坎坷越无畏，志气就是勇毅前行和坚定意志的"定海针"！

在中国特色社会主义事业的道路上，从历史的角度看，每一次西方的封锁和欺压都能激发祖国的自力更生和艰苦奋斗，如对中国核技术的封锁，中国两年后就核弹试爆成功；对中国太空技术的封锁，中国靠实力发展有了自己独立的空间站；对中国军事技术的封锁，中国也有了自主研制的航母和舰载机，航空航天、量子通信、超算、核能、高铁、港口龙门吊等创神奇故事……中国非但没有在封锁中害怕和沉沦，反而激起斗志爆发出了前所未有的力量，封锁技术、拒绝合作没有令中国屈服，并且越封锁越强大，这就是自强立国的志气，深深镌刻在中国人骨髓文化基因里面。

风雨多经志弥坚，关山初度路犹长。习近平总书记曾指出："历史和现实都告诉我们，只有社会主义才能救中国，只有中国特色社会主义才能发展中国，这是历史的结论、人民的选择。"中国特色社会主义道路是近代以来中国人民经过艰辛探索最终选择的现代化道路，是中国共产党和中国人民在长期实践中逐步开辟出来的道路。中国道路的崛起，突破了西方模式，甚至超越了西方模式。面对波谲云诡的国际形势、复杂敏感的周边环境、艰巨繁重的改革发展稳定任务，中国特色社会主义事业在前进路上势必会遇上或遭到各种风险挑战，这就迫切需要深化改革开放来破解。现实表明：无论是党员干部还是一线工人，无论是田间农民还是市场企业家，无论是科研人员还是青年学生，只要我们坚定不移深化改革、扩大开放，坚定不移办好自己的事、走好自己的路、立好自己的业，让中国志气这颗"定海针"扬在脸上，刻在骨里，融在血液，成为推进新时代中国特色社会主义事业稳步前行中坚定信念、胸怀大局、同舟共济的精神风貌和时代标志！

"志之所趋，无远勿届，穷山距海，不能限也；志之所向，无坚不入。"当前的志气来自中华民族五千年生生不息的精神，来自中华民族伟大复兴的激励，来自改革开放 40 年打下的坚实基础。在新时代中国特色社会主义事业行稳致远中，相信中国志气能激励和感染所有中华儿女，为我们树立风向标，攥紧强拳头，提振精气神，形成聚能环，让我们不惧艰难险阻，鼓起时代风帆，保持战略定力，更激发起众志成城、勠力同心的磅礴力量，助推中国社会始终葆有勃勃生机，助长中国发展始终拥有不竭动力，走向新的胜利和迎接人民美好生活的新辉煌！

（原文标题为《"中国志气"是事业行稳致远的坚强助动力》，2018 年 8 月 14 日首发于环球网，全网联发；本文列"思想理论网络文章评价系统 TOP100 月榜单"第 65 位）

"五个一百"精品再扬
为网络正气领路引航

以"网聚正能量,唱响新时代"为主题的第三届"五个一百"网络正能量精品评选活动近日进入了展示和投票阶段,获得广大网民的纷纷支持、如潮好评和倾力参与。连日来,所展示的这些网络精品在网络空间持续发酵,不断积累和传递出网络强大态势,再次形成了一股正能量充沛、主旋律高昂的网络清流,充实着网上网下的空间及社会环境,激浊扬清,塑造新风,激荡清风!与其说这本是活动规则所要求公开、惯例的流程动作,倒不如说是一场倡导构建向上向善网络文化的互动实践活动,更是今年4月下旬习近平总书记出席全国网络安全和信息化工作会议并发表重要讲话背景下践行网络强国进程的"风向标"和"助推器"!

网聚正能量的担当,"五个一百"精品凝聚了网络正气的内容生成,彰显中国特色社会主义的核心价值取向。

由国家互联网信息办公室指导,中国互联网发展基金会主办,人民网、央视网、中国新闻网、中国青年网、环球网五家中央新闻网站承办,"五个一百"精品评选的展示和投票活动网聚了榜样候选人 300 名、动漫音视频 300 件、文字作品 300 篇、图片 300 幅、专题活动 300 项,涵盖甚至囊括了 2017 年度国家的重大政策、重大主题、重大活动、重大事件、热点问题等全社会正能量的聚集展示,这些起源于事实、来自实际的作品表现和事迹汇集,是亿万网民长期付诸行动体验和用心感知的集中标志,也深刻地反映了网民代表们看问题的眼力、谋事情的脑力、察民情的听力、走基层的脚力。其中,有网络空间公众人物的带头示范作用,有经年累月苦心打造的网络媒体运营者,有立志弘扬主旋律的网络活动组织者,也有将爱撒向人民群众深处的网络作品创作者。网下鲜活生动的实践和可歌可泣的故事,经用心、用情、用爱的这些网民们察觉、挖掘、凝练，网友们也自觉地成了中国特色社会主义核心价值观的积极倡导者和坚定实践者，并自发地在网络空间上进行流转和传播。也许过去不经意的"散是满天星"，才有今日的"聚是一团火"！

新时代属于每一个人，每一个人都是新时代的见证者、开创者、建设者。"五个一百"网络精品体现的均是网下现实生活的浓缩与精炼，其正能量的品质和品格正是中国日益开放文明的社会的主体和象征。"五个一百"活动的每一篇美文、每一帧视频、每一幅图片、每一次活动、每一份故事等都是当下社会的反映和呈现，都是当前生活的风采和面貌。无疑，这些精品和代表不仅是中国风貌的主旨内容，更是凝聚为中国正气的内容生成。网络正能量越充沛，越满盈，社会正气就越充足，越浩然，民族才会生生不息，国家才会兴旺发达。所以，不得不敬佩长期以来持之以恒于网络空间的勤恳们，是他们用键盘和指尖一直在撒播阳光，传递真情，根植正气，传承文化基因，筑牢精神家园，激发中国力量，引领中国风尚！

做大同心圆的情怀，"五个一百"精品凝结了网络正气的情感融入，夯实中华民族伟大复兴的主流舆论导向。

在浩瀚的网络空间里，仅截至 2017 年 12 月，我国网民规模就达 7.72 亿，我国手机网民规模达 7.53 亿。壮大和做大网上网下同心圆，就是在党的领导下，动员全国各族人民，调动各方面积极性，共同为实现中华民族伟大复兴的中国梦而奋斗。显而易见的是，"五个一百"网络正能量精品展示和评选活动，其实质和目的就是倡导和鼓励越来越多的网民们通过活动的开展而达成共识、汲取精华、滋润心灵。"东风随春归，发我枝上花。"事实也的确如此，连日来，无数的网民朋友们在此中乐此不疲，竞相推转，并且受激励、受鼓舞、受启发。不论是《习近平主席新年贺词爆红网络2018，加油！奋斗！》的视频鼓舞士气，震撼人心，还是#温暖中国#微博专题活动12亿人次的阅读量；也无论是护士拥抱安抚术后小患者的图片，激发了人性的善意，升华了爱的主题，网上点击2.5亿人次，还是《一个不能少：绝壁上的"天路"》精准扶贫中的脱贫"下庄精神"，热血播撒处，孕育生机……都让无数的网民们为之动容，为之惊叹！网络正能量中蕴藏无穷的正气情愫，时刻凝结成中国正气最紧固的纽带，促进了网上网下同心圆互融相通。

"随时以举事，因资而立功，用万物之能而获利其上。"在前所未有地接近实现中华民族伟大复兴目标的当下，就得尽最大之力来"团结一批、凝聚一批、影响一批"顺应时代、勇立潮头、维护正义者，形成一股股实践进程中认识问题担难不怯、发现问题担责不推,直面问题担事不躲,解决问题担险不畏的强大意志。在"五个一百"精品评选展示和投票的两周时间里,再次将凝结的中国正气情感泼洒到亿万网民和千家万户,让每个人的生活更有力量,让社会保持昂扬向上的姿态,让中华民族精神的大厦巍然耸立。所以,不得不道谢一直以来默默无闻参与网络同心圆构筑的正直网民们,是他们用支持和鼓励一直在倾注关爱,让正气在中国梦实现的征程中得到发扬,打造一个更加晴朗的网络空间,营造一个风清气正的社会氛围,网网相连,心心相通,壮大主流舆论,引发强烈共鸣,共奏时代强音,唤起奋斗激情!

唱响新时代的责任,"五个一百"精品凝集了网络正气的实质精髓,强化网络强国战略思想的正确政治方向。

连续开展的三届"五个一百"网络正能量精品评选活动,因覆盖全网民、聚焦全方位、高扬主旋律而固化为品牌与标杆,同时在中国特色社会主义进入了新时代后,也被誉为凝聚共识、汇集力量的风向标和参照系,彰显主流价值、担负光荣使命、寄予殷殷厚望的时代重任和非凡意义。特别是今年4月召开的全国网络安全和信息化工作会议上,习近平总书记强调"我们不断推进理论创新和实践创新,不仅走出一条中国特色治网之道,而且提出一系列新思想新观点新论断,形成了网络强国战略思想。"在此信仰的感召和方向的指引下,今年的"五个一百"精品展示以前所未有的姿态充分显现了理论说服力、思想穿透力、政治凝聚力和社会动员力,客观而真实地反映出亿万网民们以画笔描绘新时代的多彩画卷,用图文记录新时代的精彩瞬间,将按键敲击新时代的奋进之声,把正义呼唤、正义坚持、正义亮出嵌入新时代的实际行动,融网络强国的正确政治方向寓于进取的力量和胜利的信心之中,必将在顺应党心民意、弘扬清正风气、承载历史使命中谱写精彩的篇章!

唱响新时代的责任,不仅仅在于网信工作的组织者,也不能局限于"五个一百"网络正能量精品活动的开展,而是网上网下的所有华夏儿女在网络强国战略思想指引下应共同承担的责任。面向未来,中国崛起无论在网络空间上,还是在实践探索征途上,都要经受住各种艰难险阻的困难和人为刻意的阻挠。在坚持正气的道路上,从来都充满坎坷艰辛,从来都不可能一帆风顺,就更加迫切需要网络正能量凝集而成的坚强力量,导引、激发和延展着中华大地的浩然正气。从这个意义上来看,网络正能量的作用发挥不可局限于网上的体现,而要在网上网下的强国历程中附加新的价值和新的使命。所以,不得不感恩多年以来一以贯之推动网信事业伟大工程发展的领航者、引领者们,用饱含深情,带着温暖,从不间断地在创造和演绎着网络正能量作用凸显的平台和舞台上,激励着网上网下不断涌现出砥砺"千磨万击还坚劲,任尔东西南北风"的意志,舒展"弄潮儿向涛头立,手把红旗旗不湿"的豪迈,以永不懈怠的精神状态,举旗定向,昭示希望,标注中国航向,澎湃中国正气,凝聚磅礴力量!

"手挽青天揽日月,胸存正气洗乾坤。""五个一百"网络正能量精品评选活动不仅网聚了亿万网民新时代正能量的代表作品和思想基础,其推广价值和产生影响也从网上蔓延到网下并相交与互融。网络正能量也正日益坚强助推和领路引航于社会正气的弘扬与提升,力求做到"上"与"下"良性互动,"点"与"面"同向发力,最大限度地实现网上引领与网下奋进的高度统一。今天我们豪情满怀,相信在习近平总书记网络强国战略思想和党的十九大精神的指引下,亿万网民和华夏儿女一定会旗帜鲜明坚持正确政治方向、舆论导向和价值取向,让网络正能量这把熊熊燃烧的火炬越烧越旺,为中华民族的伟大复兴和人类社会的共同进步带来更多的能量、温暖和光明!

(原文标题为《"五个一百"精品再扬 为"中国正气"领路引航》,
2018 年 7 月 17 日首发于环球网,全网联发)

全面深化改革须以坚强韧性贯穿始终

近日,经中央全面深化改革委员会审议通过的中国首家互联网法院于杭州揭牌成立,这是司法主动适应互联网发展大趋势的一项重大制度创新;中国联通的混改试点方案亮相并于 8 月 21 日开市复牌,此次混改史上力度最大,被称为对国企改革具有里程碑意义、标杆意义和典型示范意义;交通运输部等 10 部门日前联合出台了《关于鼓励和规范互联网租赁自行车发展的指导意见》,以充分调动各方积极性形成政府、企业、社会组织和公众共同治理的局面;发改委新闻发布会指出,正在编制粤港澳大湾区城市群发展规划,推进粤港澳大湾区建设……

一系列的制度改革和机制创新如火如荼,方兴未艾,尤其是涉民生改革的重大政策落地,更是深受普通大众的喜爱和拥护,呈现出一派改革气息的欣欣向荣,凸显了改革发展韧劲十足的景象。这种韧性体现的是前所未有的精神面貌,已悄无声息地渗透到社会各行各业和百姓居家生活之中。

时代所问,热望着以时不我待的韧劲立业。

前不久,中央电视台多平台持续播出大型政论专题片《将改革进行到底》,在较短的时间内,首、重播共吸引 5.17 亿观众观看,"央视新闻"全平台播放阅读总量超 2.82 亿,主持的微话题"将改革进行到底"总阅读量超 1.9 亿。时代之问,问的是中国"为什么改""往哪儿改""为谁改""怎么改""如何改到位"等时代关切,问的是中国人民是否持有时代性的坚毅和执着;实践之答,答的是"问题导向""六大体制""13 亿中国人民""350 多个重点改革任务""人民的获得感"等实践成就,答的是共产党人拥有了使命感的刚毅与担当。时代所问和只争朝夕引发了全社会的强烈关注和深沉思考,更触动了神州大地的脉络神经和时代责任。"全面"和"深化"的历史要求,注定了这是一场史无前例的伟大实践和深刻变革。

自 2014 年 1 月 22 日中央全面深化改革领导小组（以下简称"中央深改小组"）第一次会议的召开至 2017 年 7 月 19 日召开的第三十七次会议，这个由习近平总书记任组长、3 位中央政治局常委任副组长组成的中央深改小组，在 3 年多的时间里，基本上每月都会研究确定改革的重大原则、方针政策、总体方案；都要统一部署全国性重大改革；都在统筹协调处理全局性、长远性、跨地区、跨部门的重大改革问题等。这样对全面深化改革焕发热情、坚定信念的韧劲，放眼全球也无与伦比；这种关乎国家命运时不我待、夜以继日的坚韧，纵观历史也寥若晨星。在这场以问题为导向，统筹推进、重点突破的持久战中，三年多时间来，中国全面深化改革的格局日益清晰，经济体制、政治体制、文化体制、社会体制、生态文明体制和党的建设制度改革全面发力，具有"四梁八柱"性质的主要领域改革框架已基本确立。

形势所迫，厚望着以百折不回的韧劲建功。

当今世界，风云变幻，扑朔迷离，既有国际格局发展演变的复杂性，又有世界经济调整的曲折性；既有国际秩序之争的长期性，又有国际矛盾和斗争的尖锐性；既有国际体系变革方向不会改变，又有和平与发展的时代主题不会改变。中国要发展，必须顺应世界发展潮流，唯有认清长远趋势、把握时代脉搏、重视形势分析，才能对形势作出科学判断；唯有根据当前世情、国情、党情，才为全面深化改革制定方针、描绘蓝图。当前，我国主要领域"四梁八柱"改革全面铺开，这是在形势发展变化中看到了短板和不足、风险和问题、困难和挑战，从最坏处着眼，做最充分的准备，朝好的方向努力，争取最好的结果。在方向指引明确的前提下，过程中的持之以恒和坚持不懈就是持续动力的不竭源泉，韧劲的程度就决定着建功的大与小，改革的深与浅、广与窄。

党的十八大以来，以习近平同志为核心的党中央高举改革开放旗帜，以更大的政治勇气和智慧推进改革，用全局观念和系统思维谋划改革。其中，我们党带领人民积极应对重大挑战、抵御重大风险、克服重大阻力、解决重大矛盾，立格局，破藩篱，拔硬刺，涉险滩……已呈现出全面发力、多点突破、蹄疾步稳、纵深推进的良好态势。改革，是一个循序渐进、兴利除弊的艰辛过程，必须落实到具体行动上来，因而抓落实、持恒心、强责任、谋实干，则成为当今全面深化改革的主基调和原动力。在攻坚克难的关键时期，就更加需要未来排除万难、百折不回的勇毅和顽强。3 年多来中央深改小组以知难而进和坚韧不拔的决心，在"发展出题目，改革做文章"上展现给全国人民坚强信心和勇气；在攻坚战中表现的韧劲、钻劲和狠劲，为各地各行业树立了标杆和示范，因而今后更加需要上下同心，同向同行，迎难而上，百折不挠。中央深改小组第三十七次会议强调"不论在哪个层级推进改革、开展工作，都要坚持在大局下谋划、在大势中推进、在大事上作为。"

目标所求，瞩望着为久久为功的韧劲添彩。

改革目标所指就是中国人民对美好生活的向往，也将以人民群众获得感的情况作为检验依据。正如中央全面深化改革领导小组第二十三次会议强调"把以人民为中心的发展思想体现在经济社会发展各个环节，做到老百姓关心什么、期盼什么，改革就要抓住什么、推进什么，通过改革给人民群众带来更多获得感。"人民有所呼，改革就有所应。三年多来，各项民生改革方案蓬勃生起，落地生花，大到以前难以想象的户籍、医疗、扶贫、教育等大范围的改革，小到"三证合一"、取消企业年检、全面放开两孩、身份证异地挂失受理等。全面深化改革越是纵深推进，就越是在考验着我们的韧劲和毅力，人民真正获得感程度是在锲而不舍、久久为功中得以体现，更加需要以抓铁有痕、踏石留印的韧劲，坚持不懈抓下去。

前不久，在省部级主要领导干部专题研讨班上，习近平总书记发表重要讲话明确指出了全面深化改革的主要成就："党中央科学把握当今世界和当代中国的发展大势，顺应实践要求和人民愿望，推出一系列重大战略举措，出台一系列重大方针政策，推进一系列重大工作，解决了许多长期想解决而没有解决的难题，办成了许多过去想办而没有办成的大事。"过去 5 年里，我们的党和中国人民始终坚守励精图治的奋斗和秉持久久为功的韧劲，再次彰显了为迎接党的十九大召开做足了思想动员和理论准备；突出了中国特色社会主义进入新的发展阶段；铺展了建设社会主义现代化国家新征程；强调了全面从严治党永远在路上。未来之路，这种韧劲将一如既往，渐呈蓬勃之势，不断地为中华民族的奋斗目标增光添彩！

"咬定青山不放松，立根原在破岩中。"中国全面深化改革依然是爬坡上坎，负重致远，但我们前途光明，信心百倍。站在新的起点上，中国共产党人随时应对前行的风险与挑战、问题与矛盾，持续以大无畏精神的斗志和敢拼敢闯的韧劲，贯彻始终，坚持到底，那么所肩负着的人民的期待和历史的重托，就一定会汇聚成亿万中华儿女的磅礴力量，书写属于我们时代的新使命与新长征，开启中国特色社会主义道路的伟大新里程，引领着中华民族坚定不移地驶向伟大复兴的胜利彼岸！

（原文标题为《全面深化改革须以"中国韧性"贯穿始终》，
2017 年 8 月 22 日刊发于环球网）

昂首在精准扶贫的大路上

10月17日是我国"扶贫日"。自2014年"扶贫日"确立以来，全国上下已通过一系列的政策、措施和行为，向全社会和全世界宣告中国打响了一场有计划、有组织、大规模扶贫开发的攻坚战；倡导了促进全球人类可持续发展的关键议题；开启了共同迎接中国全面建成小康社会的美好未来。在今年的"扶贫日"到来之际，国家首次设立了"全国脱贫攻坚奖"，38名为脱贫攻坚做出突出贡献的各界人士受到了国家级表彰。党和国家主要领导人均作出了重要批示，强调如期完成脱贫攻坚，是全面建成小康社会的重大任务，需要全社会各方面共同努力，切实把精准扶贫、精准脱贫落到实处，不断夺取脱贫攻坚战新胜利。

两年来"扶贫日"的发动和催化，尤其是"精准扶贫"的概念和认识已逐步得到广泛的认同和积极的响应，同时，随着精准扶贫方略、道路、态度和责任不断深入人心，这场举世罕见、旷世持久的"攻坚战役"在中国大地四处开花，也进入了"啃硬骨头、攻坚拔寨"的重要期，迫切需要中国勇气地攒劲、提劲和鼓劲。于是，每年"扶贫日"的到来，就成为一次再发动、再动员、再激励的节奏催促的关键节点。

精准扶贫的勇气召唤成为深化中国改革进程的时代特征。

不能忘记的是，改革开放30多年来，近7亿的中国人口迅速地摆脱了贫困，当今正在落实着确保全部贫困人口到2020年如期脱贫，这样的"中国奇迹"在世界发展历程中史无前例；不要忘记的是，中国用7%的世界土地养活了地球上22%的人口，全球贫困人口数量减少的成就大部分来自中国，在世界减贫史上也绝无仅有；不敢忘记的是，自习近平总书记在2013年11月湖南湘西考察时首次提出"精准扶贫"到G20杭州峰会中方强调优先关注消除贫困、卫生、教育等民生问题，再到中国成为首次制定《中国落实2030年可持续发展议程国别方案》等，精准扶贫的"中国勇气"所赋予的时代特征鲜明而执着,现实而理性。在全面深化改革大旗的感召和鼓舞下,全国各地如火如荼、深入广泛开展精准扶贫,理论和实践并举,探索与创新并重,动员与发动并行,精准扶贫在社会发展的长河中深深地镌刻在时代的烙印中。提振精气神往往在伟大实践中作用和影响是巨大的,因此,"扶贫日"的到来,再次成为全员、全方位、全过程发动和聚力的良好契机。

精准扶贫的阔步前行是中国勇气向世界宣告的检验尺度。

在一个多月前的第71届联合国大会一般性辩论的可持续发展主题座谈会上,李克强总理强调了"作为13亿人口的发展中大国,中国办好自己的事情,就是对世界和平与发展的最大贡献";同时,中国的"十三五"规划指出,到2020年要确保现行标准下农村贫困人口实现脱贫、贫困县全部摘帽;在全面推进世界可持续发展议程落实工作方面,中国政府率先批准并发布了《中国落实2030年可持续发展议程国别方案》,有望在2020年前使现有标准下5 000多万贫困人口全部脱贫,提前完成消除贫困和饥饿、完善妇幼保健、住房保障等领域指标等。这些宣告得以支撑和依赖的是,以精准扶贫的思想和行为融入国家发展战略,即便存在自身人口数量和条件等客观因素,但中国有决心比联合国议程所要求的时限提前10年实现消除极端贫困的目标,敢于成为世界消除贫困的先行者,勇担世界发展与进步的使命与责任,这是何等的勇气和气魄!从"扶贫日"设立两年来的实践来看,精准扶贫的成效与中国勇气的展现匹配,但我们清楚地看到,完全实现上述承诺,依然是任重道远,因而,"扶贫日"就是继续提倡、鼓励和呼唤全社会的力量在这一艰巨的伟大历程中持之以恒地发力和奋力。勇气需要大智慧,同样,精准扶贫需要大耐心,需要强坚守,需要勇担当。

精准扶贫的践行效能凸显中国梦共识实现的勇气和智慧。

"中国梦"的内涵是实现国家富强、民族复兴、人民幸福,而实现中国梦的动力基础就是不断增强人民群众的幸福感,这要靠13亿中国人勤奋努力来体现,因此精准扶贫的每一个过程和每一分成绩都凝聚了中国人民的勇气和智慧,都会闪烁在"中国梦"的实现途径中。如今中国扶贫进入了冲刺阶段,近年来习近平总书记在二十多次考察或讲话中关于扶贫时总是提到"加快""抓紧",这既是谆谆嘱托和殷切希望,也是新时期扶贫开发的动员令、冲锋号。要形成全社会扶贫开发工作强大合力，希望人人甘当扶贫使者，个个都是济困力量，只有攻坚克难，方显中国勇气的分量，只有凝心聚力，才得同步小康的精彩。"扶贫日"和"全国脱贫攻坚奖"的设立，其目的就是营造处处关心扶贫、支持扶贫、参与扶贫的社会氛围，人人争当精准扶贫行动的组织者、推进者、垂范者，让关爱和善举使弱者不再孤独，让困者不再无助，弘扬传统美德，共享繁荣成就。"扶贫日"再次感召和呼吁人们积极投身全面深化改革的时代洪流，高扬扶贫攻坚的旗帜和风帆，以中国勇气和智慧在扶贫攻坚这场硬仗中，彰显出精、准、狠的勇敢胆识和积极作为。

"又是一年芳草绿，依然十里杏花红。""扶贫日"不仅仅是一次宣告和发动，也是一份自警和自励，更是一种追求和担当。中国扶贫开发的历史新篇章的谱写和历史新跨越的创造，亟待同心同德和群策群力，需要拥有足够、持久和坚毅的勇气，不仅仰望星空，更需脚踏实地，那么，我们的庄严承诺和制定的蓝图就一定能够兑现，"两个一百年"奋斗目标和中华民族伟大复兴的历史使命就一定能够实现！

（原文标题为《"中国勇气"让精准扶贫昂首在路上》，
2016 年 10 月 17 日首发于环球网，全网联发）

"不得不回击"的底气，坚定而坚毅

日前，国务院关税税则委员会发布公告，决定对原产于美国的约750亿美元进口商品加征关税，这是对美国政府8月15日公开表示将对3 000亿美元中国输美商品加征10%关税的强烈回击！中方反击的所迫之举，不得已而为之，是反制措施的必然，是自我保护的必要，是维护正义的必需！令人诧异的是，就在不久前第十二轮中美经贸高级别磋商结束的第二天，美方主动摒弃了双方当时坦诚、建设性的交流，背离了高级别磋商的目的和意义，重拾单边主义、霸权主义的错误做法，对此，中国反应非常坚决，强烈反对！"中方不会接受任何极限施压和恐吓讹诈。在重大原则问题上我们一寸也不会让步。"重大原则问题的"一寸不让"鲜明地表达了中国的态度和立场，"一寸不让"郑重地表示了中国的信心和决心，"一寸不让"更坚定地宣示了中国的底气和定力！这一反应和表态，迅速得到了网络空间的强势赞同与强力支持，好评如潮，赞誉不止！

中美贸易摩擦俨然一场经济战、舆论战、心理战，在这场"战役"中，针对对方反复无常和不断肆意加码，"不得不回击"与"一寸不让"，既是策略，也是底气；既是对策，也是勇气！中国始终以平和应对的心态、众志成城的精神和足够坚强的意志，把中国精神的底气亮得很彻底，把人民力量的底气展现得十足，坚决坚毅，荡气回肠！

对于屡屡加征关税的挑战，我们坚决捍卫国家核心利益和人民根本利益，"一寸不让"来自中国经济的底气！

美方拟在下月初再度加征关税，严重违背了中美两国元首大阪会晤的共识，背离了正确的轨道，无益于解决问题。这不仅对在上海结束的第十二轮中美经贸高级别磋商结果极其不尊重，甚至践踏了磋商的劳动成果，也对原定于9月份下一轮中美经贸高级别磋商的举行带来了不确定因素,而且毫无顾忌地漠视来自美国商会、美国零售业领袖协会、美国零售联合会、美国服装和鞋履协会以及美国消费技术协会的反对意见。事实上,美方在贸易战中将发起的新一轮的攻势,其对美国经济造成的伤害更大。这种以霸凌主义、零和思维的想法,以要挟恐吓、极度加压的方式,以损人害己、漫天要价的行为,妄图让中国以国家核心利益和人民根本利益作交换,妄想我们会吞下损害我国发展利益的苦果做交易,是痴心妄想,缘木求鱼!重大原则问题"一寸不让",必须以相互尊重平等、双边经贸合作求互利共赢为目的!

"一寸不让",中国经济有底气支撑!即便在全球经济增长有所放缓、外部不稳定不确定因素增多等情况下,今年上半年我国国民经济稳中有进、韧劲强大,外贸结构优化、动能转换加快,同时,新一轮高水平对外开放持续推进。自去年2月起至今,我国经济已经历了多个阶段的曲折博弈,但党中央迅速出台有力、有效的宏观调控举措,确保了我国经济社会稳中向好的总体态势。中国经济的底气,来自改革开放40多年来举世瞩目的发展成就、世界第一大市场的广阔空间和巨大的人口人才红利,9亿多劳动力资源、1.7亿多受过高等教育或拥有专业技能的人才、1亿多市场主体……中国经济拥有其他国家难以比拟的庞大市场、极大的战略纵深和持续强劲的内需动力。有了这样的底气和自信,在遇到重大原则问题涉及中国底线之时,我们当仁不让,迎难而上,面对极限施压,坚决奉陪到底,"一寸不让",勇毅而坚决!

面对破坏全球经贸秩序的失信,中国适时不得不采取必要的反制措施,"一寸不让"关乎于国际道义底气!

以往每要举行中美经贸高级别磋商前夕,美方总以各种荒唐的逻辑、杜撰的由头、编造的幌子,来挑动国际社会情绪,误导世界范围认知,进行着"碟中谍""苦肉计"和极限施压,而这次,不仅有之前唾沫横飞地指责别国人权状况、干涉别国内政、抹黑打压别国的"人权铁掌";也有磋商期间要求世贸组织修改规则、不然可能单方面采取行动的"任性动手";加之此次磋商甫一结束就马不停蹄发出"关税大棒",而且愈演愈烈,未见收手!美方不惜公然违背世贸组织规则,不惜严重威胁全球共同利益,不惜干扰破坏国际道德准则,频频采用所谓的"交易艺术"与"谈判技巧"对中国进行底线讹诈和威胁,这就已经在国际社会输掉了一个大国的诚信和道义,这一套手法,也已成为"司马昭之心",中国早已识破。重大原则问题"一寸不让"的国际道德底气，必须符合各国利益休戚与共，坚守人间正道，顺应和平发展、互利共赢的时代潮流！

"一寸不让"有强大的国际道义底气维系！美方在单边主义、保护主义的歧路上，动辄极限施压，频繁退群毁约，不择手段打压他国，背道而驰的结果都是"失道寡助"，不仅丢掉了道义，更失去了人心。更何况，此次中美经贸高级别磋商前，中国就采购美国农产品的相关安排正紧锣密鼓在推动，释放了善意，表达了诚意，也在主动推进中断了两个多月的磋商，期待着形成建设性的进展。实践证明，中国一直通过努力展现一个负责任的大国自信，更承担起维护世界经济共同利益的大国责任，如"一带一路"倡议的实践应者云集，"得道多助"就不足为奇。因为这样的底气和互助，在面对重大原则问题威胁到中国利益之际，中国已经做好充分的准备，将毫不犹豫、适时作出必要的反制措施，"一寸不让"，果敢而坚定！

基于再度升级贸易摩擦的搅局，由此产生的一切后果全部由美方承担，"一寸不让"源自中国制度的底气！

报复性关税不能解决问题，只会把问题扩大化、矛盾更激化。中方已明确发出了"我们希望美方认清形势，放弃幻想，纠正错误，回到通过平等和相互尊重基础上的磋商解决问题的正确轨道上来。"不只是现在，早在去年上半年中国就强调了"我们不想打，但也不怕打"的坚定意志，这之后，两度发布了《关于中美经贸摩擦的事实与中方立场》《关于中美经贸磋商的中方立场》的白皮书，不仅聚焦经贸磋商，明确宣示中方立场，而且叙说了美国三次出尔反尔的具体细节及内容。加之中国重信守诺、诚心诚意致力于中美贸易合作及两国关系的走向，但依然换来的是贸易摩擦的再度被肆意升级。然而，美国低估了中国捍卫自身利益的决心和意志，错估了世界多元化经贸发展的走势和未来。中国不惧强权、受到胁迫时必须采取有力措施，坚决反制到底，这样的信念和原则非常坚定。重大原则问题"一寸不让"的中国制度底气，必须坚持建设性的做法，才能换来建设性的成果，永远不要轻视自己的对手，即便对方很强大，也不必退却恐惧和妄自菲薄！

"一寸不让"有制度优势的底气支撑！中国人耳熟能详、由毛泽东同志撰写的《别了，司徒雷登》前不久在网络空间热传，就是范例！我们有党中央的坚强领导，有社会主义制度的独特优势，有万众一心、众志成城的民心所向，有几十年积累的坚实基础，有全面深化改革释放的制度红利。在制度优势下的正义追求，历史上曾经帮我们渡过很多难关、推动我国改革开放和社会主义现代化建设取得巨大成就。

这源于中国共产党的组织框架、理念号召和行动能力,在全世界范围内,都是独一无二的。当下全面深化改革的一系列举措正在不断改变中国的经济结构、内生动力和发展引擎,这也为中国应对经贸摩擦提供了坚实的底气。因为这样的底气和优势,在面对重大原则问题阻挠到中华民族伟大复兴之处,中国必须奋力应对,咬牙坚持,唯有保持战略定力,做好自己的事,才能更好地突破封锁线,坚定信心,熔铸恒心,凝聚同心,"一寸不让",决然而坚毅!

"红军不怕远征难,万水千山只等闲。"今日的中国,经济韧性强、市场潜力足、回旋余地大,拥有着充足的底气和定力,也有足够的条件和能力。不论是经济向好的底气,国际道义的底气,制度优势的底气,发展强劲的底气,还是战略定力的底气,文化基因的底气,民心力量的底气,正义必达的底气,归纳于此,就是国泰民安的底气!涉及中国重大原则问题的"一寸不让",正是这些底气的昭然、凝聚和宣示!在应对各种风险的挑战,走向世界舞台中心过程中,必然受到压力和遭到阻拦,这都在考验、磨砺着我们的初心与使命是否真正地坚定而执着。花繁柳密处拨得开,才是手段;风狂雨急时立得定,方见脚跟。"一寸不让"彰显的中国底气,激昂壮志,顺应民心,坚定而坚毅,坚韧而坚决,定会助推和引领中国经济继续突破重围、行稳致远!

(原文标题为《"不得不回击"的"中国底气",坚定而坚毅》,
2019 年 8 月 24 日刊发于大众网)

为国旗弃赛的行为给骨气加码

近日，在意大利佛罗伦萨举行的 2016 国际钢管舞运动锦标赛中，赛事主办方没有准备中国国旗，并对中国代表团的申诉置若罔闻，25 个参赛国，有 24 面国旗随风飘扬，唯独缺了五星红旗。"没有中国国旗，我们退赛！"5 名 90 后放弃了辛苦获得的决赛资格，他们如此的行为被国内媒介和网民们广泛称誉，被称赞是"漂亮中国人"！心怀国家，不是空话，中国钢管舞国家队在国家象征和参赛荣誉的选择上，他们毅然为前者捍卫，这样的举措远胜过一次可能获奖的荣誉，体现了中国的骨气，将爱国的口号寓于点滴，见在行为。

为国旗罢赛后再宣扬的骨气体现了文化自信。

中国钢管舞国家队对主办方置之不理表示强烈愤怒。弃赛后，1 位小伙子和 4 位姑娘在赛场外将自己携带的中国国旗展示并合影传播，从他们灿烂而自信的笑容中我们看出了两种情绪的巨大反差，鲜明的对比背后是中国文化自信和祖国无形力量的强大支撑。正如中共中央政治局 2013 年 12 月 30 日就提高国家文化软实力研究进行第十二次集体学习时，习近平总书记强调"加强爱国主义、集体主义、社会主义教育，引导我国人民树立和坚持正确的历史观、民族观、国家观、文化观，增强做中国人的骨气和底气。"国际赛场上悬挂参赛国国旗是一个极为普遍的常识，更是对参赛国和运动员最起码的尊重，根本无需提醒甚至督办，中国钢管舞国家队这次酣畅淋漓的行为表达，维护了国家尊严，倡导了正确的国家观，他们为国旗罢赛的骨气正是中国文化价值的积极践行，为文化的生命力释放了坚定信心。"增强做中国人的骨气和底气"，就是我们最深厚的文化软实力，是我们文化发展的基石，其包含和积淀着中华民族最深沉的精神追求。

"民间"保卫国旗壮举的骨气彰显了国家底线。

此次参赛的中国钢管舞国家队非中国政府相关职能部门下属任何体育组织，直接归属世界钢管舞联合会管辖。其5个成员历经了3个多月的集训备战，进入决赛可谓是历经千辛万苦，十分不易，他们没有拨款补贴，只能"自负盈亏"。正是这支"民间"团队如此地保卫国旗，方显特别珍贵，值得珍惜，这样的"中国骨气"受到尊敬的不只是爱国心，还是在国际舞台上坚决维护国家的核心利益和底线不容践踏的实际行动。想想几个月前的里约奥运会上，组委会使用错误的中国国旗曾引发过中国民众的一片谴责；想想去年7月女排大奖赛赛前训练突然国歌响起，女排球员们听到后齐刷刷停止热身活动，原地向国旗行注目礼，现场球迷也纷纷站起身来报以热烈掌声和欢呼，赛场上的那种民族认同感和凝聚力令人热泪盈眶；想想2015年世界杯亚洲区预选赛香港球迷对现场奏响的中国国歌《义勇军进行曲》报以嘘声引发了轩然大波从而受到国际足联严肃处罚等。国旗、国歌等是国家的象征和标志，是民族精神的代表和寓意，中国钢管舞国家队作为一个非常特别的团队，在世界的赛场上，不惜"牺牲"个人荣誉来维护国家的尊严，这样的勇气和骨气值得我们称颂和尊敬。

"90后"新生代世界敢为的骨气倾注了民族情感。

怀揣着对钢管舞这项运动的投入和热爱的这5位参赛队员，他们属于清一色的"90后"，在国内并非浓厚的市场和氛围中，过去他们在国际赛场上成绩不俗，就是这样的新生代代表，这次敢作敢为的骨气不禁让我们刮目相看。自古以来，中国人民、中华民族向来不惧国际社会的一些傲慢与偏见，朱自清晚年一身重病，宁肯饿死，也要挺起脊梁，不领美国的"救济粮"；在朝鲜战争中中国军队用小米步枪就敢和坦克大炮的16国联军对抗，中国最终赢得了胜利！赫鲁晓夫曾表示：中国要研制核潜艇简直是异想天开，拒绝支援后毛主席就发出了誓言："核潜艇一万年也要搞出来！"不久前被称作"中国核潜艇之父"的黄旭华院士做客央视《开讲啦》栏目，他透露曾隐名埋姓了30年，并表示"我非常爱我的夫人，爱我的女儿，爱我的父母。但是我更爱国家、更爱事业、更爱核潜艇，在核潜艇这个事业上，我可以牺牲一切！"几千年来，承载了中华民族崇高的思想道德情操以及永远不放弃、不服输的中国骨气与力量，唤起了中国大众的昔日民族感伤与未来时代希望，这种精神更是我们当下追求和平、幸福、和谐所必备的精神食粮。

常言道"青年人怎么样,我们的国家未来就怎样",中国钢管舞国家队为国旗弃赛的行为给中国骨气加码,给我们一个深深的启迪:从他们"90后"理性行为中的敢拼敢闯,我们分明感知到了中国文化自信的力量,读懂了"中国骨气"在青年人身上的分量,更看到了中华民族伟大复兴的前方。

(原文标题为《为国旗弃赛的行为给"中国骨气"加码》,

2016年12月16日首发于环球网,全网联发;

本文获第二届全国"五个一百"网络正能量精品评选百篇"文字作品")

第三部分

风貌与缩影

　　高举中国特色社会主义伟大旗帜,广泛开展理想信念教育,用党领导人民进行伟大社会革命的成果说话,用改革开放以来社会主义现代化建设的伟大成就说话,用新时代坚持和发展中国特色社会主义的生动实践说话,用中国特色社会主义制度的优势说话,在历史与现实、国际与国内的对比中,引导人们深刻认识中国共产党为什么"能"、马克思主义为什么"行"、中国特色社会主义为什么"好",是一名思想政治工作者孜孜以求的动力与源泉。

　　本部分围绕近年来的重大主题、重大活动、重大事件、热点问题等部分内容,进行解读和评论,重点选取了在国家层面的基本客观要素和面貌风貌的特征和关系,以此来作代表性分析和诠释。"经济""制造""品牌""年味""印迹""清澈""智能""军魂""法治""引擎""声音""共绘""风景""热度""撬动""协同"等16个方面的评论文章,涉及经济、文化、军事、科技、国际等多个层面,从侧面勾勒出中国特色社会主义事业发展的足迹,体现了中国特色社会主义不断繁荣的缩影。

　　此部分有对中央经济工作会议精神解读的,有就第二届"一带一路"国际合作高峰论坛召开评议的,有对中国探月工程嫦娥四号任务捷报频传的,有就习近平总书记对青少年视力健康工作作出重要指示后八部门反映举措的……选定的这些主题,通过特色实践和典型行为来例证,将不同活动领域或不同事业进程刻画得生动和鲜活,表达了更加自觉地增强道路自信、理论自信、制度自信、文化自信,凸显了强烈的使命感和坚定的认同感。

以多维度的视角看中国经济的"门道"

2016 年最后一个月,中央连续召开的中央政治局会议、中央经济工作会议、中央农村经济工作会议、中央财经领导小组会议,就新形势下的经济发展状态作系统而科学的定断,为新的一年经济发展态势作系列的决策部署,向中国人民发出了一系列的"定心丸""织锦绣"和"号召令"。在这"辞旧迎新"之时,关于中国经济发展总有国际舆论、媒体舆论和民间舆论持有不同的看法。无疑,近期召开的中央经济"四会"为我们解除了疑惑,增强了信心,剖析了根源,展望了前景。

以全球的视野理性地应对中国经济的新常态。

中国的经济必须放在世界经济范畴中才能真正地体现出变化与成就,中国经济"关键棋"的程度,只有在世界的棋局中,方可知道它的方位与权重,离开了这个棋局,孤立地来判断,如同"雾里看花",也形同"缘木求鱼"。在世界经济低迷、全球贸易增速创 30 年来最低的背景下,中国经济的 GDP 全年增速 6.5% 左右的确来之不易,而 2016 年全球经济增长率在 2.5% 左右,中国对全球经济增长率近 30% 的贡献率惠及了世界经济。如此惊艳的表现让外媒和国际机构在年度经济数据出炉前,为中国经济年度表现"点赞",理由显而易见。只有比较,方知成效。面对全球经济的不确定性,中国经济的强劲表现为全球经济复苏注入了"强心针"。这与2016 年上半年国外一些经济学者和媒体的"唱衰论"相比,形成了强烈的反差。中国经济增长无论加快还是放缓,都牵动着世界各国的神经,特别是中国经济进入新常态后,外界对中国经济发展的未来出现了各种猜测和担忧。曾几何时,"经济崩溃""经济完蛋"不绝于耳,西方国家的一些发声者,往往通过发布中国经济的"崩溃论""悬崖论"等,藏有一些不可告人的政治用心或经济陷阱。中国经济还行不行? 习近平总书记曾多次回应:我有坚定信心! 中国的信心在于中国在世界上仍属于经济增长率最高的国家之一,中国经济发展长期向好的势头仍然继续;在于中国经济的动力和增长潜力稳定持续释放,需要一定的过程;在于经济结构调整优化的前进态势好,经济韧性好、回旋余地大;在于中国将努力提高在全球经济治理中的制度性话语权,放眼全球愿和世界各国同舟共济,致力于世界各主要经济体度过经济下行和转型难关。

以发展的眼光辩证地看待中国经济的新方位。

把自己事情做好就是对世界最大的贡献。中国初步确立的适应经济发展新常态的经济政策框架,以新发展理念为指导,以供给侧结构性改革为主线的政策体系,贯彻稳中求进工作总基调,强调保持战略定力,不仅是在当前,而且是今后若干年中国经济朝着更高质量、更有效率、更加公平、更可持续发展方向的根本保证。不可否认的是,过去数十年的经济发展,有追求经济增速而出现的产能过剩,也有区域发展不平衡带来的城乡贫富差距问题,有产业结构不合理造成的能源消耗过大和环境污染问题……党中央审时度势,高瞻远瞩,坚持问题导向、底线思维,发扬钉子精神。"五大发展理念"就是针对现实情况,引领全国如何解决和处理发展中突出矛盾与问题的"导航仪"和"方向盘":创新发展就是注重解决发展动力问题;协调发展就是注重解决发展不平衡问题;绿色发展就是注重解决人和自然和谐问题;开放发展就是注重解决内外联动问题;共享发展就是注重解决社会公平正义问题。正确把握经济新常态下的新方位,以宏观政策要稳、产业政策要准、微观政策要活、改革政策要实、社会政策要托底的政策思路,就是要应对新方位下的困惑与难点,变"苦力工"为"智慧力",改"僵尸企业"为"活力实体",求"海外采购"为"国内消费",化"泡沫风险"为"资产稳定",既要"绿水青山"又要"金山银山"等。中国经济的速度、动力和结构恰逢其时地到了深化改革的境地,在速度变化、结构优化和动力转换的新要求下,"去产能、去库存、去杠杆、降成本、补短板"应运而出,且卓有成效。中央最近召开的系列经济会议,强调深入推进供给侧结构性改革作为中国经济质量提升行动的重要举措,顺势而为,势在必行。

以改革的姿态平和地展望中国经济的新实践。

短期的稳增长、中期的调结构和长期的促改革,都是一个过程,不能急于求成。中国经济新常态到来、新方位确立,都要符合经济发展规律,这是不以人的意志为转移的,应该持平和的心态来看待。纵观几次中央经济工作会议,核心要义都是围绕着民计生活的"突出问题"来破解,这迫切需要以改革的方式来冷静应对,从容逾越。中央经济领域的多个工作会议传递的诸多重要信号,以民为"生",以民为"芯",让外界看到了中国坚定推进改革,妥善应对风险挑战的决心和信心。习近平总书记曾强调:"坚持以人民为中心,就要扎扎实实体现在经济社会发展各方面各环节。"无论是中国经济正从投资、制造和出口型为主的"旧经济"向消费与服务型为主的"新经济"转型,还是中国经济目前正努力从出口驱动型转为消费驱动型;无论是农村的田间地头、餐桌安全的供给与需求的质量,还是在电力、石油、天然气、铁路、民航、电信、军工等领域已选择开展了第一批混合所有制改革试点;无论是坚持"房子是用来住的、不是用来炒的"房地产定位,还是关系 2 亿多老年人口特别是 4 000 多万失能半失能老年人的晚年幸福,每一项都在"民生问题"的硬骨头上做供给侧结构性改革的立足点和突破口,努力实现供求关系新的动态均衡。"乐民之乐者,民亦乐其乐;忧民之忧者,民亦忧其忧。"任何的改革都不会一蹴而就,以人民为中心的改革,就一定能合民情、顺民意、得民心,也一定会让人民群众以客观、合理与平和的心态看待改革的进展。正如网友评论称,中央领导胸有成竹、指挥若定,按照中国自己的节奏下好经济这盘大棋,我们只要做好各自的工作,并积极响应国家号召,那么中国经济一定会创造新的辉煌!

"等闲识得东风面,万紫千红总是春",中央系列经济会议重要精神似春风般拂动全国人民的心田。如何将理念变为共识,将共识落实行动,将行动转化实效,这才是真正的关键。以全球的视野、发展的眼光和改革的姿态,多维度看待中国经济,才能把准中国经济的"真面目",干出中国发展的"新天地",迎接中国未来的"新前景"。从"民生"到"民心",从真心到决心,中国以先进的理念、坚定的信心、稳健的路径、执着的追求,即便今后之路有海浪和风雨,中国经济这艘巨轮,一定会披荆斩棘,乘风破浪,直达理想的彼岸!

(2016 年 12 月 31 日首发于环球网,全网联发)

守望着中国制造
促成实体经济腾飞的传奇书写

岁末年初，一组组"惊爆"新闻在社交平台上广泛传播，于这个寒冬给我们带来了几分温暖，几分惊喜。@共青团中央联合@国资小新倡议设立#中国制造日#；由云贵两省合作共建的北盘江大桥让英美网友炸开了锅；新年第一天辽宁舰航母编队首次在南海训练；华为2016年销售收入达到5 200亿人民币，同比增长32%；平均海拔3 600多米的西藏自治区拉萨市一条国内海拔最高的环城路即将建成……无论是西北的云端穿越，还是南疆的海洋驰骋，在中国华夏大地上，人们眼里看的，手里揣的，心里装的，都是中国制造的真实写照。这样的格调和气势似乎在新的一年里为中央经济工作会议精神作了解读，彰显了"开门红"。

中国制造带来惊奇，"志"在国人产业兴国的壮心之情。

2016年12月26日中国共产主义青年团中央委员会官微提议的话题#中国制造日#，十几家中央企业携各路神器惊艳亮相，仅#中国制造日#单条话题阅读量就达1.9亿。之所以选择毛泽东同志的诞辰日作为"中国制造日"，主办方的目的就是通过此向带领全国人民把中国从一穷二白建设为拥有独立完整工业体系之国的伟人致敬；之所以描述和展示强大、完整、先进的工业体系，就是要让广大青年网友看到中国的进步，特别是以国有企业为代表的中国制造业的崛起；之所以发起的话题得到众多央企甚至民企和网友的积极响应，就是证明了中国制造是国家富强、社会稳定和人民幸福基础的共识达成。无数网民发出了"祖国，我为您自豪""中国威武"等类似的肺腑之言，这样的情感表达，无不表明了来自民间对于中国制造所寄予的深情厚望，将行业的惊奇演绎到大国气节和民族情怀！从"飞机不够，只能飞两遍"的遗憾,到今日全球每卖出 10 架民用无人机就有 7 架来自中国;从以往在国际展会上用中国制造刷存在感,到如今全球家电"中国造"广为人知、广为人用;从新中国成立初期现代工业还不到国民经济的 10%,1956 年的第一辆解放牌载货汽车才结束了中国不能制造汽车的历史,到国家主席习近平发表 2017 年新年贺词中提起"2016 年,'中国天眼'落成启用,'悟空'号已在轨运行一年,'墨子号'飞向太空,神舟十一号和天宫二号遨游星汉"……一个个超级工程纷纷亮相,一份份伟大奇迹超乎想象,中国制造的突飞猛进受全球瞩目,扬了我们的志气,壮了我们的骨气,挺了我们的脊梁。正如中央经济工作会议提出"坚持创新驱动发展,扩大高质量产品和服务供给",作为实体经济"龙头"位置的制造业,在产业兴国、产业强国上给予了我们太多的惊奇。

中国制造竞争全球,"织"就世界范围中国的创新之路。

截至目前,中国轨道交通设备已出口到全球七大洲的 101 个国家和地区,全球 83%拥有铁路的国家,均使用了中国的铁路产品。短短几年间,中国高铁从一个刚入行的"门生"到如今的世界高铁"巨头",它的崛起速度让世界都为之钦佩。无独有偶,元旦前后,中国一座总投资 10 亿人民币建成的云贵两省的北盘江大桥,引起了英美网友的热议和点赞。与此同步的是,美国花 45 亿美元建了 80 多年的地铁,刚通车就出乱子。无疑,中国制造在全球一些领域具有相当强的核心竞争力,令世界刮目相看。不久前,欧盟委员会发布"2016 全球企业研发投入排行榜"显示中国企业的投资额同比猛增近 25%,在全球占比由前一年的 5.9%提高到 7.2%,这些表明了中国正在逐步实施着"中国制造向中国创造转变、中国速度向中国质量转变、中国产品向中国品牌转变"。但同时,经过几十年的高速发展,中国制造业整体已告别了简单扩张产量的阶段,虽然拥有今天相对完善和成熟的产业链体系,但仍存在着先进工艺、产业技术基础薄弱,低端产能过剩,高精尖产品和重大技术装备生产不足等问题。在全球制造业已基本形成四级梯队发展格局中,中国还处于中低端制造领域的第三梯队,也曾有低落沉沦和凤凰涅槃的选择。因此,华丽转身之时,既要抬头望天,也要低头看路;既不能充当"夜郎",也不可妄自菲薄。伴随着大众创业、万众创新的浪潮,中国一场针对消费升级的产业升级已经蓄势待发。走转型升级,尤其是低端制造的"脱胎换骨",以技术创新为依托,打造高颜值、高品质和高附加值的制造品牌是中国实体参与世界竞争的必经之路。中央经济工作会议提出"要坚持以提高质量和核心竞争力为中心""发扬'工匠精神',加强品牌建设,增强产品竞争力"等,这将为中国制造苦练内功以求稳中求进、奋发有为带来了历史性的机遇。

中国制造提振信心,"智"于中国实体升格的核心之源。

中国制造业已逐步走过了一条从代工到创建品牌、从模仿到推陈出新的路径,嵌入全球产业链与价值链则需要"升级换代",通过智能化和品牌化赋予中国制造新竞争力,变"跟随者"为"领跑者"。要不断增加国内消费者对"中国制造"的信心,就迫切需要为中国制造谋求新智略,发动新智慧,创造新智能,以此带来信心的提振。这在中国制造的高端领域上有可供借鉴的经验,仅2016年以来以制造业为主的中国产品拿下多个世界第一:发射全球首颗量子通信卫星、"神威·太湖之光"夺得全球超级计算机排行榜冠军、上海磁悬浮列车成为世界上最快的商用高速列车……还有中国导航、中国超算、中国手机、中国核电、中国隧道、中国桥梁等,带给了我们多少的荣耀和自豪!新形势下,中国经济进入"减速换挡"过程,作为实体经济的代表之一的制造业继续将起着引领和示范作用。2015年已发布的《中国制造2025》提出了五大工程、九项战略、十大领域,这不是一般性的行业发展规划,而是着眼于整个国际国内的经济社会发展、产业变革大趋势所制定的一个长期战略性规划。实现高端化的跨越发展,目标就是迈入制造强国行列。根据规划,到2025年中国智能制造支撑体系基本建立,重点产业初步实现智能转型。与此相对应的是,发达国家纷纷实施再工业化和制造业回归战略,力图抢占高端市场。美国先后制定了"重振美国制造业框架""先进制造业伙伴计划"和"先进制造业国家战略计划";德国政府推出了"'工业4.0'战略";欧盟国家提出"再制造化"……即将就职的特朗普早已强势发话,让重振制造业成为拯救美国经济的一个重要抓手;印度政府两年前振兴"印度制造"的计划雄心勃勃,开始挑战中国。因此,中国制造到了"梦醒时分",要勇于卧薪尝胆,敢于弯道超车,不能满足于"世界加工厂"的小富即安。未来升格的"智"路,要在中国科创政策的红利下创出独特自主、独领风骚的"中国智造",抢占全球产业制高点。

"为有牺牲多壮志,敢教日月换新天。"以改天换地和大无畏的风貌,中国共产党人和中国人民曾以如此豪迈的精神创造了中国革命的历史奇迹。今天,我们同样面临着中国制造带动中国实体经济大发展的机遇与挑战,年前中央经济工作会议已发出了"着力振兴实体经济""继续加大推动供给侧结构性改革"的号令。蓝图已绘,路径已定,关键在干,只有坚定信心,知难而进,上下同欲者才能胜,期待中国制造通过供给侧结构性改革,提高供给质量,在振兴实体经济上蓄力、助力、发力,为中国实体经济的腾飞浓墨重彩地再书写传奇!

(2017 年 1 月 9 日首发于环球网,全网联发)

应合力塑造"五个一百"品牌

近日,《求是》杂志发表习近平总书记重要文章《加快推动媒体融合发展 构建全媒体传播格局》,突出强调了全媒体时代要把握时代大势,勾勒出媒体融合发展新蓝图。不久前发布的第 43 次《中国互联网络发展状况统计报告》显示,中国网民规模持续增长,网络覆盖范围逐步扩大。以"网聚正能量 追梦新时代"为主题的第四届"五个一百"网络正能量精品活动申报已接近尾声,将于本月 31 日"关闸"进入梳理评审阶段。纵观其要,不论是导航定向,是群体需求,还是活动主旨,"网络正能量"都是其中的高频词和关键语。显而易见的是,强化网络正能量的影响力和渗透力是我们义不容辞与责无旁贷担起的时代新使命!

正能量总要求的推动力,秉承同心同向,应把"五个一百"着力锻造成生动实践的品牌。

习近平总书记在发表的文章中指出"正能量是总要求,管得住是硬道理,用得好是真本事""形成网上网下同心圆""让正能量更强劲、主旋律更高昂"等,再次强调了新形势下管网、治网和用网的新思想与新要求,这是习近平新时代中国特色社会主义思想的重要组成部分。早在 2014 年初,习近平总书记在主持召开中央网络安全和信息化领导小组第一次会议时就强调"要创新改进网上宣传,运用网络传播规律,弘扬主旋律,激发正能量,大力培育和践行社会主义核心价值观,把握好网上舆论引导的时、度、效,使网络空间清朗起来。"在此思想指引和推动下,2015 年覆盖全网民、聚焦全方位的"五个一百"网络正能量精品评选活动应时而起、应势而生。"五个一百"活动通过评选和集中展示在重大政策、重大主题、重大活动、重大事件、热点问题和突发事件中发挥网上正面引导作用的优秀人物和作品,目的就是倡导广大网民自觉传播和弘扬正能量。三年多时间来,"五个一百"评选活动的生动实践已持续铺开在中华大地上,新征程的生动实践依托"五个一百"平台绽放在网民们心中,其内核的正能量正逐渐在推动着网络大国向网络强国转变,正逐步在满足着人们更高层次精神文化需求。

"传递正能量,网络更清朗""网聚正能量,共绘同心圆""网聚正能量,唱响新时代""网聚正能量,追梦新时代",四届"五个一百"主题的导向鲜明、价值代表、影响示范等在新思想的推动下不断走向深入。变化的是主活动的形式和内容的展现,不变的是正能量的主旨和各方的担当。在中央有关部门统筹和指导下,多个网络社会组织机构和中央重点新闻网站人民网、中国青年网、光明网、中国新闻网、环球网勇于齐心扛起"五个一百"的艰巨使命,仅首届"五个一百"评选中,网民参与投票数高达 1.2 亿人次,点击量突破 10 亿次,并且连续两年还专门录制了《"五个一百"网络正能量精品展播特别节目》在 CCTV-1 等频道的黄金时间播出。几年来,各方同心同向着力在理念思路、体制机制、方式方法上不断探索,就是要把网络正能量精品的软实力传播开和彰显出。因此,"五个一百"不仅仅是活动评选的代表名称,也日渐成为网上网下生动实践的"文化品牌",正推动媒体融合向纵深发展,以此巩固全党全国人民共同思想基础,其吸引力和辐射力定可弘扬中华文化、提升中国形象!

正能量广聚合的承载力,秉持群策群力,应把"五个一百"合力建造成组织层面的品牌。

全媒体时代"信息无处不在、无所不及、无人不用,导致舆论生态、媒体格局、传播方式发生深刻变化""各级领导干部要增强同媒体打交道的能力,不断提高治国理政能力和水平。"习近平总书记在撰文中洞察社会动态,洞悉时局风向,作出科学研判。新的形势下,无论是集体还是个人,越是重视倡导和弘扬网络正能量,积极健康、向上向善、感化人性的思维方式和举止行动就越发适宜受到尊重和体现价值;越是强化承载和聚合网络正能量,向着公平、法制、民主方向的发展就越发适应环境变迁和变革趋势。统计报告的数据显示,截至 2018 年 12 月,我国在线政务服务用户规模达 3.94 亿,占整体网民的 47.5%,正因为各级政府依托网络平台,增强了"互联网+政务服务"深化发展,促进了网络在线政务服务效能明显提升,这与线下政务质量提高效应并驾齐驱,相得益彰。无疑,正能量意识作为政务服务的"导航仪"和"风向标",应成为工作成效的坚守核心。纵览近三年来"五个一百"精品获奖情况,如共青团中央无论是微博、微信还是知乎、B 站,无论是 QQ 空间、网易云音乐还是抖音、快手，无论是动漫、游戏还是华服、国风音乐，都风生水起、无处不在，以正能量作品和舆论引导传递思想、团结青年，深受广大青少年的热捧和信赖；拥有多部获奖作品的国务院国资委深入把握互联网传播规律，创新运用网民喜闻乐见的形式，以广泛、积极、正面的网络影响力，传递国资正能量，传播国企好声音……

"五个一百"网络正能量的呼唤，既能坚定自信、鼓舞志气，还能做到强信心、聚民心、暖人心、筑同心。各行业、各领域不乏拥有大量的新时代追梦人，他们在现实层面涌现出感人至深、可歌可泣的奋斗足迹和历程，都会在互联网中以不同方式呈现和体现、讴歌和赞颂他们的事迹。这远不只是网信系统和宣传部门的责任与所为，每一个基层单位和集体群体都应旗帜鲜明地组织发动、积极鼓励和倾注力量。各级各类领导干部的学网、用网、管网、治网的网络素养与治理能力也由此可见、依此可鉴。"百名网络正能量榜样""百篇网络正能量文字作品""百幅网络正能量图片""百部网络正能量动漫音视频作品""百项网络正能量专题活动"能涵盖所有信息内容和生产要素，几年来，"五个一百"活动充分发挥正能量广聚合的特点，为新时代点赞喝彩，为你我他温暖鼓劲。因此，"五个一百"不仅仅只是活动组织的遴选方式，还应渐渐打造为各级组织层面树立高质量发展良好"代言"的"形象品牌"，理应凸显群策群力的组织张力，以形成网上网下同心圆，使网民们在理想信念、价值理念、道德观念上紧紧团结在一起，其组织力和感染力定会体现中国特色、彰显中国优势！

正能量深作用的内动力，秉道共建共享，应把"五个一百"协力打造成精神家园的品牌。

网聚正能量，就是以"无门槛"的方式激发万千网民凝练反映正能量事件和人物的精品，来标注追梦行进中网络正能量最具代表性的高度；更是以"启发性"的引导激励亿万网民捕捉广袤中国大地的营养和精华，去标志逐梦行程中网络正能量最具显示度的深度。没有正能量思想的积极引领，就配不上网络大国的"标签"；没有充沛正能量的知行风尚，就谈不上网络强国的"标配"，网络空间的精神家园生态建设与每位网民的"言行"与"举止"都休戚与共、息息相关。截至去年12月，中国网民规模达到了8.29亿。每一名网民都是网络大国逐步向网络强国转变的参与者、建设者和贡献者，都是驱动着从"广泛"向"深入"转换高质量发展的受益者、见证者和维护者。调查分析表明互联网中各项网络应用已深刻改变网民的生活,只有秉道共建共享"五个一百"的理念,网络正能量才能更好地萃取中华民族传统文化,撷取社会主义核心价值观,汲取中国人民劳动积累和聪明智慧。

"五个一百"既是一个平台和渠道,更是一种精神和象征。今年许多网民的优秀作品还运用直播、航拍、VR全景拍摄等新媒体手段,制作图文视频稿件、H5、VR全景新闻、动画、小游戏等网民喜闻乐见的融媒体作品来讲述百姓动人情节,来讲好中国发展故事,增强与网民互动,扩大正能量宣传影响力。他们不仅做到了普通网民的应尽职责,还朝着新时代好网民而努力。距离第四届"五个一百"活动申报关停日仅十天的时间,积极申报参与就是对正能量理解、认知和弘扬的一种积极态度!树立品牌不仅让人人皆知,还要深入人心;壮大品牌不仅使人人有责,还要守土有责,除了积极申报参与和配合互动外,力求建设好、维护好、呵护好和珍惜好,日益增强它的知名度、美誉度、忠诚度。因此,"五个一百"不仅仅是发动和服务网民的内容与平台建设,更重要的是肩负着我们共有网络精神家园"内涵品牌"的建设。它属于对美好未来和幸福生活不懈追求的所有网民们,属于我们的中国特色社会主义新时代,让我们共同协力把"五个一百"打造成我们精神家园的共享新天地,其内动力和创造力定能汇聚中国力量,讲好中国故事!

"大鹏之动,非一羽之轻也;骐骥之速,非一足之力也。"尽管"五个一百"网络正能量精品评选活动才开始到第四届,过去成绩斐然,特色明显,影响彰显,但与实现网络空间天朗气清、生态良好以及把我国建设成为网络强国的正能量总要求相比,还需各界各层次各网民携手起来砥砺前行。树立和塑造"五个一百"的"文化品牌""形象品牌"和"内涵品牌"等,就是在互联网空间里大力倡导和推动形成网络正能量意识、网络正能量思维、网络正能量行为。相信在同心同向、群策群力和共建共享的前提下,网络正能量与"五个一百"品牌定将为实现"两个一百年"奋斗目标而培基铸魂、助力护航!

(原文标题为《应合理塑造"五个一百"的"中国品牌"》,

2019年3月21日刊发于环球网)

让正能量之力融合在年味里

新春佳节渐至,己亥年味正浓。近 14 亿流淌华夏血脉的人们逐渐沉浸在一片祥和、温馨亲情聚合与升腾的美好时刻。与此同时,以"网聚正能量 追梦新时代"为主题的第四届"五个一百"网络正能量精品评选活动于日前进入了申报阶段,这是覆盖 8 亿多网民的全网正能量聚集与遴选的集中时间。不谋而合的群体叠加与凝心聚智的喜气交汇,网上网下的正能量与年味将交相辉映,互为相通、相融,自然为今年的年味增添了多样而高质的色彩和韵味。正能量更足的年味才是真正符合新时代内涵与象征的中国年味!

把正能量主基调融入在亲情里,让年味更具温暖和品质。

春节,是中国最重要最隆重的传统节日,也是万家团圆、亲情升格的最佳时段。此时"中国迁徙"中每一次千里万里的流动,都是一份归家的心在运动,都是期盼着家人牵手和年味体验;"中国团圆"里每一家庭的团聚,都是一种回顾与展望的亲情繁衍,都是盘点过去、温存现在和激励未来的继续。但随着时间相隔的久远和对美好生活的追求,传统年味在时代变迁和条件改善下越来越需要提升来满足。因此,要想满足新时代下每个人对幸福生活品质的更高要求,就得不断改善维系亲情的品质。无疑,正能量主基调的倾注不仅能让小家的情感格局变得更优,而且能让年味分量提升档次,外延的爱更有温情!

过去连续三年的"五个一百"网络正能量精品评选活动,数亿的网民是直接参与者、见证者和受益者。因此,不论是正在梳理网络正能量作品的待申报者,或是在过去"五个一百"活动中参与投票者,还是在日常网络空间及现实生活中察言观色所获正能量的感染者,于春节期间,在与父母促膝谈心之时,在与晚辈了解询问之中,在与同学舣筹交错之间,在与邻里攀谈聊天之下,尽情地展现和倾诉这些美好的故事、温暖的片段、美丽的瞬间、经典主题网络活动等的正能量代表作,就会透射出全新的自己、激发内心光明面、让心灵常葆活力、收获和谐人脉圈等,也会让这个年味变得更加温暖他人和自我,更加地有品质!

把正能量最强音融化在文化中,让年味更具力量和繁荣。

年味,并不仅仅体现在亲情的延续和物质的丰厚中,更应该体现文化的丰盛和文明的多彩。一个个灯笼飞上屋檐,一副副对联贴上门槛,一声声爆竹响彻天地,一句句祝福网络相传……网上网下丰富的群众节日精神文化生活,各类文化文艺小分队进乡村、进社区、进街道、进军营以及优秀文化作品进网络等,都是将弘扬优秀传统文化充分体现在年味中,赋予年味的文化品质和内涵,即通过年味来装载共同理想"同心圆",体现社会文明"压舱石",找准改革发展"公约数"。但同时,乡土文化状况和乡情文明程度往往在春节期间中得以放大和加剧,不可否认的是,低俗、庸俗、媚俗的文艺节目以及外来文化的冲击和不健康的生活娱乐方式所带来的精神污染,一定程度上也会让年味变淡甚至空乏。

进入新时代的年味,应大力传承中华民族优秀传统文化和积极弘扬社会主义核心价值观的地方特色文化,在乡情乡风文化氛围建设上也应与时俱进和推陈出新,网络正能量如若融入年味文化建设的现实层面,未尝不是创新之举。近三年来,"五个一百"网络正能量精品均来自现实,来自基层,来自民间,并形成了广泛的品牌效应,积累了难得的精神财富,它们扎根新时代实践、彰显新时代精神。无论是中国居民,还是身在海外的华侨华裔,每过一次年,就在深化一次中华民族的亲和力、凝聚力,也就在加强民族的生命力。因此,把正能量最强音融化在年味文化中,将提升品味,助长繁荣,彰显格调,让文化自信成为更基础、更广泛、更深厚的自信,成为更基本、更深沉、更持久的力量!

把正能量精气神融汇在追梦上,让年味更具人心和聚心。

春节在中国人看来,意蕴着喜庆、吉祥、平安、团圆、兴隆、长寿、富贵……它们凝聚了人们对生活、对生命的所有的美好祝愿,也是传统意义上的告别过去、面向未来的特殊时刻和年度节点。新时代的年味如何做到历久弥新?如何注入活力?如何守正出新?答案远不只是现实区域的点亮明灯、砥砺前行等,而是要做到与网络空间的同步建设、协同、推进和发展,因为网上网下已经融为一体,年味已经深深地显现于互联网+的各个领域。当习近平总书记节前看望慰问途中特意关心仍在工作的"快递小哥"的工作和生活情况,引发了网民们一片赞誉声,为年味倍添温暖;当习近平总书记在人民日报社移动报道指挥平台前同河北省扶贫驻村第一书记连线交流了解该村脱贫攻坚工作进展情况后,强调"信息无处不在、无所不及、无人不用""让正能量更强劲、主旋律更高昂"……充分表明网络空间"年味"内容、形式、方法、手段的不可替代性和特殊意义性。

正能量才是现实区域和网络空间中"年味"的新时代永恒话题,"我们都在努力奔跑,我们都是追梦人!"当然,年味的隐形功能中还含有加油提气、勉励成长的作用,特别是春节长假家人团聚结束之日,便是提速追梦再次启程之时。而正能量具有强信心、聚民心、暖人心、筑同心的特质,是新时代追梦人所必备的条件与素养。于是,节日期间家长的嘱托、乡邻的眼神、朋友的祝福和社会的期待,激励着要把个人对美好生活的追求,对人生出彩的向往,熔铸到中国梦的伟大征途中,以奋斗来筑梦、逐梦和圆梦。因此,只有把正能量的精气神融合在追梦上,才能让年味更具人心和聚心!

"正是今年风景美,千红万紫报春光。"今年香醇正浓的中国年味在正能量之力下,迎合着新时代的蓬勃生机,催生着筑梦追梦的磅礴之势;万缕千丝的家国情怀在中国年味升华中,营造着新时代的风清气正,激发着逐梦圆梦的必胜信念!年味,这个古老而又全新的寄托,将会有更多正能量的汇入、深入和融入,来激扬中华儿女在新时代中国特色社会主义伟大事业征程中勇往直前、奋发作为,去创造无愧于家人、无愧于社会、无愧于国家、无愧于时代的新业绩和新成就!

(原文标题为《[网络祝年]让正能量之力融合在"中国年味"里》,
2019年2月3日首发于环球网,全网联发;
本文列"思想理论网络文章评价系统 TOP100 月榜单"第 23 位)

探月工程的印迹,励人心,壮我志!

2019 年伊始,中国探月工程嫦娥四号任务捷报频传,不仅令国人欢呼雀跃,也让全世界为此而震惊!连日来,玉兔二号巡视器驶抵月球表面,在月背留下第一道痕迹,此印迹翻开了月球背面探索的新篇章;嫦娥四号着陆器与玉兔二号巡视器在"鹊桥"中继星支持下顺利完成互拍成像,此印迹标记着嫦娥四号任务圆满成功;随搭载的生物科普实验载荷内长出月球第一片植物嫩芽,此印迹实现了人类首次月面生物生长培育实验……众多中国印迹不时向全球传递了中国探月工程的新进展,也充分展示了世界及人类探索之旅新成效,震撼全球人心,大涨华夏信心!

太空里的印迹,镌刻了中国科技和智慧的创新烙印,标志着攀登世界科技高峰的新高度!

党中央、国务院、中央军委专门为此发贺电,充分肯定探月工程的卓越成就。一些国际组织、航天机构、空间科学机构,部分国家元首、政府官员等纷纷以各种方式给予了超乎寻常的评价和支持!从最轻的月球车到世界第一张近距离拍摄月背影像图;从人类历史上第一次实现月球软着陆、月面巡视、月夜生存等重大突破到第一次月基低频射电天文观测;从人类首次尝试着陆和实地探测月球背面到我国"鹊桥"中继卫星的轨道控制、着陆和通信技术的成功挑战……太空中一份份"中国印迹"都那么令人振奋,都那么让人自豪!联合国外空司迪皮蓬司长认为嫦娥四号任务标志着空间探索历史上一个令人难以置信的里程碑!其高度赞扬的背后不仅是对中国科技激发力量攀登世界高峰的赞赏,更是对中国人民智慧结晶新高度的充分肯定!

中国探月工程迄今为止已实现了"五战五捷",接下来的嫦娥五号月面采样返回任务和我国首次火星探测任务将陆续实施。有网友惊呼"中国航天实力到了不允许低调的地步！""坚信由航天大国向航天强国迈进！"此次嫦娥四号任务所展现的"六个首次"是人类历史上从未有过的新成就，充分展现了长期以来中国广大科技工作者自力更生、自主创新的勇气印迹，日趋凸显了以大无畏的精神落实创新驱动发展战略的实践印迹，进一步增强我国经济实力、科技实力、民族凝聚力和国际影响力的信心印迹！

生态圈的印迹，驱动了中华民族探索人类宇宙奥秘，彰显着创造成就追逐梦想的新标杆！

中国古代传说玉兔和嫦娥的故事以及"嫦娥奔月"的故事家喻户晓，这是对生命和情思的追求与遐想，寄托了美好的理想。日前，重庆市新闻发布会宣布由重庆大学牵头完成了人类首次月面生物实验。人类在月球上种植出的第一株植物嫩芽，实现了人类首次月面的生物生长培育实验。从生态圈构建内的植物种子上千次地筛选到月面第一片绿叶的照片发回；从经历发射和着陆等阶段以及月球低重力、强辐射、高温差等严峻环境考验到人类第一次在月面上试验生物生长成功；从结束本次科普试验使命后六种生物将被分解成无害的有机物到"月面微型生态圈"领跑全球和为今后建立月球生态基地积累技术和经验……月球生命探索的每一份印迹无不在传递着：中华民族探索人类宇宙奥秘从未松懈，永无止境！

"生物试验科普载荷"的成功，其意义将为以后人类进入月球乃至地外星球生存提供技术保障并奠定基础，引发了国际舆论圈热烈讨论，网友们的"不可思议""无法想象"等不时地表现，极大地激发了中国民众对自然与人、科学与社会的科普热情，提高环境保护意识和探索宇宙的激情，有力提升我国在深空探测的国际影响力。太空生命科学研究一直是航天研究的热门领域，人类首次在月球上开展生物试验的实质内涵，是有效集成了机械、控制、环境、生物、材料、能源、光学、通信等多学科交叉的智慧印迹；真实记录了科研团队从云南深山悬崖到新疆沙漠地区寻找在极端条件下生存的生物物种的执着印迹；深刻折射出我们国家空间探索正在由之前跟随转换为领先、领跑阶段的标杆印迹！

国际上的印迹，振奋了中国人民的自信力和凝聚力，激励着为各项事业建功的新篇章！

太空探索被列入多个国家的重要发展战略。中国此次嫦娥四号配置了13台载荷，其中包括与德国、瑞典、荷兰、沙特合作的 4 台科学载荷，此外还与南美、俄罗斯、欧洲航天局等进行了对外开放合作，实现了首次开展国际合作载荷搭载和联合探测。前所未有的人类探月工程，前所未有的国际航天合作，中国航天事业的发展用铁一般的事实证明了秉承平等互利、和平利用、包容发展的原则和理念。从 2015 年中国国家航天局正式向国际社会征集搭载载荷后共收到了 10 多个国家近 20 台搭载申请，到目前我国已与 39 个国家签署了航天双边协定和协议、加入了 18 个与航天相关的国际组织；从中俄成立了专门的航天合作组委会和正在执行的 2018—2022 年航天合作大纲，到为更好地服务"一带一路"沿线国家，我们把风云二号 H 气象卫星的定点经度专门作了漂移……众多印迹都显现了中国力求加强国际空间交流合作，服务人类文明与进步，这次嫦娥四号任务更是为推动构建人类命运共同体这一中国主张的生动体现！

探索浩瀚宇宙、和平利用太空，是全人类的共同梦想。就在中国嫦娥四号探测器成功登月后，世界众多国家纷纷发出了感叹"真了不起！""超级大国！"等。中国在航天领域中过去有过被限制、被封锁、被阻止、被遏制的经历，当不久前曾设障碍的西方国家提出需求申请时，中国探月工程总设计师吴伟仁院士表示了"中方本可以选择不告诉美方相关信息，但是中国作为大国，就要有大国的姿态、大国的气度。"这是中国航天人和中国科研工作者自信开放的胸怀！作为一个自信开放的大国，这样的表态不仅仅彰显了中华民族自豪感和爱国热情的壮志印迹，更激励着华夏儿女为各项事业建功立业不断奋进的豪迈印迹！

"敢教日月换新天"是一种气概，"不破楼兰终不还"是一种劲头。中国探月工程嫦娥四号任务圆满完成，其各种所回传、所证实、所标志的印迹，充分地彰显了大力实践"追逐梦想、勇于探索、协同攻坚、合作共赢"的探月精神，凸显了中华民族为人类探索宇宙奥秘的聪明才智和不折不挠的雄心壮志。这一份份的印迹励人心，壮我志！必将激励中华儿女在新时代中国特色社会主义道路上，以一以贯之开拓进取的姿态激发新作为，以时不我待只争朝夕的精神肩负新使命，为实现中华民族伟大复兴的中国梦，为推动构建人类命运共同体再创佳绩、再立新功！

（原文标题为《探月工程的"中国印迹"，励人心，壮我志》，
2019 年 1 月 18 日刊发于环球网）

开启青少年更清澈的世界

又是一年的开学季！与往年所不同的是，今年开学季满载着深重无比的牵挂与期盼，承载着勠力同心的干劲和希望。近日，习近平总书记对青少年视力健康工作作出重要指示，悉心指导相关工作，态度坚决，情真意切！8月30日，教育部、国家卫生健康委员会等八部门联合印发了《综合防控儿童青少年近视实施方案》（以下简称《实施方案》），马上就办，暖人心田！这温暖、这作风、这举措，在网络空间泛起了一波波热浪，在群众心里激起了一层层涟漪。《实施方案》恰如治疗中国青少年视力健康问题的"药方"，直达的是青少年普遍存在的近视高发顽疾，针对的是群众关心的热点难点问题，着力的是建立健全综合防治的干预体系。

沐浴阳光，普照着青少年和儿童们一个光明的未来！

青少年和儿童们是国家的未来、民族的希望，而我国学生近视呈现高发、低龄化趋势，严重影响孩子们的身心健康，这是一个令千千万万个家庭无比担忧和社会亟待破解的难题。习近平总书记在重要指示中强调，必须高度重视，不能任其发展。指示中要求有关方面要结合深化教育改革，拿出有效的综合防治方案，并督促各地区、各有关部门抓好落实。这份指示情之切切，言之殷殷，饱含着对青少年和儿童们的深情实感！

日前，教育部、国家卫生健康委员会、国家体育总局、财政部、人力资源和社会保障部、国家市场监督管理总局、国家新闻出版署、国家广播电视总局等八部门积极行动，联合提出一系列含金量高的政策和措施，在新学期之际，为中国家长们送上实打实的民生"大保障"，为青少年和儿童们送来光明未来的"大礼包"。"孩子们成长得更好，是我们最大的心愿"，共同呵护孩子的眼睛，给他们一片光明，才是对青少年儿童未来发展殷切嘱托最实在、最真情的写照！这是情深似海的"药"，也是阳光普照的"中国良药"！

脚踏实地，承载着把人民群众需求作为第一的选择！

青少年近视问题已经成为我国面临的重要社会问题。世界卫生组织的一项研究报告显示，我国青少年近视率居世界第一。着力解决这一现实中所存在的问题，必须要有实打实、硬碰硬的举措。八部门联合印发的《实施方案》不仅明确了这八个部门防控近视的职责和任务，而且还强调各省级人民政府主要负责的同志要亲自抓近视防控工作；不仅明确了家庭、学校、医疗卫生机构、学生、政府相关部门应采取防控的具体措施，而且还提出了到 2023 年、到 2030 年的改善目标以及将每年进行评议考核的结果向社会公布……细之又细的"药方"，就是要做到全社会都要行动起来，着力解决青少年近视患病率这一沉疴宿疾；脚踏实地的"药方"就是要零距离、面对面、心贴心地为群众办实事、解难事！

高度重视青少年近视患病率的预防与控制，刻不容缓，群众担忧的就是第一信号。《实施方案》承载的是人民群众最迫切的需求，在极短的时间内，八部门提出了全社会要落在细上、落在小上、落在实上，凸显了要切实把解决群众困难当作头等大事。这种勤勉高效好作风值得点赞，值得信赖，值得赞颂。《实施方案》呈现的"药方"，彰显了新时代"等不得"的紧迫感、"慢不得"的危机感、"松不得"的责任感、"停不得"的使命感的精气神和好风貌！这是雷厉风行的"药"，也是人心所向的"中国良药"！

协力同心，瞩望着青少年和儿童们一份清澈的世界！

全社会营造"政府主导、部门配合、专家指导、学校教育、家庭关注"的良好氛围，就是通过各方面的共同努力，让每个孩子都有一双明亮的眼睛和清澈的世界。切实加强新时代儿童青少年近视防控工作的《实施方案》公布于世，给了万万千千个家庭以"定心丸"和"新曙光"。《实施方案》新增了对网游的限制，将实施网络游戏总量调控，控制新增网络游戏上网运营数量，采取措施限制未成年人使用时间；对青少年使用电子产品作出了严格规定，教学和布置作业不依赖电子产品；强化年级组和学科组对作业数量、时间和内容的统筹管理等，显现了青少年教育与发展的规律遵循，更符合于孩子们身心健康的成长需求。

在《实施方案》这"药方"中，鲜见的是对家庭教育提出了明确而具体的要求，各尽其责的家庭"对孩子的成长至关重要"。据悉,过去对儿童青少年近视的认知,万千的家庭或家长把孩子的视力状况尽可能地停留在家庭教育中,如对电子产品控制的时间把握、陪伴户外互动的机会多少、提醒孩子科学用眼的姿势够不够等。八部门的"联合药方"和"精准施策",着实让中国青少年和儿童们对拥有一双清澈的眼睛和明净的内外世界,充满了温馨关怀和温润期待,备受无数中国家庭的激动与感动。这是聚心聚力的"药",也是任重道远的"中国良药"!

"今日之责任,不在他人,而全在我少年。少年智则国智,少年富则国富,少年强则国强……"青年一代的理想信念、精神状态、综合素质,是一个国家发展活力的重要体现,也是一个国家核心竞争力的重要因素。青少年视力健康工作不仅仅是一个教育问题,也是一个卫生问题,更是一个社会问题。在阳光的普照下,有《实施方案》这一"药方"同心并力地宏观运筹、精准部署、务实笃行,全社会一定会怀着深厚的感情和崇高的使命,以锲而不舍与驰而不息的劲头、踏石留印与抓铁有痕的态度、干在实处与齐心协力的执着来体现"疗效"和成果,给每一个青少年和儿童一份清澈的世界和光明的未来!

(原文标题为《开启的"中国药方",给青少年们更清澈的世界》,
2018 年 9 月 4 日首发于中国青年网,全网联发)

让智能牵引出一片新天地

首届"中国国际智能产业博览会"于 8 月 23 日在重庆市隆重开幕（以下简称"智博会"）。习近平主席专门发来了贺信，贺信中指出，我们正处在新一轮科技革命和产业变革蓄势待发的时期，以互联网、大数据、人工智能为代表的新一代信息技术日新月异；并强调，中国愿积极参与数字经济国际合作，同各国携手推动数字经济健康发展，为世界经济增长培育新动力、开辟新空间。其意蕴深厚，立意高远，擘画愿景，深刻地反映了党和国家对创新驱动发展的高度重视，深情地饱含了对大数据智能化的殷殷期望！

"智博会"以"智能化：为经济赋能，为生活添彩"为主题，吸引了 20 000 多名海内外嘉宾参会，500 余家国内外知名企业参展，以及一大批全球领先的"黑科技"亮相和展示，境内外媒体 1 000 多位记者云集于此，加之主题内容和产品产业与互联网密切相关，因此，备受世界众多国家和全球网民们高度关注。全球聚焦，万众瞩目。

由中华人民共和国科学技术部、工业和信息化部、中国科学院、中国工程院、中国科学技术协会和重庆市人民政府联合主办的首届"智博会"，不仅突出了时代感，体现了国际性，强化了体验性，而且显现了加快建设创新型国家战略部署的行动和行为，成为建设网络强国、数字中国、智慧社会的标志和标杆，彰显了推进高质量发展、创造高品质生活的信心和决心！

锐意开创的智能魅力，展现了着力增强中国科技创新能力的"新颜值"。

"智博会"参展涵盖了集成电路、智能汽车、智慧医疗、智慧生活等领域，可以说是当下智能科技创新的最新代表成果。不仅有全球风轮直径最大的智能化海上风电机组、智能汽车与智慧交通应用、全自动智能化无人工厂等；有挑战"外卖小哥"的无人配送车、可远程操控的手术机器人、可直接在空气中作画的 3D 打印笔等;而且还有人脸识别、智能泊车、AI 咨询等智能会务服务,以及在全国率先增设的未来智能生活体验展区……所以说:智能魅力无限,创新力量无穷!

进入 21 世纪以来,全球科技创新进入空前密集活跃的时期,以互联网、大数据、智能化、人工智能和物联网为主导的新一代信息技术的发展,是对传统生产技术的一次大变革,正深刻地改变着我们的生产方式和生活方式。如何适应新一轮科技革命重要前沿和热点的新浪潮?人工智能首当其冲和势在必行。近些年来,加速积累的技术能力与海量的数据资源、巨大的应用需求、开放的市场环境已逐步形成了我国人工智能发展的独特优势,这在党的十九大报告中得到了明确的指出和充分的导向。"加快建设创新型国家",网络强国、数字中国、智慧社会的建设和深度推进必不可少,且是权重非凡的要素。

一件件成果的背后是创新团队的因时而进、变中求新;一份份创意的思维是科技人员的因势而新、勇立潮头;一个个平台的内在是组织体系的因事而化、守正开新。首届"智博会"聚集了半导体产业、人工智能、工业互联网、智能超算、5G 等智能产业创新技术,其全方位展示的大数据智能化引领创新发展,符合时代潮流和国家战略,充分展现了近年来着力增强科技创新能力的"新颜值",更为互联网、大数据、人工智能的深度融合实体经济提供了路线图!

变革催生的智能机遇,给予了夯实赋能中国产业经济实力的"强骨架"。

首届"智博会"上,主办 9 场高峰论坛和 7 场专业峰会,微软、英特尔、高通、谷歌、华为、阿里巴巴、腾讯、科大讯飞等知名企业尽己所能。全球首个智慧国家新加坡以主宾国身份,全面展示其智慧城市的先进技术和应用,还将通过中新互联互通项目,加强大数据智能化合作,把孵化器引入重庆落地,帮助重庆转化研发成果;阿里巴巴集团将联合重庆大学等重要合作伙伴,在公共服务、IoT、新零售、智能制造、人工智能农业、汽车等众多的前沿创新领域,联合为数字中国各条战线提供更精准的驱动力;阿里云落地重庆成立合资公司,未来将助 4 000 家渝企智能转型……正所谓:大数据智能化助力,传统产业焕新生!

习近平主席在今年 5 月底的两院院士大会讲话中多次谈到了人工智能,强调推进互联网、大数据、人工智能同实体经济深度融合;做大做强数字经济,要以智能制造为主攻方向,推动产业技术变革和优化升级,推动制造业产业模式和企业形态根本性转变。面对世界新一轮产业变革的历史机遇,我们既有千载难逢的交汇,也有稍纵即逝的可能。在技术变革和产业变革所催生的重要时期,在经济转型升级和高质量发展的关键时期,在信息领域与传统领域深度融合的攻坚时期,唯有培育推广智能制造新模式、新业态,打造产业集群,推进产业智能化升级,才能实现产业经济的质量变革、效率变革和动力变革。

科技创新大潮澎湃,千帆竞发勇进者胜。目前智能产业在我国的发展环境、产业基础、创新引领、智能制造、产业融合等多个方面与世界先进国家还有不小的差距。"中国制造2025"、《新一代人工智能发展规划》等的实施,加之首届"智博会"的倾力举办,将会有力地促进人工智能创新要素在中国西部地区的聚集,以智能产业带动西部大开发,支撑"一带一路"和长江经济带发展。特别是"智博会"力求打造人工智能科技成果发布平台、打造产业聚集平台和投融资对接平台,以此促进智能产业资源共享共用和高效应用、推动人工智能产业智能化发展,这将给予夯实赋能中国产业经济实力的"强骨架"!

倾情拥抱的智能时代,展望了添彩中国人民群众美好生活的"好景象"。

首届"智博会"在全国率先设置了智慧体验广场模拟真实小镇场景,8个木屋的体验馆,从智能银行、智慧教育、智慧产业到智慧出行、智慧生活、智慧零售等智慧应用,构成了未来智慧城市的缩影;有智慧医疗、智能空气净化、远程遥控驾驶、展馆智能导航等未来智慧生活体验的展示内容;会期有 i-VISTA 自动驾驶汽车挑战赛、国际无人机竞速大奖赛等行业精英同台竞技等,以此全方位提升观众参与感、认知度和体验感,眺望和感知未来美好生活。现场氛围告诉了我们:未来已来,不容松懈!

《2018年政府工作报告》明确提出今年我国经济社会发展任务中"做大做强新兴产业集群,实施大数据发展行动,加强新一代人工智能研发应用,在医疗、养老、教育、文化、体育等多领域推进'互联网+'。发展智能产业,拓展智能生活。运用新技术、新业态、新模式,大力改造提升传统产业。"推动产、学、研、用之间融合互动,引导人工智能产业技术创新体系建设,这是大势所趋和方向所指;"解放生产力、提高竞争力,要破障碍、去烦苛、筑坦途,为市场主体添活力,为人民群众增便利。"这是必由之路和根本所在。正因为当今世界大数据智能化正深刻改变着经济形态、生活方式和社会治理,所以我们就要突显"科技改变生活,智慧开启未来",大幅提升全社会的智能化水平,更好地满足人民日益增长的美好生活的需要,努力创造高品质的生活。

当传统生活方式这个"老瓶",盛满大数据、智能化的"新酒",一种新的活力和魅力,正在焕发出来;一种新的期待和展望,也在悄然而来。"智博会"通过交流最先进的理念和产品,描绘新技术的趋势和蓝图,共享新时代的合作和机遇,通过创造机遇来拥抱智能时代,通过面向全球集聚创新资源,勇敢地以"鼎新"带动"革故",以"引擎"牵动"守缺",传递当今世界最前沿的创新理论、创新知识、创新技能、创新经验、创新模式,推动高质量发展、创造高品质生活!

"来而不可失者,时也;蹈而不可失者,机也。"在这科技经济工程大变革的时代里,以网络化、智能化为特征的数字经济已成为世界各国抢占制高点、引领经济复苏的引擎。首届"智博会"的举办,搭建了跨界融合的融知、融智高端平台,提供了高质量的科技供给和人民群众对未来美好生活的向往。相信这只是一个良好的实质性开端,以智能化引领的"为经济赋能、为生活添彩"一定会锚定机遇和深入人心,牵引出中国的一片新天地! 未来之路,让我们共同积聚深化改革的中国动力,激发决胜小康的中国动能,筑牢砥砺前行的中国信心!

(原文标题为《让"中国智能"牵引出一片新天地》,

2018 年 8 月 23 日首发于环球网,全网联发)

强军征程中的"军魂",威震八方

　　由中央网信办和中央军委政治工作部联合举办的"相约强军新时代"活动于日前圆满落幕。在本月5—13日的时间里,80余名网络名人和网媒记者,沿着习近平主席视察过的足迹,跨越广东、福建、浙江三省,深层次地走进了陆海空军和武警、联勤部队的军营。近段时间来,这些网络人士以微博发帖、现场直播和网评文章等多种形式记录行军体验和感知,充盈了网络空间,传开了社交朋友圈,带动了网民们的群情激昂,士气高涨,仅微博以#相约强军新时代#为话题的阅读量就近2亿人次,让亿万网民从中感受到部队动真碰硬、备战打仗的生动场景和鲜活素材,真实反映了在强军征程中人民军队的崭新面貌和铿锵足音,彰显了中国军魂的实质与精髓,突显了中国军人的忠诚与担当!

多维度的演示表现强军思想的引领,从内生力到驱动力,集结于威武雄壮并走向一流。

　　在习近平主席强军思想指引下,在强军兴军的新征程上,阔步走来了一支焕然一新的人民军队。从古田会议会址重温入党誓词到所进各军营的连史馆,从部队军官的言谈举止到采访接触的基层战士,从汶川特大地震十周年纪念活动官兵发言到网络名人被授予"硬骨头六连""尖刀七连"的荣誉战士等,都在传承着始终不变、历久弥新的红色基因,展示着强军思想、政治信仰的铸魂育人。党的十九大决定把"贯彻习近平强军思想"写入党章。新时代强军思想的目标、路径和举措,构成了一整套时代特色鲜明的强军方略。从内生力的产生到驱动力的形成,总会在网络名人们的视线和触及中找到注脚。"新古田会议"着重强调了古田是我军政治工作奠基的地方,是新型人民军队定型的地方,而这里的武警龙岩支队的各个中队每年都通过"送出去"方式培养红色讲解员,通过引领示范作用将红色文化的精神深深地植入到每个官兵的内心深处;"硬骨头六连"的每位战士都能完整讲述连队光荣历史,每人都能背诵出一至两篇的习近平主席强军思想文章;网络名人所到每个军营,处处都有强军思想核心观点和要义的展示栏及标语,所接触的官兵都能准确表达强军思想的中心内容和阐释要点……

强军思想不仅是时代发展的产物,也是时代精神的精华,其价值体系告诉我们什么是"好",其组织体系告诉我们怎样去"做",其实践体系告诉我们如何来"做好"。不只是军队和军人,地方支援前线和军民融合程度在共建共享上也大放异彩,如近 5 年来,龙岩市在军民融合中与十大军工集团签订项目 82 个,总投资 485 亿元,使宁德军民融合深度发展的"擘画图"转化为实实在在的"路线图"。七天八地的军营开放,让我们深刻感知到强军思想不仅在指路领航、大放光芒,而且在官兵们意识和行为上有效地内化于心、外化于行。他们坚持读原著、学原文、悟原理,做到了学深悟透、融会贯通,把理论领悟"深"了下去,让红色教育"活"了起来,真正让驱动力和执行力落实到备战实践上。忠诚担当、政治建军体现的是威武雄壮的中国军魂,"魂"的内核在于充分体现的信仰感召力、政治凝聚力、思想穿透力、理论说服力,沿着中国特色强军之路高歌猛进,朝着世界一流奋勇前进!

全方位的演习显现强军实训的激发,从战斗力到决胜力,聚焦于剑指苍穹和战之必胜。

网络名人进军营活动中,一周跨三省,体验陆海空、武警和联勤部队的作训及生活,他们乘战车、登舰艇、上"飞豹"、访"猎人",所到部队均是我军具有代表和标志性的精兵强将。这里有陆军第 74 集团军某特战旅铁翼飞旋、车轮涌动的场景,有东部战区空军某旅铁甲滚滚、银鹰呼啸实训模拟的场面,还有东部战区海军某支队沙场点兵、赛场争锋的情形。军旗猎猎,按纲施训;机甲轰鸣,战无不胜!"时代楷模"第 74 集团军某合成旅两栖装甲突击车车长、全军最年轻的"双特"两栖装甲兵王锐,在实弹演习中他无所畏惧、攻坚克难,摧毁了所有设定目标;东部战区海军某护卫舰支队,以舰为家、以鸥作伴,万里巡边浪作床,创造过海军史上"海上近战夜战",时常年出海超过 150 天,以一套让人眼花缭乱的临检拿捕演习,成功"决胜"了威胁中国人民和祖国海疆安全的"对手们";全军唯一把"强军"二字写入荣誉称号连队的第 73 集团军某合成旅装步"红四连",以行云流水、风卷残云般的战力完成了战斗演习……

强军,只有通过备战打仗的激发和锻造,才会形成召之即来、来之能战、战之必胜的必然。无疑,实训的目的就是检验战斗力的强弱,检验决胜力的大小。走进军营各处,走进实战阵地,走进官兵周边,我们才真正发现人民军队的威武与信心。唯强者进,是激发官兵们勤学苦练杀敌本领的催化剂;唯强者胜,是推动装备更新、设备提高科技"含军量"的助推器。第 74 集团军某陆航旅飞行员驾驶国产武装直升机飞出世界顶级高难度动作时,大家不由自主地发出"厉害了,我的军"的赞叹。因见"武教头"尖刀班班长在一次实战化演习中摔伤后因治疗恢复时间较长失去了往昔风采的第 175 医院骨科专家林斌,咬定了"含新量""含金量"都不如瞄准战场的"含军量"。经长期研究,"医用可调节负重下肢康复支具"研制成功,大大地降低了受伤对战士战斗力的影响。战之必胜、科技兴军体现的是雷厉风行的中国军魂,"魂"的实质在于不断提升战斗力,培育有灵魂、有本事、有血性、有品德的新时代革命军人,锻造铁一般信仰、铁一般信念、铁一般纪律、铁一般担当的过硬部队!

宽途径的演练呈现强军作风的转变,从感染力到凝聚力,发力于从严从难和意志坚定。

网络名人进军营,相约强军新时代。7 天时间里,网络名人千里行军,翻山越岭,跨江抵海,但这舟车劳顿与军人作风相比,差之千里!开放的军营呈现更突出的是军人的气质与作风,"硬六连"的坚毅刚强、"红四连"的精武雄壮、古田会议的精神"太阳"、护卫舰的威严能量、特战队的血性方刚、陆航旅的空中气场、"飞豹"战机的蓝天翱翔、武警总队的霸气四方、第 175 医院的有序出场,这些都是新时代军魂的伟力铿锵!从带队士官们的榜样发挥,到队列战士们的同心齐心,都在悄无声息地展现着斗志高昂的精气神,都在展示着从严从难的壮志豪情。在这里,我们由衷敬佩"有我无敌、刺刀见红、百折不挠、绝不低头、万难不屈、坚持到底"的连训;在这里,我们真心感慨"不相信有完成不了的任务,不相信有克服不了的困难,不相信有战胜不了的敌人"的警语;还有十分感人的"一封特殊的'伤亡保险'""啃战场硬骨头啃出了甜头""异国他乡写忠诚"等故事;更有数不尽流血损伤的体能极限、一天十多小时的飞行训练……

实现中华民族伟大复兴,必须建设世界一流军队,依靠强大的军事实力来战胜各种危机和挑战。按照新时代党的强军目标,就更加清晰地发现加强军队建设的聚焦点、着力点和目标点,而军队优良作风是战斗力标尺面前的重要保证。此次部分军营面向网络名人和网络媒体开放,也是在考验军改落实的成效是否得到体现,也是在考量部队和军人是否具备新时代全新姿态。在进军营的整个行程中,印象最为深刻的,是官兵们矢志把祖国安全及利益维护、人民需要至上,有"人民需要的时候,最能体现军人血性和价值",有"坚决听党指挥、绝对服从命令是新一代联勤人的不变底色",还有带队军官的"我没有参加训练,这水留给战士喝"等。意志坚定、品质顽强体现的是作风硬朗的中国军魂,"魂"的本质在于军队的性质、宗旨、本色,唯有"逢山开路、遇水搭桥"的意志,"上天揽月、下洋捉鳖"的气概,时不我待的紧迫感、舍我其谁的责任感,才会凝聚起强军思想推动砥砺奋进的磅礴力量!

"向前!向前!向前!我们的队伍向太阳,脚踏着祖国的大地,背负着民族的希望,我们是一支不可战胜的力量!"军歌的声声嘹亮,彰显着中国军魂的豪迈与威严,催促着强军之强在于政治、战力、作风的整体重塑"全面的强"。听党指挥、能打胜仗、作风优良,全面建成世界一流军队的目标,在这次"相约强军新时代"活动中表达得淋漓尽致。让习近平主席放心,让人民放心,让祖国放心,是所接触官兵们的迫切愿望和一致心声。我们充分相信,在强军思想指引下,新征途上的人民军队将以全新姿态和面貌向强军目标勠力奋进!

(原文标题为《[相约强军新时代]强军征程中的"中国军魂",威震八方》,
2018年5月15日刊发于环球网)

为了平安与安宁，唯法治不让心受伤

正当万家团圆享受春节浓郁亲情之时，大年初三，重庆市渝北区公安分局交巡警支队石船公巡大队副大队长杨雪峰在执行公务时，被凶手刺倒在了春运交通安保岗位上，不幸因公殉职。

近日，重庆千余人自发前往悼念大厅为他告别，"精忠报国一身肝胆写春秋 壮志未酬一腔热血铸警魂"的挽联非常醒目，现场民警和群众无不感动得落泪，令人扼腕叹息，让人悲痛伤怀，叫人沉思深省！

连日来，杨雪峰的事迹报端于各媒体和发布在网络空间，引发了受众者和知情者的一片惋惜和对凶手的愤怒。今年以来，全国就发生过多起袭警事件，每个过程和细节均令人发指，在进入新时代法治中国的当下，实属愕然。在和平年代的今天，请善待用生命和青春保护着我们的这个群体！请大力弘扬法治精神，推进依法治国！

袭警必严惩，"血"的代价让法律和尊严来震慑。

温情中国的大地上正沉浸在欢乐而祥和的节日气氛中，但发生这次袭警事件的悲剧，让每个有良知者的咽喉里似乎带着没来由的血腥，每次呼吸都牵扯着心痛。从警21年的杨雪峰长期扎根一线，因其执法公正严格、忠诚履职，多次立功受奖，是群众、同事心中公认的好民警、好战友。他曾在一次执行公务中得知违法驾驶员家庭拮据，虽开具了处罚决定书，但却为其代付了处罚金。在杨雪峰遗体告别仪式的现场，民警汪泽民表达了20年寻找至今才再次"见到"自己的救命恩人，并在后者的影响下也走上了人民警察的道路。

据统计，仅2017年，杨雪峰就带领大队民警处理交通警情350余起。即便是如此暖心的警察，也没有阻挡住行凶者的嚣张，后者居然冒天下之大不韪公然袭警而践踏法律。民警血的代价和生命的尊严必须得到法律保护,行凶者必然被绳之以法和严惩不贷!"普通的纠违,最正常的上班,却是天人永隔,一定要严惩凶手!""从严惩处、伸张正义""壮哉英雄气,警魂永长存"……依法严惩袭警行为俨然成为网络和生活中人们的共识,普遍呼吁让法的震慑作用来确保一方的稳定与平安。特别是在新时代的今天,敬畏于法律,敬重于权威,全面依法治国不仅仅是政府所应遵循的最起码的法则,还应是每一个公民必须坚守的最基本的常识!

执法须保护,"伤"的付出以公正与力量求规避。

这几日春寒料峭的山城,江河呜咽,山峦雾锁,草木含悲,天空落泪,似乎在为牺牲的杨雪峰致哀和送行。英雄家属及所在地的同事与战友近几天的苦泪交织和心痛折磨,告诉了我们:只有优秀的文化和环境才能炼达和造就英雄的气魄与胆识! 英雄虽去,其神犹在,其魂依在。警察执法权是人民所赋予的,维护正常执法秩序和警察执法权威,既事关社会公共秩序和人民群众生命财产安全,也事关社会公平正义和国家法律尊严。

就在一个多月前,公安部发文"为受辱警察撑腰",要求各地公安机关切实加大对民警执法权益的保护力度等,坚决维护国家法律尊严和警察执法权威,还专门派出工作组分赴山东、河南、湖南等地指导工作。生活不是悲剧的重复,而是对悲剧的修复,不断地自我完善和刮骨疗伤,我们便能汲取走向更好的力量。维护人民群众生命财产的安全,只有坚持严格执法,坚持及时制止违法,坚决遏制违法犯罪多发高发态势,从而大大地减少更多无辜者的"受伤",才能体现执法为民的宗旨理念。一旦保护执法的公正和规则得以形成普遍认知,对于那些挑战法律、违背公共利益、破坏社会秩序的妄为,全社会敢于斗争善于斗争,袭警辱警等行为将会大幅度地减少,公共秩序和公民公共利益就能得到有效的维护!

舆论应公道,"泪"的感触由规则与道义而限定。

杨雪峰以惊人的壮举来保护社会的稳定和百姓的安宁,在社会上产生了强烈的反响,公安部发来了唁电,重庆市做出了追记一等功的表彰等。然而让人惊讶的是,竟然有个别人公然为凶手洗地,明目张胆地侮辱民警,混淆是非,颠倒黑白。如鹤峰县容美镇向某(网民"浅笑")在众多网友的举报及当地公安部门连夜调查中,在"人民战争"的强势攻击下其主动投案自首并得到了相应的处罚。当光明普照国家的时候，愚昧无知的中伤将停息，丧失理性的行为终将会收敛，法律蓬勃的力量也将不可动摇。

据统计，党的十八大以来，全国公安机关共有 2 000 多名民警因公牺牲，2 万多名民警因公负伤，这无疑是和平时期为了社会公共秩序和人民群众生命财产安全流血牺牲最多的一支队伍。公安民警们每时每刻都在血与火、生与死的考验面前赴汤蹈火、积劳成疾，就是为了切切实实提升人民群众的安全感和满意度，那么就更加需要理解、支持、宽容和认同的舆论环境，让这个易"流血"群体不可再"流泪"。规则与道义下的舆论空间应如此，全民法治素养逐步提升也应如此，依法治国的建设进程中容不得对英雄没有任何依据与根据的侮辱和诽谤，造谣滋事、煽风点火者终将受到道义谴责和责任约束！

"为有牺牲多壮志，敢教日月换新天。"重庆交警杨雪峰遇袭牺牲后，同行们许下庄严的承诺，要沿着他英勇无畏、刚正不阿、威武不屈的道路继续走下去，当好党和人民的忠诚卫士！全国民警界告慰英雄：决心沿着足迹，在保卫国家安全和社会稳定上竭尽全力，在忠诚履职中不辱使命、奋发有为，为党和人民再立新功！新时代大潮中，法治中国的宏伟蓝图已经磅礴展开，崭新画卷正在激情绘就，唯有法治的保驾护航，人人敬畏法律和争做遵纪守法的模范，才能更好地建设社会主义法治国家！

（2018 年 2 月 22 日刊发于华龙网）

经济发展的"引擎"正在升级换挡

日前召开的中央经济工作会议是党的十九大后党中央召开的第一个全国性会议,会议总结了党的十八大以来我国经济发展历程,分析了当前经济形势,部署了2018年经济工作。连日来,会议的许多新论断、新表述、新提法引起了世界专家学者强烈关注,国际主流媒体广为报道。特别是国内各地区、各领域、各行业在传达贯彻会议精神之时,纷纷认识到中央在推进经济发展中高瞻远瞩,审时度势,精准定位,谋篇布局,立足于当下,着眼于未来,永不停歇地在发力,让中国经济发展的"引擎"着力在换挡升级,以推动经济这艘巨轮在十九大精神的指引下,沿着前进的方向行稳致远。

"思想引擎"赋予了科学理论,引领着经济发展从高速向高质量转变的动力变革。

思想的引擎已经升级,会议确立了"在实践中形成了以新发展理念为主要内容的习近平新时代中国特色社会主义经济思想",这一思想将成为推进中国经济高质量发展固本强基、提质增效的有力理论武器。会议强调"习近平新时代中国特色社会主义经济思想,是5年来推动我国经济发展实践的理论结晶,是中国特色社会主义政治经济学的最新成果,是党和国家十分宝贵的精神财富,必须长期坚持、不断丰富发展。"其基本特征就是我国经济已由高速增长阶段转向高质量发展阶段。当前,中国不仅作为世界第二大经济体,联合国刚刚发布的《2018年世界经济形势与展望》中表示5年来中国对全球经济增长的贡献率最多(年均为30.2%),前5年中国经济年均增长7.1%远超近3%的全球经济增长速度,而且中国已经形成了世界上人口最多的中等收入群体,印证了中国经济增长的动力格局逐步转向更多地依靠消费拉动。事实证明,频超预期的经济数据、亮点纷呈的增长动能、力度不变的全球贡献，让外媒纷纷感叹，中国的经济活力令人倍感振奋。"明者因时而变，知者随事而制。"在许多国家不仅要搭乘中国经济发展的快车，而且也希望借鉴中国经济成功的经验之时，中国经济的思想引擎再发力，将引领着中国经济发展从高速向高质量转变的动力变革。动力变革是新时代发展的必然趋势，意味着服务业以及新技术、新产品、新业态等推动经济增长的作用在不断地增强，由此的形势变化更是催生出新的思想引擎和科学理论，将指引今后的经济发展，这是中国经济社会发展贡献世界的又一个大成果。

"路径引擎"提供了解决方法，激发着经济发展从高速向高质量转变的效率变革。

"高质量发展"成为中央经济工作会议后的第一热词。要做到从高速向高质量的转变，就必须对中国经济传统的发展方式进行转变，必须找准经济发展新的增长点，必须尽快转换增长的动力档次和体制机制等，即不能仅仅依赖于从要素驱动到投资驱动，还必须从要素驱动、投资驱动尽快转换到创新驱动。此次会议恰逢其时地在路径选择上做了很好的规划和计划，提出了解决方法，有力地表明了路径引擎正在"换挡"，激励着今后的市场机制更有效、微观主体有活力、宏观调控更有度，充分体现着效率变革的理念。经过党的十八大五年来的积累和铺垫，从新的历史起点上看，传统产业焕发了生机、新产业势头强盛、新经济加速成长，经济结构调整正逐渐走出阵痛期、步入收获期，创新发展释放强势动能，协调发展使经济更趋稳健，绿色发展使人与自然更加和谐，开放发展实现互利共赢，共享发展不断增进人民福祉，都为今天新时代的"高质量发展"提供了恰当而合理的平台。会议指出围绕推动高质量发展，明年要做好的8项重点工作为：深化供给侧结构性改革；激发各类市场主体活力；实施乡村振兴战略；实施区域协调发展战略；推动形成全面开放新格局；提高保障和改善民生水平；加快建立多主体供应、多渠道保障、租购并举的住房制度；加快推进生态文明建设。这8项重点工作既是政策导向，又是路径安排，是中国经济发展的效率变革的必然之路和无他选择。因为量积累到一定阶段，必须转向质的提升，这是经济发展的规律使然，也合乎唯物辩证法的基本原理。中国经济"路径引擎"强劲推出，必将激起全党及整个社会专注于将经济增长从依赖要素投入转向更多依靠技术进步和生产率提升这一核心使命上来。

"目标引擎"驱动了创新实践,导向着经济发展从高速向高质量转变的质量变革。

明年的经济发展情况举足轻重,至关重要,因为 2018 年是贯彻党的十九大精神的开局之年,是改革开放 40 周年,是决胜全面建成小康社会、实施"十三五"规划承上启下的关键一年。中央已明确强调稳中求进工作总基调是治国理政的重要原则,要长期坚持,且此次的会议已确定了今后 3 年要重点抓好防范化解重大风险、精准脱贫、污染防治三大攻坚战。无论是短期内决胜全面建成小康社会的目标驱动,还是 3 年攻坚战的客观要求,目标引擎成为实现节奏和力度的质量保证。"高速"指向数量或规模,往往是经济发展初级阶段的目标,用以表明"快不快";"高质量"则是经济发展达到一定水平之后才会有的目标,强调质量和效益,是回答"好不好"。在转变之时的当下,必须加快形成推动高质量发展的指标体系、政策体系、标准体系、统计体系、绩效评价、政绩考核,就须在实践创新中产生更加规范和科学的导向指引,以确保经济稳中有进,持续、健康地发展。三大攻坚战是推进目标兑现的着力点,更是推动民生保障与改善的突破口,而创新实践则是质量变革的内核。让创新成为第一动力、协调成为内生特点、绿色成为普遍形态、开放成为必由之路、共享成为根本目的,就能实实在在给人们带来获得感、幸福感和安全感。因此,中国经济发展从高速向高质量转变,就要通过经济增长来提高人民生活水平和质量,作为满足人民日益增长的美好生活需要的根基。中央经济工作会议确立的过程目标,其引擎作用发挥如何,将以质量变革中强化经济增长从总量先行到量质并重来衡量。

"天时人事日相催,冬至阳生春又来。"推动中国经济从高速增长向高质量发展的转变,光有"思想引擎"的升级指引、"路径引擎"的换挡激发、"目标引擎"的强劲驱动还远远不够,更要有全党全社会形成统一思想的共识,要有从政治高度增强促进转变、实现转变的使命感、责任感和紧迫感。其中,人的认识、思想和观念的动劲"引擎"则更为关键!"万事俱备,只欠东风。"中央经济工作会议已蕴含着坚定不移的决心和信心,让我们坚决维护党中央权威和集中统一领导,把思想和行动统一到党的十九大精神上来,统一到党中央对明年经济工作的部署上来,锐意进取,知难而上,满怀信心,真抓实干,就一定能确保经济工作明年开好局、起好步、换好挡、谋好篇!

(原文标题为《[经济实说·专家谈]经济发展的"中国引擎"正在升级换挡》,
2017 年 12 月 23 日首发于环球网,全网联发)

发展之声世界回响
辉映人类美好生活的向往

　　中国共产党的十九大胜利闭幕后不久,分别迎来了中国共产党与世界政党高层对话会和第四届世界互联网大会的成功召开。这是中国共产党首次与全球各类政党举行高层对话,也是出席人数最多的全球政党领导人对话会,开创了先河;全球互联网治理体系变革进入关键时期,构建网络空间命运共同体日益成为国际社会的广泛共识,形成了共鸣。在全球人类追求未来美好生活的根本遵循上,意义非凡,作用重大,影响深远。

　　无论是习近平主席在政党对话会上的主旨讲话,还是他致信祝贺世界互联网大会的开幕,也不论是党的十九大主报告内容境内境外、网上网下的传播,还是对十九大精神各种层次的宣讲与解读,真所谓:余音绕梁,三日不绝。人类命运共同体的构建与人类美好生活的追求,就是这一发展之声的主旋律和主基调,近段时间一直回响于世界和网络,频率之高,音色之美,皆蕴含着中国的自信与担当,智慧与包容,责任与义举,助推了中国在全球话语权的分量与权重。

发展之声传开国际社会,提速着网络空间命运共同体的携手与推进。

　　刚刚闭幕的第四届世界互联网大会,来自 80 多个国家和地区的 1 500 多名嘉宾聚焦“数字经济”,强调“开放共享”,深入探讨“携手共建网络空间命运共同体”这个事关全人类福祉的新时代构想,共同商讨世界互联网发展的未来之路。习近平主席向大会所致贺信引起了与会中外嘉宾热烈反响。他作出了“全球互联网治理体系变革进入关键时期”这一发展趋势的深刻洞察,提供了“我们倡导‘四项原则’‘五点主张’,大家的事由大家商量着办”这一全球发展规律的精准把脉,描绘了“中国数字经济发展将进入快车道”这一开放共享的发展蓝图,表达了“让互联网发展成果更好造福世界各国人民"这一真诚愿望和美好愿景等。不仅于此,近年来,习近平在国内国际多个重要场合发声和倡议,系统阐述了中国的互联网发展理念、思路和主张,构成了思想深刻、博大精深、系统完备的网络强国战略思想,展现了中国作为互联网大国的时代新担当。

中国的发展之声与众不同,响遏行云!没有网络空间命运共同体,就没有人类命运共同体,更没有人类美好生活的向往。不可否认,中国作为世界互联网大国,已经走向世界互联网的舞台中心,成为世界经济增长的新引擎和新动力,是世界互联网持续迅猛发展的"压舱石"。共建网络空间命运共同体一度被海内外称为世界互联网治理的中国方案。事实证明,中国已经有能力、也正在力推网络命运共同体的牢固结成,为人类命运共同体做出时代新贡献。本次大会还亮相了由中国网络空间研究院组织编写的蓝皮书——《世界互联网发展报告2017》和《中国互联网发展报告2017》。"蓝皮书最重要的创新,在于填补了国内外互联网发展综合指标的空白。"中国解读的蓝皮书闪耀着中国智慧,一定会声驰千里,为国际社会提供有益借鉴。中国的发展之声是一种敢为,更是一种担当!

发展之声传达世界政党,行速于构建人类命运共同体的共识与路径。

120多个国家近300个政党和政治组织的领导人共600多名中外方代表历史性地云集北京,规模宏大,前所未有,充分体现了中国共产党的政治优势和世界影响力。超越了地域、文化、宗教、民族、种族、意识形态、社会制度等差异,大会首次围绕构建人类命运共同体、建设美好世界这一关系人类前途命运的重大问题进行了深入坦诚对话,并通过发布了《北京倡议》,指明了发展方向和路径,发出了中共声音与愿景。习近平主席发表题为《携手建设更加美好的世界》的主旨讲话,被认为是气势恢宏,思想深邃,既扛起了历史担当、又贡献了理论智慧、还调动了各方力量。

中国的发展之声铿锵有力,悦耳动听!从会议筹备主题提出,到习近平主席的主旨讲话,再到从北京发出的倡议,无不深刻地折射出中国的发展之声受全球欢迎与信赖。国际社会对此次的对话会如此之重视,不仅是学习借鉴中国共产党的治理经验,更重要的是倡导全球层面的治理。"构建人类命运共同体、共同建设美好世界:政党的责任"就是中国主动发出和世界积极响应的主声调。习近平主席在主旨讲话中强调的"中国共产党所做的一切,就是为中国人民谋幸福、为中华民族谋复兴、为人类谋和平与发展"获深度认同;倡导的"我们应该凝聚不同民族、不同信仰、不同文化、不同地域人民的共识,共襄构建人类命运共同体的伟业"获广泛赞誉;表达的"我深信,只要各方树立人类命运共同体理念,一起来规划,一起来实践……构建人类命运共同体的目标就一定能够实现"获强烈赞同,声声入耳,字字入心,充分反映了中国共产党的思想智慧、战略眼光和卓越才能! 中国的发展之声是一份胆识,更是一份自信!

发展之声传遍华夏大地,加速了中国人民对美好生活的行动与实践。

十九大闭幕后,习近平主席带头在国内外宣讲中国主张和中国道路,既有重要讲话、会见记者,也有主旨演讲、会谈对话;不仅有与首脑间面谈、与百姓的温情聊天,还有在海外媒体发表署名文章、亚太经合组织会发言、外事通电话等,形式多样,内容丰富,言简意赅,生动深刻。十九大精神的声音回响在人民大会堂,回响在嘉兴南湖湖畔,回响在网络平台,回响在东南亚国家,回响在世界四面八方! 党的十九大报告指出的"中国共产党是为中国人民谋幸福的政党,也是为人类进步事业而奋斗的政党。中国共产党始终把为人类作出新的更大的贡献作为自己的使命",庄严承诺,掷地有声;"带领人民创造美好生活,是我们党始终不渝的奋斗目标",荡气回肠,感人肺腑;"世界命运握在各国人民手中,人类前途系于各国人民的抉择。中国人民愿同各国人民一道,推动人类命运共同体建设,共同创造人类的美好未来",字字珠玑,催人奋进! 超过世界人口六分之一并首次提出构建人类命运共同体倡议的中国,把自己的事情办好,就是对世界最大的贡献;不断满足中国人民日益增长的美好生活需要,那就是为共同创造全人类的美好未来贡献力量!

中国的发展之声引领潮流,撼天震地! 党的十九大一胜利闭幕,全国上下就迅速掀起了学习宣传贯彻十九大精神的热潮。在进企业、进农村、进机关、进校园、进社区、进军营、进网络中,不仅仅中央政治局同志和各省区市、中央各部门主要负责同志在分管领域积极宣讲,各级党政军群主要负责同志带头宣讲,而且各行各业理论界专家学者、实践层面带头人和骨干人员也纷纷参加到十九大精神宣传阐释中来,网络空间各传播与互动平台更是聚集了亿万网民对十九大精神解读的民意、民情。这是一次全党思想理论的大学习,也是一场中央声音传递的大聚散,如火如荼,方兴未艾,已逐步形成了一股强大、蓬勃、有力的"声音"洪流。中国的声音同频共振,目的在于让党的十九大精神入耳、入脑、入心,让每个流淌中华民族血脉的华夏人更好地拥抱新时代,更深地践行新思想,更大地实现新作为! 中国的发展之声是一种力量,更是一种精神!

"治世之音安以乐,其政和","声音之道,与政通矣"。全世界政党对话会、乌镇全球互联网峰会和国内十九大精神的振奋宣讲,突出体现了如何构建人类命运共同体与如何实现人类对美好生活向往的历史使命。这期间的中国"声音"无论是音频、音调,还是音品、音质等,回响在全球的五洲四海,映射在网络的无时无刻,辉映在国际的大小舞台。独具特色的"声音"集中发散与辐射传播,传递了中国共产党的十九大精神落地生根,表达了中国愿与世界各国一起谋发展、共进步、求共赢的发展理念,反映了中国的国际话语权的不断提升,更彰显了中国特色社会主义伟大事业政通人和、勃勃生机、欣欣向荣的新时代壮丽景象!

(原文标题为《"中国声音"世界回响 辉映人类美好生活的向往》,
2017 年 12 月 6 日刊发于环球网)

共绘"一带一路"壮阔美景

第二届"一带一路"国际合作高峰论坛在中国北京隆重召开。开幕式上,中国国家主席习近平发表的主旨演讲,登高望远,立意深远,反响热烈;近40个国家元首、政府首脑以及来自150多个国家与90多个国际组织的近5 000名外宾的参会,群贤毕至,规模宏大,共襄盛举;首次"一带一路"企业家大会的举办,亮点频出,精准对策,成果丰硕……此次盛会以"共建'一带一路'、开创美好未来"为主题,标注了五年多时间来共同建设发展的新节点;共建"一带一路"从"大写意"到"工笔画"的有序、顺利过渡,标志着从总体布局迈向高质量发展阶段。与此同时,全球各参与国对共同发展的美好追求,就是通过"一带一路"国际合作高峰论坛的广阔平台,来瞄准美好前景方向、凝聚共识与合力,共同书画壮丽美景新画卷!

行必达,绘就了"一带一路"解衣磅礴的"大写意"!

此次盛会前发布的《共建"一带一路"倡议:进展、贡献与展望》报告显示,2013年以来,共建"一带一路"倡议以政策沟通、设施联通、贸易畅通、资金融通和民心相通为主要内容扎实推进,取得明显成效,一批具有标志性的早期成果开始显现,参与各国得到了实实在在的好处,对共建"一带一路"的认同感和参与度不断增强。五年多时间来,这样的总体布局效应曾被习近平主席形象地比作"中国画法"中的"大写意",每一笔都着力有形,每一墨都恰如其分,笔墨技巧之中融进了激情和意趣。这期间,共建"一带一路"倡议及其核心理念已先后写入联合国、二十国集团、亚太经合组织以及其他区域组织等有关文件中,到目前为止,中国已与150多个国家和国际组织签署了170多份合作文件。如此倍受尊重与信任,如此倍受尊崇与合作,印证了"一带一路"倡议源于中国、惠及世界的伟大构建意义和发展理念,因此它的一点一线、一笔一墨,都吸引着世界的目光,笔墨行动之中融入了美感与力度。两年前首届"一带一路"国际合作高峰论坛五大类76大项279项具体成果至今已经全部按计划进度完成,其中有的成果还转入了常态化工作,将持续予以推进。共建的直接成效向第一届高峰论坛与会各方交了一份满意的答卷,这答卷中每一处的"线条"与"笔意",都在全球范围内凸显了生命力和冲击力,彰显了东方神韵和现代意味,笔墨实践之中融合了风格与境界。过去五年多时间"一带一路"倡议总体布局的生动实践,如中国画法中的"大写意",破锋逸笔得智慧之髓,落笔泼墨而一挥而成,成为这个21世纪伟大工程广为接受、深得人心的实证!

志必坚,绘制着"一带一路"精谨细腻的"工笔画"!

站在"一带一路"共建的新起点,显然已不满足基本形成"六廊六路多国多港"的互联互通架构,则更需开创发展新机遇、谋求发展新动力、拓展发展新空间,用精细精准地务实合作成就呼者倡导、响者云集;显然不接受相伴而生的"地缘政治论""债务陷阱论""不透明论""破坏环境论"等一些误解、误判,则更需要秉持"共商共建共享"的黄金法则,不断寻求各国合作的"最大公约数",以更加突出与精彩的实践成效来回应。习近平主席在这次高峰论坛上郑重发出了"我们要聚焦重点、深耕细作,共同绘制精谨细腻的'工笔画',推动共建'一带一路'沿着高质量发展方向不断前进。"此举为共建"一带一路"指明了更清晰的方向、更坚定的目标、更务实的举措! 本次盛会强调的是高质量共建"一带一路"要坚持开放、绿色、廉洁理念,要努力实现高标准、惠民生、可持续目标。全新的使命使得在共建"一带一路"这份"书画"中每一笔、每一墨上讲究严谨周密、刻画入微。高峰论坛圆桌峰会召开、"一带一路"国际智库合作委员会成立等,都以精确、精致的谋划来为丝路梦想注入不竭智力泉源。在共建征途中处处加强中西借鉴的笔墨,让多种材料、技法、艺术等元素和手法来扩展新领域,勾勒和渲染作画者的立意情趣与内涵表达。尤其是习近平主席在主旨演讲中宣告的中国将采取以五个"更"的一系列重大改革开放举措,还强调了"中国人历来讲求'一诺千金'",其意坚决,其情充盈,在共建"一带一路"的这份"工笔画"中定会笔笔出彩,墨墨尽染! 从过去"大写意"迈向如今"工笔画",本次盛会所凝聚的共识凝结了沿着高质量发展方向不断前进的实践路径,新时代中国深化改革开放的坚定决心和务实举措也为此注入了强大推动力。中国画法中的"工笔画",正在蓄势待发地将理念转化为行动,将愿景转化为现实,携手各参与国一道,铺展开了世界联通的共赢之路!

意必果,绘写出"一带一路"浓墨重彩的"彩墨画"!

如此多的世界各国元首、国际组织的领导人和外宾齐聚中国北京,共同撒播"一带一路"务实合作的春天种子,共同谋略"一带一路"共赢发展的广阔前景,也是在共同绘织人类命运共同体愿景的靓丽"彩墨画"!五年多的共建,让"一带一路"倡议被誉为"连接世界的一座桥""世界经济发展的新维度""开垦人类的美丽花园"等并给予厚望,那是因为共建"一带一路"倡议唤起了沿线国家的共同历史记忆,赋予古丝绸之路精神全新的时代内涵。"源于中国,惠及世界"发展理念与实践逻辑切切实实地得到了参与各国的巨大信任与广泛融入。从哈萨克斯坦到印度尼西亚,从雁栖湖边到西子湖畔,从世界经济论坛到日内瓦万国宫,从亚太经合组织领导人会议到二十国集团领导人峰会……只要有全球性的平台,"一带一路"的书写印迹就会有美景勾勒;俄罗斯提出的欧亚经济联盟、蒙古国"发展之路"、哈萨克斯坦"光明之路"、波兰"琥珀之路"、英国"英格兰北方经济中心"……只要是世界性的舞台,"一带一路"的泼墨印记就会有图画展现;马尔代夫的第一座跨海大桥连通岛屿、黑山共和国的第一条高速公路穿越群山、白俄罗斯的第一次发展起了轿车制造业……共建"一带一路"由当初的机遇之路与合作之路,正在转变为希望之路与共赢之路,为世界经济增长,为国际贸易和投资,为完善全球经济治理,为增进各国民生福祉,共同绘写浓墨重彩的新时代精彩画卷。这样的愿景和追求成为参与各国齐心协力、守望相助的基石,也是聚沙成塔、积水成渊的基础。中国画法中的"彩墨画",集智慧与情怀于一身,展价值与人文于一体,汇形式、意境、中西融合、创新精神于其中,"一带一路"的笔墨与色彩相融合,在彩墨无序的潮流中,定会构成人类命运共同体风光无限的宏大景观!

"志不求易者成,事不避难者进。"本次高峰论坛充分展现了立志高远、信心坚定,广聚共识、硕果累累,知难而进、携手共进等精神状态和优秀品格,充分证明了越来越大的"朋友圈"不仅具有高品质追求,而且拥有永恒的旋律。共建"一带一路",无论是过去的"大写意"到如今的"工笔画",还是从现今的"工笔画"去绘就未来的"彩墨画",都应从丝绸之路的历史中汲取智慧,从当今时代的合作共赢中发掘力量,从未来之行的同舟共济中充满自信。相信共建"一带一路"一定会高质量发展,走深走实,行稳致远,成为和平之路、繁荣之路、开放之路、绿色之路、创新之路、文明之路、廉洁之路,推动经济全球化朝着更加开放、包容、普惠、平衡、共赢的方向发展,为推动构建人类命运共同体做出更大的贡献!

(原文标题为《"中国画法"携手世界 共绘"一带一路"壮阔美景》,
2019年4月28日首发于环球网,全网联发)

书写一抹最亮丽的"风景"

2017 年国庆前后,华夏大地一派祥和情形,处处洋溢着温馨的节日氛围,网络空间一片欢快景象,时时彰显着浓郁的喜庆气息。在网上网下、境内国外、大街小巷、高空地下、边陲村落、江河湖海,五星红旗随处飘扬,中国红装扮了祖国的山川大地。十三亿中华儿女以前所未有的激情和兴奋,共同庆祝和祝福着伟大祖国 68 岁的生日。"家国网事""我和国旗合个影""厉害了我的国"等系列的主题策划让亿万网民积极参与,将爱国、文明、团圆、和谐表达得淋漓尽致,成为了当今盛世每个中国人的主流标配,书写了一抹最亮丽的风景。

现实维度的家国情结达成了亮丽的"风景"。

今年的国庆与中秋不期而遇,难得的长假,且这两个具有中国特色的节日代表性强,让人不约而同地将家国情结紧密相连。当见到一张张脸上有国旗贴的婴幼儿依偎在父母怀抱的甜蜜照片时;当翻到一篇篇庆祝祖国生日和中秋家庭团聚混搭交错的甜美帖文时;当览到一帧帧反映国家科技强大和便捷舒适高铁等交通方式温暖人心的甜润视频时,想必每个中国人心中都充满着无限感叹的获得感和安全感。于是,中国桥、中国路、中国车、中国港等"超级震撼",当然就形成了家族团圆饭桌上每每必谈的"恋国情结";"一带一路"、金山银山、强军逐梦、脱贫攻坚等"显赫战绩",自然就成为网络社交平台上真情流露的"畅销话题"。当杭州游客亲历美枪击案后抱头痛哭"还是祖国好"时;当微信开机画面变化为我国新一代静止轨道气象卫星"风云四号"从太空拍摄的祖国全景时;当在多米尼克遭遇强飓风袭击的 381 名受灾同胞历时 48 小时飞越 19 国后于国庆当晚安全顺利回到祖国时……"厉害了我的国,幸福了我的家",国与家的诠释在现实变化和密不可分中成就了一道亮丽的风景线,而爱国就是这风景中最佳的内核!

时空维度的家国情感凝结了绚丽的"风景"。

长假期间,燃爆家国情感的当属于网络空间。在这样的时空中,不仅有万千的网民在"热恋"祖国秀丽的城乡、山川、江河、大漠、岛屿;更有"家国网事""我和国旗合个影"等主题活动,充分地展示了中华民族优秀传统文化的自信,也在将个人的真挚情感融入祖国的山山水水风景中。这段时间里,粉墨登场于 CCTV-1"点赞中国"晚会中的《我们@中国》:诉说心声,动情你我;2016 年度"五个一百"网络正能量精品评选活动结果发布:记录足迹,温暖神州;央视网《家国网事》之微电影"'酱紫'的国,该骄傲就骄傲":动容中国,必在实干;《中国人故事》之"最美瞬间":凡人善举,感天动地……万千网民们爱祖国的一草一木,朝出夕归,似乎找遍了神州大地的"最美"景物,爱家事家风家训,秀美食、秀团聚、秀温情,网络平台上随处可见的一丝一缕和点点滴滴,均恰当反映了祖国的历史、文化、艺术等。与往常相比,网络空间更体现了风清气正,风景这边甚好!这既是一种环境、一种氛围,也是一种能量,一种力量。"家是最小国,国是千万家。"国与家的注释已经超越时空,融为一体,而文明则是这风景中最真的主导!

精神维度的家国情怀瞩望了壮丽的"风景"。

中国国庆节到来之际,多国政要纷纷表示,近年来中国的发展变化令人印象深刻,他们高度评价中国的内政外交政策,并祝福中国在未来取得更大的成就。成就来之不易,精神弥足珍贵。新中国成立 68 年来,中华民族和中国人民就是通过艰苦奋斗和不懈努力,才从"一穷二白"一跃成为世界第二大经济体,阔步走进世界舞台中央。实干兴邦,奋进的中国精神给予我们富足的力量。佳节期间,人民日报客户端"我爱你中国——唱出我们的爱"大型众筹活动的征集平台上,不仅有众多明星一起接力表白祖国,特别的是还有许多公安干警、消防官兵坚守在工作岗位上,把饱含对祖国炽热的爱,化作了细微的行动和默默地守护。正因为如此深沉和浓厚的家国情怀,才造就一种独特的中国风景,不难想象网络空间传遍的"有一种安全感,叫'我来自中国';有一种骄傲,叫'我是中国人';有一种表白,叫'我爱你中国'!"中国共产党的十九大即将隆重召开,站在新的历史起点上,砥砺奋进,再谱新篇,更加迫切需要以新的精神状态和奋斗姿态去实现伟大梦想。"在世界的国,在天地的家;有了强的国,才有富的家。"国和家的交相辉映才能激荡着发展的新律动一起共成长,而奋斗便是这风景中最美的标注。

"日出江花红胜火,春来江水绿如蓝。"人逢佳节,双重喜庆;风景宜人,精神倍爽。很不平凡的中国发展,特别是五年来的奋斗历程,多少梦寐以求的蓝图变为现实,多少彪炳史册的成就激动人心,这些织就了深情厚意的家国,书写了最为亮丽的中国风景。当下,从现实维度、空间维度和精神维度展现给我们的是:唯有爱国爱家的深重情怀、团结一心的思想纽带、自强不息的精神动力,才会谱写无愧于历史和人民的华丽新篇章!

(原文标题为《[家国网事]书写一抹最亮丽的"中国风景"》,
2017 年 10 月 5 日首发于环球网,全网联发)

网络安全宣传周应"热度"不减

安全,于国家、于社会、于家庭、于个人都刻不容缓和不容忽视。当中国网民数额占全国总人口一半以上、人们的生活无法离开网络之时,而隐蔽性强、潜伏性强、破坏性大、传播性广等影响网络安全的因素,越来越备受重视。第三届国家网络安全宣传周于今年9月19—25日在全国范围内广泛开展,其主题"网络安全为人民,网络安全靠人民"深入人心,影响甚远;主题活动如火如荼,亮点纷呈。

第三届全国网络安全宣传周期间,既有该宣传周从今年始固定在每年9月第三周的常态化确定,又有全国大学网络安全知识竞赛短短几小时就有200多所高校的10万多名大学生参与在线答题;既有我国首次评比表彰了19名网络安全先进典型,又有国际大咖卡巴斯基实验室首席执行官尤金在网络安全技术高峰论坛上关于"网络安全的黑暗时代"的主旨发言;既有自今年10月1日起施行《关于办理刑事案件收集提取和审查判断电子数据若干问题的规定》出台,又有国家英雄邱少云名誉侵权案裁定、"加多宝凉茶"和"作业本"败诉并公开致歉……于是,今年的"网络安全宣传周"中,政策制定增强了规范性操作,主题活动强化了导向作用,高峰论坛探究了国际合作,评比表彰倡导了人才优势,依法判决维护了正义尊严……不仅做到了上下联动,协同合作,特色鲜明,而且营造了网络安全人人有责、人人参与的良好氛围。

网络安全宣传周的时间设定和普及开展,其意义不言而喻,但究其重要性和价值性,在笔者看来,远不止涉及国家安全稳定性和受破坏力程度,也不止于社会公众关注的热点问题和反映的现实问题。网络安全宣传的意义还在于:其一,是肩负着国家话语权影响力的有序要素。网络传播特点注定了每个网民的话语内容在国际话语体系都会产生影响,其安全程度容易导致国际舆论权威和信任的好坏;其二,是考量着国家治理体系和治理能力的有形载体。尤其是在金融、电信、电子政务、电子商务等重点领域和行业网络安全等方面;其三,是检验着社会执行力和公众意识提升水平的有效标志。首次举办的网络安全技术高峰论坛就吸引了五大洲15位网络大咖纵论网络安全技术;其四,是彰显着家庭和谐感和公民幸福度的有机融合。正因为如此,大力、广泛、深入地开展网络安全观和网络安全意识的宣传与传播,力求横向到边,纵向到底,有着国际、国家、社会、家庭及个人的内在和外在的必然需求和诉求。

宣传周的目的是一个导向,一种态势,一次契机,一份示范,更重要的是在于持续不断地推动和推进人们对网络安全这一重大问题的基本观点和看法,即网络安全观的普及和掌握。而要做到此,在积极、蓬勃、浩大的宣传周之后,又如何将网络安全意识和观念的宣传更加深入地融入亿万网民的心中呢?

多管齐下,分类指导。

"保护网络安全就是保护国家和人民的安全。"宣传周期间国家六部委的联动与协调相得益彰,配合紧密,"电信日""教育日""法治日"等合力的活动与体验宣传,构筑了一场保卫我们自己网络环境和空间的强大声势。在开放的环境下,维护网络安全的使命和任务就更加艰巨和迫切。若要赢得网络安全战,就必须突出全体网民在网络安全建设中的历史地位,就必须强化主管部门的多管齐下,就必须对各类群体的网络安全意识持之以恒地宣传指导。让网络整体动态的安全防护理念,在长期、持久、不间断的重视中,引导全社会共同担负责任并积极参与这场网络攻坚战和持久战。这样的理念和意识的宣传引导,应是无时不在,无处不在,而不是仅仅局限于每年的"宣传周"期间。

建立机制,长期实施。

网络安全防控是项系统工程,不仅要在技术、硬件、软件、环境等领域创新发展,更需要认识、机制、管理、人才等环节的与时俱进。我们已经充分意识到影响网络安全的危害因素,正紧锣密鼓地加以建设和强化,如正在制定的《个人信息安全规范》国家标准是从技术、管理要求的角度,确立包括从获取个人信息、存储处理到转移或发布个人信息应该坚持的个人信息保护基本原则。在重庆市宣传周启动仪式上,全国首个互联网数据取证公众服务平台也同步上线,"三维取证"更加全面快捷;加强网络安全学科建设和人才队伍培养,经过国家科学、系统的反复论证,于2015年6月份正式批复设立网络空间安全一级学科;众多地方加紧部署实施如何将网络安全的宣传和体验建立长效机制,如北京市将青少年网络安全科普基地进驻科技馆,武汉市创建具有中国特色的一流网络安全学院+一流网络安全产业的国家网络安全人才与创新基地等。宣传、规范、实施并重,并非一时一日之功,而是要在科学、严谨、系统的机制管理中,坚持网络安全和网络发展同步推进,让互联网更好地造福人民。

重在引导,标本兼治。

全国网络安全宣传周举办了三年,已逐步构建起了"人人为我,我为人人"的全民网络安全防控的宣传体系,但不法分子们的攻击目标也不断变化。因此,迫切需要不断增加以防范和打击专业对手创造的先进和复杂的威胁网络安全的解决方案。只有通过长期行之有效的宣传动员,让每一个网络用户都成为网络安全的参与者、建设者、维护者,将长期宣传和坚决打击并举,才能做到标本兼治。

全国网络安全宣传周只是每年主题教育的起点,重要的是还有其他的51个周坚持不懈的宣传和教育。没有网络的安全,就谈不上国家的安全;做不到网络的安全,也很难保证人民人身及财产的安全。培育有高度的安全意识、有文明的网络素养、有守法的行为习惯、有必备的防护技能的"四有好网民",要靠持久发动和实践积累。发力延续宣传周的宣传策略和攻势,应热度不低,强度不减,保障不少,既能够确保对外打好"人民战争",维护国家的安全;又能够对内做好"人民防护",守住个人的利益。只有如此,中国才有可能真正从网络大国建设成为网络强国。

(2016 年 9 月 26 日首发于环球网,全网联发)

一个小渔村撬动了大世界

——写在博鳌亚洲论坛成立 15 周年

博鳌亚洲论坛 2016 年年会胜利闭幕。有谁能预知,15 年前一个普通小镇博鳌今天再次成为世界的焦点。刚刚结束的博鳌亚洲论坛已吸引了 12 个国家领导人和来自全球 2 000 多位嘉宾代表进行了 60 多场次的大小论坛,共商亚洲事务发展大计。每年世界各地政界、商界精英、专家学者、媒介记者聚首博鳌,在创新、坚守、活力中凝聚共识、期待合作、描绘愿景。同时,与会代表们也以博鳌这块弹丸之地的繁荣和富强感知到中国发展新变化和新成就,促进和展望亚洲及世界经济和平、繁荣和发展的美好前景。

15 年持之以恒地创新,博鳌亚洲论坛见证了推进亚洲互助和通融的稳健步伐。

《博鳌亚洲论坛新兴经济体发展 2016 年度报告》显示,新兴经济体国家对全球经济增长贡献为 52.9%。在世界发达经济体增长趋弱,全球贸易增速大幅放缓的前提下,2015 年亚洲新兴与发展中国家经济增长保持 6.6% 的增速,高出世界平均水平的两倍。哈佛大学教授戴尔·乔根森充分肯定了亚洲的发展形势,他指出:"亚洲的崛起是我们这个时代巨大的经济成就。它创造了一个新的经济增长模式。"作为一个非政府、非营利性、定期、定址国际组织的博鳌亚洲论坛,从成立之日起就致力于通过区域经济的进一步整合,推进亚洲国家实现共同发展,这一宗旨和方向坚持不懈地推进了 15 年,发挥了举足轻重的作用。博鳌论坛已成为全球最有影响力的论坛之一,如此强的生命力的源泉在于不断地创新。创新之源在于"亚洲寻求共赢"是各参与者共同的心声,也是博鳌亚洲论坛的一个永恒主题,如刚不久的澜沧江—湄公河合作首次领导人会议也在博鳌亚洲论坛期间成功召开。诞生于亚洲金融危机之后的博鳌论坛,十多年来,亚洲国家在应对风险中提高了自身免疫力,在调整变革中促进了经济健康发展。机遇和挑战并存,希望和困难同在。15年的不断创新与凝聚,博鳌,过去曾为一个半渔半农集镇,鲜为人知,而现在不仅成为亚洲经济发展的代言,也成为"亚洲好,世界才好"最有权威的见证者。

15年矢志不渝地坚守,博鳌亚洲论坛凸显了主办大国实力和担当的庄严承诺。

每年中国的两会结束不久后举行的博鳌论坛,这个亚洲及全球重要事务进行对话的高层平台就一次次地成为全球瞩目的焦点。在每年的论坛上,中国主要领导人都会做主旨演讲,发出中国声音。15年前,亚洲地区的一些前领导人向中国高层领导提出建议将论坛总部选择在中国海南博鳌。博鳌论坛历经15年的发展和壮大,在促进政治上平等互信、经济上互利共赢、文化上交流借鉴、安全上对话协作等方面凝聚了亚洲的智慧,还辐射了全球,真正做到了博鳌不仅是亚洲的,也是世界的。从一个渔家小镇到享誉世界,这背后体现了中国为亚洲崛起和振兴、不懈追求亚洲人民根本利益的责任担当。事实证明,实现亚洲各国的发展和共赢,作出符合亚洲实际和时代潮流的战略抉择,博鳌亚洲论坛的坚守和实践,兑现了中国人民15年前的庄严承诺。博鳌看世界,世界看博鳌,充分体现了中国大国的经济实力和国际影响,这是中国用15年的自信给予了世界各国和人民的感召力。热爱和平的中国人民不仅通过博鳌亚洲论坛的努力向世界展示了中国大国风范和风采,还展现了良好的国际声誉与和平发展的外交渠道。博鳌,从20世纪80年代最长街道不过100米长、共三条街道的小镇已经发展成为今天名副其实的"中国名片",这既反映了中国改革开放的成果,又彰显了中国成就。

15年锲而不舍地开拓,博鳌亚洲论坛盘活了发掘世界潜力和关系的发展路径。

博鳌亚洲论坛聚焦的重点从亚洲经济一体化,逐渐发展成为国际性和全球性的重要会议,充分地体现了其活力和张力。15年里,论坛议题从最初的亚洲区域经济、文化合作,拓展到全球政治安全领域,论坛理事构成,从成立时全部由亚洲地区国家人员担任到最近几年涵盖欧洲、美洲、大洋洲等域外地区。前英国伦敦金融与贸易署署长罗思义（John Ross）都认为"现如今论坛已经成为国际上最被广泛研究的经济事件之一""博鳌亚洲论坛的发展正是这种重心转移的体现：世界经济的发展，连同经济思维的中心正在朝着中国转移"。博鳌亚洲论坛多年来以全球的眼光、世界的视野、务实的作风、时代特点、精准的议题等赋予亚洲新的活力，更是吸引全球经济精英和网络大咖群贤毕至的主要原因。如 2013 年年会中国领导人的国际和区域和平稳定主张阐述了中国的"亚洲观"和"世界策"等。据悉，近年来欧美参会代表呈不断增多趋势。2012 年占总与会人员三分之一的代表来自欧美，而2015 年就超过了与会总数的 50%，全球财富 500 强公司负责人中欧美地区就达70%。15 年的开拓，2002 年这个面积仅有 86 平方公里的小小博鳌，从自给自足到海外宾朋频繁往来，实现了从渔家小镇到完全现代的"数字化小镇"的蜕变。在博鳌，无论是"一带一路"的中国倡导，还是"稳增长、促改革、调结构、惠民生、防风险"的中国经济发展政策措施，对挖掘国际经济市场的潜力、激发全球合作新活力提供了互信认同和互惠共赢发展路径，构建你中有我、我中有你的命运共同体。

　　"相知无远近，万里尚为邻。"博鳌用 15 年时间验证了中国与邻为善、以邻为伴，坚持睦邻、安邻、富邻的理念，立足亚洲，携手世界，扩大了中国影响力，强化了国际能见度。在新活力和新愿景的感召下，中国人民必将和世界人民一道为推进人类和平与发展的崇高事业做出积极而突出的贡献。

（2016 年 3 月 25 日刊发于环球网）

深化协同创新
应成为激发科技创新活动的关键

日前,国务院印发了《"十三五"国家科技创新规划》,描绘了未来五年科技创新发展的蓝图,提出了"国家科技实力和创新能力大幅跃升,国家综合创新能力世界排名进入前15位,迈进创新型国家行列"。前不久,中共中央办公厅、国务院办公厅印发了《关于进一步完善中央财政科研项目资金管理等政策的若干意见》,这个文件出台及随后相关配套政策的落实,是推动科研经费与科研人员之间关系转变的一次深入改革,较大幅度解开了科技工作者困扰多年的"禁锢",相信这将进一步解放中国的科研生产力,释放科研创新创造的巨大活力。

近日,世界最权威的反映科研进步排行"自然指数2016新星榜"显示:中国科研机构正引领全球高质量科研产出的快速增长,2012—2015年增加最多的100家机构的前10名中,中国占据前9个。"自然指数"主要追踪的是全球8 000多家机构在68种高质量自然科学期刊上的论文发表情况。

仅2016年,我们惊喜地看到:从正式研制到首飞仅使用了5年时间,我国自主研发的运-20大型运输机已正式列装空军;世界最大单口径射电望远镜——500米口径球面射电望远镜成功吊装,这只"观天巨眼"或能领先世界20年,又成为一大奇迹;今年是中国航天创建60周年,集合了三系列火箭各项技术的长征7号运载火箭发射成功,中国第四个卫星发射中心——文昌卫星发射中心再次成为中国乃至世界的焦点……

一系列的大国重器不仅振奋了国人的精神,更让中国科技在一些全球行业或领域中从追赶者变成领导者,这些让人惊艳的科技创新成果,加之上述的"自然指数新星榜"的一"潜能"和国家出台科研经费改革的一"盘活",不禁让人热血沸腾和感叹信服。如同习近平总书记在今年7月19日视察宁夏时强调"中华民族积蓄的能量太久了,要爆发出来去实现伟大的中国梦。"厚积薄发之时,也增强了我们更多的科技自信。

中国科技创新创造成就所带来的兴奋与悸动，似乎让人淡忘了"钱学森之问"和"李约瑟难题"等，但我们不能沾沾自喜和顾此失彼，诸如"笔珠之痛"等还始终困扰着我们：虽然全球圆珠笔市场中80%的供应来自中国，但每支笔的核心技术还需靠进口。再如先进高端材料研发和生产方面、高端医疗装备、创新药物研发等我们都还处于弱势。据悉，我国科技进步对经济增长的贡献率为30%左右，其中高新技术对经济增长的贡献率仅为20%，远远低于发达国家平均60%的贡献率。我国高校目前虽然每年取得的科技成果在6 000—8 000项，但真正实现成果转化与产业化的还不到1/10。两个月前召开的全国"科技三会"吹响了把我国建设为世界科技强国的号角，科技创新被摆在更加重要的位置。

规范中央级公益性科研院所基本科研业务费专项资金的使用与管理，这是将过去"人围绕着经费转"转变为"经费以人为核心"，毫无疑问，极大地提高了科研工作者的自主性和积极性。这只是科技体制机制改革的一个突破口，而要全面激发科技创新创造能力，深化科技协同创新这一途径和方式则成为科技体制机制改革的必然和坚守。

科技协同创新应必须围绕经济社会发展总体战略和目标定位，建立和完善部门协同、科技创新单位联动的工作机制，在科技创新资源的整合下，完善产学研协同创新机制，推动科技成果转化。

深化科技协同创新，满足国家创新驱动发展战略，实施系统思想，激发科技创新的活力。

要做到科技创新，就必须有效汇聚创新资源和要素，打破创新主体间的壁垒和阻隔，在"人才、资本、信息、技术"等创新要素上以实现深度合作，来充分释放彼此间活力。要面向世界科技前沿，围绕和服务于国家重大需求，以系统工程的思想来统筹科技资源和要素，方可在全球科技竞争中加快我国的科技创新，从而可能掌握竞争先机。"中国制造"要得以繁荣和领跑，离不开科技创新活力，而活力更来自各类人才的创新动力和潜力。协同创新的出发点就要推进机制改革，极大调动和充分尊重广大科技人员的创造精神，激励他们让谋划创新、推动创新、落实创新成为自觉行动。

深化科技协同创新,服务地方经济主战场,落实工匠精神,拓展科技创新的张力。

过去大学和科研机构注重于理论研究,与经济现实的结合度不够,科研成果产业化机制不顺,许多"闭门造车"和"不着边际"的成果难以运用市场。高校及科研机构、企业在协同创新组织架构中,以"精益求精""一丝不苟"的工匠精神,以推动应用研发创新为重点,实现自主创新发展,推进生产模式由资源依赖型向创新驱动型转变,充分发挥市场配置创新资源要素的决定性作用,助推大众创业、万众创业,切实增强创新驱动力与产品及成果的竞争力。

深化科技协同创新,满足行业和自身发展,体现共赢理念,彰显科技创新的定力。

无论是基础研究,还是应用研究、试验开发和研究开发成果的商业化,都应该依托于市场机制。推动科技创新动力、协同、投入、转化、评估的运行作用力的变革,才能真正反映出知识创新、技术创新和现代科技引领科技创新的管理创新的整合、动力、导向、协调功能。没有共赢的理念来支撑发展,政府的导向、协调和保障等就起不到作用,企业的技术创新主体地位就得不到发挥,高校及科研机构的科技创新积极性就没办法提升。

解放科技生产力,开启科技事业新征程。科技体制机制改革的号角一经吹响,且在不断推进和持续改善,这为我国构建以市场为导向的创新体系、激发广大科技人员的创新活力、营造全面开放的创新环境注入了一股"春风"和"清泉"。正如李克强总理在 2016 年政府工作报告指出:"强化创新引领作用,为发展注入强大动力。创新是引领发展的第一动力,必须摆在国家发展全局的核心位置,深入实施创新驱动发展战略。"成为世界科技强国,成为世界主要科学中心和创新高地,实现中华民族伟大复兴是中国人民长期以来的夙愿和梦想,我们有理由、有信心、更有能力为此而不懈努力来实现!

(2016 年 8 月 10 日刊发于环球网)

第四部分

体验和情感

中国特色社会主义发展道路是一条以科学理论为指导的道路,是一条人民创造历史的实践道路,是一条集中力量办大事的道路,是一条倡导平等而不是输出模式的道路,来之不易,倍加珍惜。新中国成立70多年的光辉历史和改革开放40多年的辉煌成就,特别是党的十八大以来所取得的丰功伟绩,向全世界昭示了坚持中国共产党领导下的中国特色社会主义道路的强大生命力和显著优势。该版块就近四年来重大主题、重大活动、重大事件的部分选取,以时事为基础,以国情为依托,以案例为支撑,以明理为导向,以意境为表达,为立足思想内涵和思想引领,着眼固本培元和凝心铸魂,发挥积极舆论引导和努力做到网络育人的作用。

一颗星星是渺小的,但一群星星是闪亮的;主题选择是有限的,但凝聚共识是无止境的。亿万人民的点点星光,汇聚而成中华民族的璀璨星河。本部分内容的主题有"读懂""榜样""礼赞""点赞""祝福""共享""学习""探索""真情""骄傲""灯塔""美丽""奇迹""诺言""历练"等。一叶知秋,窥斑见豹。本部分内容集中体现了我国在经济社会发展中取得了举世瞩目的巨大成就,社会面貌发生深刻变化,综合国力显著增强,人民生活从贫穷走向富足。同时,我国也在政治建设、文化建设、社会建设、生态文明建设和党的建设上取得了巨大进步,国际地位不断提升。

社会主义中国以前所未有的雄姿屹立在世界东方,一个日益繁荣富强的中国正在崛起,中国人民正在以新的形象走向世界。

自创"中国风"系列的评论文章原本仅以个人视线和情感表达,展现了一名普通网民坚持中国特色社会主义道路的坚定信念、顽强力量和自觉行动,却欣喜地看到,越来越多的中国人正鼓足新长征的风帆,弘扬伟大民族的精神,始终牢记历史使命,把自己的理想同祖国的前途、把自己的人生同民族的命运紧密联系在一起,万众一心奔前方,坚韧地书写更新更美的时代篇章,齐力同向驱动着中国巨轮豪情满怀地驶向中华民族伟大复兴的胜利彼岸!

读懂中国,从两会中来,到两会中去

春意盎然,春潮涌动。

开在今年春天的两会,以昂扬、务实、奋进的姿态向世界全面展示了中国迈进新时代的前进步伐和精神面貌。两会充分阐释了习近平新时代中国特色社会主义思想在中华大地上开启新征程的坚定信心和执着担当;两会深度融和了立党为公、执政为民具有鲜明人民立场的价值追求和情感依托;两会豪情发出了为实现"两个一百年"奋斗目标推动新跨越的坚强意志和使命追求。3月的春天里,全球聚焦中国,中国感动世界! 如何真正把握、理解和认知中国,只有读懂两会精华和精髓,才能读懂新时代中国改革开放的内涵、本质和品格。"两会时间"虽十余天,但正是读懂中国的最佳时机!

看成绩成就,识战略政策,方可在"两会时间"读懂中国的时代担当和信念追求。

一年前在党的十九大报告中,习近平总书记郑重宣布中国特色社会主义进入了新时代,而过去一年的"成绩单"和"大账本",正是成为如何读懂新时代中国的绝佳"样本"。在今年两会上,李克强总理所作的《政府工作报告》显示,我国全面完成了全年经济社会发展主要目标任务,在决胜全面建成小康社会又取得新的重大进展!"两会时间"里看成绩,方知中国不仅成功地迈向了新时代,开启了新征程,而且构建了新格局,创造了新作为,令人鼓舞! 看成就,深知这是在过去一年里面临着多年少有的国内外复杂严峻形势,经济出现新的下行压力情况下,中国走出的新天地,开启的新纪元,震撼人心!"两会时间"里,习近平总书记六下团组,先后在内蒙古、甘肃、河南、福建等代表团参加审议,谈文艺社科工作,谈脱贫攻坚,谈生态环境保护,谈乡村振兴,谈实体经济,谈对台工作,谈军政军民团结……其标注了时代方位,作出了战略谋划,指明了方向路径,描绘了美好蓝图,提出了具体要求。从成绩的实事求是、问题的科学研判、形势的从容驾驭、思想的有力指引等方面,来深读并品味这些重要讲话精神,就能明大略识大局,方可找准中国发展行稳致远的时代担当和蓝图擘画!

一年之计在于春。两会于春天里播种希望,播撒阳光。《政府工作报告》明确了今年经济社会发展总体要求和政策取向,强调了2019年政府工作任务,不仅有很翔实数据的预期目标体现,而且还有措施采取的路径提供,更有扎实做好各项工作的安排要求。更让各方及网友们感到非常期待和兴奋的是,两会开设的"部长通道",通达全球,道出自信,越来越多的部长们直面公众和百姓反映强烈的问题和诉求,部长们的回答也变得更加的自信、更加的开放和更加的坦然,这背后就是亿万人民的新时代风采!部长们一方面解读政府工作报告和相关政策,回应社会关切,另一方面通过此举向世界展现了中国履职尽责的阳光、从容和担当,让世界更深入、更全面地了解中国、读懂中国。从两会的新闻发布会以及"部长通道""代表通道"和"委员通道"中,我们不难发现,"问"与"答"的背后,其实蕴藏着新路径的开辟、新动能的培育、新挑战的迎接和新难题的破解。轻松自如,壮志在胸。释放的这些信号,海内外人士和网友们读出的是不仅仅在过去全面贯彻党的十九大精神开局之年中成就所获的信心满满,还要以优异成绩迎接中华人民共和国成立70周年的信念追求!

集民意众智,谋民生攻坚,便能在"两会时间"读懂中国的人民立场和情感使命。

全国人民代表大会是我国最高国家权力机关,中国人民政治协商会议主要职能是政治协商和民主监督,两会都冠有"人民"二字。政治协商与决策层面相得益彰,实现民主与集中的统一、效率与公平的兼顾、结果与程序的统筹,体现人民意志的中国制度优势越来越成为国际社会了解中国的窗口、观察中国的窗口、预测中国的窗口。特别在今年的"两会时间"里,踏上新征程、贯彻新思想、建功新时代所展现的新气象更是备受关注,"要用心用情用功抒写人民、描绘人民、歌唱人民""要解决好人民群众反映强烈的突出环境问题""要确保老区苏区在全面建成小康社会进程中一个都不掉队""党和政府带头过紧日子,目的是为老百姓过好日子"……习近平总书记下团组的谆谆教诲和殷殷嘱托,都是紧紧围绕全面建成小康社会主线,共商决战决胜大计。为了人民,依靠人民,以人民为中心的发展思想和浓浓的人民情怀，如春风拂面，温暖人心，催人奋进！

一年之计在于春，春江水暖，勤者先知。代表委员们将过去一年里听民声、访民意、察民情的脚踏实地集中到"两会时间"上，排民忧、解民难、盼民富的登高望远来为人民谋幸福。他们从乡镇村落到城市社区，从老区苏区到北疆草原，从企业车间到海滨之地，代表委员们与百姓通过面对面交流、心贴心沟通所收集到的民情民意与民智民心，通过两会的渠道和途径，反映了治国理政的理念和情感所依，也折射了亿万民众聚焦新目标、落实新部署、活跃新生活、激荡新动力的坚强信心。如过去基本上与世隔绝、生活在高山峡谷地区的独龙族去年底从整体贫困实现了整族脱贫；将建设中国第一所文物医学院，培养更多"文物医生"，守护国宝；团中央建言资政，为"快递小哥"多一份保障和关爱发出呼吁；更大规模减税降费让实体经济增活力，两会期间中央决定将 2019 年作为"基层减负年"……《政府工作报告》指出"中国人民有战胜任何艰难险阻的勇气、智慧和力量，中国的发展没有过不去的坎。"倾听人民心声、确立人民标尺、接受人民监督，从"两会时间"中很容易读会了只有把增进人民福祉、满足人民美好生活新需求作为出发点和落脚点，这才是发展目标所系，是前进动力所在，也是情感和使命的必然。

品精神状态，察奋进姿态，就会在"两会时间"读懂中国的意志品质和奋斗力量。

春暖花开，万物复苏，春天里感到最实的是生命的力量！春天的全国两会，是观大势、看全局、议大事的重要平台，既发扬民主集思广益，又凝聚共识加强团结，同样也承载、赋予和感召了干事创业的奋进激情和奋斗精神。它不仅汇合了中国最强劲的民心，也聚集了中国最广泛的共识，更充满了中国最坚定的信心。来自全国各地的 5 000 多名代表委员齐聚一堂，十多天的共商国是，通过法定程序，使党的主张成为国家意志，凝聚起继续前进的奋斗力量；坚持深化改革，加快推动高质量发展；打好三大攻坚战，决胜全面建成小康社会；外商投资法草案的顺利通过彰显了进一步扩大对外开放的决心；推进法治中国建设，让公平正义更加可触可感；切实保障和改善民生，不断增强人民群众获得感等等。过去一年攻坚克难，成果斐然，那是实干共进的必然；今年两会已昭示：蓝图规划好了、任务书拟定了、时间表明确了，奋斗就有了方向，行动就有了指南，接下来就要抓住新机遇，赢得新优势，续写新篇章。"两会时间"让中华儿女读懂了这是中国一次铭记嘱托、合力兴业的政治宣示；让世界人民看出了这是中国一次重整行装、激发担当的全面动员。

一个万紫千红、生机勃发的春天已经到来,一段波澜壮阔、充满希望的新征程已经启航。尽管今年两会已经圆满谢幕,但一场在中国大地上学习宣传落实两会精神的大幕将徐徐展开,再度扬起新高潮,将汇聚起近 14 亿人民迎难而上、同心合力的磅礴力量,再接续奋斗来发展各项事业。为政以公,行胜于言。两会也科学地分析了今后所面临的形势趋势和困难挑战,开弓没有回头箭,中国人民向来都有"遇事无难易,而勇于敢为"的劲头,敢想不畏难,敢闯不退缩,敢干不懈怠,既有"功成不必在我"的境界追求,也有"建功必须有我"的责任担当。正因为手握新时代的接力棒,每一次新的任务都标注崭新的中国高度,每一次新的胜利都绘就精彩的中国成就。品读"两会时间"的点点滴滴,留意着委员代表们讲出的一个个鲜活故事,我们得知实干才是新时代的底色,奋斗方为新发展的注脚,这是凝聚共识的中国精神状态;品读"行进中国"的丝丝缕缕,书写好新时代的答卷得靠一次次斗争胜利,我们深知中国的事业成就从来都是在攻坚克难中取得的,这是勇立潮头的中国意志品质!

"万里征程风正劲,千钧重任再扬帆。"春天的生机正在不断勃发,春天的力量正在无穷升涨。2019 年既是中国决胜全面建成小康社会第一个百年奋斗目标的"关键之年",也是"攻坚之年"。全国两会汇聚了党的主张、国家意志和人民心声,以其新的时代坐标而意义非凡。我们不仅要读懂两会,守正初心,始终不忘来路;还要让他人读懂中国,砥砺前行,坚实迈向未来。春色满园、波澜壮阔的画卷已缓缓打开,一定呈现出百舸争流、千帆竞发的生动实践;春风得意、策马扬鞭的场景也已渐渐展现,也会涌现出奋楫者先、勇进者胜的奋斗先锋!了解奋进中国的发展内涵、本质和品格就是真正读懂中国的内在要素和必要维度。站在即将迎来新中国成立 70 周年的重要历史交汇期,我们深切认知和深情凝望着:壮丽史诗总是在继往开来中谱写,澎湃辉煌定会在砥砺前行中铸就!

（2019 年 3 月 15 日首发于环球网,全网联发）

榜样的力量，鼓人心，催人进

日前，在召开的全国精神文明建设表彰大会会前接见与会代表时，CCTV-1《新闻联播》播放的一幕细节被转载后刷屏，网友们直呼：这个动作太帅了！原来，习近平总书记高兴地同代表们热情握手和亲切交谈时，看到 93 岁的中船重工 719 研究所名誉所长黄旭华和 82 岁的贵州省遵义市播州区平正仡佬族乡原草王坝村党支部书记黄大发两位全国道德模范代表年事已高，习近平总书记亲自挪开了第一排的椅子，搀扶了他们，并一再邀请他们坐到自己身旁。"温暖的力量，感人的瞬间"随后在各大媒体和网络社交平台上传开。全国道德模范代表本身就是我们社会中的榜样代表，而发生在这个场景的"一握""一让""一请"就成为现场"榜样中的榜样"。暖心感人的片刻自然在无限的网络空间中形成了暖流，荡漾在无数网民的心田里，积淀在我们奋发的事业中。

榜样感染力的作用，正是我们新时代谋事干活的催化剂。

不仅仅是在尊长敬贤，习近平总书记以真诚不经意的关心举动，传递着暖心温度，而且在治国理政、国际外交、引领风尚等众多领域，他充分体现了精准到位的国家态度，为国人立了标杆，成了表率，做了榜样。正如在十九届中共中央政治局常委同中外记者见面时他强调"我们要永葆蓬勃朝气，永远做人民公仆、时代先锋、民族脊梁。""全面从严治党永远在路上，不能有任何喘口气、歇歇脚的念头。"榜样，于有声和无声中均能给予无穷的力量，扎根于中国大地，立足于实践行为，在现实生活和网络空间中感染并影响着社会风气与事业追求。如上述的"中国核潜艇之父"黄旭华院士曾隐姓埋名 30 年，现已至耄耋之年仍旧坚持周一至周五每天工作半天，上午 8 点半准时到办公室，为年轻人鼓劲助威。村支书黄大发用 36 年时间修水渠 9 400 米，目的就是让全村人喝上水。类似于此的令人叹为观止的榜样行为,包括此次受表彰的代表中,他们显著的特点就是把精神的追求自觉地远高于对物质利益的追随,这是先进文化的凝聚者和传承者。党的十九大郑重宣告,中国特色社会主义进入了新时代。新时代表明我国战略任务的变化、发展坐标的前进、国际影响的增强,而进入新时代的重要标志,是社会主要矛盾的转化。如何逐步减弱甚至消除主要矛盾,就必须要高度重视社会各领域、各行业、各阶层的榜样发掘、树立和作用,用榜样的力量感染人、鼓舞人、带动人不懈地努力奋斗!

榜样驱动力的影响,恰如我们新使命奋发有为的助推器。

在"双十一"当天,绝大多数网民兴致勃勃忙于"体验"中国"新四大发明"之一的网购时,而习近平总书记这天却在重要的外交场合中工作了 11 个小时。一种特殊的精神力量正源源不断地在驱动和影响着这个恒远古老而又生机焕发的民族。上周笔者所在党支部开展了主题为《榜样》的专题视频学习的组织生活,党员们普遍反映被当代共产党员信仰坚定、心系群众、勇于担当、创新奉献的精神风貌所震撼,表达了在新使命形势下一定要学《榜样》情怀、做合格党员的坚定信心,这就是榜样驱动力的真实写照和影响体现!为人民幸福、民族复兴而奋斗是我们党神圣的使命。新时代要有新气象,新使命要有新作为。新气象何来?新作为何有?新时代精神文明建设中榜样的引领和驱动,必不可少!当前,全国上下正掀起了学习宣传贯彻党的十九大精神的新高潮,重中之重在加强习近平新时代中国特色社会主义思想的学习教育和宣传阐释。而此次受表彰的 600 多名"中国榜样"以及身边数不清的精神文明创建活动先进典型的集体和个人,都生动呈现了当代中国的精神风貌,集中展示我们这个伟大时代的道德风尚。结合十九大精神宣讲和普及,则一定能把十九大精神扎根于中国大地上!"注重典型示范引领,更好构筑中国精神、中国价值、中国力量。"其目的就是靠榜样的带动、驱动和辐射影响,让越来越多的人从中获取精神的滋养,付诸实践的行动,助推我们的事业前行,实现我们的伟大使命!

榜样感召力的价值,正是我们新征程再创辉煌的加速器。

榜样,亮如明烛,灿若星斗。过去 5 年来,中国社会主义精神文明建设挺起了中国脊梁、激发了中国力量、引领了中国风尚,此次获奖的新一届全国文明城市、文明村镇、文明单位、文明校园、未成年人思想道德建设工作先进代表和全国道德模范代表,在社会主义精神文明建设中取得的历史性成就、发生的历史性变革中功不可没,记载史册,价值彰显。近期媒体和平台广为传播的《习近平:新时代的领路人》,文章以"开创性的领导人""伟大斗争中形成的党的核心""为人民谋幸福的勤务员""有担当的国家改革发展战略家""重塑军队和国防的统帅""国际舞台上的大国领袖""新时代现代化建设的总设计师"等七个方面展开,具体而鲜活,全面而系统,刻画了"中国榜样"的深刻内涵,更凸显了新征程的坚强保障。站在历史的新起点,蓝图已绘、路径已定、号角已吹,迫切需要时代楷模道德的塑造,迫切需要标杆核心价值的传承,迫切需要榜样精神力量的感召。当下,全国上下把学习宣传贯彻党的十九大精神作为首要政治任务的同时,努力发挥好榜样感召力的价值,变成促新征程再创辉煌的加速器,成为决胜全面建成小康社会、开启全面建设社会主义现代化国家重要依靠的精神动力!

"青年的思想愈被范例的力量所激励,就愈会发出强烈的光辉。"榜样的树立,有助于确立正确的理想,指引发展的方向,汇聚前行的动力,探索奋斗的轨迹。倡导榜样,其潜在和隐形的象征、体现和彰显的力量,核心就是对所诠释的社会主义核心价值观的传递和培育,为全党全国各族人民砥砺前行提供有力的思想引领、精神支撑和智力支持。在此基础上,我们有理由、有信心、有勇气相信,让具有更加坚定的主流价值、更加高扬的道德旗帜和更加清朗的社会风气,凝聚起中华民族伟大复兴的精神支柱和道德坐标,为实现党的十九大目标任务而奋斗!

(原文标题为《"中国榜样"的力量,鼓人心,催人进》,
2017 年 11 月 19 日首发于环球网,全网联发;本文获教育部思政司、
中央网信办网络社会工作局第三届全国高校网络教育优秀作品一等奖)

礼赞新中国:前进,前进,向前进

历史,总在特别关键的分节点,给全世界彰显着其历程和品质!

未来,总在特殊紧要的交汇处,向全人类昭示着其前景和使然!

庆祝中华人民共和国成立70周年的系列盛典仪式和活动,不论是气势恢宏的盛大阅兵,还是意气风发的群众联欢;不论是人民领袖的庄严宣示,还是伟大思想的定向指引;不论是向英雄模范的褒奖尊崇,还是对人民英烈的崇高敬意……时时让人热血沸腾、心潮澎湃;神州大地歌声如潮,欢欣鼓舞,处处叫人热泪盈眶、满怀憧憬。这一切的一切,无不在告慰着为之而牺牲和奉献的代代英雄与前辈们,无不在感动着为之而创造和奋斗的中国人民,无不在激荡着为之而奋发和前进的华夏儿女们!

礼赞新中国激昂豪迈、气吞山河的奋进历程,就是永远牢记来时路;颂歌新中国万众一心、气势磅礴的奋发前景,就是永远激励未来行!

讴歌新中国:昔日之中国,感天动地的奋进史诗! 彪炳史册的伟大传奇!

深情回望新中国成立以来的这70年,在中国共产党英明领导和坚强指导下,团结和带领全国各族人民,实现了一个个震惊世界的"中国奇迹"。从一穷二白、满目疮痍起步,到全球唯一一个拥有联合国产业分类中全部工业门类的国家,"中国巨变"让中华民族走上了实现伟大复兴的壮阔道路。中国用几十年的时间走过了西方发达国家一两百年走过的路,成为世界第二大经济体和世界经济增长的第一引擎,"中国速度"举世惊叹。从70年前毛主席曾感慨:"现在我们能造什么?能造桌子椅子,能造茶碗茶壶,能种各种粮食,还能磨成面粉,还能造纸,但是,一辆汽车、一架飞机、一辆坦克、一辆拖拉机都不能造。"到如今阅兵典礼上包括东风-41核导弹等新装备在内的受阅装备全部为中国制造,近一半为首次亮相,"中国神

246

奇"靓丽全球……70年峥嵘岁月，就有如此的沧海桑田；70年的砥砺奋进，就有这些的伟大传奇！

"70年来，全国各族人民同心同德、艰苦奋斗，取得了令世界刮目相看的伟大成就。"习近平总书记的概述声震寰宇，气壮山河。从70年前的三民主义到社会主义，再到中国特色社会主义；从"苦难深重"到改革开放，再到走进新时代，中国为什么能、中国人民为什么能、中国共产党为什么能，成为世界之问。始终坚持中国共产党的领导，成功开辟了中国特色社会主义道路，始终奉行独立自主的和平外交政策等，彰显了"中国坚毅""中国开放"和"中国干劲"，以改天换地、攻坚克难的冲天豪情，创造了"当惊世界殊"的发展成就；"天眼"探空、神舟飞天、高铁奔驰、C919首飞、三峡工程、青藏铁路、南水北调、西电东送、港珠澳大桥等，凸显了"中国坚定""中国智慧""中国奋进"，以惊艳全球、舍我其谁的胆识魄力，汇成了一幅波澜壮阔的时代画卷；从愁吃愁穿到越过越美好，医疗、教育、养老越来越高质量保障，其中战洪水、防非典、抗地震、应变局、平风波、化危机，香港与澳门回归祖国母亲怀抱、北京奥运会、上海进博会、"一带一路"高峰论坛等，突显了"中国自信""中国创举""中国担当"，以震撼世界、一往无前的智慧勇气，谱写了亿万人民闯关夺隘从胜利走向胜利的豪迈壮歌！这首70年的感天动地奋进史诗，这曲70年的彪炳史册伟大传奇，不得不令人赞叹，讴歌新中国，是为了永续发展前行的"中国动力"，是为了积蓄开拓创新的"中国动能"！

赞美新中国：今日之中国，难以置信的奋斗精神！惊人壮举的不朽功勋！

从江南到北国，从沿海到内陆，从边陲到海岛，在广袤大地上，每时每刻都在发生着"中国创造"与"中国壮举"。京津冀协同推进、长三角轮动与联动，粤港澳大湾区、雄安新区整装待发，东北振兴、西部大开发、中部崛起次第推动……以大开放促进大发展，既是全方位和深层次的，也是历史性的和转折性的。整个中国版图呈现出一派热火朝天、欣欣向荣之景象，"中国引擎"八面玲珑，四处开花，令人钦羡；共商、共建与共享的"一带一路"从"大写意"到"工笔画"有序、顺利地过渡，从总体布局迈向高质量发展阶段，中国与160多个国家正蓄势待发地将理念转化为行动，将愿景转化为现实，"中国引领"广聚共识、合力共进、深得人心；中国共产党持续永葆先进性和纯洁性，以永不懈怠的精神状态和自我革命的进取意志，创造出惊天地、泣鬼神的人间奇迹，以辉煌的业绩向历史交出了优异的答卷，这样的"中国品格"正道沧桑，旨意深远，坚如磐石。今日的中国，勇于探索，励精图治，敢于担当，在风雨兼程中自强不息,在宏伟蓝图下奋勇开拓!

"今天,社会主义中国巍然屹立在世界东方,没有任何力量能够撼动我们伟大祖国的地位,没有任何力量能够阻挡中国人民和中华民族的前进步伐。"习近平总书记的话力若千钧,振聋发聩! 放眼今朝,站在新中国成立 70 周年的新起点上,正因为有中国共产党的领导,中国人民才实现了一个又一个"不可能";正因为有全国各族人民干事创业强大的向心力、凝聚力和行动力,才有今天充满"中国自豪"的宣示,满怀"中国信心"的宣言,点燃了全体中华儿女的奋斗豪情。从一系列深化改革、扩大开放、脱贫攻坚、环境保护等重大决策部署在实践,到 40 年市场经济成功让中国人民和中华民族的主心骨更加坚强,让中国特色社会主义制度最大优势得以充分发挥,不断夯实了变局中勇毅前行的"中国方案""中国定力"和"中国韧性";从隐名埋姓 30 年我国第一代核潜艇总设计师黄旭华院士到扎根大漠 50 余年敦煌研究院名誉院长樊锦诗,从初心始终不改 60 多年来带领群众艰苦奋斗农村先进模范申纪兰到历经战火洗礼、舍生忘死 60 多年来永葆英雄本色志愿军一级英雄李延年等,伟大出自平凡,平凡造就伟大,获得国家勋章和国家荣誉称号的英雄模范们就是万万千千的人民代表,尊崇他们就是高扬忠诚、执着、朴实的鲜明品格,不断激励着新时代接续奋斗的"中国脊梁""中国传承"和"中国境界"。这种今日中国的奋斗精神难以置信,这样今日中国的惊人壮举不朽功勋,不得不由衷颂扬,赞美新中国,是为了彰显澎湃前进道路的"中国力量",是为了昭示伟大事业的"中国期望"!

光耀新中国:未来之中国,初心磅礴的奋发力量! 使命召唤的伟大复兴!

短短几十年时间,当代中国实现了从落后时代到赶上时代、引领时代的伟大跨越,中华民族迎来了从站起来、富起来到强起来的伟大飞跃。回眸过去 70 年的光辉成就,展望未来前进的壮阔前景。党的十九大擘画了未来 30 年建设社会主义现代化强国的宏伟蓝图,这需要无数建设者成为新时代最美的奋斗者,凝聚起奋发中国的强大力量,让"中国擘画"扎下深根、花繁果硕。"中国擘画"是一次铭记嘱托、对标看齐的政治宣示;是一次解放思想、与时俱进的生动实践;是一次登高望远、奠基未来的战略谋划;更是一次重整行装、激发担当的全面动员。从庆祝中华人民共和国成立 70 周年大会上响彻云霄的"伟大的中国人民万岁"到国庆晚会用焰火点燃"人民万岁",把人民至上的治国理政理念表达得如此彻底和耀眼,纵览全球国家和历史,实属罕见!"人民是共和国的坚实根基,人民是我们执政的最大底气。"

这是中国特色社会主义道路、理论、制度、文化焕发出强大生机活力且弥久历新的"中国立场""中国根基"和"中国底气"。从阅兵盛典车牌号为"VA01949"车上虽然有麦克风，但座位是空着的画面引发无数网民遐想而感动泪目，到阅兵画面播放时为网络弹幕平台满屏满眼的"这盛世，如你所愿"，无论是猜测那辆车是留给无数苦苦求索、奋勇牺牲的先辈，或是承载当年被鲜血染红的英魂，亦是预设给开国领袖毛泽东主席，还是数不清的青年网友以自觉和自发告慰周恩来总理，波澜壮阔、继往开来的中华民族发展史承载着撼天动地与催人泪下的"中国坚守""中国意志"和"中国追求"等。

"历史照亮未来，征程未有穷期。"未来之中国，我们依旧满怀信心、意志坚定，依然风雨无阻、高歌猛进！从对党和国家机构进行系统性、整体性、重构性的改革到宏大军改下人民军队"听党指挥、能打胜仗、作风优良"的强军兴军，从强化中央全面深化改革委员会、中央全面依法治国委员会、中央财经委员会等领导作用，到近9 000万党员、450多万个党组织开展的"不忘初心、牢记使命"主题教育，党中央治国理政格局更加清晰，总揽全局、协调各方的作用更加彰显，不断强化着创一流永不满足的"中国精神""中国使命"和"中国格局"等。千百年来困扰中华民族的绝对贫困问题即将历史性地画上句号，站在历史交汇点的深情回望，凝结着对伟大历程的无比珍视，充满着对伟大事业的壮志豪情。重整行装再出发，因为初心，因为使命，因为复兴！为人民谋幸福，为民族谋复兴，为世界谋大同，未来之路，不论是国内治理、还是全球治理，都是以人民的获得为目标，都是在前进中凝聚为动力，唯有扎根中国大地，才能创造更加美好未来，伟大的梦想启迪和驱动着"中国遵循""中国胸怀"和"中国逐梦"等。这份长久的初心磅礴奋发力量，这份多年的使命召唤伟大复兴，不得不令人瞩目，光耀新中国，是为了厚积壮丽气象的"中国希望"，是为了永承宏图大业的"中国梦想"！

"奋斗吧中华儿女，新时代的步伐不可阻挡。奋斗吧中华儿女，新时代的前程无比辉煌……"礼赞新中国的辉煌成就和丰功伟绩，就是吹响新征程的号角，鼓足新长征的风帆，弘扬伟大民族精神，始终牢记历史使命。前进，前进，再前进！时代画卷和壮阔图景需要众志成城来托举，中华儿女势必万众一心奔前方，坚信书写出更新更美的时代篇章，齐力同向驱动着中国巨轮豪情满怀地驶向中华民族伟大复兴的胜利彼岸！

（2019年10月5日刊发于环球网）

点赞中国！
请"母亲"接受我们的微笑和拥抱

　　《点赞中国——2016—2017"五个一百"网络正能量精品展播特别节目》日前在 CCTV-10 播出，加之部分主流网站同步直播、社交网络平台的交相辉映，引发了网上网下的群情鼎沸，激发了万千观众的真情流露。这场《点赞中国》晚会集中展示了 2016 年以来在重大活动、重大主题、重大事件中积极发声、传递正能量、在网上产生良好反响的榜样及作品。尽管晚会节目只是普通网民文化产品的代表和浓缩，但激发出当前爱党爱国的热情，"点赞中国"高频如潮。笔者有幸应邀到录制现场，当时已是激动不已、热泪盈眶，再看播出节目时重温情节和细节，更是泪眼婆娑，泣下沾襟。

　　指尖传递阳光，点击传承温暖。整台晚会节目展现了一个个鲜活的事迹、一段段深刻的记忆，正能量爆棚，不仅高扬了主旋律，令观众们心潮澎湃，激发了血液中的正义与自豪，而且大展了精气神，让网民们感慨万千，唤醒了骨子里的凛然与荣光。正能量的聚集与传播，似星星之火成燎原之势，又如涓涓细流归汪洋大海。"点赞中国"，自发而真切，坦荡而真心，这是对祖国母亲的高度评价，是对昌盛华夏的大地情牵梦绕，是对梦想追逐的自己真情表达！

点赞中国，那是对过去坚韧付出而获得荣耀的动情肯定。

　　点赞中国的骄傲，点赞中国的自强，点赞中国的信心，点赞中国的力量……"五个一百"网络正能量精品展播，燃起了数亿网民的热心和激情，微博话题#点赞中国#、观看 CCTV 微视客户端、电视晚会并表达赞美、转发朋友圈宣传画面和视频等都在以简捷、欢快和及时地表达赞扬之声和溢美之词。晚会七个关键词：成长、记忆、信念、力量、复兴、引领、中国气质，全面盘点和纵深刻画了中国不平凡的发展历程和辉煌业绩,吸引着大量网民的关注关切。如网络空间中不断涌现习近平总书记治国理政的音频作品,其亲民接地气的形象让网民们情不自禁地踊跃评论和转发点赞;网络动漫作品《那年那兔那些事》以 10 亿点击量燃哭了无数爱国情谊的网民们;为抗议南海仲裁的中国地图《一点都不能少》达到了惊人的 60 多亿次的点击,凝聚了中国网民每一声正义的呐喊……

我们必须由衷点赞！祖国母亲,您可曾听到？中国重返世界之巅,中华民族伟大复兴的梦想,从没有像今天这样,离我们如此之近,我们为之欣喜,为之振奋,不仅仅是在今天,网络中处处有赞美您的从近百年前遭受内忧外患和数十年前经历无数艰难曲折到如今的巨变,因此我们拥有了无比的自豪与骄傲！祖国母亲,您可曾看到？广大网友作为网络空间的建设者积极参与,传播正能量、彰显正能量、点赞正能量,为共建清朗网络空间凝心聚力、贡献力量,因此"五个一百"网络正能量精品才如此地夺目和耀眼！祖国母亲,您可曾想到？虽然您从未担忧过面临激烈的国际竞争和发展征程中的问题与挑战,从未停歇过攻坚克难、闯关夺隘,我们依然创造了无比灿烂的荣耀,那是因为网络大舞台每天都在上演中国好故事,是它们告诉了我们爱国主义永远是开拓奋进的力量之源！

点赞中国,就得给今日鼓足干劲和充满温暖的真情告白。

点赞中国的创新,点赞中国的执着,点赞中国的韧劲,点赞中国的拼搏……晚会节目中以北航大学生女排队员集体朗诵网友朱德泉关于中国女排里约奥运会夺冠的网评文章,其"奖牌成色诚可贵,最是精神动人心"表明了"我们都能在这种精神的共振中,找到爱国主义的自豪感和自信心。"这样砥砺前行的勇气和拼搏奋战的斗志,能不心动和给以中国点赞吗？即便是探秘浩瀚天空,2016 年的天宫二号顺利返回、神舟七号火箭成功发射等等的中国航空航天在互联网也创造无限精彩,表明了只要你有梦想肯努力,一切所想皆有可能;还有"最美睡姿"抗洪抢险战士李金龙、奉献爱心和谐医患关系的"最暖医生"厉周等,都以人间真情和时代精神为我们诠释了网络空间的正能量！

没有理由不点赞！网络正能量精品展播启示了我们,可喜之处在于人间处处有温暖,网络时时有激励;可贵之处在于自信愈发在增强,感恩愈发在敬重;可人之处在于人人专注在向善,网民专心在凝练。尽管我们每个网民不能像节目中的主角一样能成为正能量的代言,但在本职岗位、网络空间和日常生活中脚踏实地、理性善良、尽职尽责和充满感恩,那么一定会心安理得地稳在胸前,乐在心怀,赞在指尖,也定能让祖国母亲感到坦然和欣慰。于是,我们情真意切的点赞就是一种真实的情感反映,甚至报以微笑,投以怀抱,倍加呵护。没有谁不愿意在母亲温馨的抚爱中去长大成人,没有谁不乐意母亲把一缕缕关爱及时输送来,也没有谁不希望母亲历经过风吹雨打后还要去尝尽酸甜苦辣。当义无反顾点赞的真情告白化成了一股全力以赴、众志成城之势时,定会激荡起网上网下无数中国人深埋在心底的爱国情怀,奏响超越自我、与时俱进、继往开来的时代强音。

点赞中国,应向未来豪情满怀与再谱新篇的倾情祝愿。

点赞中国的情怀,点赞中国的担当,点赞中国的使命,点赞中国的梦想……弘扬主旋律,传播正能量,应该成为人人向之的常态。着眼未来,放眼长远,讴歌中国进步,推动中国前进,点赞中国也就成为我们自身事业健康发展的鼓劲和助威。晚会上团中央和国资委联合近百家国企参与的互动话题#中国制造日#的活动阅读量达 1.9 亿人次,肩负着立志建设制造强国的舆论引导;政务新媒体代表坚持把握时代大局观,用清新风格让网民在众说纷纭中听到党的声音,听懂党的声音,坚持理想信念,激浊扬清,坚持人民立场;守好主阵地的网络媒体表示了坚定讲好中国故事,用自信构筑网民们的精神家园。

我们应该为精气神点赞!点赞,看似简单,其实不然。"键盘上万物生长,手心里星球转动。"微时代的同心圆更需要你我共享的精神家园有着共同理想和目标,有着共同的价值观。坚持网聚正能量,坚守共绘同心圆,就要凝聚起 14 亿人实现中国梦的磅礴力量,绘就出更大的实现中国梦的同心圆。祖国母亲舐犊情深的回报不仅仅需要网络精英正能量的领头羊发挥作用,更需要每个网络儿女付出超越点赞的"微笑"和"拥抱"。中国共产党的十九大召开在即,新的使命在召唤,新的征程在等待,以何种的精神面貌来迎接、来面对,汇聚怎样的精神力量,对每个网民都是一份考量。因此,点赞中国就是对未来豪情满怀和再谱新篇壮行的美好祝愿!

"羊有跪乳之恩,鸦有反哺之义。"点赞中国,这不仅仅是一种心底肯定,是一种生活态度,也是一种道德情操。正如一个懂得感恩并知恩图报的人,才是天底下最富有的人。回报越多,人生就越丰富;奉献越多,生命才更有意义。从点赞中国——2016—2017"五个一百"网络正能量精品展播的网络情绪反馈来看,这样的表现方式不仅高大上、顺潮流,而且接地气、通人心。请祖国母亲放心,今日我们亿万网民以点赞的方式来表达感恩,明日我们及我们的后代将以"两个一百年"奋斗目标和中华民族伟大复兴的实现来予以回报!

(2017 年 9 月 24 日首发于环球网,全网联发)

祝福中国！2019,我们一起再出发

岁月更替,花开花发。

回顾 2018,重任在肩,成绩斐然,这是历史的回声;放眼 2019,乘势而上,再立新功,这是新时代的号令。我和我的祖国始终在一起,相互依偎,相互守望,相互激励,相互成长!

近日,一部《2019,我和我的祖国一起出发》短片在中央电视台各频道重点播出,在网络空间里竞相传播,燃起了千千万万受众者和网友们沸腾的热血,好评如潮,传达感动!片中通过对一个个普通人故事的讲述与奋斗的分享,有浙江安吉黄杜村支部书记,也有"向阳红 22"总工艺师;有归国创业青年,还有快递小哥……他们为每一次坚持努力而蜕变收获,为每一份渡过难关而幸福微笑,为每一点不期而遇的小确幸而心存感激,为每一个期许已久的成功而真心喝彩。流淌在他们内心的何止是自己与祖国一起奋力的激动与感恩,传递的分明是我和我的祖国来年必胜的信心和希望!

真实人物本色倾注,真实感受朴素表达。"感恩收获,也珍重分享",是立志打赢脱贫攻坚战的坚实行动;"吃水不忘挖井人,致富不忘党的恩",是坚守饮水思源、不忘党恩以及为党分忧、先富帮后富的精神织就!

青春之光闪耀梦想之路,奋斗之力彰显爱国之为。"用执着的坚守,向祖国致敬""身在万里外,心中系归途"……一句句真挚的情感流露勾勒了为小家、为大家、为国家的责任担当和朴质情怀!当"我和我的祖国,一刻也不能分割"这句耳熟能详、脍炙人口的旋律再度响起,竟然翻动起了无数中国人心潮起伏、澎湃不已的泪光!

春催千树发,日染九洲新。2019 年,正朝着我们走来!

"无论我走到哪里,都流出一首赞歌""我的祖国和我,像海和浪花一朵,浪是海的赤子,海是那浪的依托"……在中央广播电视总台出品的《我和我的祖国》新版 MV 中,其中的赞比亚下凯富峡水电站建设团队、塞罕坝机械林场职工们、"墨子号"量子科学实验卫星团队、港珠澳大桥岛隧工程建设者、中国国家女子排球队、天津大学学生们……集体演绎了一场我和祖国的心中的歌,群情激昂,泪花闪动,震撼人心,振奋精神!再次凸显了 13 多亿中国人奋斗的脚步就是中国力量的体现,每个华夏儿女斗志昂扬就是中国精神的展现,万万千千的幸福积攒就是中国梦想的承载!

鞍马犹未歇,战鼓又催征。2019,我和我的祖国一起出发!

新的一年,我和我的祖国再出发!新的任务在等待,追逐梦想,我和我的祖国都要靠一步一个脚印来实现;新的幸福在期待,不论过程多复杂,坚定如故,曙光在前,我和我的祖国信心满满、一往无前;新的使命在召唤,无论路途多艰难,我和我的祖国紧紧手相牵、心相连!

出征号角已吹响,建功立业新时代,我和我的祖国奔向前!

(2018 年 12 月 28 日首发于环球网,全网联发)

军民融合：在共建共享中持续推向深入

党的十九大报告明确提出："坚持富国和强军相统一，强化统一领导、顶层设计、改革创新和重大项目落实，深化国防科技工业改革，形成军民融合深度发展格局，构建一体化的国家战略体系和能力。"近段时间以来，从中央到地方，正紧锣密鼓、稳定有序地推进军民融合走向深入，正全力在"融入"上下功夫、见成效。

新时代呼唤新思想，新思想指引新作为。

日前，重庆围绕军民融合产业中有关传感器与物联网相关细分领域成立了首支军民融合创投基金，着力培育一批具有国际竞争力的军民融合高新技术企业；第二架 C919 大型客机完成首次飞行，这意味着 C919 大型客机将逐步拉开全面试验试飞的新征程；江苏省军民融合发展研究院学术委员会成立，举办了军民融合发展高峰论坛；太原市军民融合创新基地项目发布会上 20 个军民融合项目签约，总投资近 600 亿元……

内在潜力强劲、转化需求旺盛、发展前景广阔的军民融合思想和行动，是从国家发展和安全全局出发，集坚持党的领导、强化国家主导、注重融合共享、发挥市场作用、深化改革创新于一体，在各种要素的聚合和共享下，树立起全国上下一盘棋，已开始呈现如火如荼、欣欣向荣之势，蓬勃于中华大地和网络空间，给人以鼓舞和信心！

"思想共享"的战略部署，让军民融合扎根在祖国的大地上。

军民融合发展作为一项国家战略，关乎国家安全和经济发展全局，是大势所趋，其思想的产生具有鲜明的传承性、创新性和时代性。从 2015 年 3 月习近平总书记在十二届全国人大三次会议解放军代表团全体会议上第一次明确提出"把军民融合发展上升为国家战略"，到 2017 年 1 月设立了中央军民融合发展委员会，再到党的十九大报告中关于"军民融合"的重要论述,彰显了军民融合在强国强军中的战略地位,构成了一个从思想到战略的完整体系。这是我们党长期探索经济建设和国防建设协调发展规律的重大成果,是应对复杂安全威胁、赢得国家战略优势的重大举措。

习近平总书记军民融合发展战略思想一经形成、发布、推行和共享,标志着我们党对军民融合地位作用和特点规律的认识、判断达到一个全新的高度和境界。党的十八大以来,作为一个纵观全球、面向国内、瞄准战场、促进市场的全局性方略,军地各方认真贯彻落实,实践探索不断深入,融合成效逐渐显现,如国家制定了"十三五"时期军民融合发展蓝图,20多个省份出台了地方军民融合发展规划,一批重大示范项目已经启动,众多重大工程正在加快推进等。但我国军民融合的发展还面临着渠道不够畅通、体制机制藩篱仍然存在、思想观念转变不够彻底等境况,与党的十九大精神要求还有相当大的距离。这就亟待将军民融合这一发展理念和发展思维在华夏大地上"落地生根",尽快推动这一发展方式和发展路径在实践环节上"安家落户"。作为决胜全面建成小康社会"七大战略"之一的军民融合发展战略,只有在前行的征途中与其他战略同步共频,提速反哺,方可推动新时代党的强国强军相统一。思想共享的要义,在于要形成全党全社会的统一共识,确保军民融合发展战略部署落到实处、见到实效。

"发展共享"的系统布局,使军民融合贯穿在建设的体系中。

本月初,国务院办公厅下发了《关于推动国防科技工业军民融合深度发展的意见》,更加突出体现在以系统的理念强调体系建设,让体系建设来破除现有军民之间的信息壁垒、准入门槛等过程。军民融合深度发展,如何融?哪些融?怎样融?都需要在习近平总书记军民融合发展战略思想的指导下,以统一富国和强军两大目标,统筹发展和安全两件大事,统合经济和国防两种实力,加快形成全要素、多领域、高效益的军民融合深度发展格局,构建军民一体化的国家战略体系和能力。发展共享,就是共同享有目前的基础与状况;发展格局,就是统筹推进今后的系统与体系。

推进军民融合发展,是一项复杂的系统工程,必须深入贯彻落实党的十九大报告要求,强化统一领导和顶层设计,通过组织管理体系、工作运行体系、政策制度体系中的改革体制、转换机制、完善政策、健全法律法规等方法手段,来探索当代经济建设和国防建设融合发展规律。党的十八大以来,实施"一带一路"建设、京津冀协同发展、长江经济带发展的"三大战略"和西部开发、东北振兴、中部崛起、东部率先的"四大板块"布局以及河北雄安新区规划建设等重大战略行动，都迫切需要军工与政府间加强战略合作和对接规划政策，迫切需要军民融合深度发展带来新的经济增长点，迫切需要军民融合深度发展产生新的活力动能。系统布局体现在"统"上下功夫，体系建设突出在"融"上做文章，政策制度强调在"新"上求突破，共建共享落实在"深"上见实效。这些立足国情、针对短板、求真务实的政策导向和体系建设，定会营造一个让劳动、知识、技术、管理和资本的能量竞相迸发，充分释放，发展共享的氛围，在于要让更多创造社会财富的源泉活起来，激励军民融合深度发展的布局链条相辅相成、相得益彰。

"社会共享"的模式创新，促军民融合汇入到青年的内心里。

推进军民融合发展是一项利国利军利民的大战略。一年前，在中共中央、国务院、中央军委联合印发《关于经济建设和国防建设融合发展的意见》中，就强调了加强四个"统筹"，其中的"科技领域统筹"和"教育资源统筹"就与广大青年息息相关。在整个社会"要融合""敢融合""能融合"的进程中，要让青年人积极关注并投身到此并逐步发挥作用，坚持思想引领，坚持优化体系，坚持自主创新，坚持社会共享，聚焦"民参军"和"军转民"，集智聚力地谋融合、促融合、抓融合。在今后一个时期内青年将是主力军和生力军，将会见证军民融合从深度发展向实现跨越发展的机遇关键期。

军民融合深度发展是为实现中国梦强军梦提供更强的支撑。社会共享的发展条件给予了当今青年最广阔的平台，推进军民融合深度发展责任重大、任务艰巨，不可能一蹴而就、短期实现。在现今和以后的军民融合战略机遇期中，离不开坚定理想信念、勇做时代弄潮儿的广大青年，需要依靠青年，也必成就青年。党的十九大报告鲜明指出，"青年兴则国家兴，青年强则国家强。青年一代有理想、有本领、有担当，国家就有前途，民族就有希望。"新时代中国特色社会主义发展从基本实现现代化到全面建成社会主义现代化强国的时期，正是如今的青年成长为壮年和中年时期，勇敢肩负起历史赋予的责任和使命，必将成长为国家栋梁。在构建一体化军民融合的国家战略体系和能力中，我们要以大思维、大思路的主动作为为青年一代做出示范、树立榜样，也要以大视野、大情怀的勇于担当培育和引领青年一代成长成才。社会共享的优势，在于要让青年一代大有可为，也必将大有作为，为实现中国梦强军梦贡献青春、智慧和力量。

"大鹏一日同风起,扶摇直上九万里。"擘画新时代军民融合向深度发展的战略部署,目标坚定而实践执着。"思想共享"是指引,已经落地生根;"发展共享"是关键,正在枝繁叶茂;"社会共享"是保障,期待开花结果。

"时间不等人,我们必须走在时间前面。"

军民融合深度发展需要集民族之智、国家之力、军地之长和企业之能,更加需要青年一代紧跟时代节拍,脚踏实地,奋力拼搏。生活在伟大祖国和伟大时代的我们,共享着同祖国和时代一起成长和进步的机会,也一定会见证我们梦想成真的到来!

（原文标题为《习近平领航军民融合:在共建共享中持续推向深入》,
2017 年 12 月 30 日首发于中国青年网,全网联发）

以学习为基，
造就追梦圆梦学习型的中国！

　　2019 年伊始，一个内容权威、内涵丰富、特色鲜明的理论学习平台——"学习强国"正式上线。距今仅一个月里，这极重分量的学习平台就深受全国党员干部和人民群众的喜爱并纷纷点赞，平台建设参与媒体不遗余力，各省级学习平台建设如火如荼，各级隶属党组织的学习建构体系不断推进，广大党员和网民学习热情推向深入并不断产生新高潮……新的一年起步之时，立足全体党员，面向全社会，通过互联网推动全党、全社会学习，以满足互联网时代下的多样化、智能化、便捷化学习需求，逐步掀起了一个崇尚学习、善于学习、强化学习的新态势，显现了新进展，凸显了新风貌，呈现出一派新时代加强学习的新景象，一个学习型的中国正悄然而来！

崇尚学习，让学习立国，以筑牢思想根基，激发理论武装新境界的"加油站"。

　　建设"学习强国"学习平台，是贯彻落实习近平总书记关于加强学习、建设学习大国重要指示精神、推动全党大学习的有力抓手，是新形势下强化理论武装和思想教育的创新探索，更是推动习近平新时代中国特色社会主义思想学习宣传贯彻不断深入的重要举措。元月一日开通的"学习强国"，不仅有"新思想""十九大时间""习近平文汇""学习全书"等重磅栏目，这些理论为武装头脑倡导了最全面的思想引导，也有"习近平足迹""习近平日志""红色中国""学习文化"等系列栏目，这些实践为筑牢根基感召了最感染人心的境界引领。海量、免费的图文和音视频学习资源，为崇尚学习提供了极其便利和快捷的学习方式，也为让学习能成为立国之要提供了网上网下的精神家园！

　　习近平总书记曾指出：中国特色社会主义进入新时代，必须把统一思想、凝聚力量作为宣传思想工作的中心环节。只有崇尚学习,重视学习,才能统一思想;只有学懂、学通、学透,才会凝聚力量。新时代前后所提出的一系列新思想、新观点、新论断,迫切需要不断地加强学习,提高认知,增进理解,体现实践。因此,重视学习应成为用习近平新时代中国特色社会主义思想武装全党、教育人民、推动工作的根本之基。我们正在经历着中国特色社会主义史无前例的事业和前所未有的道路,从没有可借鉴的经验来遵循,唯有学习和探索。没有认真、系统、深入地学习,没有真学、真懂、真信、真用,哪有推动当代中国马克思主义、21世纪马克思主义深入人心、落地生根的信心?哪有把全党全国人民士气鼓舞起来、精神振奋起来,朝着党中央确定的宏伟目标团结一心向前进的能力?哪有增强"四个意识"、坚定"四个自信"、做到"两个维护"来提高适应新时代、实现新目标、落实新部署的自觉?"学习强国"网站上显赫的"梦想从学习开始,事业从实践起步",突出强调了崇尚学习的重要意义。新时代更需"学习强国"平台等的"加油站",来激发全党、全社会学习的积极性和主动性,正所谓:唯有深学方可入心,唯有真学方见其义。

善于学习,做学习大国,以凝聚发展智慧,当好顺应大势新变局的"答卷人"。

建好用好"学习强国"学习平台,其宗旨必须突出思想性、新闻性、综合性、服务性,还要做到全覆盖所有党组织及党员和适应满足8亿多中国网民学习需求,这是一件极其考量和不易的选择与行为。显而易见的是,"学习强国"由PC端(网站)、手机客户端两大终端组成,内容极为权威和丰富,除新闻、文献、文化、栏目、公开课等图文外,还有大量的音视频专题作品与频道;不仅有各省级学习实践子平台,还有答题活动和未来用户可以凭学习积分进入积分商城兑换礼品。一个月运行以来,网民们普遍反映为既高大上,又接地气,是促进学习、善于学习的好平台。更为可喜的是,此学习平台充分把准了互联网时代的主动权,彰显了全媒体时代媒体融合发展的特质与趋势,力求让党的声音传得更开、传得更广、传得更深入!

善于让受众者进行学习,也便于受众者去善于学习,这才是学习大国的价值所在!该平台主流媒体顺应大势的新变化,力推和服务于学习大国的构建和形成,更好地凝聚中国网民的发展智慧和发展力量,以达成强大传播力、引导力、影响力和公信力。无论是"学习强国"学习平台的主管主办方,还是参与媒体和组织建设方,或是服务群体及亿万网民,都迫切希望在这样的公众平台的渠道和途径中,通过学习共同理念、思路和行动,当好时代变局的"答卷人"!中国共产党是一个非常善于学习的政党,历经近百年的成长与发展,总能在世界大局纷繁复杂中,指引和带领代代中华儿女在勤于学习和善于学习下，创造出了一个个不朽的伟大成就！习近平总书记指出，学习是文明传承之途、人生成长之梯、政党巩固之基、国家兴盛之要。当今世界正处于百年未有之大变局，如何科学把握历史交汇期的发展趋势和演变规律？如何合理透过乱变交错、风雷激荡的世界乱象看清本质？如何让我们每个人在察势和驭势中保持定力和做到心明眼亮？"答卷人"都须在学习中寻求规律、找准方法、增强能力等。"明者远见于未萌，智者避危于未形"，"明者"与"智者"就是善于学习者！

强化学习，树学习强国，以把牢精神之舵，成就勇立潮头新时代的"追梦人"。

思想田野里的每一寸躬耕，总能在实践中寻得收获；发展实践中的每一处收获，总能在学习中找到源头。于是把学习当成一种习惯，让通过强化学习来把牢精神之舵，在学习中汲取智慧和精神营养，做到知行合一和走向未来，这是新时代所有追梦者应该遵循的成长轨迹。有万万千千的追梦者的奋斗洪流就能汇集成圆梦的磅礴之力。"学习强国"是全天候的学习平台，不仅有"红色中国"板块的"永远的丰碑""红色记忆"等党史知识栏目，而且还有"中华古籍""中国文学""中华诗词""中国戏曲""中华文博"等中华民族优秀传统文化栏目；有"马克思恩格斯全集""列宁全集""毛泽东文集"等经典著作，还有"学习慕课"板块的免费视频课程，可谓包罗万象，尽在指尖下。平台充分抓住了互联网时代下学习时间碎片化的特点，做到了随时随地学习，目的就是让习近平新时代中国特色社会主义思想真正入脑入心、指导实践、提升能力、增长本领。有媒体认为这学习平台堪称习近平新时代中国特色社会主义思想的信息库，能提高广大干部群众思想觉悟、文明素质、科学素养等。

强化学习，实质也是分享思想成果、共享理论实践芬芳的过程，学习内容的经典和精华中时常蕴藏着真理力量、信仰味道和思想光芒。通过自我强化、形势强化、使命强化、组织强化等，来加强学习的紧迫感和责任感，方可汇聚成一个名副其实强大的学习型国家。要做到学习型强大，不仅体现在学的方面，更要表现在学的实际运用及实践效果上。"知是行的主意，行是知的功夫。"知是基础、是前提；行是重点、是关键；须以知促行，以行促知，做到知行合一，不可离开亲躬实践而空谈为学。习近平主席在 2019 年新年贺词中说："我们都在努力奔跑，我们都是追梦人。"追梦人应是学习和实践的有机体，是知行合一的结合体，这既是一种能力，也是一种态度，更是一种作风。只有永无止境地创新学习、践行落实，才会永远是掌握时代主动的关键,永远是勇立大势浪潮的领先。"学习强国"学习平台和组织体系架构方式,让学习变得有组织、有管理、有指导、有服务,更多样、更个性、更智能、更便捷。冀望能借此真正让所学者做到扎根于心、立根于魂,推进建设学习型的强国!

"学者贵知其当然与所以然,若偶能然,不得谓为学。"崇尚学习,是因为学习是把钥匙,可以克服本领不足、本领恐慌、本领落后;善于学习,是因为学习是座灯塔,可以通向真理、通向知识、通向光明;强化学习,是因为学习是面镜子,可以看清自己、辨明是非、提升品行。"学习强国"学习平台的顺利开启,启示了我们应加强学习而立国,要做到学习型的大国,要建成学习型的强国。站在新的历史起点,处身新的历史方位,让每一位中国的"追梦人"能真正带着感情学、带着信仰学、带着使命学,并能真切地学有所获、学有所得、学有所悟,从而共同推动"中国梦"巨轮在中国特色社会主义事业的征程中驶向更加光明灿烂的未来!

(2019 年 2 月 2 日首发于环球网,全网联发)

共创智能时代的探索阔步前行

2019 中国国际智能产业博览会于 8 月 26 日在重庆开幕！中共中央总书记习近平专门发来了贺信，国务院副总理刘鹤专程出席大会并做了大会讲话。贺信和讲话内容不仅为新时代智能化发展更新理念，鼓舞在创新发展上抢先机，在干事创业上敢作为；而且为新形势数字化变革指明方向，激励在破解难题上求突破，在增进合作上引潮流！

当前，智能产业在世界范围内蓬勃兴起，世界各国政府和各界组织都将智能化作为引领未来的战略性新途径。因此，第二届智博会更加引人注目和备受关注，世界的眼光再次聚焦在中国西部的直辖市——重庆。无疑，这里聚集的是全球智能化的新产品、新技术、新业态和新模式；这里凝集的是全球大数据智能化领域知名学者和精英企业代表的新思想、新观点、新思维和新创意；这里汇集的是智能科技创新发展和数字经济国际交流合作的新路径、新渠道、新突破和新成果。但同时，也显现了中国在共创智能时代下探索发展的全球力度，验证了中国在共享智能成果探索进程中的国际深度，彰显了中国在集聚高端创新资源探索合作上的世界广度！

迎接智能化带来的未来，着力焕发新生机。

习近平总书记在贺信中强调"中国高度重视智能产业发展，加快数字产业化、产业数字化，推动数字经济和实体经济深度融合。"这一高屋建瓴的方向指明，凸显了中国智能化发展要顺应时代潮流，要集聚发展动能，要厚植发展优势，要推进融合发展。智能化被看成是点燃第四次工业革命的技术火种，其发展水平已经成为影响国家发展的重要标尺。可喜的是，继 2017 年人工智能首次写入中国政府工作报告之后，人工智能和大数据的作用和意义在 2018 年再次得到了强化。2019 年中国政府工作报告中指出,要推动传统产业改造提升,特别是要打造工业互联网平台,拓展"智能+",为制造业转型升级赋能。其中"智能+"首次写入政府工作报告,表明了中国在"互联网+"与"智能+"的实践路径上,已经作为推动高质量发展的重要动力。从早在 2015 年《国务院关于积极推进"互联网+"行动的指导意见》中"互联网+"正式从概念上升为行动;加之当年工信部批准了 46 个智能制造试点示范项目和 94 个智能制造专项项目,发布了国家智能制造标准体系建设指南;再到 2017 年国务院发布了《新一代人工智能发展规划》,提出了大力助推人工智能发展的指导思想与战略目标等。这些顶层设计的战略性推动,力推互联网全面渗透到各个产业价值链,对其生产、交易、融资、流通等环节进行改造升级,并将对经济发展产生全方位、深层次、革命性的影响。

　　未来已来,智能化趋势势不可挡。2019 智博会在万众期待中拉开了帷幕,有来自 49 个国家和地区,覆盖政、商、产、学、研多个领域的 388 位重要嘉宾参会,843 家企业参展,包括 13 名诺贝尔奖得主、4 名图灵奖得主、6 名国际组织(机构)负责人、52 名国内外知名院士等在内的全球大数据智能化领域知名学者,高通、索尼、华为、阿里等世界 500 强、中国 500 强及行业领军企业参与其中。好风凭借力,扬帆正当时。为迎接智能化,坚持创新、协调、绿色、开放、共享的发展理念,共同推动智能产业新发展,共同开拓数字经济"新蓝海",是中国国际智能产业博览会的初心和使命,是交流思想、展示成果、深化合作的重要推手和良好平台。

拥抱智能化带来的福祉,着力勇闯新路径。

　　"重庆智能产业的发展已经位于全国第一方阵。"2019 智博会既是一个清晰展示中国智能化协同协作探索发展的"大窗口",也是一个清楚展现重庆通过大数据智能化创新引领探索前行的"风向标",更是清醒展望拥抱智能化中国培育壮大经济新动能的"瞭望台"。这与今年 4 月习近平总书记亲临重庆视察时要求"要继续高标准办好智博会,深度参与数字经济国际合作",努力在推进新时代西部大开发当中发挥支撑作用、在推进共建"一带一路"中发挥带动作用、在推进长江经济带绿色发展中发挥示范作用是一脉相承、相辅相成。仅首届智博会召开一年来,阿里巴巴、腾讯、华为、浪潮、紫光等一大批大数据互联网"头部企业"纷纷将项目落户重庆,由此带动智能网联汽车快速增长,电子产业"补链成群",以及智能工厂、智慧应用等,智能产业销售收入 4 600 多亿元。这一年重庆大力实施智能化改造,推动新技术、新应用落地。向智能制造转型使企业明显感受到了智能制造是传统企业改造升级的最佳路径,技术革新和产业变革也是重庆制造业实现换道超车的重要途径。

智能重庆,智能中国,未来可期。如北京到张家口的京张高铁的智能化动车组首次采用北斗卫星导航系统,将是世界第一条首次实现时速 350 公里自动驾驶的智能化高铁,京张高铁因此被誉为中国铁路发展"集大成者"、智能高铁示范工程。"为经济赋能,为生活添彩"的智博会主题,可以说,企盼着前所未有的革命性技术变革的新突破,开辟着高质量发展和高水平福祉的新赛道。把一个大的虚拟世界带入到每个人、家庭和组织中,构建形成另外一个更大的新的世界、智能的世界。成立才 30 年的华为,从芯片,到算法,再到平台应用,作为万亿级企业,华为将全面把控人工智能的普及进度,其新愿景——构建万物互联的智能世界,深得世界范围内的尊重和支持。从"制造"到"智造"、从"智慧"到"智惠",智汇八方,博采众长。为拥抱智能化,将围绕把握科技发展新机遇、推动智能产业健康发展,中国从"产业生态""技术基础""产业融合""人才培育""法制监督""国际合作"六个方面坚持新发展理念,为加快智能产业发展提供了良好的实现路径。

迈向智能化带来的世界,着力召唤新前景。

2019 智博会英国、新加坡、意大利作为主宾国,相继开展中英"智在未来"智能产业合作高峰论坛、新加坡—重庆服务未来发展趋势高峰论坛、中意汽车大数据与智慧交通产业发展高峰论坛等活动,助力推动智能科技创新发展和数字经济国际交流合作。智能化发展是全球性的潮流,既有重大机遇的面临,也有不可期挑战的面对。在迈向智能化的世界中,中国提出了要从促进人类发展和维护世界和平的高度,坚持好"增进人类福祉导向""提高效率与创造就业等方面的平衡""尊重和保护个人隐私""维护伦理道德底线"四个原则,把握好智能化的发展方向。据华为发布的《全球产业展望 GIV2025》研究报告显示,到 2025 年,由数字化、智能化引发的数字经济市场规模将有望达到 23 万亿美元,由"智能+"所带来的价值,将普惠到制造、服务、交通、房地产等各行各业。数字化、智能化转型,对国家和企业而言,决定着未来的核心竞争力;对个人和家庭而言,决定着今后的生活质量状况。本届智博会上,将发布《中国大数据应用发展指数报告(2019)》《中国智能化发展指数报告(2019)》《中国 5G 应用发展白皮书(2019)》《政府数据供应链白皮书》等涉及 5G 科技、信息安全、人工智能、工业互联网等领域的行业标准、指数报告和榜单白皮书。这些有益的探索向全球所有国家和公众展现以"万物感知、万物互联、万物智能"为特征的智能社会即将来临的脚步,同时,也是表明了中国在智能化发展中不断探索和取得成果成绩的时代节点。

当历史的大潮袭来,谁都无从回避;智能化的大潮风起云涌,正在席卷和改变着世界。中央从战略和全局的高度为重庆发展导航定向,自去年 8 月起,重庆被确定为智博会永久会址。同时,重庆被寄托期望和厚望,要从全局谋划一域、以一域服务全局,力求在推动高质量发展、创造高品质生活中,勇闯新途径,做出好示范。于是,重庆不负重托,主动作为,相继出台了《重庆市以大数据智能化为引领的创新驱动发展战略行动计划(2018—2020 年)》《重庆市全面推行"云长制"实施方案》《重庆市新型智慧城市建设方案(2019—2022 年)》《重庆市政务数据资源管理暂行办法》等,探索形成了"三位一体"推动大数据应用发展的新格局。为迈向智能化世界,以重庆一地的示范作用昭示了中国在智能化发展的信心和决心,以重庆一域的带动作用树立了中国在数字化发展的影响和感染,以重庆一城的推动作用凝聚起中国与世界多国互利互惠的合作和共享!

"大雁之所以能够穿越风雨、行稳致远,关键在于其结伴成行、相互借力。"习近平主席在"一带一路"国际合作高峰论坛中这一充满哲理的话语启迪我们,社会的存在和发展是人们共同努力的结果,奋斗与团结才会获得成功。互联网无处不在,物联网无处不在,而践行智慧化变革,没有可以轻易复制的模式和路径,必须要有勇于尝试和探索的勇气。智博会立足国际视野,遵循科学规律,以其区位优势、生态优势、产业优势、体制优势,更为有效地搭建创新平台,营造创新氛围,促进创新合作。这正是迎接智能化、拥抱智能化和迈向智能化的大势所趋和民心所望,也是追求高质量发展和高品位生活的精准选择和前行动力!

(原文标题为《共创智能时代的"中国探索"阔步前行》,
2019 年 8 月 27 日首发于华龙网,全网联发)

真情绽放欧洲三国　璀璨如花

　　作为 2019 年首访,国家主席习近平于近日对欧洲意大利、摩纳哥、法国三个国家进行了国事访问,访问之时,回溯历史的国与国传统友谊,打造当下的务实合作硕果,展望未来的精诚合作希望;所到之地、所触之人无不倾注了真情实感,不仅充分地展示了中国特色大国外交新思想,而且积极展现深入拓展务实合作与大国担当的新局面,给人以信心、给人以希望、给人以力量! 特别是在习近平主席回答意大利众议长菲科问题时"我将无我,不负人民"坦诚质朴的表达,引发了国际社会和国内干群的一片内心悸动,情到深处皆感动! 欧洲三国深度外交突出成效所产生的感动不止体现在中华儿女思想情感中,更体现在访问国人民的心灵触动里,还深深地感染了世界范围内更多关注者的精神深处!

体现在特别意义下战略合作的"真情",回报给诚心相随的历史新篇章。

　　中国两会结束不久,习近平主席受邀开启了今年首个行程的国事访问,带着真情,怀着厚意。今年是中意全面战略伙伴关系建立 15 周年,明年将迎来中意建交50 周年;中摩建交 24 年来,大小国家友好交往的历史让全球得到了真谛的见证;法国是第一个同新中国正式建交的西方大国,今年又正值中法建交 55 周年。面对如此特别意义的历史新起点,让历来非常重视"首次"的中国,对于 2019 年第 1 次党和国家主要领导人出访安排,把推进中欧全面合作的外交工作放置于何等重要的位置,这饱含着浓浓的中国真心与情意。不仅如此,难得动人的是,在出访前夕,习近平主席就分别在意大利《晚邮报》、法国《费加罗报》发表了署名文章,两篇文章热情洋溢地回顾了国与国的历史渊源、建交初心和发展历程,也对美好的未来充满了期待。与其说署名文章是在向公众普及历史进程和对两国关系推进的表达,倒不如说是在珍惜过去、把握当前和展望未来的情结中记载与传递"真情"。来而不可失者,时也;蹈而不可失者,机也。中国真情回馈给当地国人民和世界广大民众的是国与国之间诚心相随、志同道合的结果,其付出与作为是对早在两千多年前古老的丝绸之路就让远隔万里的中国和古罗马联系在一起的真诚回应! 是对 50 年前毛泽东主席和戴高乐将军以卓越战略眼光和非凡政治勇气实现两个国家握手的真挚反馈!

彰显在特殊关系里非同凡响的"真情",演奏出真心相待的行进新乐章。

历史积淀的深厚、战略互信的深远、务实合作的丰富、文化交流的密切,造就了今日中国与意大利、摩纳哥和法国的特殊国家关系。早在 2014 年,习近平主席就明确提出要致力于中欧和平、增长、改革、文明四大伙伴关系。此次在与法国总统马克龙会谈时,习近平主席连用"特殊年份""特殊意义""特殊友好感情"等多个"特殊"形容两国关系;意大利总统马塔雷拉表示此次历史性访问对于促进意中各领域合作十分重要;中国国家主席首次访问摩纳哥,且双方主要领导人在半年内实现了互访,体现着中摩关系的高水平。此次欧洲三国外交活动,"历史性""首次"等高频词彰显了中欧关系进入全新时代。"凡益之道,与时偕行。"作为东西方文化的重要发祥地的中意,树立了不同社会制度、文化背景、发展阶段国家互利共赢的典范;中摩关系已成为不同大小、不同历史文化、不同社会制度国家友好交往的示范;中法关系定位从全面伙伴关系到全面战略伙伴关系,再到共同开创紧密持久的全面战略伙伴关系新时代,始终走在中西方关系前列,成为推进世界国家关系不断提升的垂范。唯以心相交,方能成其久远。中国真情彰显的是更好造福、更多惠及中欧人民真心相待、开启新篇的结晶,其所反馈的不仅有意大利不惧西方大国的恐吓而坚毅成为首个加入"一带一路"倡议的七国集团的决心;也有要与中国华为技术有限公司合作把摩纳哥打造成为全球第一个完全覆盖 5G 智慧国的信心;还有中法着力推动已商定的共建"一带一路"及第三方合作项目尽早落地取得实效以及尼斯市长发推特表示"我把这个(写有'我爱尼斯'的标志)对我们的城市的爱的象征交给了习近平主席"的真心!

通达在特定情谊中浓墨重彩的"真情",书写下腹心相照的未来新华章。

中意、中摩、中法的深入务实合作,将助推牢固的传统友谊历久弥新,且将成为双边关系快速稳定发展的坚实支柱和形成突破之举,为中欧关系发展注入了新的强劲动力。其中,中国以宽广的视野把握大势,以前瞻的思维谋篇布局,以务实的担当成就梦想。无论是国家关系的提升,战略共识的推进,还是双边贸易的合作,民间交往的滋润,亦是"一带一路"建设的谅解备忘录的签署,构建人类命运共同体的美好愿景……都是高起点谋划,高标准定位,高规格推进,如此浓墨重彩的全面发展的国际关系,印证着双边关系用真心换取真心、用情感感染情感、用温暖传递温暖。中国用务实行动证明和宣示了中欧同为世界和平建设者、全球发展贡献者、国际秩序维护者。最动人心的是,访问期间在意大利众议院,习近平主席回应意大利众议长菲科的一句话"我将无我,不负人民",不仅在中国互联网上被持续刷屏和满满点赞,同时也向全世界传达了中国共产党人的价值观和格局,显现了大国领袖的博大胸怀和至高境界。这与"我是中国人民的儿子""我是人民的勤务员"朴实而深情的告白一样,充分体现了为中国人民谋幸福、为中华民族谋复兴,甘于奉献、勇于奋进,矢志不渝的思想境界和责任担当。节点决定起点,开局关系全局。中国用真情引领了书写新时代中欧友好交往新佳话以及腹心相照、共享共赢的结合,诠释了进一步加强战略沟通、推动中欧关系健康稳定发展的真诚意愿,释放了中欧在维护多边主义、反对保护主义和单边主义上共同立场的积极信号,必将如春天般欣欣向荣,迸发出蓬勃生机!

"友谊不是偶然的选择,而是志同道合的结果。"这也说明了国与国之间与人人彼此"交得其道,千里同好"相似的深刻道理。欧洲三国的国事访问,中国不论在回顾历史,还是审视当前,或是放眼未来中都是倾情挥洒,真诚付出! 大道之行,天下为公。历史终将证实,欧洲人民乃至全球人民会真挚地感受到在世界旋律中的中国人的真情实意。璀璨如花、务实合作的中国真情,也必将有力推动新时代中欧关系健康稳定发展,瞩望着美好前景,为世界和平与发展作出新的贡献!

（原文标题为《"中国真情"绽放欧洲四国,璀璨如花》,2019 年 3 月 26 日刊发于环球网,本文列"思想理论网络文章评价系统 TOP100 月榜单"第 55 位）

引以为傲的人民军队九十年

今年的八月一日,与众不同,非同凡响,中国人民解放军迎来了建军 90 周年的非凡历程。人民大会堂庆祝大会庄重宣告,朱日和沙场点兵恢宏磅礴,阅兵场四军列阵壮志在胸,大会堂文艺晚会娓娓道来,军博馆建军展览刻骨铭心,朋友圈华人评议热血沸腾,处处都在追溯着人民军队昔日以热血和奉献铸就的不朽功勋,都在彰显着今日以忠诚和信仰谱写的辉煌篇章,都在镌刻着明日会强军和兴军的时代感召。人民军队,这个给中华民族和中国人民带来无数的骄傲和自豪的军队,总能在"八一"这个富含深刻意义的名字上得以承载。90 年来,正是因为中国共产党领导的中国人民解放军,在历史不同时期中立下了一座座丰碑,在人们内心里升腾了一面面旗帜,在世界范围内扬起了一份份荣光!

中国共产党率领的威武之师,宛如钢铁长城,是中华民族和中国人民引以为豪获得感之源。

90 年前南昌起义,是中国共产党领导下新型人民军队打响的第一枪,是中华民族告别屈辱史、建立起人民当家作主国家的宣言。从此,中国人民解放军开辟了在党的正确领导下砥砺前行的道路,从井冈山革命根据地建立到反围剿战争与土地革命战争,从艰难险阻的万里长征到浴血奋战的抗日战争,从势不可挡的解放战争到保家卫国的抗美援朝……民族获得了独立、人民获得了解放、国家获得了安定和经济社会获得了发展,是一代又一代英雄儿女前赴后继,不辱使命,是威武之师总在关键时刻鼓角齐鸣,锐不可当。人民军队由弱到强、由小到大的军事史、战争史,造就了在不同历史时期的强烈使命感,让中华儿女豪迈壮志油然而生,也展现着中华民族的奋斗史和崛起史。凭借钢铁长城的意志和斗志建立起的卓越功绩,是中华民族之幸,是中国人民之幸,90 年来,中国为之骄傲,为之自豪。中国人民解放军成长的光辉历程，更是见证了忠于党、忠于社会主义、忠于祖国、忠于人民的铿锵步伐。正如习近平主席在阅兵讲话中指出："我们的人民军队不愧是听党指挥的英雄军队，不愧是忠心报国的英雄军队，不愧是为中华民族伟大复兴英勇奋斗的英雄军队。我们党为拥有这样的英雄军队感到骄傲和自豪！全国各族人民为拥有这样的英雄军队感到骄傲和自豪！"荣获了党和国家最高褒扬，这是一份沉甸甸的、无上的荣耀！

中国共产党带领的文明之师，筑造坚不可摧，是中华大地和华夏儿女倍感骄傲安全感之根。

连日来，建军90周年一系列庆祝活动得到了祖国和人民的特别信赖和衷心爱戴，党和国家领导人均悉数参加了庆祝大会，检阅了部队，观看了《在党的旗帜下》文艺晚会，参观了"铭记光辉历史，开创强军伟业"主题展览等。与此同时，关于"八一"、关于人民军队、关于系列庆祝活动等在各大社交媒体上不断涌现、持续刷屏。其中人民日报客户端"军装照"H5两天页面总浏览量超过了2亿并拟将申请吉尼斯世界纪录，这是广大中国人民对解放军崇敬、热爱的真情流露，骄傲与自豪之情溢于言表。90年来，中华大地上，哪里要帮助，哪里就有人民子弟兵的救场；哪里有困难，哪里就是人民军队奋战的疆场。和平年代，中国军人锲而不舍地坚持人民利益高于一切，同样用鲜血铺就辛酸泪，固若金汤，坚不可摧，为亿万人民带来了称心如意的安全感，无论是1998年大洪水的"人在堤在"的生死决斗，还是2008年汶川地震的"危难时刻"；无论是赴亚丁湾打击海盗保护我国商船，还是近年来在联合军演、维和、护航等世人关注的焦点；无论是"三大纪律八项注意"的优良传统和行动准则，还是"全心全意为人民服务"的人民军队本质，中国军队一次次向世界展示出威武之师、文明之师的形象，彰显出维护国家安全、维护人民利益的坚定决心。90年人民军队波澜壮阔的非凡历程，中国军人把青春融入祖国的江河，中国军队把光辉融进祖国的天空，祖国不会忘记，党和人民不会忘记！

中国共产党领导的胜利之师，堪称铜墙铁壁，是世界正义和走向辉煌无比荣幸的幸福感之本。

天下并不太平，和平需要保卫；世界正在变化，部分地区和局部形势动荡；"国不可一日无防，军不可一日无备。"中华民族的伟大复兴征途中总会遇上各种各样的阻挠和干涉,中国国防和军队建设必须是国家安全的坚强后盾和中国人民的幸福保障。十八大以来,党中央高瞻远瞩,审时度势,推动了人民军队转型重塑,为改革开放成就保驾护航,赢得了国际军事竞争优势,为世界捍卫和平正义贡献了中国力量。在新的军队领导体制调整中,改革强军蹄疾步稳,组织架构大刀阔斧,军民融合纵深推进,正风肃纪雷霆万钧。习近平主席领导和指引人民军队全面重塑、浴火重生,历史性改革首战定局,在各行业各领域全面深化改革大潮中先拔头筹,让国人无比自豪于强军兴军进程,创下了一个个里程碑式的成果。仅看近年来,国产航母如愿下水,万吨级大型驱逐舰顺利入列,新一代隐形战斗机歼-20惊艳亮相,国产大飞机 C919 横空出世……一个接一个具备世界先进水平的武器装备,让"中国骄傲"接踵而来,迎喜相逢,助推着军队练就钢铁般的肌肉,筑造着中国新的铜墙铁壁,唱响着不变的军魂、强军的梦想,带来的不仅是中国人民一份份幸福感,同时也是世界正义与和平的所求。近年来中国军队以大国的责任和担当积极参加联合国维和行动,被誉为训练有素、纪律严明的维和部队,是精英中的精英,是联合国的骄傲。

"雄关漫道真如铁,而今迈步从头越。"90 年的历史,永远铭记着人民军队的艰难与辉煌,永远书写了人民军队的血泪与荣光;"向前,向前,向前! 我们的队伍向太阳,脚踏着祖国的大地,背负着民族的希望,我们是一支不可战胜的力量……"从胜利走向胜利,令中国骄傲的人民军队永不停歇,永不知足;翻开 90 载的史诗篇章,中国人民解放军将在新的长征路上,肩负着强军梦托举中国梦的历史使命,传承红色基因,赓续红色血脉,实现党在新形势下的强军兴军目标,建设一支听党指挥、能打胜仗、作风优良的人民军队。全党全军全国各族人民一定能汇聚起强国强军的磅礴力量,再续无数的中国骄傲,向着拥有世界一流军队的强国迈进!

(原文标题为《人民军队九十年"中国骄傲"喜相连》,

2017 年 8 月 1 日首发于环球网,全网联发)

"一国两制"为世界点亮了灯塔

时值香港回归祖国 20 周年之际,习近平总书记莅临香港,出席了庆祝香港回归祖国 20 周年大会暨香港特别行政区第五届政府就职典礼并对香港特别行政区进行了视察。足迹所到之处,视线所及之内,话语所指之向,无不在用心、用情、用爱体会和见证着"一国两制"实践的巨大成就,在为建设好、发展好香港,为"一国两制"在香港实践中行稳致远指引着航向。

"一国两制"世界瞩目的伟大构想,意义在于创造了历史、指明了方向。

20 年前,"一国两制"伟大构想在香港落地生根,惊喜了国人,惊叹了世界。"儿行千里",终入家门,"母子"骨肉分离了 100 多年后,香港又重新回到了祖国怀抱,且是以"一个国家,两种制度"的治理体制来运行,在人类政制发展史中前所未有。当初按"一国两制"实现国家统一的构想和实践,不仅在世界范围内创造了历史,而且为中国统一大业指明了方向,这是中华民族政治智慧的伟大创造。这 20 年,"一国两制"让香港站得稳、看得准、走得远。近日正在展出的《香港回归祖国二十周年成就展》,全方位展示回归 20 年特别是近 5 年来香港的风貌和发展。倍受举世公认的成功,也远超出了伟大构想提出时"以和平的方式对香港恢复行使主权""促进香港发展,保持香港国际金融、航运、贸易中心地位"的两个目的。习近平总书记强调"回到祖国怀抱的香港已经融入中华民族伟大复兴的壮阔征程",而这一切均归功于"一国两制"伟大构想的现实基础,更丰富于中华文化和合理理念的铿锵实践。实践充分证明,"一国两制"是历史遗留的香港问题的最佳解决方案,"最佳"源于事实,源于历史,源于尊重;历史充分证明,"一国两制"意义在于为世界上仍在分裂中的民族和国家实现和平统一,为用和平方式解决国际争端提供了典范式的思路和经验,这是中国对世界和平与发展的独特贡献!

"一国两制"前无古人的非凡壮举,价值在于拨开了迷雾、见证了归向。

从以往世界范围内特别是欧洲地区的历史来看,这种类似的"回归"都是一种社会制度取代另一种社会制度,而"一国两制"的"中国创举"以极其特别的成效解决了与回归相关的社会制度"对接"的复杂问题。20年前,一些西方媒体故意渲染中国政府在香港极有可能遭遇失败,10多年前的香港一而再地面临着亚洲金融风暴、国际金融危机等冲击与考验,但在中央的支持和帮助下,香港一次次克服困难,战胜难关。在前无古人的历史背景下,"一国两制"展现的是强大的生命力和刚强的坚韧度,即使栉风沐雨,也会砥砺前行;即使风雨兼程,也会再续传奇。从1997至2016年,香港本地生产总值年均实质增长3.2%,人均本地生产总值按美元累计增长39.3%,在发达经济体中位居前列;香港已连续23年获评全球最自由经济体,评分稳居第一;瑞士洛桑国际管理学院发表世界竞争力年报,香港竞争力蝉联全球第一;加拿大菲莎研究所的报告公布"2016年人类自由指数"排名,香港再次名列榜首……习近平总书记指出:"无论遇到什么样的困难和挑战,我们对'一国两制'方针的信心和决心都绝不会动摇,我们推进'一国两制'实践的信心和决心都绝不会动摇!"血脉相通,亲情无价。"一国两制"是香港回归后保持长期繁荣稳定的最佳制度安排,这是中国向世界宣告了血浓于水的真谛!

"一国两制"史无前例的崇高追寻,发展在于眺望着未来、照耀着航向。

"一国两制"凝结了海纳百川、有容乃大的中国智慧,是中华儿女心中永不褪色的光辉记忆,是彪炳中华民族史册的千秋功业。着眼于未来,扬帆再启程;着眼于发展,明灯照前行。尽管"一国两制"史无前例,需要在今后发展中不断去探索与实践,但高擎这座灯塔,就一定会照耀前进的航向。中央已明确强调"贯彻'一国两制'方针坚持一是坚定不移,不会变、不动摇;二是全面准确,确保'一国两制'在香港的实践不走样、不变形,始终沿着正确方向前进。"在这样的导向指引下,随着国家不断深化改革开放,面临的"十三五"规划、"一带一路"倡议、亚投行、粤港澳大湾区城市群建设等一系列规划推进的历史机遇,香港将会有源源不断的发展动力。香港的前途同祖国的命运休戚与共,精神脐带一脉相承,正如习近平总书记所指出"不断推进'一国两制'在香港的成功实践,是中国梦的重要组成部分。"目标一致,同心同向,动能无量。"一国两制"深刻地印证了祖国日益繁荣昌盛是香港的底气所在、良机所在,"香港好,国家好;国家好,香港更好"也一语中的地向世界表达了中国的根本内涵!

　　"立志在坚不欲锐,成功在久不在速。"不论是香港的未来繁荣发展,还是完成祖国统一的大业;也不论是世界和平与发展的推动,还是人类政制发展史的演变,"一国两制"都为世界点亮了一座指明航向的灯塔,为国际和平处理和推进发展提供了最宝贵的借鉴和参照。她是华夏儿女强大向心力的内核,是中华民族的精神瑰宝,必将在中国全面建成小康社会决胜阶段,在实现"两个一百年"奋斗目标、实现中华民族伟大复兴中国梦的征程中发挥着不可替代的作用与贡献!

（原文标题为《"一国两制"的"中国创举"为世界点亮了灯塔》,
2017 年 7 月 2 日刊发于环球网）

"绿水青山"造就着"中国美丽"

近日,第八届清洁能源部长级会议和第二届创新使命部长级会议在北京召开,目的是共同讨论推动全球向清洁能源经济转型。不久前,《这件事,习近平和你一样一直努力着》《习近平在这里提出"绿水青山就是金山银山"》《绿色发展,走向世界》等微视频广泛传播,深入人心。一篇题为"逆天了,上千只白鹭竟然在化工厂安家"的文章日前在社交平台广为流传,点赞如潮。2017 年世界环境日的前后,"绿水青山"和绿色治理再次牵动了全球的目光和打开了中国国人的心扉。"绿水青山就是金山银山"不仅被中国国民所熟知和记忆,而且得到了一些国际组织成员国的认同和赞誉,让中国这一发展理念绽放了美丽的光彩。

拥有"绿水青山"的面貌,就成事"中国美丽"的实践。

习近平主席在致第八届清洁能源部长级会议和第二届创新使命部长级会议的贺信中指出"中国将坚持节约资源和保护环境的基本国策,贯彻创新、协调、绿色、开放、共享的发展理念""努力建设天蓝、地绿、水清的美丽中国,实现人与自然和谐共处。"诺言一出的基石,其背后是十多年的不懈追求与实践探索,从在福建治山治水、推动"绿色浙江"建设到如今中国梦实现的追寻,习近平主席一直将绿色发展理念贯穿于治国理政思想之中,早在 2005 年,他就以笔名"哲欣"在《浙江日报》"之江新语"栏目中发表了《绿水青山也是金山银山》的评论文章。只有胸中拥有对"绿水青山"的渴求,才有推进生态文明建设一套科学完整理论体系的建立;只有心中装有对"美丽中国"的祈盼,才有保持人口、资源、环境与经济社会协调发展的高度自觉和生动实践。与此相对应的是,美国政府前不久宣布退出《巴黎协定》引起全球舆论哗然,两个国度的不同发展态度竟然引发了如此强烈的国际反映反响,形成了鲜明的对比。强调"绿水青山"的自然生态面貌,追求的就是人与自然的和谐,经济与社会的和谐,美丽中国迫切需要这样的"金名片""摇钱树"和"聚宝盆"。"绿水青山"的实践正在打造一个美丽的中国,体现了"中国美丽"的自然美,环境美。

把准"绿水青山"的本质,会成全"中国美丽"的共识。

党的十八大报告中,首次提出了把"美丽中国"作为生态文明建设的宏伟目标之一。"绿水青山"的实质就是不能靠破坏自然、索取资源来推动经济的发展与社会的进步,而是以科学发展的要求,推进循环经济发展、建设资源节约型和环境友好型社会。"绿水青山就是金山银山"这一科学论断提出的 10 多年来,极大地影响和改变了中国的发展理念、发展思路、发展方式和发展未来,引领着中国迈向生态文明建设新时代。"绿水青山"只是一个代名词,一份形象语,在达成全社会的共识、成为万千群众的自觉行动中,蕴含的是中国特色社会主义事业"五位一体"总体布局战略要求,是实现中华民族伟大复兴中国梦历史维度的需求。也只有着力创新发展理念,大力推进生态文明建设,才会有真正意义的美丽中国和魅力中国,这样的中国才能凸显"中国美丽"。"绿水青山"和"金山银山"的内在逻辑和辩证关系,其根本点和出发点在于民生福祉论和综合治理论。习近平主席多次强调,"环境治理是一个系统工程,必须作为重大民生实事紧紧抓在手上""良好生态环境是最公平的公共产品,是最普惠的民生福祉。"如此智慧的厚植、普遍共识的促成,在实践与行动中,彰显着"中国美丽"的行为美、人性美。

践行"绿水青山"的理念,能成就"中国美丽"的愿景。

"绿水青山就是金山银山"发展理念,强调的是良好生态环境是最普惠的民生福祉、保护生态环境就是保护生产力、以系统工程思路抓生态建设和实行最严格的生态环境保护制度。2013 年 11 月,中国发布第一部专门针对适应气候变化方面的战略规划——《国家适应气候变化战略》。2015 年 9 月,中方向世界庄重承诺,将进一步加大控制温室气体排放力度,争取到 2020 年实现碳强度降低 40% ~ 45% 的目标,还宣布出资 200 亿元人民币建立"中国气候变化南南合作基金",帮助发展中国家应对气候变化。中国对生态文明建设的重视和发力,既向世界传达出中国坚持走绿色、低碳、可持续发展道路的决心,在世界范围内产生了积极影响与广泛共鸣,又为促进世界环境保护理念与行动的提升做出了卓越的贡献。美国国家人文科学院院士小约翰·柯布博士坦言"中国可以成为全球生态文明建设领域的领头者。"有更多国际专家认为中国追求"绿水青山"是在践行一个大国秉持的担当,向世界昭示中国引领生态文明建设的美丽愿景。"宁要绿水青山,不要金山银山""绿水青山就是金山银山"的生动践行不仅深刻反映着中国人民对绿水青山美好的向往,还赢得了国际社会的高度认可。如果说造就美丽的中国表现在自然美和环境美,那么"绿水青山"理念的践行更突出了"中国美丽"的心灵美、内在美。

"春风又绿江南岸",中国正在努力走向社会主义生态文明新时代。"绿水青山"不仅着眼于中国生态文明体系的绿色发展,尽善尽美,成就美丽中国的实现,还推动全球环境治理的机制构建,至真至美,打造"中国美丽"的画卷。不论在自然美、环境美,或是行为美、人性美,还是心灵美、内在美,"绿水青山"必将为中华民族创造更好的未来,为造福世界人民做出中国人民应有的贡献!

(2017 年 6 月 9 日刊发于环球网)

谁能阻碍中国经济的奇迹延续？

2016 年年末，对于中国经济来说是一个重要节点。日前中央经济工作会议成功召开，会议统一思想、深化认识，全面部署 2017 年经济工作。在明年经济工作方针大计已定，展望下年度经济平稳健康发展之时，原本可以顺理成章地迎来中国加入 WTO 第十五年获得"市场经济地位"，美国、欧盟、日本却在此前后接连表示不承认中国的市场经济地位，企图继续使用"替代国"做法。这迫使中国经济又背负了一道人为性的阴影和阻隔，将直接影响着中国经济发展的形势，影响着中国经济继续呈现更大奇迹的进程。

违背规则道义，以强势姿态遏制中国，理以何出？

2001 年签署的《中国入世议定书》(中文版) 第 15 条明确规定，无论如何，"替代国定价"法都应在中国加入 WTO 十五年后终止。也就是既然不存在任何的约束条件，那么在 2016 年 12 月 11 日，中国就必须无可争议、不可争辩、名正言顺地成为"市场经济地位"国家。然而美国、欧盟、日本等主要成员方同步以"难以判断中国企业出口是否得到政府补贴""中国富裕产能驱动的对外贸易干扰对方市场为由"等人为想象为由，拒绝履行 WTO 国际义务，刻意延缓承认我"市场经济地位"，这显然与国际缔约文件相背离，违背了公约、抗拒了规则、践踏了道义。在国际经济秩序中，世界各国本该应不断成为坚守诺言、遵守规则、遵循道义的奉行者、践行者和维护者，然而这样的"选择性失明"引发了全球的哗然和中国的抗议。12 月 12 日，中华人民共和国商务部发文表示，中国先后提出世贸组织争端解决机制下的磋商请求，正式启动世贸组织争端解决程序。当天，商务部部长高虎城也发表署名文章《坚决捍卫合法权利，维护多边贸易体制》，直接喊话："言必信，行必果，中方敦促所有世贸组织成员，重信守诺，遵守国际法准则，切实履行国际义务。"美国、欧盟、日本等方不认同或变相"认同"的做法等同于体育赛事上既当运动员、又做裁判员,平等性、公平性、公正性从何而谈? 近35年来,中国经济发展靠改革开放来振奋民心、统一思想、凝聚力量;靠改革开放来激发全国人民的创造精神和创造活力;靠改革开放来实现我国经济社会快速发展并在国际竞争中赢得比较优势,这就是中国经济发展源泉和动力。国际社会的少数国家巧立名目、不择手段来遏制中国经济发展的力度,这只会因噎废食、因小失大。经济全球化符合各国长远和根本利益,是大势所趋。

平衡私心杂念,以扭曲作态削弱中国,情何以堪?

中国入世的15年就是建设市场经济的15年。这15年里,中国一直在履行入世承诺,在深化简政放权、构建市场机制、完善市场法制、推动更深改革、与国际市场规则对接等方面的成绩举世公认,中国的经济发展更是让世界各国仰慕和钦羡。自加入WTO以来的15年里中国经济取得的巨大成就和创造的奇迹,就是中国遵循市场经济基本规律的结果,这期间还受国际上"非市场经济地位"的限定和束缚。据商务部发布统计数据显示,截至2016年7月,中国已经连续21年成为全球遭遇反倾销调查最多的国家,连续10年成为全球遭遇反补贴调查最多的国家,仅今年以来针对中国产品的反倾销、反补贴等贸易救济调查平均每月超过10起。在欧盟现有的73项反倾销措施中,有56项都应对于来自中国的进口,当前还有52项针对中国的反倾销手段正在执行中,但凡中国有价格竞争优势的产品,欧美等国就会以"非市场经济地位"为名进行反倾销调查,向中国商品征收超高关税。据悉,1979年以来,全球共有34个国家对中国产品发起近700次反倾销和反补贴惩罚,使中国遭受近4 000亿美元的损失。如此的要花样、使手段、出变相,能阻止得住中国经济的增长成为拉动全球经济增长的主要引擎之一吗? 如此的爱管制、为刀俎、下绊子,能压得住中国保持经济中高速增长和迈过"中等收入陷阱"吗? 世界经济长期低迷下如此的贸易保护主义在抬头,能压制得住中国坚定不移奉行在深化改革、在扩大开放、在维持和平中的发展战略吗? 针对贸易保护主义强势回潮和欧美的反全球化浪潮,习近平主席在今年11月召开的亚太经济合作组织(APEC)会议讲话中表示,"封闭和排他性安排不是正确选择",并向世界承诺"中国开放的大门永远不会关上,只会越开越大。"

干扰国际秩序,以搅局心态阻止中国,意在何处?

自2004年4月新西兰率先承认中国"市场经济地位"以来,至今已有包括俄罗斯、巴西、瑞士、澳大利亚、北欧、英国以及荷兰在内的80多个经济体承认中国"市场经济地位"，并放弃在对华贸易相关问题上采取"替代国"做法，这就是"得道多助"的结果。无论是美日不承认中国为市场经济国家，还是欧委会提出的以所谓新方法作概念和标准的替代，祭出的手法无非就是"隐形保护主义"和"双重标准"，这都是对以世界贸易组织为代表的自由贸易体制的搅局。因为他们认为一旦遵守了公约，就承认了中国建设市场经济的成果和现状，就难以遏制中国与多边贸易合作的深度，就可能无法操控世界经济中中国发展的速度，就会更加担忧着中国经济的强盛与繁荣。今年前三季度中国经济增速6.7%左右大大高于1.5%左右的美国经济增速、0.6%左右的日本经济增速、1.5%左右的欧元区经济增速。美欧日等方并没有站在全球经济复苏和贡献上去思考未来，而是对中国经济日益强大越发恐慌与害怕，他们惧怕中国对世界经济增长的贡献率超过30%，他们担忧中国继续成为世界经济增长最大的发动机、顶梁柱，他们害怕中国持续为世界经济增长提供主动力。与此相反，中国却一直致力于携手各国共同促进世界经济稳定复苏。中国国务院总理李克强在第71届联合国大会一般性辩论时讲话中强调"以贸易和投资自由化便利化为代表的经济全球化，是过去几十年世界经济快速发展的重要动力。""我们呼吁世界各国同心协力，推动世界经济真正走上强劲、可持续、平衡、包容增长之路。"实践证明，中国坚定不移推行改革开放，是中国之幸，世界之幸。即便干扰之声对中国申辩的结局有多大的关联，抵制之为对中国经济的发展有多深的影响，中国改革方向不会动摇，对外开放不会停止，不仅将继续引领全球经济增长，也将引领全球市场经济建立新体制。

"诚者天之道也，思诚者人之道也。"诚信是自然的规律，追求诚信是做人的规律，同样也适用于国与国的关系和全球经济领域的范畴。中国奇迹延续的主导根本上在于中国的改革开放，在于中国人民的智慧勤劳，在于中国共产党和政府的正确领导。当前全球经济与贸易已经高度一体化，任何单一经济体都无法独撑复杂多样的全球贸易体系，更不能靠损人利己和唯利是图来打压和操控。国际社会应以命运共同体、利益攸关者的新视角，遵循务实、客观、守信、平等的原则，才能使各国经济在双赢、多赢、共赢中实现全球经济的持续健康发展。

（原文标题为《谁能阻碍世界经济"中国奇迹"的延续？》，
2016年12月19日首发于环球网，全网联发）

牵妈妈的手,让爱的诺言兑现传承

回家过年,是 2018 年春节最大的主题;牵妈妈的手,是这段时间最强的心声。近日,《人民日报》发起的"春节记得陪爸妈做的 20 件事"流转于网络交互空间的各平台,温情之中蕴藏着浓浓的恩爱,爸妈在哪儿,哪儿就是家! 寻根和乡愁是每个华夏儿女时时梦中萦绕的牵挂,把心安放、把情寄托最理想地就是家! 世间风情千万种,都不及与父母短时的陪伴。你有多久没有牵妈妈的手? 我们一次次在心里追问着自己。

牵妈妈的手,装载着思念与渴求的你,行走在匆匆的人流中,已逐步形成了繁忙而又温馨的洪流风景线。这些天,祖国大地上充满着最深沉、最真挚的情感,这是中国温情的真实写照,更是新时代动人的温暖片段。

(一)

有多久没有牵妈妈的手,好想让母爱的暖流盈满心头。

家在远方,但家也在心间。我们急切地赶着回家,就是想把深藏多日的眷念付诸行动——牵着妈妈的手。向妈妈细说成长的经历、深聊事业的发展、畅谈外面的变化,可俯下身来聆听妈妈的家常、唠叨和叮咛,也可拉着妈妈的手做一做家乡的风土美味、走一走乡间的硬化公路、看一看城镇化的新风貌。

很久没有牵妈妈的手,为民为国执着于事业的那份奋斗,我们不能忘记! 并非每个人在春节期间都能牵上妈妈的手,也并非他们不想念家中的温暖与温情,而是为了祖国的利益和强大,甘愿抛家舍业,埋头苦干,这样的敬业者、实干家不在少数。如"中国核潜艇之父"黄旭华，从 1958 年至 1987 年近 30 年间，坚守组织要求，不透露工作单位、工作性质，他从未回过老家，隐姓埋名，连通信地址也没告诉家里人，为国家做出了巨大贡献。而他的母亲从 63 岁盼到 93 岁才盼来了母子团圆。把怀着对中国走向强盛的神圣使命的一腔热血，化成了牵手祖国母亲的脊梁，祖国不能忘记，江海不能忘记！

（二）

有多久没有牵妈妈的手，盼望着依恋的温情记住乡愁。

无论你身在何处谋事，何地创业，家都会张开温暖的怀抱，妈妈总会在异地为你夜夜点亮一盏灯光，给你照亮归来的路标，给你最深情的安抚，给你最纯洁的爱意。"有钱无钱，回家过年"，牵妈妈的手，让血浓于水的亲情和相濡以沫的经历，在爱的诺言中得以兑现，得以传承。可以与妈妈及家人一起，在回忆中欣赏生态文明推进的成果，在鉴别中判断"记得住乡愁"，在甄别中感知"新乡贤文化"，在集智中传承"乡村文明"，在成长中畅想"乡村振兴战略"……有了牵妈妈的手，就会让乡愁味油然而生，让故乡感孕育而生。

不能牵妈妈的手，守卫于祖国安全的那份绸缪，我们不想忘记！越是万家团圆日，就越是人民子弟兵的战备时，是他们不能牵妈妈的手，才换来了其他亿万次的牵手。这个时候，在万里边关上，战士百倍警惕的眼睛越明亮，在万家灯火里，百姓守更待岁的夜晚就越安宁。前不久，笔者从受邀参加的"网络名人进军营　舷边共话新时代"活动中得知，从未见过海的来自新疆阿克苏的维吾尔族姑娘古丽·尼各尔，是"巢湖"号综合补给舰的舵手，以及 22 岁藏族女兵次仁德吉是荆州舰舵手，去年她们一同执行了远航访问任务，访问了亚非欧 20 个国家，创造了人民海军出访时间最长、访问国家最多的纪录。两朵高原洁白的雪莲花，在交流中自然非常眷念自己的家乡和阿妈，但她们更愿在祖国蓝色的海洋绽放，女兵们用忠诚"牵手"和平谱写对祖国、对人民深深的爱、满满的情，守护着海疆，守卫着边防，也守住了亿万的亲情温情相拥。疆土不能忘记，和平不能忘记！

（三）

有多久没有牵妈妈的手，期待将吩咐的信心写入奋斗。

也许为了学业成长及事业发展，长年在外难以与父母多见面；也许留恋外面的世界，难得与父母相聚一堂；也许习惯了被呵护被关照，也很少有机会表达真情与感恩。但在过年期间，我们正好有充裕的时间和机会牵妈妈的手，让记忆回流，让温情邂逅，把恩爱持久。教用电子产品，带他们去体检，来一个拥抱，拍张全家福……我们的世界很大很大，总想看得更远更长，往往忽略了亲人关切的目光；父母的世界却很小很小，总是把我们独自藏在内心不张扬。请放下疲惫与过往，把烦恼忧愁抛在脑后，牵着妈妈的手，回顾下一年来的家庭及生活变化，梳理下家庭文明程度与状况，挖掘下家德家风家训实践情况。牵妈妈的手，总能牵着信念与认同，牵出信心与勇气，牵出坚强与希望。

不能牵妈妈的手，确保人民利益的那份守候，我们不会忘记！总有许多行业、许多人群在关键时候服务于更多的需要者，牵手之外是更多的温情牵挂。心之所系，行之所至。从曾经"瘠苦甲于天下"的甘肃定西，到千里冰封的内蒙古大草原，从雪沃纵横的张北草原，到山路崎岖的四川大凉山腹地，习近平总书记几年来的新春足迹涵盖不少贫困地区。中国温情时时、处处着力于祖国的大江南北之中，如重庆綦江区桃花村石角水文站是国家基本水文站，到谭波站长为止的家庭三代人服务水文已有 75 年，自 2008 年至今他与其母亲担负着辖区实时雨水汛情预报等任务，即便每年春节期间也不例外。这样的"牵手"让一个人的事业成了一家人的"战场"，热土不会忘记，人民不会忘记！

"世界上有一种最美丽的声音，那便是母亲的呼唤。"亿万母亲于中国最传统佳节的春节期间都会以不同的方式召唤着孩儿们的平安归来，这样的温情如若汇集，则一定能感天动地！"子欲孝而亲还在"是人生中最幸福，请别忘记，牵着妈妈的手，温暖家庭、温情人心、温馨生活。"家是最小国，国是千万家。"进入新时代的中国新年，让牵手和温情在亿万个家庭中，醉了心田，醉了岁月！

（2018 年 2 月 19 日首发于环球网，全网联发）

"中国风"系列是如何历练来的？

　　今年是中华人民共和国成立70周年！国庆节当天，我所在单位——重庆大学新闻学院组织了部分教职工家庭与学生党员代表们共同收看了大阅兵庆典。现场有一些新闻传播研究的资深教授们，也有一批求知欲强、青春洋溢的大学生们，更有一群家属代表的稚气未脱的小朋友们，大家一起探讨了共同的话题——阅兵，共同的主题——家国，共同的心愿——爱国，这成了师生儿童们欢欣快乐的源泉与共识。"中国"二字是老少倾情告白的对象与关键语，家国情谊也深藏于三代人的脑海与心房中！

　　感知他们的骄傲与激动！感触他们的自豪与张扬！

　　作为组织者之一的我，感怀这一幕，感恩那一程！单独之时，情不自禁地翻动了自己过去的记忆，回望了自身走过的路径，蓦然发现，本人自创"中国风"系列评论文章的初心与使命，与此景不谋而合，这一时师生们于"中国"的高涨热情与家国情怀，竟然在我心里翻腾了几年，并且长时间日日月月地滚烫着我的心！

　　四年多来，我所形成"中国风"系列的70篇文章，都是以"中国"为主题的评论文章，正好作为母亲——新中国成立70周年的献礼！建构成形，恰逢其时！

　　这是怎样的中国情感？又是何种的中国情深？

坚持主题性的舆论引导，深厚"中国情感"，源于多年成长中自我积淀的初心磨砺与责任使然！

　　为什么所写文章都得围绕"中国"这个命题？所要坚持的立场与感情表达有何意义？

　　回答好这样的问题得从自身的成长过程中找寻答案。清晰地记得五年前，我在进行一项分析研究时发现，当时境外社交媒体中80%内容转载的国内新闻报道和线索,其中近90%为国内所传播负面内容的延伸,这样国外话语传播的局促境况极大地刺激和摧残了我的自尊!从此后立志要在以青年为主体的中国网民中作出积极、正面的舆论引导,争取在我们国家世界话语权建设上贡献个人点滴,发挥思政教育工作的本职属性;清楚地记得20年前,我因筹备重庆大学70周年校庆而奔赴半个中国,专访了包括阎肃、吴冠中、刘鹏、陈志潜、柯召,以及徐僖等近二十位院士在内的186位杰出校友,他们不仅是新中国各行各业建设者们的代表,更是改革开放中做出突出贡献的佼佼者,他们的爱国情、报国行、强国志深深地激发和震撼着我,我发出了多次的承诺,假以时日我定会将这样的感动和触动转化为一种实实在在的行动效果;依然地记得15年前,我在教育部借调工作时,亲历着领导和同人们为民、爱民、亲民的执政理念和具体实践;我在广州挂职锻炼时,所感当地干群敢为人先、不惧困难、勇于创新、开放兼容等精神面貌和优秀品质;我在英国一大学做访问学者时,真正才体会到"中国人为什么出了国变得更爱国"的深刻内涵与朴实道理……

二十多年来的初心一直未变,且在积淀和凝重,那就是深厚的爱国情感,相信总会有迸发和释放,不是偶然去为,而是一种必然!作为高校思政工作者,肩负着中国特色社会主义事业时代新人的培养重任,以坚守正确的舆论导向,身体力行做些客观而真实的理论阐释、事实梳理和道理阐述等以解惑释疑,还原和表现一个真实的中国、全面的中国、立体的中国。对任何从业者而言,既是责任,更是初心;不唯自加的任务,都是自然的初心!当采访四川西昌卫星发射中心的校友们、贵州偏远地区煤矿开采及水电工程的建设者、云南边陲地带守边防的奉献者、甘于寂寞从事强国研究的科学家们,哪一个不以实际行动彰显着"耐劳苦、尚俭朴、勤学业、爱国家"的精神内核?他们热爱祖国、挚爱事业、投身改革让人赞叹,令人动容!我要为他们家国情怀彰显出的义务履行点赞,他们叠加和累积的压力往往会很大,但初心依旧不改,不经历者自不知!当身处异国他乡,对祖国的思念与日俱增之时,总会比较多方所存在的差距更需要奋力追赶时,总要不经意地追溯着一百多年前祖国被欺凌被侮辱的一幕幕时……这种难受更易加重自我保护的斗志,那种窘迫更会让内心发出必须强大的决心!

秉持系列性的网络评论,深重"中国情感",发自持续行程中他方激励的日月积累与期望承载!

怎样才能为中国的世界话语权建设做积极性努力?持久不断的动力来源于

何处?

探究这样的命题和探索如此的过程,不是三言两语就能表述清楚的,也无法以统一的模式和固定的路径来概括,但把个人的工作性质、理想追求和兴趣爱好结合起来,未尝不是一种较为恰当的方式和良好的路径。对于我而言,幸运的是,有着长达十多年宣传思想工作的铺垫积累,有着重庆大学较早开展网络思政工作好的氛围环境,有着党和政府高度重视网络治国理政和对外传播的政策机制……八年前开始涉足网络评论领域,但传播和影响效果甚微。借用平台和组织的力量,真正起步"中国风"系列文章是在四年前,伴随着"五个一百"网络正能量精品评选活动的召唤应运而生,"传递网络正能量""讲好中国故事"则成了挥之不去的意志使然。我深知,此路虽难且陡,但血是热的、心是烫的,就没有坚持不下的借口,没有克服不了的困难!没有间断地在环球网、光明网、中国青年网等中央重点新闻网站上发表时政类网络深度评论文章累计100余篇。在今年国庆前向新中国成立70周年表达个人的献礼!

这些年,本人围绕国家重大政策、重大主题、重大活动、重大事件、热点问题等主动发声,传递正能量,把自己对祖国的满腔热情和一片赤心倾注在文字上,泼洒在文章里。白天有繁重的管理工作根本没有空闲来思考和写作,那就利用上下班路途的机会来构思,用晚上的时间来撰写;工作日的晚上没有空,那就尽力在周末或节假日来完成。因把握新、准、正,有时不得不夜不能寐来积攒思维和抒发情感;因追求时、度、效,有时不得不通宵达旦来掌握动态和码字行文。如习近平总书记在接见全国精神文明建设表彰大会与会代表时,发生的"一握""一让""一请"感人场景在当晚CCTV-1《新闻联播》播放后,连夜所写的文章后来被教育部和中央网信办评为第三届全国高校网络宣传思想教育优秀作品一等奖;5名90后组成的中国钢管舞国家队在国际钢管舞运动锦标赛中,因赛事主办方没能悬挂中国国旗,文章《为国旗弃赛的行为给"中国骨气"加码》获得了2016年度"五个一百"网络正能量精品评选"百篇网络正能量文字作品";带着质朴的情谊和真挚的情感,多次观看《点赞中国——2016—2017"五个一百"网络正能量精品展播特别节目》时饱含激动与感动的泪花,所写的《点赞中国!请"母亲"接受我们的微笑和拥抱》被上级组织广为传播……我懂得,"中国风"系列的不断更新,深藏着各级组织的关怀备至和众多网友的真情支持,连续三年获得的"五个一百"网络正能量精品评选"百名网络正能量榜样"称号等,是他们持续激励和默默鼓励,让我日积月累的情感在升华,期望承载的诺言在兑现!

把持自发性的思想启发，深沉"中国情感"，出于不断前进中自己鞭策的感情驱动与使命追求！

怎样把党的要求、事业追求和个人谋求做到结合与统一？如何发挥思政工作者的本质属性？

在启动"中国风"系列文章之初，我的目标就定位在"力求将理论研究与特色实践有机统一，将宣传阐释与网言网语有机结合"。习近平新时代中国特色社会主义思想学习教育和社会主义核心价值观宣传教育，是高校思政干部的主要履行职责。在此指引和要求下，就必须强化理论研究，着力理论宣讲，发力实践探索。基于团结网民、引领风尚和舆论斗争三个网络正能量要素为出发点和落脚点，就必须倡导阳光、引导舆论、服务空间、积极作为。为此，在没有任何要求和安排下，自觉地和自发地依据形势和社会发展的特点，以中国情感落下地为依托，以思政干部履好职为己任，以社会需求导好向为基本，以人才培养为根本，于是，四年多来，我学会了坚持每日对国家大事的了解思考和对习近平总书记每一次重要讲话精神的主动学习，习惯了学习强国的每日学习和思想理论网络文章评价系统的经常性评审；习惯了夜晚人静时清晰听见小区里不时传来的清脆虫鸣声；习惯了清晨第一缕阳光透过窗户射到我的电脑桌前……

我们所处的新时代是一个高度媒介化的网络化社会，也是一个舆论监督越来越具体的网络性社会，更是一个公众表达权和参与意识空前提高的网络型社会。积极发挥网络评论的主旋律弘扬以及在舆论引导中的效用，就要围绕中心、服务大局，就得团结、稳定、鼓劲，给人信心和力量。在"中国情感"与网络舆论引导的结合上，尝试着开垦网络思政工作特别渠道和创新路径，勇担思政工作者引领网络风尚的使命担当。我只是在组织的关怀下而摸索，且一直在路上。不论是受邀参加了多次"网络名人进军营"活动的发声发言、公益讲座和情感传递，还是"习近平新时代中国特色社会主义思想网络宣传研究"课题的理论探究；不论以实名制旗帜鲜明地对网络上错误思想观点进行批驳，勇做公平正义的守望者，还是在网络特殊类人才培养实践基地建设以及学科建设、创新育人的探索；也不论希望在高校思想政治工作质量提升工程实施上做些自身努力，还是为营造天朗气清的网络空间付出些个人汗水和智力……做了点思想进步的引领启发，干了些精气神的倡导鼓劲。显然，这之前自创"中国风"系列文章的作用还很弱、很小，自己付出与努力还很不足、不好。作为高校思想政治工作者要不断提升高校思政工作的社会影响力、渗透力和感染力。在提供思想引领、满足大众关切、服务社会需求等方面的责任与担当,其路尚远,且行奋进!

"我是中国人民的儿子,我深情地爱着我的祖国和人民""为什么我的眼里常含泪水?因为我对这土地爱得深沉"……伟人邓小平和诗人艾青的话与诗,感动了几代的中华儿女无比爱国之心!激发了无数中国人爱国情感的满腔热忱和豪情俊逸!2019年是新中国成立70周年,更是"中国情感"凝聚和爆发之年,响彻于祖国大地各个角落的《我和我的祖国》激昂旋律,荡漾在世界范围华夏儿女的心底。"奋斗吧,中华儿女",爱国无须低调,表白就该外扬。无处不在、无所不在的"中国情感",深厚、深重且深沉!无数的中国人都在以不同的方式表达对祖国的深爱,以不同的贡献向祖国作告白,而我则以四年来70篇自创"中国风"系列的网络评论文章,来记载着对祖国的热爱、对事业的钟爱和对岗位的挚爱!

(2019年10月15日刊发于华龙网,本文获教育部思政司、中央网信办网络社会工作局第四届全国高校网络教育优秀作品二等奖)

第五部分

案例与价值

　　党的十八大以来,中央高度重视培育和践行社会主义核心价值观。社会主义核心价值观是民族精神和时代精神的高度凝练,是中国特色社会主义法治的价值内核,是坚持中国特色社会主义法治发展道路的基本遵循。党的十九大报告指出,"要以培养担当民族复兴大任的时代新人为着眼点,强化教育引导、实践养成、制度保障,发挥社会主义核心价值观对国民教育、精神文明创建、精神文化产品创作生产传播的引领作用,把社会主义核心价值观融入社会发展各方面,转化为人们的情感认同和行为习惯。"基于此,结合近些年来的热点话题和典型事件,以点带面,举一反三,通过叙事和评议的方式,强调和突出社会主义核心价值观是社会主义核心价值体系的内核,以此体现社会主义核心价值体系的根本性质和基本特征,反映社会主义核心价值体系的丰富内涵和实践要求,让社会主义核心价值观深入人心,达成共识,并展示社会主义核心价值体系的高度凝练和集中表达。

　　本部分内容以近年来的社会热点和典型事例为主题,有建党95周年之时就"如你所愿"的深度解读和情怀彰显;有对"五个一百"网络正能量精品活动评选的积极评价和建言献策;有对网络直播低俗之风的危害剖析和规范管理的呼吁;有对《搭错车》电视剧改编热播带来的启示盘点和价值追寻;也还有对环卫工人带来的

"天"与"地"、高龄院士的"另类"贡献、"德艺双馨的人民艺术家"涤荡心灵的人生启迪、时代召唤着英雄精神……不局限选择事件范例本有的意义和价值,而更多地关联到社会主义价值体系的呈现和蕴涵,以此来培育与弘扬知荣辱、讲正气、作奉献、促和谐的良好风尚,是这版块的积极意义之所在。

坚持走中国特色社会主义文化发展道路,推动社会主义文化大发展大繁荣,是新时代中国特色社会主义建设中的重要内容。加强社会主义核心价值体系建设,丰富人民群众精神文化生活,增强人民精神力量,继承和发扬好中华民族优秀传统文化和民族精神,是我们共同坚守的理想信念。在此基础和前提下,要把正确的道德认知、自觉的道德养成和积极的道德实践紧密结合起来,自觉树立和践行社会主义核心价值观,带头倡导良好的社会风气,带头参加建设风清气正的网络空间,对于每个中国公民、每个网民都义不容辞,责无旁贷。

"如你所愿",我们让荣光实现

　　去年9月3日,在中国首个法定的"中国人民抗日战争胜利纪念日"当天,一个微博署名为"周顾北的周"的学生网友,发了一条"#9.3胜利日大阅兵#这盛世,如你所愿"的微博,配图则是周恩来总理的一张黑白照片。不到12小时这条微博转发量达93万,评论、点赞量达79万。如此"吸睛"和惊爆的背后,无可想象"这盛世,如你所愿"的文字和周总理满是期望眼神的图片,瞬间戳中了多少网友的泪点。

　　从去年的9·3大阅兵到中国共产党成立95周年的今天,在时隔不到一年的时间,"这盛世,如你所愿"拨动了多少中华儿女的心弦,融汇着多么真挚的家国情怀。

　　从开国大典新中国成立到如今发展为拥有8800万余名党员的世界最大党组织,"山河犹在,国泰民安",一代代共产党人不仅能让中国站起来,更能让中国挺起来。

　　从昔日一穷二白的旧中国更替到今日世界第二大经济体,"七十年前满目疮痍,七十年后锦绣一片",是我们的党带领中华儿女做到了这举世瞩目的一切。

　　从"一大"会议在嘉兴南湖的一条游船上胜利闭幕,到拥有"辽宁号"航空母舰的中国共产党正领航着民族复兴的伟大征程,这段党史的发展虽历经坎坷与挫折,饱经风霜,曾经沧海,但不惧霸权强权,傲立世界之林。"开国大典的时候飞机不够,您说飞两遍,现在再也不需要飞两遍了,要多少有多少。"这样的话让我们泪沾襟、心在痛,又让我们喜泪融、笑颜开。

　　"如你所愿"不仅仅以政治、经济、文化、国防、外交成就等来诠释,深藏在亿万人民大众的心里,还体现在网络虚拟世界和祖国的大江南北。今年4月15日首个全民国家安全教育日当天,一首脍炙人口的爱国歌曲《如你所愿》在中央电视台和各大网站一经推出,便迅速走红网络,目前,该歌曲的覆盖人群已达千万级。《如你所愿》的原创作者、同为全国首届"五个一百"网络正能量榜样获得者@无风即风、@崔紫剑同志以流行摇滚风格的音乐作品,将对先辈英雄的感恩、缅怀、致敬融合了国家、民族和历史的厚重记忆,把新一代青年自信自强精神融入时代特点和伟大成就中。

网意反映民意,青年昭示未来。"如你所愿"既是国家强盛与民族兴旺的渴求呈现,又是爱党爱国铮铮誓言的情怀彰显。

"如你所愿",已经真真切切地践行和落实到党要管党、从严治党上。近些年来,保持党的先进性教育、科学发展观教育实践活动、党的群众路线教育实践活动、中国梦主题教育、"三严三实"专题教育、"两学一做"学习教育等党内系列学习教育持续开展,既保证了一脉相承,又做到了与时俱进。两周前,笔者参加了本单位组织的"践行'两学一做',弘扬红岩精神,加强党性修养"特色党日活动,再次来到了红岩革命纪念馆,这是以周恩来为首的中共中央南方局工作生活所在地。在这里,看着周恩来等共产党人的简陋生活条件,住在漏雨和有跳蚤的房间,吃的是沙多、老鼠屎多的米饭,聆听着老一辈共产党人艰苦奋斗的事迹,我们充满了心酸和感慨,凝聚了无限的干劲和斗志。

特别是在1943年3月18日周恩来生日当天,他推脱了家人准备的难得的三菜一汤,独自写下了《我的修养要则》一文。这份"要则"共七点,通过对自己严肃认真地检查,总结正反两方面的经验教训,形成关于改进工作方法、加强党性修养的做法。在此基础上配合南方局当时的整风运动,既达到了学习教育的"触及灵魂"目的,又和风细雨地"入脑、入耳、入心"。

周恩来是一面共产党员的旗帜,周恩来以其哲人的思想和伟人的行动,成为中国共产党在国统区的形象表率,是国统区人民希望所在,是世界看中国的希望所在。以周恩来的思想、品德和作风为代表的红岩精神,与延安精神、长征精神、井冈山精神等一起,构成了中国革命的光荣传统,成为中华民族的宝贵财富。

"如你所愿",这盛世,必须紧紧依靠中国共产党的坚强领导,必须时时相信中国共产党的一心为民,必须处处爱护中国共产党的声誉形象。95岁,对于一个人而言,处于耄耋之年和期颐之年之中,多半会步履蹒跚,但对于中国共产党而言,正值青春焕发之时,在带领全中国人民实现两个一百年的奋斗目标中,虽然"雄关漫道真如铁",但我们壮志在胸,信心在握。

此时此刻,我们正跨步在全面建成小康社会的征程上,距离"中国梦"的目标比任何时候都更接近,实现"中国梦"的信心比任何时候都更坚定。无论西方国家采取何种颠覆计谋与和平演变,还是敌对势力和别有用心的人任意解读历史、否定历史、恶意丑化、诋毁,甚至污蔑革命英雄和党的领袖人物等,"人间正道是沧桑",

我们必须以强有力的实践发展给予回击，伸张正义，驱除邪恶，爱党护党，从严治党，坚定理想信念不动摇。

我们今天正无限接近重现中华民族荣光的时刻，尽管面对世界范围各种思想文化的相互激荡，但我们一定会弘扬好95年来中国共产党的高贵品质，使全体人民始终保持昂扬向上的精神状态，因为对于一个民族，没有振奋的精神和高尚的品格，不可能屹立于世界民族之林。"长风破浪会有时"，历史证明，我们的党具有超越自我永恒的价值和不竭的生命力，率领全民族人民同心同德，团结一致，朝着制定的奋斗目标不忘初心，不断前行。

"如你所愿"，民族荣耀，一定能够兑现。信心，源自我们党不变的宗旨和人民的英明抉择，源自党的光荣传统、优良作风和伟大精神。正如习近平总书记在中国共产党成立95周年庆祝大会上指出："当今世界，要说哪个政党、哪个国家、哪个民族能够自信的话，那中国共产党、中华人民共和国、中华民族是最有理由自信的。有了'自信人生二百年，会当水击三千里'的勇气，我们就能毫无畏惧面对一切困难和挑战，就能坚定不移开辟新天地、创造新奇迹。"中华民族的伟大复兴一定能够实现，这是历史赋予我们的神圣使命，是属于中国13亿人民的自主选择，是我们党矢志不渝的坚守承诺！

（2016年7月1日刊发于环球网）

时代召唤着英雄精神的繁衍

　　"9·3"大阅兵是中国政府为纪念中国人民抗日战争暨世界反法西斯战争胜利70周年而开展的众多纪念活动中的一项活动。本次阅兵是新中国历史上第15次大阅兵,是进入21世纪以来第2次大阅兵,同时也是第一次在非国庆节举行的大阅兵,其重要的意义自然是不言而喻。但同时,这也是一场对英雄精神的感召和呼唤,一次让英雄精神普及和发扬光大的弘扬。

　　根据权威部门发布信息,大阅兵受阅序列依次为:"狼牙山五壮士"、"平型关大战突击连"、百团大战"白刃格斗英雄连"、夜袭阳明堡"战斗模范连"、"雁门关伏击战英雄连"、"刘老庄连"、"攻坚英雄连"、"东北抗联"、"华南游击队"、武警部队抗战英模部队方队。一看这些方队的名称,个个都是抗战英雄的群体,是让中国人民在70多年中长志气、受振奋、被尊重的民族英雄。70多年后的今天,在大阅兵如此重要的时机以国家之名进行召唤,这是对英雄团队最好的纪念,最好的缅怀,最好的铭记。

　　对抗战英雄的铭记是对历史合理的敬畏和尊重。时至今日,对他们纪念方式愈发显得更重视和直接,去年8月底以法律形式将每年的9月30日设立为烈士纪念日;民政部也先后公布了第一批300名和第二批600名抗日英烈和英雄群体名录;再过几天,中共中央总书记、国家主席、中央军委主席习近平还将为健在的抗战老战士、老同志,抗战将领或其遗属颁发纪念章等,这些都充分体现了党和国家对抗战英雄的无比尊重和重视,凸现了社会主义的价值认同和取向,传递着中华民族的道德追求和未来昭示。没有忘记抗战中英勇牺牲和甘洒热血的先烈和英雄们,党和人民永远不会忘记。

　　曾几何时,以"揭露历史真相"等名义抹黑、歪曲、诋毁抗战英雄们的内容在互联网上传播,邱少云、黄继光、狼牙山五壮士、左权、杨靖宇、刘胡兰、雷锋……纷纷倒地中枪,含冤受虐,惨遭践踏。得道多助,失道寡助。与此同时,一场轰轰烈烈自发的"人民战争"随即展开,众多有良知的网民对恶意诋毁者进行了针锋相对的反击,一场"捍卫英雄"的自觉行动在军营、校园开展,新华社、人民日报、光明日报等主流媒体发出有力驳斥和评论,彰显主流价值观。因为,在富有正义和正直的我们的眼里和心里,英雄和先烈就是我们民族赖以存在和自信的脊梁,英雄精神就是我们生生不息繁荣昌盛的精神动力和源泉。

英雄精神的含义不是永恒不变的,而是与时俱进,但其实质都一样,为了国家或者一个集体的正当利益,牺牲了自己的部分利益或者全部利益,在保家卫国的战争年代如此,在"四个全面"建设的和平年代更如此。当今的事业发展中,做到爱岗敬业,公而忘私,迎难而上,无私奉献等,都有可能产生出时代英雄。

召唤英雄精神的繁衍,这是时代赋予我们的职责和要求。有抹黑、诋毁、歪曲英雄们的存在,我们义正词严,直面回击;有否定英雄事迹、解构崇高手法、否定党的领导革命史的存在,我们旗帜鲜明,抵制驳斥;有西方思潮所带来的假象、乱象的存在,我们无所畏惧,信心百倍。我们不仅传承和弘扬抗战英雄和先烈们的光荣事迹,还要在中国梦和两个一百年的进程中,发展和繁衍具有时代特征的英雄精神。在此激励和感召下,坚强和壮实国家意志和精神,因为我们担负着中华民族走向伟大复兴的历史重任,因为我们承载着中国历史上所有英雄们的厚望和慰藉,因为我们守护着社会主义核心价值底线,传承着薪火相传的民族精神。

(2015 年 8 月 31 日刊发于光明网)

以正能量为"公约数" 共绘网络同心圆

在国际互联网接入中国第22年的今天,7亿多的中国网民在网络这个空间里人人做主角、个个争表现。这个舞台每个网民机会均等,释放自然,这里是网民们共同拥有的精神家园。网络正能量整体状况如何,主旋律占比状态怎样,都与每个网民的思想认知、道德情操、事业发展、健康成长息息相关。

日前,第二届中国网络正能量"一江山论坛"呼吁和号召,传递正能量、共筑同心圆,建设好网络精神家园,使网络空间天朗气清、生态良好,让正能量旗帜在互联网上高高飘扬。"一江山论坛"汇集了网络红色磁场,发出了网络正能量最强音,开启了全民族同向奔小康的网络新征程,共绘了民族复兴伟业的网络同心圆。

曾几何时,在全民族人群最大集聚地的网络空间里,夹杂了来自西方敌对势力的颠覆,网络变成了对华攻击的重要阵地,在没有硝烟的战场上,中国众多善良网民被迷惑、干扰、愚弄和牵引;一些公知、大V的诸如历史虚无主义、新自由主义等错误思想和错误言论横冲直撞;各种低俗、庸俗、媚俗等不良之风盛行;吐槽、谩骂、诋毁党和政府行为之声此起彼伏;不实信息、谣言、偏执之言随处可见……于是,我们共同生活的空间竟然成为我们思想和思维的"垃圾场"和"抱怨地",导致了政治信仰迷茫者有之,理想信念模糊者有之、价值取向扭曲者有之,诚信意识淡薄者有之,社会责任感缺乏者有之,艰苦奋斗精神淡化者有之,团结协作观念较差者有之……无端被动地"吸毒",不明真相或被动接受后,以自我为中心,以"朋友"数量和范围为半径,把自认为的"新奇"发现、"新颖"观点、"新意"见解以不断地"画圆"来传播。殊不知,这些附着、滋生负能量的灰色或黑色的小圆,也悄无声息地被叠加和放大,侵蚀着中华民族伟大复兴中国梦的最大圆。

共绘同心圆,就是在共同思想基础、奋斗目标和理想愿景的前提下,中华民族的儿女们凝聚共识、凝聚智慧、凝聚力量,心手一致、同心同德在网络上共同描绘属于我们自己的最大同心圆。网络正能量的分量、比重和质量就是所有网民思想共识和最大同心圆的"最大公约数"。每个网民都应有两个圆,一个属于自己生活的圆,另一个就是共有网络的圆。两圆就是"家"与"国"的代表,"家"的圆是"国"的圆的组成部分。网民在自己的小圆里应该知道坚持什么,反对什么,传达什么;说的话、干的事、想的啥,是否符合网络的"七条底线",是否是真实、理性、合理的表达,是否符合党的要求和满足民众需要。这些数亿个小圆自发汇集成最大的同心圆,同心同向,就能自觉坚守住精神家园,带头弘扬着清风正气,营造出真正的清朗网络空间。

弘扬主旋律,传播正能量,提振精气神,每个网民都能够真正地做到,也应该去做到,因为"国家好,民族好,大家才会好"。大众化媒介的时代,是个大有作为的时代,是英雄辈出的时代,此次"一江山论坛"上"五个一百"网络正能量精品获得者绝大部分都是草根。作为最基层的普普通通的网民,他们代表着各行各业、各方各面的涓涓细流和星星之火,具有民族情怀和强大生命力,以信心、民心和公心的正能量倡导成为"知屋漏者"和"知政失者"。他们敢于划清是非界限、勇于澄清模糊认识,善于理顺社会情绪,乐于理性引导民生热点,成为网络空间"最大公约数"的守望者和捍卫者。他们坚守着中华民族伟大复兴神圣使命的这个圆心,以正能量的精神和力量、满载着人民群众的热情期待,不断扩大和辐射着圆半径,赢得了成千上万网友的心,表达了共绘网络同心圆的信心和决心。

最大同心圆的效果和效应如何,要看"最大公约数"的数量和质量。每个网民都是最大同心圆的参与者,也是"最大公约数"的受益者。只有培养大众的社会责任感,引导网民坚定信仰,积聚起健康、向上、向善的正能量,才能增强全体网民创造美好生活的激情,同心同向去实现中国梦,从而不辜负我们这个美好的时代。

(2016 年 6 月 12 日刊发于光明网)

创"双一流"大学　须集大国之力

2016 年全国两会审议通过的政府工作报告以及"十三五"规划纲要都明确提出建设世界一流大学和一流学科。两会期间,众多人大代表和政协委员就如何建设"双一流"大学,畅谈了广泛而深入的思考见解和作出的积极准备。

高校正发力冲击建设一流大学和一流学科,毫无疑问,这是历史的机遇,本身的职责,也是自我的担当。但作为国家的战略部署,仅仅靠高校自身的"内紧"和"张力"是远远不够的,"双一流"大学的建设还需更多的条件、环境、氛围、保障等系统性因素的支撑和保障。从真正意义上创"双一流"大学需要体现的是大国的力量、智慧和精神。

建设一批"双一流"大学,是国家实现发展战略总体目标的必然要求,举大国之力势在必行。

去年十月底,国务院颁布的《统筹推进世界一流大学和一流学科建设总体方案》,昭示着建设教育强国的目标,吹响了向世界级高校群和学科群进军的冲锋号。在瞄准国际科技前沿,服务国家战略需求,立足社会经济发展,培育世界一流人才,完善现代大学制度,推进文化传承与弘扬等方面,"双一流"大学建设使命艰巨,责无旁贷。一方面,竞争参与高校应从实际出发,从客观出发,从根本出发,遵循教育发展规律,审视自身差距和基石稳定性,避免过高抬拔目标,否则就容易盲从和迷失。片面、一味地追求建设"一流"的名分,往往会适得其反,忘记初衷。另一方面,高校的职能和资源毕竟有限,要实现三步走的"双一流"更需要大力"统筹",依托政府的推进、社会的跟进、管理的增进、高校的奋进,庞大的系统工程才能有条不紊、循序渐进地发挥效能。从目前来看,这样的态势还相距甚远。加快建成一批世界一流大学和一流学科,这样里程碑式的战略举措,将会大大提升我国高等教育综合实力和国际竞争力,也将为实现"两个一百年"奋斗目标提供有力支撑。每一次的扬帆都会有次蜕变,聚集力量,才有美景,胸怀梦想,才会远足!

建设一批"双一流"大学,更是千万家庭的渴求和福祉所在,社会应给予更多的参与、配合和支持。

到目前为止,似乎这样的关注和支撑度还不够,据笔者了解,全国两会中关于"双一流"的建言献策多半是在教育系统和有关的政府部门中进行,社会参与的热情还没有被激发和开动。诚然,作为高校,尤其是朝着"双一流"建设目标奋斗的高校,更应该达成统一的认识,尽快展示出只争朝夕、刻不容缓的精神,展现出危机和忧患的意识,并在各自岗位上做出具体的实际行动。全社会也要紧随高校的步伐,给以密切配合和广泛介入,因为这项伟大而系统的工程,更与千万的家庭休戚与共。"双一流"建设高校是以全国"211 工程"高校为参与主体,但也会在其他高校中注入竞争机制。毕竟当今"211 工程"高校承担了全国的 4/5 的博士生、2/3 的硕士生、1/2 的留学生和 1/3 的本科生的培养任务,拥有 85%的国家重点学科和96%的国家重点实验室,占有 70%的科研经费,万千家庭都期待自己的家人及后辈能接受世界性优质教育资源。若干年后,国内有一批"双一流"大学的远景实现,这难道不是一个属于我们自己的最大福祉吗? 没有现今的智慧、力量和资源的共谋、共济、共振,那能有今后的共享吗?

建设一批"双一流"大学,还需要"供给侧"的后援和养分的合理与到位。

高等教育是在校教育链条上的高端,中小学甚至幼儿教育则是这高端的"供给侧"。没有优质的基础教育,世界一流大学也是一种空谈,这背后就凸显了家庭教育的极端重要性。因此,建设成为教育强国,不能仅仅靠教育系统这一体系的责任使然,每一个家庭同样也间接地担负着使命。如何整体提升家庭教育的质量就成为万众同责的现实要求。目前,大批高校正处于综合改革、"十三五"规划开启和"双一流"大学筹建的关键环节,任重而道远,需凝心聚力。笔者也欣喜地看到基础教育甚至职业教育都在紧锣密鼓地深化改革,也朝着教育强国的建设目标在迈进。有活力就有进取,有动力就有希望。有了学校教育、家庭教育和社会教育的三足鼎立,我们建设"双一流"大学和教育强国的愿景才能真正地实现;有了肩负基础性和保障性的教育和科技、人才和智力的富有资源,中华民族伟大复兴的中国梦才能真正地实现!

大国之力,在于齐心协力,在于同舟共济,在于共同担当。国家战略部署的一流大学和一流学科的建设过程,就是一次恰逢其时的时代检验和赋予我们的历史考验。

(2016 年 3 月 23 日刊发于光明网)

让清泉洗濯心灵　让丹心涤荡灵魂

日前(11 月 29 日),中共中央宣传部在中央电视台向全社会公开发布"时代楷模"阎肃的先进事迹。这位今年 85 岁的老艺术家自 1950 年从重庆大学转战于西南青年文工团至今,为我国文艺事业奋斗了整整 65 年。他创作的上千部作品,讴歌主旋律,传播先进文化,激励鼓舞了几代人,被誉为"德艺双馨的人民艺术家"。

阎肃的先进事迹经传统媒体广泛报道后如一股清泉般涌入了千千万万人的心坎里,网民们也纷纷通过新媒体给予高度的赞叹和钦佩。阎肃的事业发展和人生历程体现了他对党忠诚、服务人民的坚定信念,讴歌时代、铸就精品的责任担当,勇立潮头、追求卓越的奋斗激情,艺德高尚、淡泊名利的人格风范。他不愧为红心向党、追梦筑梦、德艺双馨的艺术家。这是一代代优秀中华儿女高贵品质的浓缩,是万千立志中华崛起而繁荣昌盛建设者的精华,是亿万人民在新的历史时期里敢于追求和勇于拼搏的写照。这种精神同样是时代的迫切诉求,是人民的热切渴望,是新形势下抓住机遇、立足优势、积极作为、系统谋划"十三五"经济社会发展的一针强心剂、一股东风泉。

立时代潮头,坚定信仰勇为领路人。

阎肃从艺 65 年,先后创作了《江姐》《我爱祖国的蓝天》等 1 000 多件文艺作品,参与策划了 100 多场党和国家、军队重大文艺活动。无论是在青年时期服从组织安排忍痛割爱从重庆大学求学转为求艺,还是在十多届春晚和许多重大文化活动中,他担任总撰稿、总策划,成为许多导演的主心骨、"定盘星";没有担任过一官半职,他却"辅佐"了十几任领导,85 岁高龄还担任了今年 9 月份演出的《胜利与和平》抗战胜利 70 周年晚会的首席策划和首席顾问。在共和国的每一个历史时期,阎老都有代表性的作品问世,并流传至今。这些蔚为大观的杰作,足以构成中国音乐史中最华彩的乐章。是什么让他如此执着地付出和贡献？那是因为他的心中始终都装载着人民，盛载着生活，承载着信仰。"今生跟党最光荣，为党工作是使命。""做一个真正站在时代琴弦上的放歌者！"是阎老在文艺战线呕心沥血的真实写照。

读万卷书籍，过硬本领敢当先锋者。

15年前笔者在阎老家做专访，那时的客厅里整墙的书柜全部放满了各类书籍，让我很震撼。活到老，学到老，没有勤学苦练，哪有下笔有神，阎肃做到了身体力行，甘为示范。《西游记》的主题曲《敢问路在何方》随着电视剧的热播而红遍了全国，其歌词中的"敢问路在何方？路在脚下！"竟然是阎老受鲁迅的"其实地上本没有路，走的人多了，也便成了路"和毛泽东诗词"敢教日月换新天"的感悟启发和灵感触动，一个"敢"字道出了改革开放初期中国发展之路的磅礴气势和雄心壮志，"路在脚下"也成为一个时代的代言。这首歌之所以成为经久不衰的绝唱，阎老把这归功于阅读和学习。有人赞他是"中华曲库"，有人说他是"最强大脑"，而这些都源源不断地来自阎肃数十年的开卷有益、诲人不倦。在当今的各项事业发展中要想"谋事要实、创业要实、做人要实"，就必须更要坚持学习、坚实学习、坚定学习，向书本学习，向实践学习，向群众学习，向先进学习。

下基层实践，敬业实干愿为践行者。

作为一名文艺工作者，阎肃始终牢记并践行着贴近实际、贴近生活、贴近群众。为创作歌剧《江姐》，阎肃到重庆渣滓洞严格按照中华人民共和国成立前监狱生活的要求，在牢房里，他反铐着双手戴上了沉重的脚镣，连续7天不让说话，不许乱走乱动，还亲身体会刑具的"折磨"等艰难困苦，之后完成《江姐》的创作并一年内演出257场，创造了我国歌剧史上的奇迹，周恩来夫妇亲自购票欣赏，毛泽东看后亲自接见了他；1964年，为了创作歌剧《雪域高原》去西藏采风，阎肃一路颠簸18天，到了海拔四五千米、零下40多度的目的地，极度寒冷加上高原反应，让他死去活来；2010年，80岁高龄的阎肃，当听说空政文工团下基层巡演，自己因受保护而没被列入名单，他急了：我的腿虽然不能蹲，但还可以走，带上一个坐便器，我哪里都能去！今年9月28日，在住进重症监护室前一天，阎肃还躺在病床上为年轻后辈修改歌词、指导创作。几十年来，阎肃上高原、下海岛、走边防，几乎走遍空军部队，

"文艺只有植根现实生活、紧跟时代潮流，才能发展繁荣；只有顺应人民意愿、反映人民关切，才能充满活力。"因为阎肃自始至终坚持和相信着世界上没有"速成"的艺术品，更没有走"捷径"的成功者。这样的品质在我们国家"四个全面"战略布局、实现"两个一百年"奋斗目标，实现中华民族伟大复兴中国梦的伟大征程中，尤为重要。

铺忠诚之路，一片丹心誓做筑梦人。

　　无论在网络空间，还是在现实生活中，这样的一位老军人、老党员对国家、对民族、对党、对军队、对人民那种忠诚，同时他又不脱离时代，其强烈的爱国心、使命感、责任感的情怀担当使人处处被感动、时时被感染。去年10月的文艺工作座谈会上，阎肃在发言中说："我们也有风花雪月，但那风是'铁马秋风'、花是'战地黄花'、雪是'楼船夜雪'、月是'边关冷月'。就是这种肝胆、这种魂魄教会我跟着走、往前行，我愿意为兵服务一辈子！所以，我、我们心中常念叨的就是6个字：'正能量、接地气'。"这是65年来一位赤胆老军人的"一片丹心向阳开"，是他穷尽一生编织一面永不褪色的红旗。同时阎肃也对"社会上绯闻、丑闻、花边桃色；作秀、作呕、低俗恶俗……甚至香臭不分、法纪不论，越黑越火……更何况在人家不遗余力、重金营造、推而广之的情况下，我们有少数人还争先恐后摇旗呐喊、推波助澜，被市场、收视率牵着鼻子走，还津津有味、得意非凡"感到担忧和心急。文化大发展大繁荣，阎肃不仅仅扛起了一位艺术家的责任和担当，还殚精竭虑，积劳成疾，这又是何等的情怀、胸怀和气魄啊！追赶时代，弘扬正气，坚守赤子情，传承民族魂，这是历史和时代交给我们的责任和义务，更是阎肃这位德艺双馨的人民艺术家从军、从艺65年的奋斗和拼搏给予我们的人生启迪。

　　"红岩上红梅开，千里冰霜脚下踩。三九严寒何所惧，一片丹心向阳开……"《红梅赞》中这经久不衰的名句历久弥新，催人奋进。半个世纪前，阎肃擎出一针一线的红旗，他用一生一世的心血来缝织，其感人事迹犹如一股清泉洗濯着我们的心灵，其一片丹心涤荡着我们的灵魂。让我们共同祈福这位可敬可爱的老艺术家，盼他早日与我们共唱这句激荡人生旋律的最美音符。

（2015年12月3日刊发于光明网）

网络秩序与现实秩序同等重要

2015 年 11 月 1 日,在第十二届全国人民代表大会常务委员会第十六次会议通过的刑法修正案(九)即将施行。刑法修正案(九)在维护信息网络安全和针对网络违法犯罪行为的新情况,完善惩处网络犯罪方面的法律规定共有六条,其中增加规定:编造虚假的险情、疫情、灾情、警情,在信息网络或者其他媒体上传播,或者明知是上述虚假信息,故意在信息网络或者其他媒体上传播,严重扰乱社会秩序的,为犯罪行为。新增加的这条规定预示着全面治理网络秩序有了更为完善和规范的依据,为清朗的网络环境提供了依法治理的保障,更是对恶意扰乱网络秩序者给予强制力的惩戒作用。

网络秩序对青年人的成长与现实秩序同样重要。

去年一项关于城市 70 余所高校 12 000 余名大学生的网络素养调查研究的数据表明,68.5%的大学生每天上网 3 小时以上,其中 7 小时以上重度使用者占比达 16.6%,88.8%的大学生自认为有网络依赖症,其中"较为依赖"及"严重依赖"者占 45.2%。由此可见,大学生网络空间的消费时间与现实无网时间相距不大,网络已经成为青年学生成长中的依赖环境,其秩序的优劣同现实社会一样影响、感染、作用于他们,甚至在某种程度上,网络环境比现实生活起更决定性的作用。与此同时,缺乏对形势变化足够的甄别力、批判力和抵制力的青年学生,更易受网络中的虚假信息、谣言谎言、诈骗违法等互联网犯罪的毒害和污染。刑法修正案(九)的规定,为积极、有效、正面的教育作了厘清和疏通,是学校教学和家庭教育的有益保障,真正做到了此领域的教育意义事半功倍。

网络秩序对网民的思想和行为的影响与现实秩序同样重要。

所有网友都是网络秩序的参与者、制造者和作用者,其双重身份的另一角色为自然人,是现实生活中的生存者、体验者和感受者。幸福指数和生活质量来自生活秩序的影响,现实或网络环境的好与坏,所带来的分享环境成分就大相径庭,甚至是千差万别。教育系统常使用"成绩不好,是个次品;身体不好,是个废品;思想不好,是个危险品"这句并非科学和合理的劝告,但表明了思想和行为对于一个人、社会的极端重要性。比如,北京大学原副校长梁柱的一篇文章被篡改标题,被颠倒黑白,众多大V争相传谣、指责谩骂,造成恶劣的网络负面影响;《财经》杂志社记者因涉嫌同他人编造并传播证券、期货交易虚假信息被依法采取刑事强制措施……无所不及的网络,无处不在的传播,无所不知的公知,让网民们长期处于"信还是不信""转还是不转"的怀疑、焦虑和焦灼心态。刑法修正案(九)对编造和传播虚假信息给社会秩序带来严重后果的行为予以强制性的惩罚,是在网络的清源上给予有力的保证,这是维护网络秩序一道给力的填补。

网络秩序对社会秩序的干扰和破坏更为隐形和有杀伤力。

不难发现,许多现实生活中的违法活动早已在网络空间里萌芽和发酵,网络秩序成为社会秩序的先发和前哨,更为严重的是,网络虚假信息所带来的偶发性、隐蔽性、传播性更强。党的十八届四中全会通过的《中共中央关于全面推进依法治国若干重大问题的决定》提出,加强互联网领域立法,完善网络信息服务、网络安全保护、网络社会管理等方面的法律法规,依法规范网络行为;公安部开展专项打击整治行动,依法查处编造传播谣言的违法犯罪人员197人,责成相关网站关停网络账号197个;"网络敲诈和有偿删帖"专项整治历时半年圆满收官,据报道,专项整治共关闭近300家违法违规网站,关闭违法违规社交网络账号超过115万个,清理删除相关违法和不良信息900余万条等;国家网信办发布的治理"网络敲诈和有偿删帖"九项长效机制……这一系列的重拳出击和效果体现,顺应和契合了刑法修正案(九)的有关规定和要求,极大地推进了网络的风清气正,推动网络空间法治化进程,维护着网络秩序的健康发展和良性循环。

"问渠那得清如许，为有源头活水来。"要想我们生活的现实空间秩序在自然进程和社会进程中都保持着一致性、连续性和确定性，达到安全、稳定、诚信、和谐，对于网络秩序的维护就必须同等地对待和重视。刑法修正案（九）的即将实施，无疑是对网络秩序坚强有力的规范和保障，对人和社会而言，网络秩序和现实秩序如同"鸟之翼、车之轮"。

（2015 年 10 月 28 日刊发于光明网，

本文获首届全国"五个一百"网络正能量精品评选百篇"文字作品"）

贵阳数博会九论：
"一带一路"的贵阳行动

2015贵阳国际大数据产业博览会暨全球大数据时代贵阳峰会（以下简称"贵阳数博会"）盛大开幕，大咖云集，名企汇聚，思维碰撞，声震内外。开幕当日网络点击1亿+，连续数日新闻热搜词榜上有名，三天内签约项目涉及投资200亿元。如此火爆的舆论，如此"吸睛"的探寻，反映了贵阳数博会正在触及和引发人们对大数据时代的期待和渴求，拓展了人们实践中国"一带一路"的"梦想空间"。

两千多年前，各国人民就通过海陆两条丝绸之路开展商贸往来。从2 100多年前张骞出使西域到600多年前郑和下西洋，海陆两条丝绸之路把中国的丝绸、茶叶、瓷器等输往沿途各国，带去了文明、科技和友谊，赢得了各国人民的喜爱和尊重。一年前，习近平总书记提出共同建设丝绸之路经济带和21世纪海上丝绸之路，并形象地将"一带一路"喻为亚洲腾飞的两只翅膀，"带"与"路"的互联互通就是两只翅膀的血脉经络。今年3月，国务院授权发布了《推动共建丝绸之路经济带和21世纪海上丝绸之路的愿景与行动》，贵阳大数据博览会正是"一带一路"的生动实践。

以大数据思维行进在"一带一路"上。

贵阳数博会将2015年中国政府工作报告所提出的推进"互联网+"行动计划落到了实处：中国首个大数据战略的重点实验室、中国首个全域公共WIFI的城市、中国首个块数据聚集的公共平台、中国首个数据公开示范城市和中国首个大数据交易所等一系列创新之举,推动了移动互联网、云计算、大数据、物联网与现代制造业结合,引导互联网企业拓展国际国内市场,促进电子商务、工业互联网和互联网金融健康发展。贵阳的大数据思维与率先行动在推动着全方位、立体化、网络化的虚拟互联网空间和一带一路地域空间的互联互通。过去我们将丝绸、茶叶、瓷器输送到海外,而今日以数据为核心的大数据产业链的形成,虚与实的力量融合正在影响着人们,改变着中国,改变着世界。

以创新思维驱动发展变革。

在以和平、发展、合作、共赢为主题的新时代里,中国率先倡导并牵头实施着连贯亚欧非的"一带一路",秉持开放的区域合作精神,致力于维护全球自由贸易体系和开放型世界经济。共建"一带一路"既符合国际社会的根本利益,又促进了人类创新驱动力的发展。截至今年4月,覆盖五大洲囊括传统发达国家以及新兴经济体的亚洲基础设施投资银行达到57个意向创始成员国,这就是有力的证明。虽然当前中国的科学技术仍落后于发达国家,但是在利用大数据推动数字和流程整合转型方面却几乎都处于同一起跑线上。在今天"大数据+"发展浪潮中,贵阳大数据战略实践将中国的西部地区打造成改革开放的前沿,成为可持续发展新的增长极。贵州和西部12省区具有重要的区位优势,守住发展和生态两条底线,深入挖掘大数据的经济价值和社会价值,贵阳不仅有可能成为世界的大数据创新技术平台,而且她给中国经济带来的影响不可预估,"中国数谷"正在崛起。实践表明,创新驱动力不管在发达地区还是在欠发达地区,谁创新谁就能赢得机遇,哪里能以最快的速度实现颠覆性创新,哪里就成为创新创业未来发展的制高点。

以"一带一路"引领贵阳行动。

"一带一路"的实施,就是在遵循着和平合作、开放包容、互学互鉴、互利共赢的丝路精神。5月12日,国家主席习近平和白俄罗斯总统卢卡申科视察了位于明斯克近郊正在建设的中白工业园,该园建设是共建"一带一路"有显示度的标志;5月20日,国务院总理李克强出席了在巴西里约热内卢举行的中国装备制造业展览开幕式,众多央企纷纷与海外加强合作、共同开拓国际市场;而今天,全球1 000多个知名企业齐聚贵阳,3 000 余人出席峰会和论坛,打造大数据"群英会"。在"走出去"和"请进来"的行动中,中国努力实现着兼顾各国需求,统筹陆海两大方向,充分发挥涵盖面宽、包容性强、辐射作用大等特点,实践着"一带一路"造福全人类的宏大蓝图。

"我们的道路洒满阳光,我们的歌声传四方;我们的朋友遍及全球,五洲架起友谊桥梁。"贵阳数博会,承载着中国人民讲信修睦、合作共赢、开放包容的精神,愿和世界人民一道,领略并创造着"一带一路"伟大倡议的美好前景。

(2015 年 5 月 29 日首发于光明网,全网联发)

要让网络文明之风吹遍万千校园

日前,由教育部、国家互联网信息办公室联合举办的"网络文明进校园"活动的总结表彰会在重庆大学闭幕。历时半年多时间的"网络文明 你我同行"主题辩论全国总决赛、"百校千场网络文明主题校园巡礼"等活动在全国高校引起了热烈反响,实现了场上场下同步,线上线下互动。其中的巡礼活动,吸引了多名院士、150余名国内专家学者、23万余名师生线下参与,深受主办方、参与高校和师生们的广泛赞誉和好评。

首届"网络文明进校园"活动所引起的巨大反响,无不说明了切合时代要求和学生实际就会结出丰硕成果,这样的结果归功于学生的真实生活和网络的客观状况。特别是"构建网络文明应该道德建设/法制建设先行""社交媒体的普及是/不是构成网络文明挑战的主因""大学生参加网络借贷利大于弊还是弊大于利""网络安全和网络自由相比谁更重要""遏制网络谣言,主要靠预防还是打击"等系列辩论赛的主题选择,均从全国学生中征集产生,不仅紧贴学生网络生活实际,还能充分调动更多的青年学生参与其中,辩题极强的针对性,也彰显了激烈辩论的真知灼见,乐享其中。只有做到引发了学生群体的共鸣,才能触发他们对网络文化、社会热点的深层理解和理性思考;只有把握青年学生网络时代的脉搏,才能提高他们的网络认知水平、符合活动的教育主旨。

在中国七亿网民当中,青年群体的网民数就达3亿,这是一个巨大的数量。一年前笔者曾作为主要调研人员之一,参加了一城市的13 000名大学生网络素养的调研工作。调查表明:大学生与整个社会的接触、互动和共振空前活跃,大学生作为"E时代弄潮儿""准社会人"的群体特征日益明显。他们对碎片化信息消费常态化,网络依赖症进一步加剧,网络互动进一步圈群化、私密化,表达欲望强,"小圈子"意识重等等。调查显示:针对网络自由度,25.9%认为"太过自由";针对当下的网络舆论氛围,47.2%的大学生认为"多数人都比较情绪化";针对网上信息的真伪,57.3%的大学生"根据自己的知识和经验来辨别";对互联网法规制度,64.5%的大学生"不太了解"或"不了解";小学生触网率占44.0%……这些数据和结论表明,校园的网络文化环境和氛围的建设已刻不容缓,势在必行。作为行业和主管部门大力开展的首届"网络文明进校园"活动得到强大的呼应和响应,理当其中,顺应民心。

大学生是中国网民的主体部分,他们学识文化程度高,思维敏捷活跃,创新意识强烈,理应成为网络文化创作推动之源。文明健康网络生活方式的倡导,崇德向善网络行为规范的培育,要靠行业和主管部门的主导,要靠高校自觉积极作为的坚守,更要靠学生主体作用的发挥。欣喜地看到,在这次活动中,上海大学生微电影节就有25个省、市和区的3万名学生参与,微电影作品达5 000部,活动辐射人群达1亿人次;全国大学生网络创新创业大赛三个月内超过120所高校参加;在全国200多所易班建设高校中,重庆大学从试点高校发展成为全国示范性高校才一年多时间,就成为引发网络轰动效应《我和我的国家引擎》的创作策划源……作为知识的集散地和思想的发源地,大学应该成为社会文化的风向标和引领者。同理,大力加强校园网络文化建设毋庸置疑。当网络文明之风吹进校园里,横向到边,纵向到底,势必会带动绝大部分大学生成为网络文化的传承者和传播者。因此,自觉和主动成为社会主义核心价值观忠实培育者与践行者,高校引领和引导的重任义不容辞,责无旁贷。

聚集在同一网络下,青年学生群体的整体网络素养直接决定了网络空间清朗的水准状况;大学生能成为"中国好网民"的占比分量,就成为未来中国网络治政能否顺畅的必然;各类学校是否重视网络文化建设就成为能否实现网络强国的目标。因此,从这个意义上讲,各地大中小学和教育主管部门就须风雨兼程,肩负起任重道远的光荣使命。首届"网络文明进校园"如一缕春风,让各参与高校有了阶段性网络文化的净化,展现了一个平台就是一方阵地,一个学生就是一份力量,一项活动就是一个抓手,出现了线上线下优秀文化产品千帆竞发,正能量充沛和主旋律高昂比翼齐飞的良好态势。但这还远远不够,首届的参与度与全体大学生整体数量相比还有很大差距,强化与中小学教育的衔接和配合机制还在探索中,与社会的规范和治理、家庭的意识与约束的三足鼎立局面还没有真正形成。这就需要全社会共同的动员和参与,网络空间的他律和自律的同步重视、同步管理、同步加强。

"培育积极健康、向上向善的网络文化,用社会主义核心价值观和人类优秀文明成果滋养人心、滋养社会。"习近平总书记"419"重要讲话"忽如一夜春风来",借此春风,全国行业主管和教育主管部门共同开展的首届"网络文明进校园"活动,让万千青年学子在校园网络文化建设中勇于实践和敢于担当,开了个好头,立了个标杆,树了个示范。如若各地各级政府主管部门和各级各类学校都纷纷行动起来,努力探究学校网络文化建设的长效机制,那么"千树万树梨花开"就会呈现蓬勃之势。坚持立德树人,强化思想引领,就一定能捍卫起我们共同的网络精神家园,期待这样的境况早些来到。

(2016 年 6 月 21 日刊发于环球网)

大数据：上可入云端　下可济民生

5月29日，为期5天的中国大数据产业峰会暨中国电子商务创新发展峰会（以下简称数博会）落下帷幕。时隔一年，如果说贵阳数博会去年探讨的是"互联网+"时代的数据安全与发展，开启了"大数据应用"的元年，那么在短短一年的孕育、催生、助推和升级后，今年的数博会迅速升级"国家级"，一跃成为全球大数据领域前沿科技成果的发布平台、产业链的高端聚会和万众创新的孵化摇篮。

这一年中，国内超过20个省市区政府或城市，如重庆、成都、武汉、河北、江苏、浙江、海南、上海等地，掀起了一股建设大数据交易中心或发展大数据产业的热潮，纷纷打造云端智能城市和规划大数据的发展产业。而不久前，获批国家大数据综合试验区的贵州再次成为将大数据从战略构想变成战略行动的先行者和领跑者。其中，大数据发展有着怎样的魅力和迷人之处？对我们未来社会进步和民计民生有着如何的推动和益处？

入云端，创新无限。

大数据思维改变了管理思路和模式，顺应了创新时代潮流的发展趋势。早在1980年，未来学家阿尔文·托夫勒就把大数据热情赞颂为"第三次科技浪潮的华彩乐章"；2012年《纽约时报》的一篇专栏文章 *The Age of Big Data* 正式宣告大数据时代的来临；没有料到的是，大数据发展的热潮在中国正以积极姿态蓬勃开展，人类以前所未有的热情广泛地利用广袤无际的云端，跨步"进化"到大数据时代。2015年8月底，国务院印发了《促进大数据发展行动纲要》，强调了"大数据成为推动经济转型发展的新动力""大数据成为重塑国家竞争优势的新机遇""大数据成为提升政府治理能力的新途径"。"新动力""新机遇""新途径"昭示着大数据未来发展的重要方向和着力点，展现了一种利用云端来创新发展的新活力。众多城市正如火如荼地加快推进大数据探索与实践,其中最为显著的是促进大数据、云计算和物联网广泛应用等,成为助推我国提出"十三五"期间"强化创新引领作用,为发展注入强大动力"的重要举措。本届数博会所带来的成果是签约项目180余个,总金额300多亿元,来自全球的4.6万多人参与本次盛会。无疑,今年由国家发改委、工信部、商务部、中央网信办和贵州省人民政府共同主办,聚焦"大数据开启智能时代"的数博会,将打造成为大数据发展的战略策源地、政策先行区、创新引领区和产业聚集区,值得注目和期盼。

进城乡,触及无边。

大数据服务融入了民生实际,创造性地提升了大众的生活质量和水平。日常生活之中我们已经悄无声息地在利用和应用大数据,如淘宝网上购买一件用品、定位与车载导航、媒介推选的个人阅读习惯……未来我们将更多地生活在一个充斥着大数据、云计算、无人驾驶汽车、情感机器人等的世界里。当我们还在怀疑和纳闷时,"重庆造"无人驾驶汽车已经成功挑战全程超过2 000公里的国内首个长距离无人驾驶;当我们还在质疑和猜测时,作为经济欠发达但第一批数据应用示范省份的贵州,其电子政务云、工业云、电子商务云、智能交通云、智慧旅游云、食品安全云、环保云的"7+N"朵云的应用工程建设已经在运行;当我们还在犹豫和担忧时,2015年贵州大数据相关产业规模已经达到1 100亿元……今年4月19日,习近平总书记在网络安全和信息化工作座谈会上强调"发挥互联网优势,实施'互联网+教育''互联网+医疗''互联网+文化'等,促进基本公共服务均等化";在峰会开幕式上,李克强总理在主旨演讲中将大数据誉为"钻石矿",大数据、云计算、物联网能让欠发达地区把"无"生"有";国务院的《促进大数据发展行动纲要》称,国家政府数据统一开发平台将在2018年底前建设,率先在气象、环境、信用、交通、医疗、卫生等20余项重要领域,实现公共数据资源合理适度向社会开放。当大数据的应用逐渐走进城镇、农村,有网络之地,就有大数据应用和服务的用武之地,特别是2016年销售业、金融业、旅游业、服务业及教育业会成为大数据应用或创业的热门,与民生息息相关的大数据产业将变得"无孔不入"和"深入人心",精准、智能、便捷将会显著地给予我们每个人生活质量的提高和品位的提升。

跨四海，辐射无垠。

大数据联通融合了地球村的合作与发展，是共享国际互联的价值体现。"大数据正日益成为全球促进生产方式、生活方式和社会管理方式创新变革的重要驱动力。大数据带来大变革，云计算形成新能力"，贵阳数博会就是在这样的背景下应运而生。去年的数博会聚集了微软、谷歌、英特尔、惠普、思科、甲骨文、戴尔、阿里巴巴、富士康、华为、联想等近400家全球大数据领域顶尖企业参展，2016数博会更加国际化，不仅获得联合国国际电信联盟的支持，英国、美国及东盟等国家和组织还将合作承办分论坛。从贵阳的博览会到国家级峰会，国家战略已经成为全球此领域最为关注的热点，其目的就是携手国际知名企业共享、协力、合作推进世界大数据的发展，其辐射的影响彰显了全球大数据产业发展的前沿与探索。据悉，根据"中投顾问"的《大数据产业报告》，教育、交通、消费、电力、能源、大健康和金融是全球大数据应用的七大领域，这七大重点领域大数据应用潜力总价值预估在32 200—53 900亿美元。勤劳质朴的贵州人民以"拨开云雾见天日"的坚守和执着，后发赶超，坚定地准备用三至五年时间建设成为国家大数据内容中心、大数据服务中心和大数据金融中心；曾在世界科技舞台饱受诟病的中国以"守得云开见月明"的创新与坚韧，弯道超车，在大数据产业驱动经济发展形成重要生产资料的时期，势将引领全球新一轮的生产力革命。

仰望天空，乘"云"而上，携手世界共同推动大数据发展，解放和发展人类信息生产力；脚踏实地，触"底"民生，让数字红利充分释放，不断催生新业态、孕育新产业，不断改变我们的生活水平。贵阳数博会承载的不仅仅是探索新路、建立标杆、做好示范，更肩负着真正把试验区变成示范区、把大数据变成大产业、把大机遇变成大红利的历史重任。

（2016年6月1日刊发于环球网）

"五个一百"让阳光挥洒在指尖上

距离习近平总书记在网络安全和信息化工作座谈会上作重要讲话快一个月的时间，由中国互联网发展基金会主办的 2015 年度"五个一百"网络正能量精品评选结果正式揭晓和隆重发布，这是中央网信办自成立以来首次开展的历时半年的全网正能量精品评选活动。2015 年度"五个一百"的确立，很快就会被网民们从中感知和体会到我国倡导着什么样的主旋律，传递着怎么样的正能量，引领着何种的新风尚。

"五个一百"评选不仅仅是一次活动，还赋予了不一般的作用和意义。榜样则为 7 亿网民树立了创建网络绿色生态的标杆，文字作品、图片、动漫音视频作品、专题活动则彰显了网络正能量的广度和深度，凸显了如何去认知社会，怎样来理解生活，又该以何种方式来表达、来传递、来实践。

怎样建设好网络良好生态？在于发动，在于参与，在于治理。"五个一百"评选活动的参与面很广、很宽，几乎没有门槛。不论行业，不分老少；无论是主流网络媒体的作品，还是自媒体平台的原创；无论是组织推荐，还是自我推荐；也不论学历文化程度高低，不拘一格，全民大征集，体现了网络平等性，海选了网络民意性。只要是针对 2015 年以来重大政策、重大主题、重大活动、重大事件、热点问题和突发事件中积极发声传递正能量，在网上形成正面引导作用的创作作品都可参加。总之，你的眼睛里关注着积极，你的作品就有温度；你的指尖充满着阳光，传播出的才是绿色。网络绿色生态建设靠的是全体网民的踊跃参与和使命担负，以"五个一百"评选活动的发动来带动网民们意识提升，具有启蒙式的开端。

怎样在践行新发展理念上先行？在于倡导，在于引导，在于践行。习近平总书记强调"网信事业代表着新的生产力、新的发展方向，应该也能够在践行新发展理念上先行一步。"当我们还在谈论网络作为新媒体改变了我们的阅读和交往习惯时，没有想到的是网络的虚假、诈骗、攻击、谩骂、恐怖、色情、暴力竟然如此地影响了我们的思想;当我们游离的指尖在网络上玩游戏、看电影、购物、聊天时,互联网+系列及互联网思维、互联网思想已潜移默化地进入了我们的现实和头脑。通过正能量的活动开展,积极倡导清朗网络空间的建设和管理,才能让新发展理念入心、入脑。扬正需要勇气,控负需要计谋。在大发展、大变革、大调整、大挑战的当今时代中,迫切需要类似于"五个一百"活动的评选来倡导和引导着指尖更阳光、思想更健康,共同担负起在社会前进中让网络引领时代发展方向的使命。于是,首届的"五个一百"活动评选具有开创性。

怎样让互联网更好地造福人民?在于引领,在于担当,在于亲民。"网络空间天朗气清、生态良好,符合人民利益。网络空间乌烟瘴气、生态恶化,不符合人民利益。"习近平总书记的一番话值得网信部门和网民们深思和掂量。当精神领域和空间里没有积极、正面、健康的思想作支撑,那也就没有共同奋斗的价值体现。此次评选活动入围的榜样和作品在网络展示仅 2 周的时间,"五个一百"便刷爆朋友圈,红遍网络空间,网民参与投票数高达 1.2 亿人次,点击量突破 10 亿次,这就是绝大多数网民的诉求,网民的民意。要让互联网更好地造福人民,不仅仅在于网信部门的勇于担当和亲民爱民,更重要的是每个网民的个人理性发声和社会责任承担。自觉有意识地让阳光泼洒在网民的指尖上,需要引领和推动。无疑,"五个一百"的榜样和网络作品起到了率先垂范和示范引导的作用。于是,"五个一百"活动评选具有引领性。

"五个一百"活动评选让我们看到了凝聚共识和激浊扬清的良好渠道,我们的指尖阳光,我们的生活就不黑暗。网络空间这个亿万民众共同的精神家园只有真正风清气正、健康向上,才是我们所有网民最大的福祉所在。

（2016 年 5 月 17 日刊发于光明网）

为高龄院士的"另类"贡献点赞

　　81岁的我国著名应用地球物理学家,我国首批工程院院士,将理性的科学与感性的艺术集于一身,将爱国情怀和心系学子融为一体……这就是何继善院士。近日,何继善的"科学与艺术"书法展在重庆大学开展,传统媒体和新兴媒体强烈关注,开展首日他就签名赠送观众上百本书法作品集,将浓郁的爱倾注进许多师生和闻讯而来观摩群众的心。在此之前,他的书法作品曾在中国工程院、浙江大学、同济大学、香港中文大学(深圳)以及中国香港地区、中国台湾地区、日本等地展出,并相继在中南大学、北京大学举办了个人书法展。

　　人的精力毕竟是有限的,在一个领域内做出突出贡献都太难,而何继善却与众不同,让人感动。他在1994年当选为中国工程院首批院士,2001年获全国模范教师称号,2005年获全国先进工作者称号,2014年获湖南省科学技术杰出贡献奖,在湖南被称为"页岩气之父"……作为一名高校的教师,其学术、科研和教学能力毋庸置疑,独占鳌头,与此同时,何继善院士自幼就持之以恒地勤学苦练书法,篆、隶、楷、行、草均有较高造诣,擅长求变,并在嵌字联书法和中英文书法方面形成了自己的特色,书法精品层出不穷。其书法笔力遒劲饱满,结构宽博大方,章法和谐统一。观其书作,气象恢宏,力拔千钧,持重而舒缓的笔调,呈现出一种中和之美和书卷之气。何继善在科研事业发展中于1978年获全国科学大会奖,1985、2007年两获国家发明奖,1995、1999年两获国家科技进步奖;数十年来还深研人文素质教育,笔耕不辍于蕴涵中国传统文化精髓、承载中国文化审美意趣的书法。在两种领域中数十年的执着追求和潜心钻研,均取得重大贡献和丰硕成果,实属不易。

　　科学与艺术,向来被视为烈火与寒冰般难以兼容,而何院士却提倡将科学、技术、工程与艺术相融合,积极提倡在工科大学生中进行书法等人文素养教育,其视野、眼界、境界、创新让人赞叹,令人感激。何继善院士现为湖南省科协名誉主席,中南大学庄胜矿业研究院院长、终身名誉院长,美国勘探地球物理学家协会(SEG)

终身会员。81 岁的他至今仍担负着如此繁重的工作,难能可贵的是还抽身光临书法展现场,极度谦逊地为师生们签名赠画册。远不同于其他名人的签名售书,何院士不仅不必以此吸纳名气,还自费数万元在传递着工科专业需要培养人文素养的教育理念,传达着工科生也能在人文素质教育中有巨大潜力的发展。何继善以躬行之力推进"书香、墨香"校园文化建设,以一己之力推动通识教育和大学生传统文化主体意识及文化创新意识,年逾耄耋之年还奋战在高校育人第一线,胸怀后继者,传播正能量,其精神令人敬佩,其行为让人赞叹。

多年以来,何继善院士将部分抗战人物、抗战故事以书法的形式记录下来,同时也把自己铭记历史、珍视和平的感情融入了笔墨之中,叫人感怀。在重庆大学为期 3 天展览的 90 多幅书法作品背后,都蕴藏着一个个动人的抗战故事,值得欣赏者去回味和深思,启迪和感召。何继善说,他只是一个书法爱好者,在抗战期间的逃难中,目睹耳闻了大量日寇暴行,70 年后,痛苦的回忆,激起他创作了一批相关的书法作品。"展览的主要目的,是希望对青少年有所教益。通过作品了解历史,激发爱国热情。"这是一位老科学家、艺术家的胸怀祖国、坦荡无私的爱国情怀啊!在积极弘扬和践行社会主义核心价值观上,何继善院士率先垂范,身体力行,这与当今院士群体中曾出现的个别院士"贿选""剽窃""造假"等风波以及"烟草院士"、套取国家科技重大专项资金、兼职"花瓶"等事件相比,大相径庭的结果形成了道德素质的巨大反差。当笔者了解其事迹和欣赏作品后,在现场签名簿上毅然写下了"气吞山河,壮我河山!"这是一名曾经的工科生但现在从事人文社会教育工作者对老先生的敬仰和敬重!

为这样一位可敬可爱的高龄院士的"另类"贡献称颂!在此力量和精神的激励和推动下,相信更多的青年学子会感触更深、启发更多、影响更广!

(2015 年 12 月 16 日刊发于光明网)

丁俊晖世锦赛
"逆袭"堪称青年励志典范

今年"五一"小长假，世界斯诺克锦标赛牵动了中国数千万球迷的心，这源于中国球员丁俊晖、傅家俊分别进入了决赛和半决赛。世锦赛决赛结果尽管以丁俊晖落败而告终，但这次竞技过程的感染力和影响力却远远超过了体育竞赛结果本身的意义，尤其在比赛中丁俊晖体现的敢拼敢闯的优异品质，犹如一本经典的教科书，给以我们深深的触动和启迪。

从世锦赛前滑落到世界排名第 17 位，到杀出资格赛的重围，再一路打进决赛；从赛前并不被看好并低迷了一年，到斯诺克锦标赛 90 多年后成为首位杀进决赛的亚洲选手，丁俊晖在本届锦标赛中过关斩将的成功启示告诉了我们只有拼搏，才有机会，只有坚强，才能远行。丁俊晖成名已早，在国内青少年心中或许已成为斯诺克的中国象征，但在国际台坛的世锦赛成绩并不理想。而这次，在数不清的艰难险阻前，丁俊晖从开始就选择了奋发自强，一分分地争得，一局局地博取，其斗志和勇气博得了国内球迷的热爱和欣喜。

没有一劳永逸的开始，也没有无法拯救的结束。4 月 28 日晚直播的第一阶段比赛，在全国卫视同时间段收视率排名第一，市场占有率高达 9.57%，至少吸引了 1 亿观众的关注，前后中不计其数的球迷多日通宵达旦地看球和支持。天下事为之，则难者也易，不为，则易者也难。尽管丁俊晖在这届世锦赛中没有赢得冠军，但他的表现可谓是瑕不掩瑜，告诫了我们"没有比脚更远的路，没有比人更高的山！"

从决赛开局 0∶6 落后，到第二阶段追至 10∶11，再从 11∶16 将比分逼近到 14∶16，在与防守大师塞尔比攻防对局中，丁俊晖尽管决赛经历颇为坎坷和磨难，但他从不气馁和妥协，顽强而坚韧，勇敢而坚强。这是一名世界顶级球手的优秀品质，更是值得青年人在人生成长历程中去学习和坚守的精神。决赛过程中，每一杆深思熟虑的进攻与防守，每一次走球的线路和力度，都是体现了双方的智慧和谋略,拼的是心理的博弈和精神的煎熬,斗的是耐心的考量和严谨的到位。丁俊晖初次进入世锦赛决赛,难免在心理和心态上不太适应,但他能尽快调整和弥补,靠的是坚毅的斗志和拼搏的精神。想当初,中国女排五连冠,时隔11年距离继2004年夺得雅典奥运会冠军之后,2015年再夺世界杯冠军,竟然引无数人感动落泪!中国女排精神是中华民族的宝贵财富,其拼搏精神激励了一代人。丁俊晖在决赛中敢于拼搏,不言放弃,直面挫折,倍受亿万观众的尊重和好感。给我们的启迪是,体育如人生,要有一种不畏艰难、积极向上的事业态度,这是信念与追求,是拼搏与进取,是一种永不放弃、永不气馁、永不低头的可贵品质。

世界看中国,中国看青年。世锦赛中丁俊晖向全球观众展现了"中国龙"的形象和执着追求。半决赛7次单杆破百,创造了新的世锦赛单场破百纪录,被外媒称为"丁俊晖不可思议书写纪录"。20多天的世锦赛丁俊晖瘦了整整8斤,在高手如云中连赢7场,即便决赛中没有战胜塞尔比实现"大满贯",但其虽败犹荣。丁俊晖并没有因与冠军失之交臂而失落,反而相信"自己一定能够赢得所有比赛"。这样面对逆境的心态需要特别的定力与需要修炼得更从容,需要不断在成长过程中完美蜕变,而这次的决赛成就了丁俊晖不一样的收获。在世锦赛赛后丁俊晖对媒体说"我对未来更有信心,或许明年我就能夺冠了!"这是"中国龙"展示给全世界的乐观和自信,失败不可怕,也不一定是过错,而是一种积累和积淀,只要不跌倒,斗志不减,勇往直前,富有自信的人才能成为战胜生活的强者。不满30岁的丁俊晖是中国青年的佼佼者,在经历过曲折、彷徨和逆境后,不仅依靠其精湛的斯诺克技术,而且凭借他的人生阅历和奋斗历程、今日的阳光心态和积极作为更值得亿万青年在各自的学习与事业征程中去效仿、去激励、去鼓舞。

体育竞技蕴含着文化的基因,也反映着人生的成长,更昭示着未来的发展。在中国梦实现的道路上,需要像丁俊晖本届世锦赛上的精气神来引领亿万中国青年们朝着远大的理想和目标奋勇拼搏、砥砺前行!

(2016年5月4日刊发于光明网)

高校版《南山南》和易班建设为哪般

岁末年初,一曲《南山南》竟成为全国高校的神曲,各校竞相自创的版本风靡于自媒体,引发了青年学子和校友们爱校、恋校的热情和激情。短短的半月时间里,数十所高校的微信公众号争先恐后地推出了含图、文、MV 在内独有版本的网络文化作品,并在朋友圈里疯传,网评数量超高,涉及受众数百万。与此相对应的是,重庆大学经过大半年易班建设的打造,构筑了以青年学生"离不开"的网络互动社区,其易班手机客户端的活跃人数已连续 8 个月居全国高校第二,PC 端活跃度也跃居全国高校第四。

显而易见的是,灵动莘莘学子的青春和心灵,激发他们的兴趣与互动,这都因为在互联网环境下契合了他们需求的内容和平台,顺应了他们精神渴求和心理满足,才倍受他们的欢迎和喜爱。

"活"居当头。《南山南》高校版传播特点在于通过改编,每所高校将自身校园美景、意境、特色的元素融入其中,给每位学子或校友在欣赏同时回忆起属于自己的故事和感情,颇有身临其境之感,这既盘活了风景,也舞动了青春。如:清华大学版的"你在荷塘的月色里流连不归,我在学堂的窗棂间望月盈亏"、武汉大学版的"你在樱顶的日出里展望远方,我在牌坊的明月里思忆过往"、中南财经政法版的"你在思园的绿荫里,远离喧嚣;我在文波的钟楼上,极目远眺"……不仅仅有擅长才艺的学生们主动填词,也吸引了一些有专长的教授们参与主唱;不仅仅有校友们触景生情和推波助澜的评论,也助推了高校向外传播甚至有城市还开展各校版的评选活动。易班已经在 197 所学校推广,目前注册学生用户 327 万,日均流量 1 000 万,这个全国性大学生网络互动社区每年组织 4 000 多项线上线下活动,推出千余个讨论话题、数万个网络产品。无论是《南山南》各高校版本"引爆"学子们的朋友圈,还是易班平台的学生人气爆棚和参与度极高,都离不开"内容为王"的主旨,鲜活的主题和形式等特点既活泼了校园网络文化在移动终端的传播,又活跃了青年大学生的情感世界。

"准"入需求。其实《南山南》歌曲本身并没有高校和大学生的成分与元素,但是它的曲风、故事和情感之所以能被青年人所接纳和理解,是因为这样低沉、婉转的声音配合情节转嫁到大学生活时,就符合了大学生的心理和情感状态,继而被不断地变化成自己学校特色的创意与创作表达,最后形成了一股校园文化的热潮。当人、景、情融为一体时,大学生爱校情谊的主动性、创造性和潜能就被激发和显现。厦门大学版52万的阅读量,远超过校友与在校生的总和;重庆大学还出了姊妹篇《山上山》;有高校还将此作品申报参加全国校园好声音大赛;全国高校改编潮唱青春、唱梦想、唱回忆、唱人生等,引发了网友的"戳中泪点""四海念师恩""难忘美好时光"……新生从录取到入学为空档期,通过网络互动社区切准开展入学前置教育,重庆大学的"新生入学有奖答题""安全教育""易班秀"等活动,很快就提升了吸引力和影响力,6 000余名新生9月份访问量达73 991人次。多年以来,如何把准在网络环境下成长的青年学生的需求,一直是高校工作者深感为难的命题,高校版《南山南》的风靡盛行和易班建设的创新成效应该能提供些解题的启示。

"全"来吸引,"灵"显张力。高校版《南山南》都是用的同一的曲调,但爱情、故事、美景却千差万别。各高校版本中歌词的含蓄、配图的唯美和MV的鲜活,实现了校园全方位的展示,将艺术和情感的表达发挥得淋漓尽致,这更加触发了其他高校众多才华学子一一效仿,将情感与经历的故事用传唱的方式诉说,体现千人千面的感受,演绎出迥乎不同的感悟。尽管每一所高校作品的独特性在朋友圈里转发有群体理解的局限,但如此多的高校在短时间里纷纷推送的现象,足以说明网络文化作品的创新和灵光所在。融思想教育、教务教学、生活服务、文化娱乐为一体的易班实现了大学生活的"齐全"和"黏度",大学生们足不出户就能将校园的许多办事程序一一走完,更能参加各种丰富多彩的校园文化活动。重庆一高校易班实践着"每个用户都是建设者",已有215个轻应用上线使用,超过60%的新生班集体参加了"新生网络班级大赛",已逐步成为名副其实的青年学生"离不开"的网络互动社区。网络空间也是一个市场,网络作品只要契合胃口就会得以海量流传和备受欢迎,网络平台对成长有利并服务到位,大学生就喜欢来、愿意来。

从自发到自觉的网络文化作品,从被动接受到主动参与的网络平台建设,高校大学生们紧跟互联网时代潮流,他们钟情于移动化、强交互性、去中心化、综合化的当下互联网产品和平台。如何抓准和掌握青年学生的成长需求并为之提供适合和恰当的养分和补给,这为高等学校育人工作带来了深深的启迪和积极的思考。

(2016年1月19日刊发于光明网)

《搭错车》改编热播带来怎样的启示

　　一部2015版38集的《搭错车》电视剧,刚刚在山东卫视以及天津、湖北、湖南等八个省份电视台热播完毕。某一网络视频平台显示观看此剧数为4亿人次。从1983年上映的电影到2005年大陆首拍的电视剧,再到现在改编的热播,其主题曲《酒干倘卖无》唱遍了大江南北,旋律经久不衰,催人泪下。经过电视定点欣赏+网络视频观看,笔者认为新版《搭错车》全剧融入了更多时代主旋律,更契合了老少皆宜的精神和心理触点,不失为一部优秀的文化作品。

　　传递正能量,彰显主旋律,《搭错车》的接地气恰到好处,恰逢其时。剧中男主角佟林收养了孤女小美,他放弃了婚姻、丢掉了工作,靠收破烂终将养女佟美抚养成才,其中还伴随着佟林与邻居田胜利的友情、与安凤霞二十多年的爱情以及与外甥浩子的亲情等,励志的故事和情感诠释了人间大爱和世间真情。抚养过程中的一个个故事放在众多家庭中很是普通,或者它本就接近于无数人成长经历的真实再现,但这养父女的经历却演绎了二十多年不凡的精彩,于无声之处凸现了人生价值的珍贵,所以能牵动亿万观众的心,让观剧的人不禁潸然泪下。何为正能量,何为主旋律,《搭错车》给了我们一个贴切而准确的答案。文化作品的精妙之处在于契合人们的心理和精神,触及心灵并产生影响,引领和激发成长与发展动力。

　　延续文化基因,萃取思想精华,《搭错车》剧情展现的是精神魅力,体现了中华传统文化内涵。剧中佟林被认为是典型的"大好人",他不但收养了孤女,以一己之担承接了妹妹佟燕的全部高额债务,还让游手好闲的妹婿房三改邪归正……从佟林身上体现出的责任心、诚信、善良、敬业等品质,彰显了以时代精神激活中华优秀传统文化的生命力。日前,中共教育部党组颁发了《关于教育系统深入开展爱国主义教育的实施意见》,文件要求"深入挖掘和阐发中华优秀传统文化的时代价值,努力从中华民族世世代代形成和积累的优秀传统文化中汲取营养和智慧""加强中华优秀传统文化教育"等。《搭错车》是一部有血有肉的传统文化教育的生动教材,更是一部优良家庭教育的示范和典例。笔者诚挚建议寒假期间条件许可的家长可陪同孩子共同感受这段情、这份爱,让中华传统美德教育在青少年的心灵中扎根、发芽。

有文化认同,才会凝聚共识和力量,《搭错车》尽管是部家庭生活的情感剧,但折射出了文化根基和社会认同的人生价值取向。佟林选择了千辛万苦的立足和含辛茹苦的培育,只为佟美的不负重托和勇于担当,大爱之中尽显人性本质的高贵和价值追求的高尚,他的付出坚守和佟美亲母的无端抛弃与亲父的自私自利形成了强烈的对比。当韩剧和美国大片风靡于青少年的视野之时,当青年学生热衷于啃老拼爹、一有挫折和不顺就失意并不安于现状之时,当一些网民不满社会随处愤青、言必称外国月亮圆之时……笔者更认可《搭错车》中浓郁的情感、丰满的故事、立体的人物性格等所映射的现实状况。此剧如润物细无声般地反映了社会主义核心价值观的具体内容,其轻松时尚的新元素和跌宕起伏的情节更符合现代人审美的需求。佟林的不平凡人生在一定程度上是民族精神的代表和象征,该剧给予了我们精神与信仰、理想与信念的力度,这是思想的力量,文化的力量。

现今社会迫切需要佟林这般的"大傻"和佟美的"率真",在历年的全国和各地的道德模范中都有类似佟林的事迹原型,他们都是社会主义核心价值观的践行者。正因为如此,中华民族的传统文化和传统美德才源远流长,从未停息和发扬光大。希望这份浓浓的亲情与恩爱,这份价值追求和执着,以层出不穷的优秀文化产品或作品的不断涌现,激发起文化的认同和引领,成为如您我的所愿和祈盼。

(2016 年 2 月 4 日刊发于光明网)

一个人专业的"合影" 且行且珍惜

又要到了一年一度高校的毕业季了。近日,《"一个人的毕业照":北大古生物学专业"六代单传"》再次走红各大媒体。与两年前的古生物专业 2010 级薛逸凡毕业前晒"一个人的毕业合影"类似,这个专业又一次成为众人关注的焦点。2016年毕业生安永睿,成为今年该专业本届的唯一毕业生。"六代单传"所引发的热议,是高等教育的一个独特的现象,"奇葩"的背后,给予了我们何种的现实意义和深层思考呢?

"六代单传"的"巧"在于有此专业兴趣面而选择的学生奇缺。

从高考入学的专业选择到大学后的专业可选择调整,从幼少儿国内科普教育引导并非缺乏到冷门专业择业的市场有需求,古生物专业其实并非一个十分尴尬的专业,也许对此有着浓厚情感的青少年不在少数。但"六代单传"局面则更多是对市场和事业的理解及视野产物造成的,野外地质实习、无法带来经济富有、研究资源和适应面窄是古生物专业的就业背景状况,与"白富美"和"高大上"相距甚远,则是让更多的高中毕业生和其家长们望而止步的主要原因。尽管已经到了"六代单传"的地步,但欣慰的是还没有造成这类人才培养的缺失,北大元培学院薛逸凡、安永睿、余逸伦等同学以特有的坚守、自信和执着,让时代的稀有性变得令人赞叹和钦佩。如自小为"恐龙迷"而坚定要做古生物学家的 2015 年入校的余逸伦同学,曾和中科院专家做野外考察,还亲手挖掘过恐龙化石,在自招面试时面对 10 位教授他都对答如流,令专家们叫绝。术业有专攻,爱好才能成就事业。北大元培学院的一批同学们成为稀有的人才,奇缺的资源不是他们的专业素养,而是他们为理想的执着理念和追求。

"六代单传"的"妙"在于尊重个性和差异化培养的教育坚守。

　　古生物学是生命科学、地球科学和环境科学的交叉性基础学科,在理论与应用方面都具有重要的意义,在石油、煤炭等能源工业方面也将大有作为,况且我国在古生物学领域的研究,在国际上有一定影响力。可喜地看到,北京大学以不缺位的勇气和魄力在高等教育领域中作出示范和榜样。成立于2008年的元培学院充分发挥跨学科优势,其培养方式类似于牛津、剑桥的住宿学院,强调的是尊重学生的兴趣与选择,尊重学生个体化差异,而古生物学专业的坚守至今,则是这一人才培养理念最好的诠释,对于"六代单传"的同学们而言,无疑,他们是无比幸运和幸福的。笔者从元培学院党委书记孙华处了解到,古生物专业的课程主要是利用生命科学学院和地球与空间科学学院的现有课程,所以,该专业的同学并非孤单和寂寞,也没有造成教育资源的浪费。作为教育部首批"国家创新人才培养改革计划实验区",元培学院的"加强基础、促进交叉、尊重选择、卓越教学"人才培养方针通过导师制、弹性学制、住宿书院制、通识教育核心课程建设和跨学科专业设置得以开展和实施,以打造中国特色博雅教育模式的目标界定,这都为古生物专业的坚守和发展提供了良好的平台和条件。

"六代单传"的"好"在于需求的可协调和对专业存在的启迪。

　　人类作为一种生命,需要了解生命的奥秘,古生物的研究与探索是解开生命奥秘的重要学科,这对于丰富我国科学学科多样性有不可或缺的作用!后继有人强于后继乏人,专业的不缺席就不易带来事业的缺憾。反观近些年来部分高校非理性的专业扩张,在设置上盲目追求高大上,一味追求市场要素,即便在冷门专业上的淘汰机制,也是过分和过高地按照市场需求进行调整,总拿"最难就业季"作为最依赖的理由;有些省份高校引入了市场机制,专业不受青睐或被淘汰,更有甚者采取了强制性的申报淘汰制。无独有偶,重庆大学的采矿专业曾多年生源匮乏,在"停、转、改"和国家需求的选择上,该校经过认真调研,力排众议毅然保留,并采取有力措施,这之后仅仅十多年的发展就拥有了院士和国家重点实验室,没有放弃的结果是持续培养的人才占据了西南地区的半壁河山。高校专业的设置和舍弃需要进行大量的调研和科学严谨的评估,在一些高校专业淘汰机制下,满足国家需求的帮扶机制也必不可少,其中,符合协调的发展理念和有国际视野的前瞻性尤为重要。这或许是"六代单传"为我们关于中国高等教育体制改革所带来的更深入、更广泛的思考。

北大元培学院"六代单传"的现象,对人才的不缺失,对培养的不缺位,对教育的不缺憾,有偶然,也有必然,这为高等教育的改革与创新带来的未尝不是一件好事。刺激和激发更多的从业者和关注者勇于实践,且行且珍惜,才是我们最好的选择。

（2016 年 5 月 23 日刊发于光明网）

环卫工人带来的"天"与"地"

    重庆最美环卫工人评选活动自 2015 年 12 月 23 日启动至今才一周的时间,近 1 500 万人次为最美环卫工人点赞(《重庆晨报》1 月 2 日报道);元旦假期,天津市有 3 万余名环卫工人坚守一线全天候作业,南开区向阳路街一家小餐馆摆下火锅宴与环卫工人们一起就餐,在此之前已坚持了两个月、平均每天为 20 余名环卫工人提供爱心午餐(天津北方网 1 月 2 日报道);不久前,大连郎女士的 iphone5S 手机不慎丢失,环卫工人拾到后交到了班组,最终失而复得。让郎女士惊讶和感慨的是,手机不在身边的 3 个多小时时间里,环卫工人帮她"走"了 13 000 步,让她在微信运动排行榜中,头像占领了封面,运动量冲上了冠军。(《半岛晨报》2015 年 12 月 19 日报道)

    环卫工作也许在许多人眼里仅仅是份职业或岗位,环卫工人们辛勤和努力程度如同其他行业谋职和谋生一样,都是神同而形不同的辛劳,日常往往被忽视和淡忘。但在假期里,被人们赞誉为"城市黄玫瑰""马路天使"和"城市美容师"的环卫工人,却不时地被尊重和关照,因为眼见为实给予我们最真的认同和理解。且不说重庆在短短的时间里有千万人次为环卫工人点赞的"齐心"效应,也不谈天津有小饭馆不计任何成本代价甘愿长时间"用心"为环卫群体提供爱心午餐的义举,仅看去年底发生在大连的故事,足以让人去沉思和启示。这位环卫大姐第一时间上交了非己之物的举措可以得到赞扬,但不一定让人感动;但其在如此短的时间里的负荷量,却很难让大家猜想得到,微信运动风靡一时的结果是让普通民众能直观地感知到环卫大姐 3 小时 13 000 步这个数据背后的艰辛和不易,或许这是一种励志。环卫工人的感动和励志在于:一是环卫工人多为贫困的代表,面对昂贵的手机,不动心,不贪财,拾金不昧,让其完璧归赵;二是不经意地被发现她(他)们的劳动强度和辛苦程度,远超过我们日常的想象,这个数据不是刻意锻炼的成绩,而是用心劳动的真相。环卫工作担负每个城市窗口的形象,也是环卫工人们就业的手段,但她(他)们甘愿投入,无悔岗位,无怨回报。

当郎女士要问对方姓名、单位以表达感谢时,得到的不仅是推辞,还有信息的隐瞒。在场的环卫工人们说"丢了东西只要是我们环卫工人捡到,肯定能找回去",环卫工人群体给予我们社会最美的话语。在许多行业中,也许环卫工人这个群体的文化素质处于最低层面,年龄结构也处于偏高状态,或许在每天熙熙攘攘的人群中没有得到一些赞许的目光,甚至在少量人的眼里和心里还没有得到与他人平等的相待。但她(他)们带给所在城市更多的质朴、有爱、无私和勤劳,她(他)们就是中华传统美德的传承者,需要我们来赞颂;她(他)们就是社会主义核心价值观的践行者,需要我们来讴歌,这是属于这个特殊群体所展露的精神之"天"。

她(他)们把美化城市作为自己坚定的事业,我们很难想到每日清晨四点她(他)们就开启工作模式,为大家上班时能见到城市环境的清爽和整洁而起早贪黑;我们也很难体味得到整日汽车尾气和扬起灰尘的滋味,风里来,雨里去,寒冬酷暑,披星戴月,这又是何种的感受和付出;更何况,时常有环卫工人遭车祸事件的发生……为了城市美好之"地",每个城市成千上万的环卫工人忍辱负重和千辛万苦,却只能得到城市生活的最低回报。能顶着"天"并要立着"地",城市环卫工人给出了我们一个时代的最佳姿态和最美身影。

除了感动和感激外,我们得给予她(他)们感恩和尊重。都为社会生活的成员,城市中的一员,她(他)们也会有家庭抱负和追求,也会有人生的期盼和梦想。环卫工人们通过自己勤奋的双手和利索的双脚,以辛勤的汗水夜以继日地无数次装扮着城市的容颜,丈量着城市的脉络,但我们不能忘记她(他)们还在努力地构筑着人世间的道德之天和环境之地,这足以让身处其中和享有其成的我们应给予情感和道义的回报:珍惜他们的恩德,尊重他们的劳动。"正是一个个小小的音符,才组成城市生活和谐的主旋律;正是一个个普通的音符,才谱出了高亢激越的时代强音。"

(2016 年 1 月 3 日刊发于光明网)

"撕书吼楼"现象凸显着怎样的诉求

一年一度的高考来临了。数天前众多高中毕业生"撕书吼楼"的现象闹得沸沸扬扬,尤其是贵州省遵义市桐梓一中高三学生在教学楼上集体撕书照片引起网络围观,一些高三开启"人工降雪""六月飞雪"的网络视频更是触目惊心,以及厦门市教育局日前下发的《关于做好高三年学生心理疏导工作的通知》中对此现象的要求再次引发了网络热议。

高考后的考生们集体"撕书吼楼"现象不在少数,多年来一直就有发生,但现今越演越烈,这样风俗化做法对高考生宣泄压力、释放包袱、缓解情绪到底有多大作用不得而知,但对心理排解、风气蔓延、环境污染等方面的影响的确不容忽视。教育主管部门提出:"各普通高中要严格规范管理,坚持正确的方式方法,科学开展高三年级心理疏导工作,切实提高高考(精品课)备考的心理疏导效果,杜绝简单地通过组织学生撕书、吼楼等形式宣泄压力。"这种适时做出反映进行劝导式的管理,没有不妥。而有些舆论及媒介把此作为"不尊重知识""文化暴力""心理病态"和"道德批判",也显得言过其实。

说到底,这种现象级的事件频发是伴随着青年学生的心理压力过大、模仿跟风好乐、寻求解放痛快的思想而产生的。这一迹象的发生,意味着他们在此方面的缺失或失衡,如何加强引导高中毕业生的压力排泄和心理疏导问题,应当引起教育主管部门和教育工作者的密切关注和高度重视。近些年来,高校大学生因心理健康问题触发的事件屡见不鲜,如杀母、投毒、跳楼等事件的发生,无不让人痛心疾首。更有调查显示,超过40%大学新生在寝室人际交往中都有心理问题。大学生群体常见的环境适应问题、学业与目标反差问题、人际交往问题、恋爱与性问题、性格与情绪管理问题、择业与理想差距问题所产生的心理病态缘由很多,也很广,这是数年来的日积月累所致,与中学、小学继而幼儿园的学校教育状况密不可分,与家庭环境和教育密切相关,与社会风气和舆论紧密相连。

　　"撕书吼楼"现象中的"撕""吼","撕"开了教育从业者的思维和脑洞,"吼"出了青少年学生的心声和所想。学业过程中特别是中小学阶段如若配备专业指导老师和心理咨询室、心理减压室等场所及用具;如若教育主管部门的学生心理疏导重视不局限于"高三年级"这一特殊群体和"高考前"的特定时段;如若家庭里更加注重情感沟通、情绪发现、心理松绑、取舍懂得、言行控制等引导和教育;如若社会鼓励提倡减压减负、心理问题发现和帮扶或诊治甚至心理危机干预等方面从大学向中小学延伸,为青少年成长提供更有利的外在环境,舆论导向更加关注青少年的心理健康,让这根从小学到迈上社会发展的链条中,每个阶段的责任主体都为他们的心理健康发展肩负起应有的义务,那么这种"撕"和"吼"或许就能减少很多。不要一味地追求学业成绩和考入高校层次,更不能将心理层面的问题拖一拖、让一让,交给大学和社会来帮扶和调理。青少年的心理健康教育应该置前,这是大势所趋。

　　高考前后的考生们"撕书"和"吼楼"不是表面现象,而是他们心理舒适与否的真实反映。撕去了考卷书本,吼乱了校园宁静,也不会有太大的事。置他们要减压的心理诉求而不顾,只是简单处理,弱化对待,一笑了之,贻误了发现和帮扶时机,那才是耽误了他们顺利完成求学和成功服务社会的大事。

(2016 年 6 月 6 日刊发于光明网)

网络直播的低俗内容究竟伤害了谁？

　　日前，斗鱼女主播未经允许擅闯重庆大学女生宿舍拍摄并在线直播，其间言语低俗，诋毁女生，还欲进行"拍女生澡堂"直播活动，引发该校师生及校友们强烈反感。中国青年网、《重庆晨报》等媒体纷纷跟踪报道，声援该校师生，联合抵制网络直播低俗之风。在强大的舆论压力下，斗鱼 TV 直播平台发布道歉公告，当事女主播"狐狸笨笨笨"致歉重大师生。无独有偶，近日，一名飞机副驾驶航前准备时自拍直播，国航立即核实并作出处罚：有安全隐患，已暂停该副驾驶后续段航程任务，责令其做出深刻反省。

　　近年来，关于网络直播平台的"事件"屡见不鲜，网络直播平台乱象触目惊心。公开报道的有直播平台一男主播直播性行为；有平台一女主播露出隐私部位；主播直播驾豪车撞车撞人；再如"人造美女""变性手术"的直播；更有网络女主播直播挑逗 9 岁小学生……网络技术发展突飞猛进，在线视频直播倍受青年网民的青睐，形成了数量庞大的网络主播空间市场。作为一个新领域，网络直播平台以"擦边球"行为来吸引网民眼球，这些行为直接地染指色情产业、渲染暴力画面、侵犯个人隐私权，造成低俗之风盛行。网络直播的低俗和侵权到底伤害了谁？

网络直播的低俗误导了普通网民世界观、价值观、人生观的形成，直接影响到事业观、工作观、政绩观的追求，"潜移默化"地毁伤了青少年的人生成长和事业奋斗的轨迹。

　　上周《中国青年报》一项调查显示，28.5%受访者表示经常在网络直播平台上观看直播节目，58.6%受访者认为网络直播平台节目良莠不齐，58.2%受访者建议直播平台完善监管体系。业内有调研报告预测，2016 年每个月看一次网络直播平台的用户数在 1 亿人次左右。"巨大的蛋糕吸引着网络主播们，冲击着她们的底线,甚至影响着中国大批年轻人的未来。"为什么重庆大学学生干部制止当事女主播的侵权行为还遭到其铁粉的恶意攻击和威胁报复?那是因为直播被制止,猎奇愿望破灭,自己被伤害了还浑然不知。为什么该校一专家循循善诱当事直播平台和女主播要认错道歉的一条微博就获得了20多万次的点赞和4 000多条的转发?这是因为得道多助,失道寡助,爱校爱生的责任与担当。"斗鱼TV事件"再次提醒社会要加大力度进行网络"扫黄打非"、整治网上淫秽色情、提升整体防控等,着力推进并加大网络正能量的传递。普遍提升网民特别是青少年网民网络素养的全民教育和引导,必须下大力气进行净化网络文化环境、清朗网络空间。

网络直播的低俗内容干扰和侵蚀了正常的网络秩序和社会秩序,挫伤了靠知识、技术、创业、劳动的成才致富梦。

网络直播由于受到巨大的利益驱使,已经形成庞大的产业,据悉,目前国内有200多家与直播相关的创业公司。"荷尔蒙经济"发酵导致了直播平台和一些女主播不择手段,以低俗内容、有违社会主流风气的方式,博取现实空虚的网民在虚拟空间得到满足。主播"网红"的门槛低、粉丝多、收入高,70%为大学生,凭其颜值高、恶作剧、纯调侃就能满足网民特别是青年网民的猎奇、猎艳心理和精神需求,是典型的"不劳而获"。曾有直播一次"吃海鲜"也有26万粉丝的吹捧,有报道当红女主播一月吸金达30万元。有媒体指出网络直播平台是"用钱砸出来的平台、可以抽成的'家族长'、一尝明星梦的主播……三方统一向'钱'看齐,情色与暴力成了灰色驱动力"。今年是互联网金融的"合规元年",我们欣喜地看到不久前成立的中国互联网金融协会这样的全国性自律组织,但愿其能促进今年政府工作报告提出的"规范发展互联网金融"的有效落实,全方位监管逐步到位。

网络直播的低俗触及和侵犯了正义和道德的底线,戳痛了中华民族传统美德的诚信和良知。

良知是天赋的道德,当道德沦丧、人格丧失、人生价值取向歪曲时,撞破社会主义核心价值观红线和侵权违法信息内容不断涌现就不足为奇。近年来,网络直播平台乱象中色情暴力直播频发的原因,有认为是监管体系混乱和红线标准不明晰,也有认为是加强监管和惩治力度的不够或不到位。如在3月下旬,全国"扫黄打非"办公室在"净网2016"行动中,就严肃处理了斗鱼"直播造人"等涉嫌传播淫秽视频事件的责任人和责任单位。但网络主播对生产的内容有完全的决定权,平台的监管和规定并没有影响到网络主播选取的直播内容,网络直播形式的特殊性让不少网络主播存在侥幸心理,铤而走险寻求刺激。"斗鱼女主播混进高校女生宿舍"事件最终以道歉获得了重庆大学师生们的原谅,从教育职能上也体现了该校"地势坤,君子以厚德载物"的精神,但作为社会人和社会平台,更应以此为深刻警示,努力做到"天行健,君子当自强不息"。网络直播平台建设与发展,更多的是要自警、自省、自律,通信管理、互联网新闻宣传管理、公安、文化、广播电影电视管理、新闻出版等部门应针对网络直播这一新事物加强协同合力监管,同时应积极发挥社会的力量,提倡和鼓励普通网民们对违规违法行为进行揭发和举报。

网络直播低俗事件的频发,如若使全社会及网民们幡然醒悟,那这样的教训和教育就千值万值了。"人必其自爱也,而后人爱诸;人必其自敬也,而后人敬诸",仅靠学校教育和家庭教育远远不够,社会环境和教育更需砥砺前行,给广大青少年一身正气和一片净"土",是我们共同担负的责任和道义。

(2016 年 4 月 5 日刊发于光明网)

应抵制高校女生节横幅的低俗

3月8日为国际妇女节。3月7日和3月8日，一些城市的高校中再次掀起了节日的横幅热，秀专业特点、秀文化底蕴、秀个人文采……其中不乏许多高校也通过官方公众号集中展示学子们的活动和行为（新华网3月7日《中国高校女生节横幅"大比拼"》）。借节日之时表达了对女性/女生的尊重、关爱和祝福，无可厚非，但一些横幅内容却不够文明、健康，甚至低俗、下流，的确有失公允和大雅，与大学的教育质量、地位和品牌的文化氛围格格不入。

3月7日的高校女生节，本是20世纪80年代末由山东大学首先发起并扩散到全国高校的活动，其旨在展现高校女生风采，通过开展高品位、高格调的人文活动，引导女生关注自身思想素质、道德修养、文化内涵、业务能力、心理健康等。

校园横幅大面积地再现和展示，基本上为学子们自发而为，且每条横幅都有明确的制作学院或班级名称，有的横幅还直接标注了个别女生的姓名。在笔者的朋友圈里流传的文图中，南京的十多所高校有之，重庆、广州、成都等高校也不少，北京的清华大学等也位居其列，每所高校均有十多条，其内容千篇一律地围绕着"示爱"和"表感情"。其中部分横幅的内容清新、温馨、暖心，时尚和"潮"的表达别具一格，"颜值"吸睛，既表现了男同学对女性的尊重，对女生的关爱，也体现了本校、本专业的文化及特点，这样富有内涵的创意值得鼓励和提倡。如化学化工专业的"$ZnSO_4+Mg=Zn+MgSO_4$ 你的'镁'偷走了我的'锌'"；计算机专业的"你的美无需编译　我的心即刻运行"。文科男的"倩影幽兰冰雪样，嫣红姹紫独芬芳，纵赏学校遍英华，难及新闻一缕香"；理科男的"$r=(1-\cos\Theta)$"（注：心形函数公式）……

但是，也有部分横幅内容不仅不高尚、不文雅，甚至很露骨、很低俗，特别是通过新媒体的传播，扩大了覆盖面，产生了不良影响。据悉有的学校表示进行干预和撤除横幅，也有媒体指出许多内容是露骨的"性骚扰"，如"今晚高粱地　不见不散哦""今夜只为你淫荡　隔夜请将我遗忘""苍井空是世界的　你们才是我们的"

"春风十里 不如睡你"……某些学生自发的这类横幅,不仅没有达到对女性的尊重,还伤害了她们的人格和自尊,是对她们的贬低。媚俗之风、恶搞成风的现象是一种低俗文化的表象,应该加以制止;哗众取宠、刻意炒作的行为助推浮躁心理和猎奇欲望的膨胀,应该加以抵制。

高校是育人的重要场所,大学文化应有思想、有品质、有灵魂,要体现社会主义核心价值观的内核和本质,并要努力处在社会文化的前沿。无论是学生自发的横幅,还是学校的微信公众号,都应该做到媒体与传播的操守,这是每个莘莘学子都要自觉的行为。无论在节日里,还是日常中,都要努力推出深受师生喜爱和融思想性、艺术性、观赏性相统一的精品力作。那些在女生节中出现的庸俗、媚俗、低俗的横幅内容,如不加引导和制止,就会被无限放大社会低俗风气和扭曲价值导向,严重地影响校园文化建设和削弱国家主流的价值观。

(2016 年 3 月 9 日刊发于光明网)

家庭教育立法是
"千呼万唤"还是"犹抱琵琶"

《重庆市家庭教育促进条例》在重庆市第四届人民代表大会常务委员会第二十五次会议上通过,于2016年9月1日正式实施。这部法规是我国大陆地区首个关于家庭教育的地方性法规,将为家庭教育提供法律规范(5月30日《重庆日报》)。该条例指出"家庭教育遵循家庭尽责、学校指导、社会参与、政府推进的原则""每年5月第三周的星期一为本市家庭教育日""父母、其他监护人参加学校家庭教育活动,其所在单位应当支持"等明确的规定和具体举措……

持续多年的家庭教育立法终于在一片"千呼万唤"中"始出来",有了实质性的进展,尽管是地方性的,但还是开了国内之先河,用法律规范家庭教育,重庆填补立法空白,颇受媒体的好评。《重庆市家庭教育促进条例》的发布和即将实施,细化了父母和其他监护人的家庭责任义务,规范了行政部门、各类学校和社会机构的职能和要求,为推动国家层面的立法提供了实践经验,具有破冰意义。该条例明确"鼓励国家机关、企业事业单位和社会组织将家庭教育纳入单位文化建设,把家庭教育情况作为评选文明职工、文明家庭和文明单位的重要内容""中小学的家长学校每学期应当开展两次以上家庭教育活动。幼儿园的家长学校每学期应当开展三次以上家庭教育活动"……

关于家庭教育立法,近些年来,从国家层面到地方都在不间断地呼吁和推进着。鉴于家庭教育是人之初始的、覆盖全程的、最为重要的教育,事关个体利益、家庭福祉和国家竞争力,每年的全国两会均有人大代表、政协委员鼎力支持并就此积极建言献策;近些年来国家有关部委也表示在认真调研和筹划中,但始终给人一种内涵不够,力度不足,"雷声大,雨点小"的感觉,一直成为舆论的焦点。前不久,社交平台流转《教育部部长新官上任之际,八条家庭教育建议》,倍受网民关注。该文提出了"成立家庭教育统一管理部门""设立家庭教育学科""编制不同阶段的家教规范或者指南"……在教育主管部门人事变动之时，社会民众提出如此的想法和期望，其实表达了一种对家庭教育走上合理化、规范化、科学化轨道的真实诉求和祈盼。

以法规来规范家庭教育，创建家庭、学校、社会合作协同机制。

要做到三者协作不脱节，齐头并举，相互作用和影响至关重要。都说"少年强则国强"，但现实生活中只生不养、只养不教和教而无方的父母大有人在；盲目无序、"无师自通"的状态随处可见；自给自足、极端圈养或放养也屡见不鲜。于是，"虎妈""鹰爸"有之，"猫爸""羊爸"有之。全国妇联的调查显示，有46.8%的城乡学校和社区，均未建立家长学校或家教指导机构。这样的现实状况让众多的全国两会代表和委员感到履职的艰巨责任，多年的呼吁也成为一种常态。

以法规来规范家庭教育，能大幅度地提升教育质量和效果。

家庭教育、学校教育和社会教育历来被称为教育的三大支柱，目前后两者均有较为完备的法律体系，唯独在家庭教育的立法上，依旧是依法治教的短板，三足鼎立缺少了一足而导致稳定性欠缺。两年前人民网强国论坛开展的一项调查显示，在有子女的被调查者中，92.8%的家长认为自己对孩子的成长、教育存在焦虑，还有部分家长教育手段出现偏差、家庭监管缺失，甚至暴力虐童；暑假是少年儿童意外伤亡的高发期，据悉，我国每年有8万余名儿童因意外而伤亡；超过40%大学新生在寝室人际交往中都有心理问题……无不与家庭教育密切相关。笔者10年来持续梳理、探索和实践家庭教育的道与术，近7年共撰写了106万字的育儿日记，尽管如此，但始终存在许多的困惑与纠结。当我们为大批留守儿童的亲情缺位、缺失而遗憾之时，为许许多多家庭只顾孩子学习成绩不顾道德品行养成而担忧之时，对社会提供合规、科学的家庭教育服务需求愈加迫切而期盼之时，真切盼望尽快立法来规范家庭教育，这样才能有效避免家庭教育的思想误区，及时解决家庭教育的本领恐慌，合理改变家庭教育的行为走样。

以家庭教育立法，推进家风家德的养成和传承。

自古以来，中华民族都非常重视家教家风，家庭教育也一直是中国文化的优秀资源。习近平总书记在 2015 年春节团拜会上讲话强调"家庭是社会的基本细胞，是人生的第一所学校。不论时代发生多大变化，不论生活格局发生多大变化，我们都要重视家庭建设，注重家庭、注重家教、注重家风"；《国家中长期教育改革和发展规划纲要（2010—2020 年）》也明确提出制定有关终身学习、学前教育、家庭教育等法律，通过立法确立家庭教育的法律地位，有利于推进家庭教育事业。由此看来，家庭教育立法是大势所趋，势在必行。

《重庆市家庭教育促进条例》即将实施，这是人心所向、家之所依的好事。但这只是一个省级范围的地方性法规，在当今社会转型、家庭变迁、教育变革等形势下，亟待更多的地方甚至全国的法规政策随之而确立和实施，不再让"家庭教育立法"这个话题"深藏闺中"和"犹抱琵琶"，让更多的家长和孩子们赶上新时代家庭教育的红利，在关乎个人和家庭福祉、关乎民族和国家命运上，为这项具有重要公共利益性的社会公共事务添力、聚力和发力！

（2016 年 8 月 15 日刊发于环球网）

领略风景的感怀

网络跟帖是网民参与网络互动最直接的方式,也是现实生活中除了面对面的交流外的最常见的一种表达方式。

8 月 14 日,国务院信息化工作办公室与中国共产主义青年团中央委员会共同发起的"阳光跟帖"行动全面启动,倡导在网络环境下要聚焦文明理性发帖、防范网络暴力、识别网络谣言、举报有害信息、提升网络媒介素养和公德意识等内容。在笔者看来,不仅是跟帖需要理性,发帖、发微博、发微信等同样都应该需要理性。笔者本身是一名热衷于教育事业的人,内心充满着期待,期望着这样的导向和引领能够为青年的行为提供多一份思考和谨慎的启示,期望着这样的呼吁和感召为青年的健康带来更多有益的帮助和指导,期望着这样的具体实践能够为青年的成长提供一份清朗的网络成长环境。理性跟帖不仅仅局限于对他人、对空间、对环境的影响,还在于:

理性跟帖更多地折射着成长心态。

手指轻轻一点,哪怕是个表情符号,一两个词语,都代表着本人的一种意愿和态度,无论是支持还是点赞,是反对还是抨击,大多都是属于一种情绪真实的表现,一种短时内没有认真过滤和思索的情感反映。抛开真实的生活场景,网络已成为青年人第一生存空间,对于与网络同存在发展的原住民而言,那就是他们成长发展的第一环境。毋庸置疑,网络跟帖的发展状况是直接影响青年人成长的风向标。

理性跟帖充分地刻画着为人品质。

众所周知的是,这次天津港爆炸后至今,国家网信办已公布了 27 个谣言,有发布谣言者被刑事拘留五天的,有媒体报道不实信息造成极大影响而被勒令关闭公众号的……在这之前,关于网络谣言转发超 500 次可构成诽谤罪的量刑,网络安全法草案已完成了社会公开征求意见,被十二届全国人大常委会列入立法规划。网民真实的情感和诉求表达只要是合理的、理性的,是实事求是、客观存在的,是无关于暴力和触犯他人利益的,都有传播价值和信息传递空间,也都说明是合情合法的,是基本符合社会主义核心价值观的。

理性跟帖直接地反映着道德操守。

青年人总是和阳光关联的,每个青年人都会有他的认知态度和道德底线。据专业调查机构出具的《2015 年上半年网络谣言调查报告》显示,有六成网友表示参与过谣言的转发分享。最近有人说自己不愿意在朋友圈里说话,因为他怕自己被别人的不顺心或挫败后的抱怨、吐槽、甚至发泄的语言感染,怕自己过多接受了别人的负能量而影响到自己的阳光心态。是的,畅所欲言可以有,但要有认真思考的前提;猜测发问可以有,但要有事实根据和依据;宣泄情绪可以有,但要有道德底线的把控。

只有青年人是阳光的、理性的,我们共有的网络才会清朗、才会阳光。

(2015 年 8 月 24 日刊发于光明网,
本文获 2015 年度全国高校网络宣传思想教育优秀作品推选活动一等奖)

触及心灵的感动

天津爆炸事件中,千名消防官兵奋勇救灾,他们无畏无惧,为转移周边老百姓不惜自己的安危,赢得了宝贵的时间;他们以强烈的责任感奋战在最危险地带;他们许多可歌可泣的表现令无数的网友伤怀,甚至感动落泪。如"请把我爸当你爸"的网络留言;19 岁获救的周倜清醒后第一句话问的是"队长,火灭了吗?";最小牺牲战士、不足 18 岁的袁海,其姐微博发了伤心欲绝的"弟弟,我'恨'你";25 岁牺牲战士尹艳荣刚结婚 12 天……灾难当头,天津的消防官兵带给了我们太多太多的伤感,太重太重的感动。

两三年前,《中国青年报》一记者告诉我,2003 年底的开县井喷,他在现场逆行于所有撤离群众,就是想要带给读者第一手的真实稿源;十年前的奋不顾身带来的污染伤害留下了后遗症,至今干扰着起居和生活,但他不遗憾。记者敏感和职业使命驱使他付出的事迹和他记录的一个个鲜活的故事让我感动得泪眼汪汪。该记者的逆行和今日的消防官兵如出一辙,我为他们的行为和勇气感动!

让我无法理解的是,现在的讨论里,"拒绝感动""没到感动的时候"等言论充斥在我们的视野里,让我费解和纳闷,这是什么样的情节和道义? 是什么样的三观和认知? 又是什么样的本质和人性?

没有了感动,就没有了精神支撑。诚然,造成事故的当事者一定会得到失职的严重惩戒,我们必须静等,这是现实层面的必走程序,与众志成城救灾的精神力量没有关系。当所有的有良知的公民万众一心在救援时,我们没有必要对这类声音去费时、费力解释。尊重生命之时,我们更应该为消防员们的行为而备受鼓舞和激励。当前,感动对于爱莫能助的大家就是一种精神力量,就是一往无前的勇气和支柱。

没有了感动,就没有了生活动力。这两天,一张"逆行"图片引发无数的网民转载和感动,消防员都是有血有肉的青年,难道他们及家人不懂生命的价值和可贵？只因为他们的心中装载的是人民和天津。无论从专业、职业、能力等哪方面看，"没有感动"的人都没有理由批评和指责他人，因为没有理性的情感，被装得再多也没有人情味。所以，我们不能让生活的动力因此而受阻，而变异，而玷污。

没有了感动，就没有了人生世界。任何人的感情世界里，感动都必不可少，更是成长和发展的催化剂，是人生的宝贵财富。"查明事故原因""严肃查处"等行为，不是消防员的职责，不是救灾时第一要做的。请相信事实和真相会一步步地公开，这些和感动的情绪要素没有关联，有网文为此提出了"你的闭嘴就是对救灾最大的贡献！"不懂得感动的人，就不知道他从何而来，如何长大的；就不记得得到过的帮助和关爱；就不清楚他今后去何方，做什么？这样的人生能丰富、有滋味、出成就吗？

我已为触动我心灵的感动而讴歌，为人情人性不清不明的冷漠而伤感。

（2015 年 8 月 17 日刊发于光明网）

成为一名荣誉战士，就须有硬骨头的壮志

非常荣幸，我作为一名网民代表，受邀参加了中共中央网络安全和信息化委员会办公室和中国共产党中央军事委员会政治工作部联合举办的"相约强军新时代 网络名人进军营"的活动。在一周的时间里，我们将沿着习近平总书记视察过的足迹，跨越广东、福建、浙江三省，先后走进陆海空军和武警、联勤部队。所到部队都是我军的英雄部队、王牌劲旅，他们红色底蕴厚重、处于练兵备战一线。以亲身经历和所见感悟习近平强军思想的行为实践与风貌展现，为其他网民传递属于这个时代强军征程的印记与标志，这就是我们参与活动的目的和意义。

对军队和军人的理解，过去本人常常只是在影视作品和文字文章中来感知，真正地领悟实质和精神的时刻却少之又少。大学入校后一个月的军训，作为带队老师两次的军训管理，还有就是前年在部队院校三周的培训等，这些都在"和平"氛围下以"教育"为主的工作经历，与中国军队和中国军人的内核把握差之千里。直至本月 7 日下午在第 74 集团军某合成旅"硬骨头六连"入连仪式的现场上，本人宣誓成为其荣誉战士的那一刻始，才发觉自己如此地被震撼内心和深为感动！

这个具有悠久历史和光荣传统的连队，是全军唯一一个 2 次被最高统帅部授予荣誉称号的基层连队，曾获全军 8 次一等功和 25 次二等功，"硬"是其最为显著的特色，那就是长期积累和形成的战备思想硬、战斗作风硬、军事技术硬、军政纪律硬。在与"硬骨头六连"官兵们同吃同住的两天里，本人深切体会到新时代人民军队的忠诚担当和崭新风貌。刚到的当晚，闷热天气下对蚊帐使用有些不自然的我，问他们为何没有装空调，战士们回答"连热都不能忍受，何谈打仗取胜"；就连饭前的集体唱歌，本人偷偷地发现连队所有战士均是以直立为准后倾 15 度的姿势在发力发声，气势如虹，气壮山河；当询问他们入连时是否经过了精心选拔时，他们回复为没有挑选但每人都自愿且有信心成为这个荣誉连的接力者……"硬骨头"，不仅仅体现在历史上 161 次战争中每次的坚强不屈和顽强意志，也不只是抢险救灾等

过程中所展现出的过硬的专业技术和体能素质,还是一种精神和文化的传承与弘扬,一种生活作风和细节都尽善尽美的表达展现。

"哪有什么岁月静好,只是有人负重前行;哪有什么风平浪静,只是有人不惜生命"道出了军人的奉献价值和血性豪情。党的十九大描绘中国人民追求美好生活的蓝图,织就了中国军队勠力强军走向世界一流的铿锵足音。"硬骨头六连"彰显了用实力和实际书写的铁血忠诚、在任何艰难困苦面前都决不低头、敢于拼搏、勇于牺牲,直至夺取胜利,这种精神格外值得珍惜和发扬光大。新时代的强国强军事业必须要有敢拔钉子、敢破藩篱、敢闯陷阱的"硬骨头"精神,其"压倒一切敌人的狠劲,百折不挠的韧劲,坚持到底的后劲",无疑,不仅在强军征途上成为一个标杆,也是其他各行各业事业发展中的一个楷模,更是新时代所有勇于奋斗者的一个示范。

成为"硬骨头六连"的一名荣誉战士,越发认知这份使命的沉甸甸与光荣。"硬骨头六连"精神所激励的是信仰的感召、方向的指引、进取的力量和必胜的信心!

(2018 年 5 月 10 日刊发于环球网)

致"相约强军新时代"

又一个难以入眠的夜晚
把我原本不好的作息再次打乱
不为工作事务的堆积
不为家中犬子的学习
而为一场活动的激昂
带来的神经凌乱
造成的血脉偾张

军营的再度开放
给了我们网络名人更多的遐想
陆海空齐登场
还有武警、联勤的新模样
仿佛白天的枪弹
炸开的烟火是外扬
而夜晚我们的指尖与键盘
则是另外一种舞场
新时代强军思想
让备战装上了翅膀
纵览演练赛场
与昔日我们认知绝为两样
硬六连的刚强
红四连的雄壮
古田会议的太阳

护卫舰的威严能量

特战队的血性方刚

陆航旅的空中气场

"飞豹"战机的蓝天翱翔

武警总队的霸气四方

175 医院的有序出场

都是新时代强军的伟力铿锵

点赞各级组织方

把军魂和战斗力与我们分享

还有纪念活动、宣誓两场

夯实了三观,凸现了主张

军旅之行充实但不紧张

微博、直播和文章

在网络空间四处飞扬

力求把强军实践深入网民心房

军强则国强

羸弱的国家哪有边防

中华民族的伟大复兴

誓要一流军队来护航

每日所见所闻所想

方知你我多大的责任担当

强军梦始终置于心上

征程中每个人都得肩挑背扛

备战精气神也是战场

实战与网络战不分两样

整理行装

等待出场

人生价值要为国家利益维护而绽放

这就是今日无眠的念想

（2018 年 5 月 14 日刊发于华龙网）

爱军拥军,深为感动的那份经历及情感

每年的 8 月 1 日前后,因为建军节,我心里都会十分地不平静。

今年同样如此。前不久,重庆图书馆和华龙网邀请我在建军节前为公众作场沙龙,我欣然接受,并表示以公益性来回馈社会,这源于参加的一次活动,更来自一种情感。于是,我用了一个周末的时间,闭门谢客,梳理情结,精心准备。

那是一次刻骨铭心的难忘之旅。今年 5 月 7—13 日,笔者非常荣幸参加了由中央网信办和中央军委政治部联合组织的"网络名人进军营"活动,走进了陆、海、空、联勤和武警部队,全方位感受部队真打实练、备战打仗的崭新风貌,体验和感知新时代强军思想所带来的中国军魂与战斗力的变化。加之这前后笔者所撰写的《人民军队九十年"中国骄傲"喜相连》《强军征程中的"中国军魂",威震八方》等文章的积淀,于是,心有感触和萌动,以"中国军魂之强军梦"为题,为受众们作分享和探究,传递与表达可以引起共鸣的军旅情谊!

为避免军迷们渴望之情受影响,酷暑盛夏的重庆,即便午间摄氏 40 度的高温,本人也提前了一个小时到达重庆图书馆,不为别的,只为那份相约的等待!

讲座如期进行,有别于以往的讲台,这次的我更加地珍惜和不安。因为我只能追溯几个月前的所见、所闻和所想;我只能以局外情感的角度来表达对中国军魂的体验和理解;我只能以非专业的认知来解读 91 年来中国军队的成长史、发展史和强军史。与此呼应的是,讲台前一双双渴求的眼神,不同程度地映射了他们对人民军队、军人和军魂那份执着而炙热的内心。这里有 82 岁的老军人,有 8 岁左右的小朋友,有刚毕业准备考研的大学生,有正在服役的军人,有主流媒体知名评论家……

我不敢随意与怠慢,想把真实感知无限量地进行分享;不敢松懈与轻视,怕不经意的表达玷污了他们心中的纯洁和美好;不敢淡忘和遗漏,想把自己过去积累的感悟无止境地掏空来作探讨。只因为人民军队的伟大! 人民军人的可爱! 人民军魂的自豪！又因为从现场中我看到和联想了老少爱军的自觉！群众拥军的自动！网民恋军的自发！

没有忘记的那份感动！

如82岁的老军人吴开塑，顶着酷热，身穿旧军装，早早地来到了现场。他曾是钱学森就任一研究院院长的部下，曾参与"两弹一星"研发工作，也曾获得科技进步一、二等奖。现在依然每周有三个白天的时间在重庆图书馆学习。每次乘车一小时从所住的石桥铺到达图书馆，均会早于开馆半小时，中午则以所带的馒头、花卷充饥，下午六点多离开。其所阅读书籍为测控通信技术、航空航天、军队建设及战争史，并认真做记录和读书心得。活到老，学到老，一辈子献身国防事业，即便如此的高龄也不放弃，令后生汗颜，爱军情怀与执着奋斗让人感动！

没有忘记的那份感染！

现场有位妈妈带着女儿非常专注地听完讲座。小女孩黄宣宣，今年11岁，即将就读小学六年级，因家中爸爸、爷爷、外公等三位退伍军人，从小就耳濡目染，立志要当武警。家中自知武警特别辛苦，试探着提醒她可选择其他职业时，而黄宣宣却执意地回复：你别想通过这种方式来改变我的梦想！后来其母告诉笔者，带孩子来参加沙龙的目的，就是想让她深入了解现代中国军队及国防，珍惜生活，热爱祖国。孩子给她反馈的是活动很有意思，深受启发。幼小孩子就拥有如此的爱军情节和家长的拥军情缘，不能不说是一种感染和触动！

没有忘记的那份感怀！

现服役军人刘意渝帅气、好学，他请我为赠书签名留言，其意坚定，其情满怀！当天现场讲述中，当本人回忆起陆军第74集团军某特战旅的演练赛场一幕幕场景，战士们虽老茧纵横、伤痕累累，但因心系祖国和人民安全而在所不惜；回想起以军工见长，本人所在的重大光电工程学院的老师们夜以继日、不辞劳苦地为国防科研一直在做贡献，本学院、学校里国防生普遍强于、优于其他同学们的军事训练场景时；回望起安宁生活与军之强大、国之强盛时，竟然在那一刻，正作讲座的我潸然泪下，哽咽无语。我深知，从未有过在讲台前如此的情感暴发，这份感怀融入了太长太久的军之情愫！这份感怀嵌入了太多太深的鱼水情意！

强军梦的历史使命不能仅仅局限于军队、军人和军魂，而更要着力于"人民"二字上！当结束语"哪有什么岁月静好，只是有人负重前行；哪有什么风平浪静，只是有人不惜生命。"再度响起时，所到者无不动容和感叹，很显然，这种感慨是由衷的，发自他们内心深处的！"军民团结如一人，试看天下谁能敌！"笔者分明从中看出了强军梦始于伟大思想，发于伟大实践，固于深厚拥军路与广厚鱼水情！

（2018 年 7 月 31 日刊发于华龙网）